Your RESEARCH PROJECT

Designing and Planning Your Work

3rd Edition

리서치 프로젝트

연구계획서

Nicholas Walliman 지음
손장권 옮김

SAGE

도서출판 그린

Authorized Translation from the English language edition, entitled YOUR RESEARCH PROJECT: DESIGNING AND PLANNING YOUR WORK, 3rd Edition by NICHOLAS WALLIMAN, published by SAGE Publications Ltd, Copyright © 2011

Your Research Project: Designing and Planning Your Work

Nicholas Walliman

KOREAN language edition published by SAGE Publications Ltd and Green Publishing Company, Copyright © 2013

목차

CHAPTER 02 연구 이론과 지식의 본질

CHAPTER 03 개념, 언어와 논증

CHAPTER
05 연구방법

저자에 대하여

니콜라스 월리만(Nicholas Walliman)은 전문적인 식견을 갖춘 건축가이며, 옥스퍼드 브룩스 대학(Oxford Brooks University)의 건축환경학교(The School of the Built Environment)에서 선임강사(Senior Lecturer)로 학생들을 지도하고, 지속가능개발을 위한 옥스퍼드 연구소(The Oxford Institute for Sustainable Development)의 연구원으로 봉직하고 있다. 그는 영국과 외국에서 수년간 건축업에 종사한 이후, PhD. 학위과정을 공부하기 위하여 대학의 학문생활로 되돌아 왔다. 이러한 사회경험과 학문생활의 경륜은 연구이론과 연구방법에 대한 그의 관심을 촉발하게 하였고, 차후 결과적으로 대학에서 그에게 오랜 시간의 학습과정이 소요되는 연구학위과정에 입문하는 대학원생들을 위한 안내서의 저술을 권면하는 계기가 되었다. 이러한 과정들이 이 책을 출간하는 자료와 동인을 제공하였다. 저자는 이후에도 공부하는 학생들과 실무자들을 위한 연구이론과 연구방법에 관한 다양한 수준의 전문서적을 여러 권 저작하였다.

저자는 현재 '지속가능개발을 위한 옥스퍼드연구소(OISD)'의 건축과 환경팀에서 연구를 수행하고 있다. 그들은 영국 국내 및 해외에서 지원하는 연구기금으로 외피디자인의 연료절약 건물, 건물홍수효과의 완화, 그리고 선진건축방법 등과 같은 건축기술 분야에 관계된 프로젝트 과업에서 일하고 있다. 그는 건축기술 분야에 수많은 연구논문을 발표하였다. 그는 또한 PhD. 및 석사 과정의 학생들을 지도하고 있다. 연구학도들과 함께하는 그의 작업은 과학과 기술을 강조하지만 그의 관심은 특별한 건축양식, 서구화의 영향, 건축학적 교육, 보존관리 및 행정 그리고 지속가능한 디자인과 같은 사회와 건축의 관계성 및 건축학의 수많은 여러 측면들을 망라한다.

감사의 말씀 (Acknowledgements)

내가 이 책을 쓸 수 있도록 처음부터 영감을 주고 격려를 해 주셨던 Rowland Newman 박사와 Mike Jenks 교수에게 깊은 사은의 말씀 드린다; 나를 도와주신 Bousmaha Baiche 박사, 비평과 제안을 해주신 Mrs. Margaret Ackrill, Mrs. Val Bacon, 그리고 Oxford Brooks 대학의 건축학과 대학원생들에게 감사하며, 또한 나에게 무한한 지원을 아끼지 않은 아내와 가족들에게 고마움을 전한다.

이 책이 출간 될 수 있도록 자료 사용을 허락해 주신 다음의 사람들과 기관에 감사말씀 드린다: Roland Newman 박사, Alison Chisholm 박사, Louise Waite 박사와 Harry Dodd, 그리고 Sage의 공동저자들인 R. Yin, E. Guba, Y. Lincoln, C. Hewson, P. Yuyle, D. Laurent, C. Vogel, L. Locke, W. Spirduso and W. Silveman. 그리고 학문연구에 대한 논쟁에서 값진 기여를 한 이 책에서 인용한 모든 저자들에게 감사하며, 그들에게 대한 특별한 사례의 말은 인용물이 제시된 곳에 수록하였다.

Sage 출판사의 편집진 모두가 베풀어준 지도와 도움에 깊은 감사를 드리는 바이다. 특히 Patrick Brindle, Vanessa Harwood, Claire Lipscomb, Rachel Burrows, David Hodge and Katie Metzler가 보여준 인내와 격려에 감사한다.

옮긴이의 말

책을 읽고 공부를 한 느낌을 갖고 뭔가를 생각하고 자신의 아이디어를 정리하여 말과 글로 표현한다는 것은 우리에게 기쁨을 준다. 초등학교 시절 놀면서 배웠고, 중고등학교 시절 무엇인가를 해 보려고 헤매면서 견디어 왔었다. 이후 우리는 살면서 느끼고 체험한 바를 어떻게든 표현해 보려고 애쓴다. 어떻게 보면 산다는 것은 몸을 움직이고, 머릿속에 떠오르는 것을 생각하여 글을 쓰고, 구상한 것을 표현하려고 살면서 실천하는 것일 게다.

오랜 세월 동안 학교에서 공부했고, 지금도 학교에서 일하고 강의도 하면서 학위논문을 쓰는 학생들을 많이 지도해 보았다. 배우는 과정에서 뼈저리게 느끼는 것은 공부를 하고 싶은데 어떻게 하는 것인지를 모르겠다는 것이었다. 뭔가를 생각하고 글을 써야 하는데 도대체 어떻게 하는지 감을 잡을 수 없었다. 더더욱 문제가 되는 것은 알고 싶은 별것 아닌 자잘한 것들을 그리고 행동에 필요한 지엽적인 소소한 행위지침들을 물어볼 데가 없었다. 부모와 형제자매, 친척, 친구, 선후배간의 동료들 그리고 선생님, 그들의 존재는 알고자 하고 표현해 보려 노력하는 소심한 내가 가까이 가기에는 거리가 먼 그들만의 세계에서 놀이하는 낯선 이방인들이었다. '스스로 하기', 이것 밖에 없었다. 우리가 원하고 갖고 싶은 모든 것은 책속에 정리되어 있었고 내가 필요로 하는 행위의 준칙들은 실제의 세상에 다 있었다. 내가 필요로 하는 것을 절실하게 느끼고 그것을 스스로 찾는 길은 사람한테 있었던 것이 아니라 실제의 사실로 세상에 있었고, 존재하는 것들은 무엇이든지 의미를 부여하여 매기는 값과 가치, 그리고 그 실체를 찾아내는 논리와 방법들은 책속에 정리되어 있었다.

할 일은 많고 인생은 짧다. 그 많은 책들 중 내가 필요로 하는 책들을 어떻게 찾고 언제 다 읽어보는가? 답이 없는 문제이다. 문제이긴 하지만 생각을 바꾸면 뭐 그렇게 어려운 건 아닌 듯도 하다. 필요성을 느끼지 않으면 감지하지 못하고, 그럴 필요가 없으면 머리에 떠오르지 않는 법이다. 생각이 미치지 않으면 인연이 없는 팔자라 여기고 그냥 그렇게 살다 가면 된다. 그런데 어쩌다가 뭔가를 생각하고 탐구하고 정리하고 표현하는 계기에 불현듯 또는 우연히 걸려든다면, 그것도 팔자라고 따라가면서 시간 죽여 보는 것이 행복할 수 있을 것 같기도 하다. 이러한 상황에서 필요한 것이 자율학습 아닌가! 윌리만의

"Your Research Project"는 혼자서 생각한 아이디어를 이론적으로 정리하고 적절한 연구방법을 모색하여 과학적으로 탐구할 수 있는 연구모형(research design)을 만들어, 연구계획서(research proposal)에 설정된 공정을 따라가며 글쓰기를 마무리하는 모든 노하우를 담고 있다.

자신의 아이디어를 리서치 프로포절로 구현하려고 준비하는 사람들은 스스로 도움이 되는 참고서가 절실할 것이다. 동료나 선후배 그리고 선생님들에게 책 찾기, 도서관 이용하기, 이론 선택하기, 정보수집하고 정리하기, 문장 만들고 글쓰기, 그리고 참고문헌 달고, 부록(Appendix) 수록하기 등 그 수많은 공정과 시시콜콜하고 사소한 것들을 물어보고 안내를 받는 자신의 모습을 보면 스스로 너무너무 초라하고 왜소하고 불쌍하게 여겨진다. 학문적 지식을 탐한다는 공부의 과정은 실제적인 삶의 세상사와 같이 그렇게 아니꼽고 더럽고 메스껍고 치사하고 그리고 유치찬란한 실존의 생활세계인 모양이다. 이러한 처절한 체험을 점잖고 품위 있게 극복하는 스스로를 돕는 길을 이 책에서는 제시하고 있다. 아마도 대학원에서 석사 및 박사학위 논제를 연구 프로포절로 구상하는 사람들은 이론구성과 연구방법, 연구계획, 그리고 논문작성을 총체적으로 요령 있게 정리된 간결한 참고서가 필요할 것이다. 이 책의 알곡들은 그러한 분들의 욕구를 충족시킨다. 이 책이 다루는 내용들이 비단 학위논문을 준비하는 사람들만을 위한 것은 아니다. 사회와 직장에서 실무적으로 업무를 입안하거나 사업계획을 작성하는 분들도 이 책의 안내를 따르면, 무난하게 사업이나 연구계획서, 그리고 업무보고서를 혼자서 훌륭하게 완성할 수 있다. 그 이외에도 삶의 현장이나 가정생활에서 어떤 뜻을 세워 설계하고 계획을 세워, 그것을 실행하려는 생활인들도 그들의 목표를 성취하기 위한 일상의 실행계획서로 이 책을 활용할 수 있을 것이다. 심지어는 대학입시의 논술 문제를 준비하는 수험생들도 스스로의 홀로 학습으로 이 책을 수월하게 읽을 수 있다. 이 번역서가 자신의 생각을 정리하고 탐구의 과정으로 입안하여 글쓰기로 마무리하기를 희구하는 모든 사람에게 유익한 책이 되기를 바란다.

마감하면서, "Your Research Project"를 우리말로 출간하기까지 잔신경과 큰 힘을 쏟은 대학원 학위과정의 허경선과 이병수, 그들에게 감사한다. 그리고 그린출판사 이영조님을 비롯하여 교정을 봐주시고 협조해주신 여러분들에게 고맙다는 말씀 드린다.

하늘은 스스로 돕는 자를 돕는다.

고려대학교 사회학과 손장권

머리말

생전 처음 연구 프로젝트를 착수하려는 학생들이나 실행가들에게 실질적인 문제가 있기 마련이다. 그들은 어떻게 시작해야 할지 그리고 선정 주제를 어떻게 연구 프로포절로 개발해야 할지, 그것들이 그들의 지도교수, 교육기관 및 자금제공기관의 마음에 들지 어떨지 등등의 문제들이 많다. 학위과정에서 첫 논문을 작성하거나 학위과정을 처음 시작하는 대부분의 학생들은 학문연구에 관한 지식이나 경험이 거의 없으며, 그들이 희구하는 연구주제도 종종 그렇게 명쾌하지 않은 것이 보통이다. 계약 연구자, 실행가들과 관리자들 또한 효율적이고 잘 맞는 방식으로 그들의 작업을 실행해야 한다는 강박관념을 갖는다. 일반적으로 감독자들과 상관들은 연구에 관한 이론과 실천적 방법에 대해서 그들이 학생이나 고용인들에게 가르쳐 줄 여유나 시간이 거의 없다. 그러므로 연구초보자들은 그들의 관심사항에 관련된 어떤 신뢰할만한 리서치 프로포절을 개발하려는 시도에서 학문연구에 대한 황당할 정도로 많은 다양한 이론서적 및 방법론적 기술책들을 헤매면서 찾아나가야 하는 상황에 남겨지게 된다. 이러한 것은 연구초보자들의 기술이 아주 일천하고, 일반이론과 연구실행 방법 그리고 그들 자신의 연구관심 간의 관계를 설정하기 어려울 때 당면하기 마련이다.

이 책의 주요 목적은 사회과학, 환경학, 경영학, 교육학 그리고 인문학의 관련 주제로 연구를 시작하고자 하는 초보 연구자들에게 성공적인 연구 계획서(research proposal)를 쓸 수 있도록 안내하는 것이다. 연구계획서는 그것의 승인이 연구를 지속하고 연구기금을 확보할 수 있는 조건이 되는 결정적인 서류이다. 그렇기 때문에 이 책은 연구의 첫 단계인 토픽의 선택과 프로젝트의 계획에 초점을 맞추었다. 그렇지만 이러한 단계의 과정을 성취하려면 학문연구의 특성과 연구목적, 연구방법의 선정, 논증을 구조화 하는 방법, 그리고 연구윤리에 관한 중요쟁점 등등, 본질적으로 연구에 관한 기본적인 논리와 정보, 그리고 그것들을 어떻게 다루어 연구를 수행해야 하는지에 관한 모든 과정을 이해할 필요가 있다. 이러한 지식을 갖고 어떤 단단한 리서치 프로포절을 준비 했을 때 연구자는 그 연구를 수행할 수 있는 어떤 확실한 토대를 갖춘 것이 될 것이다.

이 책의 우선적인 목표는 연구 이론에 관한 기본적인 이해와 연구방법론에 대한 기초지식을 체계적으로 습득하는 것이다. 그리고 동시에 연구학도/실천가들이 연구주제를 발전시킬 수 있도록 도움을 주고, 훈련된 지적능력, 비판적 분석, 정치한 독립적인 생각을 형성하도록 격려하며, 아울러 개인적인 판단력과 연구이론 및 연구방법의 적용기술을 길러 종내는 리서치 프로포절, 리포트 그리고 논문을 작성하는데 필요한 기술을 발전시키데 있다.

교재의 특별한 속성들

이 교재의 각별한 특성들은 다음과 같은 것들이다:

- 독자들의 사적인 연구토픽에 관한 생각들을 점진적으로 개발할 수 있도록 연구진행에 걸맞는 실천 및 이론적 견해들을 똑바로 결합한다.
- 이 책은 어느 곳에서나 연구자의 연구주제에 대해 언급하고 있지만, 개인적 연구의 이해관계에 관계되는 주제의 이론화를 어렵게 하거나 삭막하게 하지 않는다.
- 연구자가 프로포절을 개발하는 과정에서 각각의 단원에서 학습한 연구의 국면들을 다음단계에 적용할 때 긴밀히 필요한 사항으로 학습목표들을 명확히 제한하고 그것들을 각 장에 나누어서 배치하였다.
- 학습한 것을 개별 프로젝트에 적용할 수 있도록 심사숙고 할 점들을 설정하고 지도교수나 튜터 그리고 동료들과 토의해 볼 수 있는 쟁점 틀을 제시하였다.
- 독자들이 자신의 지식을 테스트하고 향상시키도록 책 내용에 재미를 붙이고 흥미를 갖고 접근할 수 있도록 단계별로 이끌어 갈 수 있는 단도직입적인 접근방법을 적용하였다.

책의 구성과 개관

책의 구성은 세 가지의 순차적인 접근방법을 결합한 것에 토대를 둔다. 첫 번째 접근방법은 누진적인 접근법으로, 이는 학술주제의 연구이론과 방법에 관한 특성들과 그것에 관련된 논쟁을 단계적으로 소개하는 것이다. 두 번째 방법은 연구자가 양질의 리서치 프로포절을 고안하는데 필요한 기술을 개발하는 실행 작업에 개입되는 것들을 문제 중심의 수평적 절차로 제공한다. 세 번째는 나선형적 절차의 요소로서, 여기에서는 개념과 기술력들이 반복적으로 되풀이 되어 책을 읽는 동안 독자들의 이해력이 점증하도록 개진되었다는 것이다.

이 책은 각각의 챕터가 시종일관하게 관통될 수 있는 7개의 장으로 구성되었다. 각 장의 주된 부분들은 연구이론과 방법에 관한 주요측면을 설명하도록 고안되었다. 이런 부분들에는 정보가 되는 추론적인 교재내용을 담고 있어 연구자가 제시한 주제에 관한 이해를 확고히 하고 평가 할 수 있도록 연습문제를 규칙적으로 삽입해 놓았다.

그런 다음 다음단계의 부분으로 앞부분에서 토의한 구체적인 토픽에 대한 연구자가 자신의 연구영역에 적용할 수 있는 부분이 뒤따르게 하였다. 목표는 설정하는 것이고, 그 다음에 목표의 과제들을 규정하게 된다. 이러한 부분들은 언제나 성격상 탐색적이며, 연구자가 과제에 대한 일련의 선택적 해결방안을 모색할 것을 기대하게 된다. 이런 작업의 결과는 이상적으로 동료학생들, 공동연구자들, 지도교수와 감독자등과 토론하여, 연구자가 각장의 쟁점을 잘 이해하고 그것들을 실제에 어떻게 적용하는지를 그들은 알고 싶어 한다. 리서치 프로포절을 작성하는 능력이 확실히 발전되었는가를 살피는 판단과정은 각장의 끝에서 만들어진다. 각각의 장은 더 읽을거리를 제시하는 것으로 마무리 한다. 연습문제 평가를 위한 해답은 책 끝부분에 적어 놓았다.

연구주제에 관한 넓은 범위의 접근방법들은 연구의 도입부분에 대한 서술을 곤란하게 한다. 이 책에선 독자들의 이해관심에 적절한 모든 연구전략을 다룬다는 것이 가능하지 않다. 그렇기 때문에 교재에선 주요한 연구접근 방법들에 대한 특성을 설명하고, 적절한 곳에서 다른 대안을 언급하는 것으로 제한을 두었다. 독자들은 연구주제는 널리 논쟁거리가 되기 때문에 이를 규정하는 접근방식은 적합하지 않다는 것을 알고 있을 것이다. 그렇지만 독자들의 주제가 무엇이든지 간에 기본적으로 습득하여야 할 기본적인 연구기법의 범위는 존재 한다: 예를 들면, 분석적 독해, 생각하기, 노트 정리하기, 참조기술, 글쓰기 기술, 그리고 건전한 논증을 구성하는 능력들이 그러한 것들이다.

연구자의 이전의 연구경험에 의존되는 것이지만, 언어 기술은 특히 영어가 외국어라면, 연구자는 각 장의 내용을 읽는데 10-20시간 정도 소요될 수도 있다. 연구자는 그 과제들을 이행하려면 선택한 주제에 대한 전문가적 지식으로 이 책을 따라가는 동안 주제 내에서 넓은 안목으로 지속적으로 읽는 것이 필수적이라는 것을 기억하는 것이 중요하다.

세 번째로 편집된 이 책에선 상이한 수준(학부와 대학원생)에 있는 학생들, 자신들의 작업관련 연구프로젝트를 수행하는 실무자들과 관리자들, 그리고 연구기금계약으로 연구를 수행하는 연구가들의 욕구를 인지하는데 적절한 요점정리를 부가하였다. 이 책은 비록 연구가들의 기술을 새롭게 하고 더 발전된 기예를 개발하기 원하는 사람들에게 유용한 정보를 제공할 수 있는 것이지만, 여기서는 대부분의 독자들이 연구과정에 대해 생소하고 그들이 설정한 요구사항에 대하여 낯선 것을 전제로 하였다.

새롭게 편집된 새 책이 이전의 판본보다 내용이 짧아지는 것은 흔하지 않다. 그러나 이 책의 경우에는 내용의 정보를 확고하게 다지고 정리하여 기존의 9개장에서 7개의 장으로 축소했다. 연구관련 어떤 측면들에 대한 구체적인 설명은 짧게 하고 보다 복잡한 연습문제들을 생략하여 다른 여러 방법들과 기술에 대해 폭넓게 논의 하는 길을 모색하였다. 글머리의 토픽순서 또한 수정하여 연구과정에 따른 보다 논리적인 진행이 되도록 하였다. 각 장의 말미에 더 읽을거리에 관한 안내는 가장 최근의 출간 물을 포함하도록 새롭게 하였다. 제 1장에서는 서로 다른 연구유형에 관하여 아주 짧게 서술한 개관을 추가하였다. 자료수집과 분석에서 이용하는 넓은 범위의 언구방법들은 제 5장에 설명하였다. 그것들은 연구자가 탐구하고자 하는 특정분야에 어는 방법이 적절할 것인지를 결정하는데 도움을 줄 것이다.

CHAPTER

01 연구와 연구문제

- 목적
- 머리말
- 연구란 무엇인가?
- 무엇을 위한 것인가? - 연구의 목적
- 연구의 유형
- 연구 과정
- 자신만의 연구 시작하기
- 연구계획 세우기
- 다음 단계 : 자신만의 연구문제 영역 찾기
- 더 읽을거리

목적

- 연구란 무엇이고, 연구가 아닌 것은 무엇인지, 그리고 연구의 목적을 설명.
- 상이한 유형의 연구에 대한 개략적 설명.
- 연구과정에 대한 논의.
- 연구 계획-연구문제-의 핵심 개념 소개와 연구문제란 무엇인지를 논의하는 것.
- 범하기 쉬운 오류를 주의시키는 것.
- 연구 전략 선택과 연구계획 수립 방법에 대한 설명.

머리말

이 장의 내용을 간단히 말하면 연구의 출발 단계를 제시해주는 것이다.

이 장에서는 학술계에서 통용되는 연구의 개념에 대하여 소개하고, 일상적 대화에서 막연하게 사용되는 '연구'라는 단어와의 차이점을 설명한다. 그러나 학술계에서조차도, 연구의 본질은 논란의 여지가 많은 주제이다. 과학적 방법의 특징들을 간단히 설명하고, 연구방법에 관한 일부 논쟁의 측면들 중 하나로써 해석적 대안을 논의해 본다. 이 논쟁은 2장에서 더 자세히 다룰 것이고, 그 과정에서 연구과정에 대한 개관이 드러난다.

연구 과정에서 꼭 필요한 첫 단계는 **연구문제**의 발견이다. 연구문제가 무엇이고, 어떻게 그것을 발견할 것인지를 설명할 것이다. 문제의 본질은 결국 연구 형태에 영향을 미칠 것이다. 마지막 단계에서 해야 할 과제를 결정해주는 것도 바로 이런 문제에 대한 탐구이다. 그리고 시작단계에서 알게 된 것이 마지막 단계에서 여러분 자신의 주제에 적용될 것이다.

핵심어는 굵게 표시되어 여러분이 그 의미를 확인하기 위해 관련 장을 찾아볼 수 있도록 여백에 다시 써놓을 것이다.

연구란 무엇인가?

'연구'는 정보의 수집, 난해한 이론의 연구, 놀라운 새 결과물을 도출해내는 것과 같은 다양한 활동을 묘사하기 위해 일상적 언어활동에서 막연하게 사용된다. 학술적으로나 실제로 연구를 시작하는 학생이나 연구자가 "연구"라는 단어의 의미에 대한 명확한 개념을 갖고, 그 말이 다른 분야에서 흔히 사용되기 때문에 생길지 모르는 오해를 없애는 것은 중요하다.

그러므로 실제적으로는 연구가 아니면서 연구라고 불리는 활동을 묘사하는 단어의 사용 방식을 검토해 보고, 또한 그 용어를 둘러싼 감정을 자극하는 일부 언어를 살펴보는 것은 가치가 있다.

다음은 '연구'라는 용어가 잘못 사용되는 몇몇 방식들을 보여준다.

1. 사실이나 정보의 단순한 수집으로써의 연구

"나는 그 주제를 검토하고 약간의 연구를 할 것이다." 이 말은 보통 무언가에 대해 더 잘 알기 위해서 책이나 잡지 몇 권을 재빨리 읽어보는 것을 의미한다. 그러한 정보는 많은 다른 방법으로도, 예를 들면, 거리에서 사람들에게 질문을 하거나, 길을 따라 지나가는 차량의 수를 기록함으로써 모을 수도 있다. 이러한 활동은, 좀 더 정확하게는 '정보의 수집'이라 불리고, 체계적이고 철저한 방식으로 실시될 수 있다. 이는 확실히 연구의 중요한 부분으로 간주할 수 있다.

2. 상황에 따라 달라지는 사실들

"나는 연구를 했고, 내가 여기서 말하고자 하는 정보는 갑자기 떠올랐다." 정보를 모으고 그 정보를 보고서나 논문 등에 주석과 참고문헌으로 적절하게 쓰면, 그것을 연구라고 생각하기 쉽다. 그러나 비록 그 일이 꼼꼼하게 진행되었고, 글쓴이나 독자가 그 주제를 이해한다 할지라도, 연구 과정의 필수 연구 중 하나인 정보의 해석이 빠진 것이다. 혹자는 이러한 활동을 '정보의 조합'이라 부를지도 모른다. 즉, 정보의 수집과 마찬가지로 성분의 조합이 연구의 중요한 요소이기는 하지만, 그 본질은 아니다.

3. 실제 삶과 동떨어진 난해한 활동으로써의 연구

"그는 막 자신의 실험실로 가서 이해하기 어려운 이분자 분열에 대한 자신의 연구에 몰두했다." 많은 연구계획들이 추상적이고, 이론적인 주제를 다루는 동안, 연구활동이 우리의 일상생활에 큰 영향을 미치고, 세상에 대한 우리의 이해를 형성한다는 점은 잊혀진다. 연구는 우리를 둘러싼 세상을 이해하고자 하는 자연스러운 호기심과 소망을 충족시키고자하는 욕구에 의해서 촉진된 것이다.

4. 연구결과를 알게 해주는 단어로써의 연구

"수십 년간의 고통스런 연구는 혁명적이고, 수고를 덜어주는 결과를 낳아왔다." '연구'라는 말은 너무나 자주 자신감을 표현하고, 그것을 만들어내기 위해서 감정을 자극하는 방법을 사용한다. 만약 여러분이 연구과정과 방법론에 대한 증거를 요구한다면, 난해함과 혼란스러운 생각, 그리고 훨씬 더 악화된, 즉 그 대답이 단순한 짐작의 산물인 상황에 직면하기 쉽다.

그러면 진정한 연구를 어떻게 정의할 수 있을까? Box 1.1에 몇 가지의 대안이 제시되어 있다.

Box 1.1 연구의 정의

옥스퍼드 영어 백과사전은 연구를 다음과 같이 정의한다.

(a) 사실 규명과, 새로운 결론 도출을 위한, 자료나 출처 등등에 대한 체계적 연구

(b) 어떤 주제에 대한 과학적 연구나 비판적 연구 과정을 통해 새로운 사실의 발견이나 기존 사실 등을 분석하려는 노력

리디(Leedy)는 연구를 좀 더 실용적 관점으로 정의한다.

연구는 체계적이고, 증명 가능한 사실을 근거로 어떤 문제에 대한 답변이나 해결책을 찾아 내려는 시도 과정이다(1989, p. 5).

도미노프스키(Dominowski)는 정의를 너무 간단히 해서 요점을 잃고 있는 것처럼 보인다(위를 보라).

연구는 사실을 찾는 활동이다(1980, p. 2).

케링거(Keringer)는 연구를 더 기술적 언어를 사용하여 다음과 같이 정의한다.

자연 현상들 사이에 당연시되는 관계에 대한 가설적 명제의 체계적이고, 통제되며 경험적이고, 비판적인 연구.

여러분은 연구에 대한 정의를 계속 찾아낼 수 있을 것이다. 그리고 그 정의들은 위 상자의 사례들처럼, 강조점과 범위가 다를 것이다. 확실한 것은 연구방법에 대한 많은 상이한 견해들이 있다는 것이다. 그러나 우리가 세상을 더 잘 이해하는 수단으로서, 연구는 경험과 추론이라는 기본적이고 더 오래된 방법들과는 구별된다.

간단히 말해서 **경험**은 매일 매일의 삶에서 개인적으로 또는 집단이나 사회로써 얻어지거나, 전문가 혹은 지도자가 전해주는 이해와 지식으로 나타난다. 심지어 다른 포유류에게서도 어느 정도 나타나는 주변 세상에 대한 반사적인 인식은

상당히 귀중한 지식을 제공해준다. 가장 직접적인 경험의 형태는 삶 속에서 마주치는 사건과 상황을 통해서 개인적으로 얻은 지식의 집합, 즉 개인적인 경험이다. 아이는 시행착오를 통해서 걷는 것을 배운다. 그리고 어른은 집에서 방 몇 개를 수리한 후 꾸미는 일에 익숙해진다. 문제의 해결책이 개개인의 개인적 경험을 통해서 발견될 수 없을 때, 사람들은 아마도 더 폭넓고, 전문적인 경험이 있는, 예를 들어 법적 문제에서의 소송 대리인과 같은 사람에게 조언을 구할 것이다. 더 말하자면, 건강관리 또는 골프를 치는 것에서의 미세한 포인트 등의 특별한 주제에 대한 책을 쓴 '전문가들'이 있다.

경험을 통해 얻어진 지식은 일상생활에서 우리의 이해와 활동에 본질적인 도움을 준다. 그러나 경험으로부터의 학습은 다소 우연적이고 통제되지 않기 때문에, 세상에 대한 이해와 지식의 확산을 신뢰할 수 있는 방법론상의 수단으로서는 심각한 한계점을 가지고 있다. 경험상의 결론은 종종 성급하게 도출되고, 철저하게 검증되지 않으며, '상식'은 자명한 것이 되고, 그리고 전문인의 조언은 쉽게 왜곡되고 부적절한 것으로 간주되기도 한다. 이러한 결점에도 불구하고, 경험은 체계적인 연구를 위해 가치 있는 시발점이고, 연구되고 검증되어야 할 많은 문제와 생각들을 제공해준다.

그림 1.1 경험을 통해 얻어진 지식은 일상생활에서 우리의 이해와 활동에 본질적인 도움을 준다.

추론은 논리적 논거를 통해 결론을 이끌어내는 방법이다. 추론에는 연역적, 귀납적, 그리고 연역/귀납이라 부르는 둘의 조합(즉 가설-귀납법 또는 과학적 방법), 이 세 가지 기본적인 방법들이 있다. 연역적 추론은 고대 그리스에서 처음 발전되었다. 그리고 아리스토텔레스의 삼단 논법에 의해서 정교해졌다. 연역에 기초한 주장은 일반적인 진술로 시작한다. 그리고 논리적 논거를 통해서 특정 결론에 도달한다. 삼단 논법은 이러한 종류 논거의 가장 간단한 형태이고, 대전제, 그 다음 소전제 즉, 더 구체적인 명제가 나오고, 마지막으로 논리적인 결론에 도달한다. 여기 간단한 예가 있다.

- 모든 살아있는 포유동물은 숨을 쉰다. - 대전제
- 이 소는 살아있는 포유동물이다. - 소전제
- 그러므로, 이 소는 숨을 쉰다. - 결론

귀납적 추론은 거꾸로 된다. 구체적인 관찰로부터 시작해서 그로부터 일반적 결론을 이끌어낸다. 귀납적 추론의 논리적 형식은 깔끔하게 세 줄로 요약되지 않는다. 그러나 간단한 예로 추론의 과정을 증명할 것이다.

- 관찰한 모든 백조는 색깔이 하얗다. - 구체적 관찰
- 그러므로 모든 백조는 하얗다고 결론 내릴 수 있다. - 일반적 결론

귀납적 추론의 가치는 1600년대 베이컨에 의해서 알려졌다. 우리 주변 세계의 사건에 대한 주의 깊고 체계적인 관찰을 통해 자연의 법칙을 설명하기 위한 많은 이론들이 발전했다. 다윈의 진화론과 멘델의 유전학 발견은 아마 귀납적 추론(마찬가지로 그 학자)에 의한 가장 유명한 이론들일 것이다.

그러나 연역적 이론은 단지 특정 진술의 형식을 다루고, 경험과 관찰로부터 점차 멀어지기 때문에 한계가 있는 것으로 드러났다. 순수하게 귀납적인 추론은 다루기 어렵고 우연이라고 판명되었다. 그리고 문자 그대로 실제에서는 거의 적용되지 않는다. 메더워(Medawar, 1969, pp. 10-11)가 언급하기를, 종의 기원 제6판에서 다윈 스스로 자신이 '사실상 베이컨의 원칙들을 연구했고, 어떤 이론 없이 대대적으로 사실들을 수집했다.' 하지만 후에 그는 모든 주제에서 가설을 형성하는데 저항할 수 없었다고 인정했다.

그러나 귀납적, 연역적 추론을 조합하여 귀납/연역 추론을 형성했을 때, 관찰을 통해 귀납적으로 가설(검증 가능한 이론들)을 발전시키고, 연역을 통해 함의들을 보여주며, 그 결과에 따라 가설들을 수정하거나 기각하기 위해 검증하는 여러 과정이 지식, 특히 과학적 지식의 발전을 위한 강력한 토대가 되었고, 오늘날 과학적 방법으로 불리게 되었다.

그것은 현대 과학적 연구의 기초인 연역적, 귀납적 추론과 경험의 조합이다. Box 1.2에서 볼 수 있는 것처럼, 연구의 이 세 가지 특징들은 단순히 경험과 추론의 의한 지식 획득을 연구와 구분시켜 준다.

Box 1.2 연구의 세 가지 특징

1. 연구는 체계적이고, 통제가 되는 반면에, 경험 획득은 통제되지 않고, 우연한 활동이다.
2. 연구는 경험적이고, 타당성을 얻기 위해 경험과 우리 주변 세계에 의존하는 반면, 추론은 현실과 동떨어진 추상적 세계에서 작동할 수 있다.
3. 경험 그리고 추론과 다르게, 연구는 자체 수정에 목적을 두고 있다. 연구 과정은 얻은 결과를 엄격하게 검증하는 것이고, 방법과 결과는 대중의 검토와 비평에 열려 있다.

요약하면 :
연구는 경험과 추론의 조합이다. 그리고 연구는 사실의 발견에 가장 성공적인 접근방법으로 간주되어야 한다(1994, p. 5).

우리가 체계적인 연구의 이러한 형태에 대해서 말할 때, 흔히 체계적인 연구는 엄격하고, 의문을 제기하는 과학적 연구 기술을 사용한다고 가정한다. 이런 연구 형태를 과학적 방법이라 부른다.

무엇을 위한 것인가? - 연구의 목적

연구에는 몇몇 논리적인 목적이 있을 수 있다. 다른 무엇보다 중요한 목적은 유용하거나 흥미로운 지식의 획득이어야 한다. 레이놀즈(Reynols, 1971, pp. 4-11)는 과학적 지식이 제공해줄 것이라고 사람들이 기대하는 5가지 사항을 나열하였다. 저자 본인이 추가한 것을 포함하여 다음에 나오는 것들이 연구 목적의 기본 사항들로 사용될 수 있다.

Box 1.3 연구 목적

- 범주화
- 예측
- 통제(제어)가능성
- 설명
- 이해 형성
- 평가

범주화는 사물, 사건 또는 개념 등의 유형 구성을 포함한다. 이는 어떤 '것들'이 함께 묶이고 어떻게 분류되는가를 설명하는데 유용하다. 주요 문제들 중 하나는 처음에 범주화를 시도하는 이유에 따라 가장 유용한 분류 방법을 결정하는 것이다. 그 다음 문제는 범주화가 유용한지를 판단할 기준을 결정하는 것이다. 레이놀즈가 언급하고 있는 두 가지 확실한 기준이라는 것은 모든 항목들을 빠짐없이 하나의 범주에 포함시킬 수 있는 포괄성과, 각각의 항목들이 의심할 여지없이 오직 하나의 범주에만 적절히 배치될 수 있는 상호 배타성이 그것이다. 마지막으로 유형 분류들은 연구의 이론적 배경에 사용되는 개념들과 일관되어야 한다는 사실을 염두에 두어야 한다.

우리가 전반적으로 또는 부분적으로 이해하지 못하는 사건 또는 이슈들이 많다. 특정 현상을 **설명**하려는 목적은 다양한 형태의 연구에서 공통되는 것이다. 어떤 하나의 현상에 대한 설명을 기초로 하여 그와 관련된 미래 사건에 대한 **예측**이 가능하게 되었고, 자연과학에서 이러한 예측은 C_1, C_2,⋯, C_n, 만약 X면 Y다 같은 추상적 명제의 형태가 되었다. 어떤 사람이 어떤 대상에 대한 자기 친구의 태도가 마음에 들지 않을 경우 정신적 긴장상태가 나타난다와 같은 문서 형식으로 된 예측들은 좀 더 이해하기 쉽다. 설명과 예측이 현상의 내막 즉, 무슨 일이 언제 발생하였는지를 드러내 주기는 하지만, 그러한 현상에 대한 **이해**-그러한 일들이 어떻게 왜 발생하는지-를 항상 제공해주지는 않는다. 어떤 현상에 대한 완벽한 설명은 그러한 현상을 둘러싼 발생 원인과 영향을 끼친 과정에 대한 폭넓은 연구를 필요로 한다.

현상 이해의 바람직한 입장은 그 현상을 **통제**하는 방법을 찾을 가능성을 야기할지도 모른다. 확실히, 모든 현상이 다 그런 것만은 아니다. 예를 들면, 천문학이나 지질학을 공부하는데 있어 그것들이 통제요소를 포함할 수 있는가를 예측하기란 쉽지 않다. 하지만 모든 기술은 사물의 행위, 움직임 또는 안정성 등을 통제하는 능력에 달려 있는 것이다. 사회에서조차도, 비록 자연과학에 비해 성공사례가 드물고 또한 불가능한 분야들이 있기는 하지만, 종종 과학적 원리에 기초하여 범죄, 빈곤, 경제 등을 통제하기 위한 많은 시도들이 있다. 문제는 그러한 일련의 시도들이 변수들을 모두 통제할 수 없고, 관련된 모든 변수들을 고려할 수도 없기 때문에 정말로 과학적일 수는 없다는 점이다. 통제에 있어 중요한 문제는 특정 변수들이 서로 어떻게 영향을 미치는가를 이해하는 것이며, 그런 다음에는 예측 가능한 결과를 얻기 위해 변수들을 바꿀 수도 있다는 점이다.

평가는 대상이나 사건의 특성에 대한 판단을 내리는 것이다. 질적 속성은 절대감이나 비교근거로 평가될 수 있다. 평가방법이 유용하기 위해서는 연구 내용과 목적에 적합해야 한다. 예를 들면, 소득수준이라는 것은 부를 평가하기 위한 적절한 변수가 되지만 결혼의 충실도에서는 그렇지 않다. 평가라는 것은 어떤 대상이나 사건에 대한 가치부여를 내포하기 때문에 측정 이상의 것이며, 그 가치의 유형 결정은 연구 내용에 달려있다.

연구의 유형

연구를 시작하게 만드는 다양한 의문들은 이론적 배경과 방법론에 따라 구별되는 접근방법들이 필요하다. 다양한 유형의 연구에 대한 간략한 정리는 여러분의 연구 성과에 큰 도움을 줄 것이다.

Box 1.4에 나와 있는 것처럼, 여러 주요 연구 유형들을 확인해 볼 수 있는데, 학자들마다 그 분류 방법이 상이하고, 일부는 제시된 항목보다 더 많은 종류를 제시하기도 한다. 저자는 개괄적으로 이 유형 분류를 사용하고, 다양한 접근방법들을 공통된 특징들에 따라 각 유형에 포함시킬 것이다.

Box 1.4 연구의 주요 유형

1. 역사적
2. 비교적
3. 기술적
4. 상관관계
5. 실험적
6. 평가
7. 행동
8. 인종 발생학적
9. 페미니스트
10. 문화적

역사적

역사연구는 과거 사건에 대한 사실 정립과 결론 도출을 위해 증거를 체계적이고 객관적으로 놓고, 증거에 대한 평가와 종합하는 것으로 정의된다(Borg 1963).

역사연구는 사건의 의미와 관계를 탐구하는 것을 포함하며, 역사유물, 기록과 문헌 형태의 주요 역사적 자료를 사용한다. 과거에 무슨 일이 벌어졌는지를 알아내고 그 이유와 방법을 밝혀내려 한다. Box 1.5에 나와 있는 힐과 커버(Hill and Kerber, 1967)가 분류한 역사연구의 가치 중 한 가지 흥미로운 점은 과거가 현재 심지어 미래와 관련될 수 있다는 점이다.

Box 1.5 역사연구의 가치

1. 현재의 문제에 대한 해결책을 과거에서 찾을 수 있게 해준다.
2. 현재와 미래의 경향에 대한 실마리를 제공해 준다.
3. 모든 문화에서 발견되는 상호작용의 영향과 그 상대적인 중요성에 중점을 둔다.
4. 현재 선택된 과거에 대한 가설, 이론, 일반화를 뒷받침하는 자료의 재평가를 가능하게 한다.

주요 역사 자료를 구성하는 역사적 증거는 두 가지 관점에서 꼼꼼히 살펴봐야 한다. 첫째는 연구 대상이 되는 유물이나 문헌의 진위 여부를 확인하는 것이다. 과거에 이미 열의가 넘치는 연구자의 철저한 분석 부재로 인한 또는 사기에 의한 많은 실수들이 있었다(여러분은 연구자들이 오랫동안 인류역사의 '단절고리(missing link)'라고 믿었던 가짜 두개골, 필트다운 두개골(the Piltdown Skull)을 기억할지도 모른다). 두 번째는 역사 문헌 등의 문서에서 그 내용의 진위를 연구하는 것이다. 쓰여 있는 내용은 무엇이며 얼마나 정확한가? 예를 들어, 진품인 많은 중세 문헌들이 사건의 기술에 있어서 부정확하고 모호한 것으로 알려져 있다.

그림 1.2 첫째는 연구 대상이 되는 유물이나 문헌의 진위 여부를 확인하는 것이다.

고트샬크(Gottschalk, 1951)에 따르면 어디에서, 어느 것이, 언제 그리고 무엇이라는 질문들이 Box 1.6에서 볼 수 있는 것처럼, 연구의 범위를 결정하는 역사연구의 네 가지 측면들을 확인하는데 결정적이다.

Box 1.6 연구범위를 정해주는 역사연구의 측면

1. 사건이 어디에서 발생했는가.
2. 어떤 사람들이 관여했는가.
3. 언제 발생했는가.
4. 어떤 종류의 인간 활동이 관련됐는가.

어느 한 측면을 연구하는 정도는 다양할 수 있다. 즉, 연구하는 인류활동의 수는 늘어날 수도 줄어들 수도 있고, 연구에 포함된 기간도 연장되거나 축소될 수 있다. 역사적 사실의 단순한 수집이나 사건의 연대기 작성은 연구가 아니라는 점을 명심해야 한다. 역사연구에 필수적이기는 하지만 의미의 **해석**과 사건의 중요성에 대한 평가가 요구된다.

역사연구는 전적으로 과학적 방법에 입각한 것이 아니다. 예를 들어 사용되는 자료가 직접 관찰이나 실험에 근거하는 일은 거의 없다. 하지만 객관성, 그리고 편견과 왜곡의 최소화, 화학물질과 방사성 분석, 통계 등의 과학 기술 사용 같은 과학적 방법의 원칙들을 공유해야 한다. 과학자들은 종종 정보에 압도되는 반면, 역사가들의 문제점은 정보가 부족하기 쉽다는 점이다!

연구를 하는 모든 학생들은, 연구 분야가 무엇이든 간에, 문헌 연구를 해야만 한다. 이는 과거에 행해지고 글로 기록된 것의 연구이므로 역사연구의 원칙들이 자신들의 연구와 직접적 연관성이 있다는 것을 알 수 있다.

비교적

비교연구는 종종 역사연구와 함께 사용된다. 연구자들은 과거 시대들 간에 혹은 현재의 유사한 상황에서 서로 다른 사회에 속한 사람들의 경험을 비교하게 된다. 이 연구는 계급투쟁에서 혁명의 역할 같은 거시적 수준이나 상이한 결혼 유형에서의 개개인의 경험 같은 미시적 수준이 될 수 있다.

종종 서로 다른 시공간에서의 유사한 사건과 비교했을 때 사건 이해는 보다 더 쉽게 된다. 문화와 사회는 전에 사라져 버린 것에 과도하게 의지하고 현재를 정당화하기 위해 과거를 참조한다. 헌법, 조세제도, 사회관습은 모두 자신만의 역사에 뿌리를 둔다. 장소 또한 현상을 유사하게 또는 다르게 발달시킨다.

차이점들의 연구와 비교는 사회현상들을 특정 시대와 장소에서 찾아내기 때문에 그 기원과 발전을 밝히는데 도움이 되며, 이런 현상들이 보편적이고 시대와 상관없다는 주장을 굽히게 만든다.

많은 사회이론들이 사실 제한된 당대 서구 경험에 근거해 나왔을 때 마치 모든 시대와 장소에 타당한 일반화인 양 소개된다(Llobera, 1998, p. 74).

우리는 또한 과거와 그 밖의 모든 곳에서의 경험, 모두를 비교함으로써 배울 수 있다. 가령 정치인들이 과거와 다른 상황에서 선거제의 변화가 주는 영향에 대한 고찰 없이 선거제도의 전면적 수정을 도입하는 것은 어리석은 일일 것이다.

실험연구는 (아래에 나오는) 연구자가 인위적으로 결정인자(causal factors)를 통제할 수 있기에 실제의 사회연구에서 가능하지 않다. 하지만, 역사와 비교가 종종 연구자에게 자연 상태에서의 실험(natural experiment)을 제공해 줄 수 있다는 견해가 있다. 밀의 일치법(method of agreement, 19세기에 고안된 다섯 가지 '실험 연구 방법'들 중 하나)에 따르면, '만약 연구 중인 현상의 하나 혹은 그 이상의 사례들이 오직 한 조건만 공통으로 갖는다면, 모든 사례들이 들어맞는 그 한 조건이 주어진 현상의 원인(혹은 결과)이다'(Mill, 1973, p, 390). 이 방법을 사용하여 어떤 한 현상(가령 파업)에 대해 제시된 여러 원인들을 비교하고, 그 현상의 발생에 꼭 필요치 않기에 모든 사례들에 나타나지 않는 것들을 제거해 나가는 것이 가능하다. 예를 들어, 파업의 원인은 노동조합의 권력 투쟁, 열악한 노동환경, 변화, 저임금 부당한 노사관계에 대한 저항 등이 될 수 있다. 가령 부당한 노사관계, 하나의 원인만이 모든 사례에서 나타난다면, 이것이 바로 결정인자일 것이라고 결론내릴 수 있을 것이다. 그런 다음 부당한 노사관계가 파업을 유발하지 않은 사례를 발견할 수 있는지 살펴볼 수 있다. 만약 발견되지 않으면, 앞서 말한 결론을 뒷받침해줄 것이다.

결정인자를 탐구하고 검증해보는 이런 종류의 비교연습은 훌륭한 비교연구의 상징이며, 연구자가 이용 가능한 변수들을 통제할 수 없다는 사실을 극복하는데 도움이 된다.

기술적(Descriptive)

기록이나 유물의 연구 대신, 기술적 연구는 자료 수집의 수단으로 관찰에 의존한다. 기술연구는 무엇이 규범인가를 설정하는 상황을 검증하려는 시도 즉, 같은 상황에서 다시 반복될 수 있는 것이 무엇인가를 예측하는 것이다.

'관찰'은 많은 형태로 나타난다. 추구하는 정보에 따라 면접이 이루어질 수도, 설문지가 배포되고, 영상 자료가 제작되고, 심지어 소리와 냄새까지도 기록될 수 있다. 중요한 점은 추후에 분석할 수 있도록 어떤 식으로든 관찰이 기록되거나 녹음된다는 것이다. 그렇게 수집된 자료가 명확하고 체계적인 방식으로 정리되어 분석을 통해 타당하고 정확한 결론을 이끌어낼 수 있다는 점이 중요하다.

기술적 연구의 척도는 두 가지 요인의 영향을 받는데, Box 1.7에 나와 있다.

Box 1.7 기술적 연구의 척도에 미치는 영향

1. 연구의 복잡한 정도
2. 연구의 범위

예를 들면, 특정사건 사이의 관계를 찾는 것은 현존하는 조건의 특징을 단순히 기술하는 것보다는 더욱 복잡한 연구기술을 필요로 할 수밖에 없다. 마찬가지로 광범위한 분야에서 다수의 사례를 연구하는 것은 협소하고 지역적인 연구를 하는 것보다 더 많은 자원을 필요로 한다.

불필요한 작업을 줄이고 여러분 연구의 주제에 대한 정확한 정보를 제공하기 위해서는 연구 대상이 되는 사람들이나 사건들의 표본(전문적으로는 모집단이라 불리는) 선택과 설명에 주의를 기울여야만 한다. 이를 위해 구체적 목표설정이 가능하도록 연구 주제의 명확한 초점을 인식할 필요가 있다.

기술적 연구는 인간의 관찰과 반응에 의존하기 때문에 자료의 왜곡이 일어날 위험성이 있다. 그런 경우들 중에 설문지나 면접에서 무심코 편향된 질문을 포함시킨다든가 또는 사건에 대한 선택적 관찰을 하는 것은 이런 왜곡을 유발할 수 있다. 비록 편견을 완전히 배제시킬 수는 없지만, 어느 정도 그것이 존재한다는 점을 인지하는 것이 필요하다.

상관관계

상관관계 연구에서 추구하는 정보는 유물, 언어 또는 관찰의 형태가 아닌 숫자로 표현된다. 역사적, 기술적 연구방법들은 질적 연구 형태가 많은 반면, 분석연구나 상관관계 연구는 주로 양적 연구로 이루어진다. '상관관계'는 두 현상들 사이의 연관성 또는 관계의 척도를 나타내는 표현이다.

수치 데이터 상에서 의미를 발견하기 위해서는 통계적 기법을 사용한다. 자료분석을 위해 어떤 종류의 통계적 검증을 사용하는가는 그 자료의 성격에 따라 달라진다.

양적연구의 유형은 Box 1.8에 나와 있는 것처럼 크게 두 가지의 연구로 분류된다.

Box 1.8 양적 연구의 유형

1. 상관적 연구
2. 예측 연구

첫 번째, 상관적 연구는 상관관계가 존재하는지, 그리고 존재한다면 어느 정도인지를 알아보기 위해 두 현상들 사이에서 가능한 관계들을 연구해보는 것이다. 이런 탐색적 연구 형태는 특히 선행연구가 거의 이루어지지 않은 경우에, 그래서 이 연구 결과가 향후 연구의 토대가 될 수 있는 그런 경우에 수행하게 된다.

예측 연구는 상관관계를 이미 알고 있는 연구 분야에서 실시되는 경향이 있다. 이 연구는 가능성 있는 미래의 행동이나 사건을 예측하기 위해 사용되는데, 만약 과거 사건들이나 둘 이상의 특성들 간에 밀접한 관계가 있다면 앞으로의 유사한 조건 하에서도 나타날 것이기 때문에 예측 가능한 결과를 도출해내는 것이다.

통계학적으로 유의미한 결과를 내놓기 위해서, 양적 연구는 수많은 사례에서 나온 자료가 필요하다. 사례가 많을수록 더 신뢰할만한 결과가 나오기 쉽다; 사용하는 통계적 검증 방법에 따라 다르긴 하지만, 최소한 20-30가지의 사례가 필요하다고 여겨진다. 자료의 원래 유형이 무엇이었든지 그것은 수치로 환산되어야 한다.

상관관계 연구의 장점들 중 하나는 수많은 특성들(기술적으로는 변수라 불리는)과 그것들 사이의 관계를 동시에 측정하게 해준다는 점이다. 특히 사회과학에서는 많은 변수들이 특정 결과를 유발한다(가령 주택 만족도는 많은 요인에 따라 달라진다). 또 다른 장점은 다른 사회연구방법들과는 달리 연구 대상이 되는 변수들 사이의 관계에 대한 양적 측정을 보여준다는 점이다. 또한 예측 연구에서 사용될 때, 예측의 정확성에 대한 판단을 내려준다. 상관관계 연구에서 알 수 있는 한 가지 한계점은, 변수들 간의 연관성은 드러나지만 인과관계가 밝혀지지 않는다는 점이다.

실험적

실험 연구는 위에서 언급한 다른 연구들보다 연구 대상에 대해 더 큰 통제가 가능하다는 점에서 차이가 난다. 연구자는 조건이 조작되었을 때 나타나는 결과를 관찰하기 위해 사건의 원인이 되는 모든 관련 조건들을 분리하고 통제하기 위해 노력한다. 실험실에서의 화학 실험이 이런 유형의 연구를 잘 보여주는 것들 중 하나다.

간단히 말해서 실험은 하나의 변수-독립변수-값의 변화를 주고, 그 변화가 다른 변수-종속변수-에 미치는 결과를 보는 것이다(Cohen and Manion, 1994, p.164).

따라서 실험적 연구방법의 가장 중요한 특징은 '인과관계'의 현상을 다루고 있다는 점이다.

하지만, 실제 실험이라는 것은 연구과정의 일부일 뿐이다. 실험연구에는 여러 단계들이 있다. 연구자가 실험적 연구 방법으로 연구를 진행하기로 하면, 그 현상의 가능성 있는 인과관계 패턴에 대한(가설이라 불리는) 예측이 이루어지고, 그 다음에 어떤 변수들을 검증할지 그리고 그 변수들을 어떻게 통제하고 측정할지에 대한 결정이 이루어지게 된다. 실험 설계라 불리는 이 단계는 또한 적합한 검증 유형과 실험 결과의 분석방법(보통 통계적 분석)의 선택을 포함해야만 한다. 그 후에는 대개 실험절차에 어떤 문제가 있었는지를 알아보기 위해 사전검사를 시행한다.

이 과정이 있은 후에야 적절한 실험이 이루어진다. 정해진 절차들을 엄격하게 지키고, 관찰 사항들을 꼼꼼하게 기록하고 점검해야 한다. 실험을 성공적으로 마친 후에, 중요한 일-사회 연구 실시의 핵심-은 자료를 처리하고 분석하여 실험 결과를 해석하는 것이다.

그림 1.3 비록 가능하기는 하지만, 모든 실험 연구가 실험실에서 이루어져야만 하는 것은 아니다.

비록 가능하기는 하지만, 모든 실험 연구가 실험실에서 이루어져야만 하는 것은 아니다. 실험적 연구방법의 사용은 변수의 통제가 얼마나 가능한지를 고려해야 한다. 연구방법론 교재의 저자들은 각기 다른 방식으로 실험적 연구 설계를 분류해왔다. 캠벨과 스탠리(Campbell and Stanley, 1996)는 Box 1.9에 나와 있는 것처럼 실험을 네 가지 종류로 범주화시키고 있는데, 이는 각 실험들의 상이한 특징들을 논의하기 위한 유용한 출발점이라 생각된다.

Box 1.9 실험의 분류

1. 사전실험
2. 진실 실험
3. 유사 실험
4. 상관관계와 사후 사실화(ex post facto)

사전실험 설계는 필수적인 변수의 통제 부족에도 불구하고 가정이 만들어지는 신뢰할 수 없는 초기 단계의 실험방법이다. 동일 자극에 직면하게 됐을 때, 표본들 사이의 차이점에도 불구하고 모든 표본들이 이미 검증된 하나의 표본과 동일하게 행동할 것이라고 추정하는 것이 그 한 예가 된다.

진실 실험 설계는, 통제된 조건 하에서 어떤 하나의 변수가 표본에 미치는 영향을 검증해 보기 전에 그 표본이 속해 있는 집단의 공통된 특성을 꼼꼼하게 점검하는 것이다. 그 변수에 속하지 않는 표본들(대조 표본들)을 대상으로 평행검사를 실시한다.

유사 실험 설계에서 진실 실험 설계의 모든 조건들이 이루어질 수는 없다. 하지만 그 결점들의 본질을 인식하고, 그 결점들을 최소화시키거나 결과의 **신뢰도** 수준을 예측해보려는 조치들이 취해진다. 가장 일반적인 사례는 변수가 미치는 영향을 알아보기 위해 어떤 한 집단을 시험하고, 변수에 속하지 않는 알려져 있는 차이점들(대조군)을 가지고 다른 집단과 비교하는 경우이다. 또 다른 경우는 한 집단을 변수를 넣고 빼고 하면서 시간을 두고 반복적으로 검증하는 것이다(즉, 같은 집단이 다른 때에는 자기 자신의 대조군이 되는 것이다).

상관관계 설계는 두 자료 사이의 인과관계를 찾고, 반면 사후 사실화(ex post facto)는 반대로 실험해서 관찰된 결과를 가지고 현상의 원인이 갖는 본질을 해석하려한다. 이 둘은 모두 증명하기 어려운 결론에 이르게 되고, 심하게 논리와 추론에 의존하게 된다.

평가

평가연구는 복잡한 사회적 쟁점들을 다루도록 특별히 고안된 기술적 연구방법이다. 복잡하게 얽혀있는 수많은 인간, 정치, 사회, 문화 그리고 맥락적인 요소들을 이해하기 위해 '단지 진상을 알아내는 것' 이상으로 나아가고자 한다. 구바와 링컨(Guba and Lincoln, 1989)이 4세대 평가라고 명명한 가장 최신 형태는 Box 1.10에서처럼 여섯 가지 특징이 있다.

Box 1.10 평가연구의 특징

1. 평가 결과는 '실제 상황이나 일이 어떻게 돌아가는지'를 나타내려는 것이 아니라, 개개인의 행위자들이나 집단들이 자신이 속한 상황을 이해하기 위해 만든 의미 구조를 보여주려는 것이다.
2. 이런 구조들을 표현하는데 있어서, 그 구조들을 만들어 낸 사람이나 집단이 수용하는 가치들이 크게 반영된다. 이 점은 집단들이 공통된 가치체계를 공유하는 일이 거의 없는 가치-다원적 사회에서 매우 중요한 고려사항이다.
3. 이 구조들은 특정한 물리적, 심리적, 사회적 그리고 문화적 맥락과 불가분의 관계에 놓여있다고 여겨진다. 그러나 이런 주변 조건들 자체는 그 한도와 특성, 그리고 경계를 정해주는 행위자들의 구성에 따라 달라진다.
4. 이런 구조들에 대한 평가는 연구 상황 속에서 평가자의 참여와 관점에 크게 의존한다.
5. 이런 유형의 연구가 강조하는 바는 평가가 행동 지향적이어야 하고, 후속 진행 과정을 명확히 하며, 그 권장사항의 시행을 유도해야만 한다는 것이다. 이를 위해 모든 이해관계자들과의 협상단계가 필요하다.
6. 어떤 정도이든지 관련이 있는 당사자의 존엄, 고결함, 그리고 사생활에 대한 충분한 고려가 있어야 하고, 평가를 받게 되는 사람들은 연구의 설계와 시행, 해석과 그로 인한 조치의 모든 측면에서 동등한 동반자로 대우받아야 한다(Guba and Lincoln, 1989, pp. 8-11).

다양한 연구방법들 혹은 평가 **모델**들이 있는데, 그 중 두 가지는 체계 분석과 반응 평가이다.

체계 분석은 전체론적 연구 유형인데, 전형적인 과학적 연구의 세 가지 사고 순서를 뒤집어 놓는다. 그 사고의 순서는 연구 대상이 되는 문제나 현상을 연구할 수 있게 분류하여 나누고, 그 다음 각각을 개별적으로 평가하면, 마지막으로 그 평가한 것들을 종합하여 하나의 종합적 설명으로 만드는 것이다. 체계 분석에는 세 단계가 있지만, Box 1.11에서처럼 각 단계들은 전체를 살펴보는 것으로 시작한다.

Box 1.11 체계 분석의 단계

1. 현상이나 문제가 속해 있는 전체(체계) 확인.
2. 그 전체의 행동이나 특성 평가.
3. 전체 내에서의 역할 또는 기능이라는 측면에서 현상이나 문제의 행동 혹은 특성 평가.

체계 분석은 복잡한, 특히 사람들과 조직들이 관련된 상황의 이해에 도움이 되는데, 그런 문제들은 불확실한 성격과 상호 연관된 무수히 많은 변수들 때문에 종종 '혼란'이라 불린다. 체계를 기술하는데 사용되는 두 가지 주요 기법들은 모델링과 도표화이다.

반응 평가 모델에서는(광고 캠페인, 새로운 학위 과정이나 실험적인 교통제도 같은) 어떤 프로그램이 참여자들에게 얼마나 반응이 있는지를 평가하기 위해 일련의 연구단계를 실시한다. 대표적 단계들이 Box 1.12에 나와 있다.

Box 1.12 반응 평가 단계

- 자료 수집: 프로그램에 직접 참여하고 있는 사람들로부터 문제 확인; 프로그램 문서에서 추가 문제 확인; 실제 프로그램 진행 상황 관찰.
- 평가: 수집된 자료에 근거한 평가 설계와 결과 보고.
- 변경 제안: 각 청중 유형에 맞는 방식으로 결과 통지.

평가연구의 공통된 목적은 프로그램들이나 프로젝트의 운용방식을 인식의 수준, 비용과 혜택, 비용효율성, 목표달성과 품질보증의 측면에서 검토해보는 것이다. 일반적으로 그 결과물은 상황의 개선과 발전을 위한 변경사항들을 처방하는데 사용된다. 하지만 몇몇 경우들은 프로그램에 대한 더 나은 이해를 돕기 위한 설명에 그칠지도 모른다(Robson, 1993, pp. 170-9).

행동

행동연구는 비록 폐쇄된 실험실에서보다는 실제 세계에서 이루어지기는 하지만 실험연구와 관련된 것으로 여겨진다. 이 연구 유형에 대한 기본 정의는 '현실 세계에서 작동하는 소규모 개입과 그 개입 효과에 대한 면밀한 검토'이다(Cohen and Manion, 1994, p. 186).

이 연구의 주요 특징은 주로 특정 상황에서 구체적이고 명확한 문제를 다루기 위해 고안된 '즉각적인' 절차라는 점이다. 행동연구에서는 행동 특유의 성격을 규명하기 위해 문제가 되는 두드러진 특징을 전체적인 맥락으로부터 따로 분리하려는 어떠한 시도도 하지 않는다. 지속적인 추적 관찰과 평가가 실시되고, 그 결과물에서 얻은 결론은 즉시 적용되며, 추가적인 관찰이 행해진다. 행동연구는 주로 관찰과 행동 자료에 의존하게 된다. 독립변수에 대한 어떤 통제 없이 특정 문제와 상황에 초점을 맞춘 현실적인 연구형태이기 때문에, 행동연구는 일반화 가능성의 과학적 요구조건을 충족시킬 수 없다. 이런 점에서 행동연구는 그 탐구적 특성에도 불구하고 실험연구와 반대되는 것이다.

인종발생학적

이 연구방법에서 연구자는 외부에서 연구대상에게 이론을 적용시키기보다는 연구대상이 자신들의 행동에 관한 이론을 어떻게 제시하는지에 관심을 갖는다. 연구대상 스스로가 자신들 문화의 잘 알려진 특징을 인식하고 있는 것이 성공의 기준이다. 고에츠와 르콩트(Goetz and LeCompte, 1984)에 따르면, 인간 행동 연구과정으로써의 인종발생학적 연구방법은 세 가지 특징을 가지고 있다: 관찰 대상인 참가자들이 현상학적 자료를 이끌어냄으로써 만들어내는 것이기 때문에 세계관을 보여주는 것을 목표로 한다; 연구대상이 간섭받지 않는 자연스러운 상황 속에서 일어난다; 행위만큼이나 맥락이 중요하다고 여기기 때문에 사회, 문화, 경제적 상황 전부를 보여주려 한다(Uzzell, 1995, pp. 304-5).

인종발생학적 연구방법은 여러 가지 이유 때문에 어려운 연구유형이다. 너무나 많은 문화가 숨어 있고 명확히 드러나는 경우가 거의 없기 때문에, 연구자는 연구대상의 언어와 행동 그리고 거주환경을 심층 연구함으로써 얻고자하는 자료를 구해야 한다. 연구자의 문화적 배경과 추측이 자료의 해석과 묘사에 과도한 영향을 미칠 위험이 항상 도사리고 있다. 이와 더불어 응답자와 연구자 간에 주고받는 상이한 언어와 그 의미 차이가 혼란을 야기할 수도 있다.

과거 사건에 대한 설명은 결코 무한한 역사 속의 내용을 다 포착할 수는 없다. 아무리 사실 확인이 잘 이루어졌어도 역사적 지식은 항상 기록하는 사람의 편견과 기억에 영향을 받기 쉽다. 또한 21세기를 살아가는 누군가가 현재의 신념, 가치, 태도의 틀을 벗어나서 어떤 세계를 이해하는 것은 매우 어려운 일이다.

이런 자료 해석의 문제점뿐만 아니라, 일상적인 활동에 종사하는 사회집단들과 있는 그대로의 상황에서 작업할 때, 연구 확인을 위해 그 상황을 되풀이하는 것은 불가능하다. 사회적 실재는 고정적이지 않다: 항상 다른 무언가로 변화하기 때문에 어떤 것도 결코 '그대로'가 아니다. 그러므로 순간을 포착하기 위해 다양한 방법과 확증적인 자료들을 사용하는 것이 매우 중요하다.

페미니스트

페미니스트는 남녀 간의 삶의 차이를 강조하는 이론과 분석을 포함한 독특한 사회연구 모델이다. 이런 입장은, 페미니스트가 아닌 패러다임들이 보통 연구자들이 가진 생각의 편파성을 부인하기 때문에, 남녀의 차이점들을 무시하는 연구자들은 타당치 못한 지식을 갖고 있는 것이라고 주장한다. 어떤 연구자도 자신의 가치 체계를 벗어나서 연구를 행하지 못하고, 사회과학의 어떤 연구방법들도 지식의 가치 독립성을 보장할 수 없기 때문에, 가치중립성은 불가능하다.

따로 페미니스트라고 여겨지는 어떤 특정한 연구방법들이 있지는 않지만, 페미니스트들이 사용하는 방법론은 성관련(gender relations)에 관한 이론으로 형성된 것이다. 그러나 페미니스트 연구방법은 성별 관계의 발견과 변화에 대한 정치적 개입과 더블어 수행되고 있다. 이는 페미니스트 연구방법만이 정치적이라는 것이 아니라 오히려 모든 사회연구방법들이 정치적이라는 점을 보여준다.

문화적

(**포스트모더니즘, 후기 구조주의**처럼) 널리 퍼져있는 이론적 논쟁의 다수는 언어와 문화적 해석이라는 주제와 관련되고, 그 결과 이런 쟁점들은 빈번하게 사회학적 연구의 핵심이 되어왔다. 따라서 문화적 텍스트의 분석을 비교, 반복하고, 잘못을 입증하고, 일반화시켜줄 방법론의 필요성이 대두되었다. 1950년대 후반부터, 언어의 구조적 특성(Chomsky, Sacks, Schegloff), 맥락적 상황 속 행위로써의 언어(Wittgenstein, Austin and Searle), 그리고 사회언어학과 '말하기의 민족지학(ethnography of speaking)'(Hymes, Bernstein, Labov 외 다수)같은 여러 관점들로 언어를 분석해왔다.

그러나 '문화적 텍스트'란 용어의 의미는 순수 문학작품이란 의미부터 오페라, TV 뉴스 프로그램, 칵테일파티 등등의 공식적 또는 사람들이 옷 입는 방식이나 대화하는 방식 같은 비공식적인 수많은 문화교류 현상을 의미하는 데까지 확장되어왔다. 문화적 텍스트의 주된 기준은 그 현상에 어떤 의미들을 '부여'할 수 있어야 한다는 것이다. 따라서 텍스트는 촉각, 시청각, 심지어 후각과 미각을 포함할 수 있다. 여기에서는 문화적 텍스트의 일관성 있는 해석에 대한 세 가지 접근방법들-내용분석, 기호학, 담화분석-을 간략히 소개한다.

1900년대 중반부터 주로 미국에서 발달한 **내용분석**은 문화적 의미라는 주관적인 영역에 **순서**를 적용하려는 실증주의적 접근방법이다. 다른 사례들과의 비교에서 그 중요성을 측정하기 위해 하나의 사례에서 현상들의 출현 빈도를 계산하는 양적 접근방법을 사용한다. 간단한 예로, 인종평등에 관한 연구에서 연구자는 다양한 유럽 국가들의 텔레비전 광고에 등장하는 흑인의 출연 빈도를 비교할 수 있을 것이다. 더욱 중요한 점은 객관성, 신뢰성, 일반화 가능성을 확보하고 이론을 발전시키기 위해 주의 깊은 표본추출과 엄격한 범주화와 부호화(coding)를 한다는 것이다.

기호학은 거의 상반된 접근방법을 취하는데, 구성요소들의 양적 분석을 통한 일반화보다는 텍스트의 단일 요소들의 해석을 통해 의미에 대한 심층적 이해를 얻고자 한다. 이 연구방법은 소쉬르(Saussure)의 언어학 연구에서 비롯되었는데, 소쉬르는 의미를 기호체계 내에서 그 의미가 차지하고 있는 자리에서 나오는 것으로 봤다. 단어는 오직 다른 단어들과의 관계 속에서만 의미가 있는 것이다. 가령, 우리는 다른 특징을 지닌 다른 동물들과 비교할 수 있어야만 '말'의 의미를 아는 것이다. 바르트(Barthes)와 다른 사람들은 이를 더욱 발전시켜서 언어학적 기호 분석을 다른 어떤 대상에도 들어있는 좀 더 일반적인 기호체계로 확장시켰다:

- 연구방법으로써의 기호학은 의미 있고 또 의미를 만들어내는 체계와 부호를 통해 사물의 의미를 추적하는데 우리의 관심을 기울이게 한다(Slater, 1995, p. 240).

이런 이유로 신호등의 빨간불이 갖는 의미는 교통법규, 색채 심리학, 행동규범과 관습 등의 체계 내에 자리 잡고 있는 것으로 볼 수 있으며, 중국에서는 왜 빨간불이 '가라'는 의미인지를 설명해줄 것이다. 그러므로 신호를 분석할 때 (우리가 인지하는) 명시적 의미와 (우리가 해석하여 이해하는) 함축적 의미 사이에 확실한 구분이 이루어지는 것이다.

담화분석은 사람들이 사회적 환경 내에서 언어를 통해 상호간에 의사소통하는 방식을 연구한다. 언어는 사회적 상황 속에 존재하면서 그 상황을 만들고 재창조하는데 도움을 주기에 정보전달의 중립적 매개체로 간주되지 않는다. 언어는 세계와 우리의 태도, 그리고 정체성에 대한 인식의 틀을 형성한다. 의사소통에 관한 연구는 단순하게 네 개의 요소(발신자, 메시지 부호, 수신자와 채널)로 분류하거나, 아니면 구문적(즉, 순서대로 혹은 체계적인) 조직과 의미(즉, 유의미하고 중요한) 관계 모두를 담고 있는 일련의 신호로 나눌 수 있지만, 그런 매우 단순한 분석은 담화의 힘을 반영해주지 못한다. 이런 형태의 분석에 초점을 제공해주는 것은 바로 담화, 인지 그리고 사회 간의 삼각관계이다(van Dijk, 1994, p. 122). 담화가 벌어지는 해석적 맥락과 담론의 수사학적 구조라는 두 개의 핵심주제들이 확인될 수 있다. 전자는 사회적 맥락, 예를 들어 화자들 사이의(가령 나이나 서열로 인한) 권력관계 또는(사적인 모임이나 파티 같은) 담화가 일어나는 상황의 종류에 초점을 맞춘다. 후자는 담화에 들어있는 주장의 방식과 계획을 탐구하는데, 그것의 한 예는 설교란 법정에서 변호사가 제시하는 진술과는 매우 상이한 방식으로 청중을 설득하는 것을 목표로 한다.

후기 구조주의 사회이론, 특히 프랑스 사상가 미셸 푸코(Michel Foucault)는 이런 언어의 분석적 접근방법 발전에 영향을 미쳐왔다. 푸코에 따르면, 담화는 '사람들이 말하는 대상을 체계적으로 구성시켜 주는 관습'이다(1972, p. 43). 따라서 푸코는 담화가 사회적 규제와 통제를 당연한 것으로 보이게 하는 방법을 보여줄 수 있었다.

생각해보기

다른 유형의 연구방법들을 설명하기에는 지면이 부족하다. 철학, 신학, 형이상학 같은 다른 분야들 역시 자신의 목적에 부합하는 연구방법이 있지만, 이 책에서 다루는 범위를 넘어서는 것이다. 지적하고 넘어가야 할 중요한 점은 위에서 언급했던 연구방법의 유형들이 일반적으로는 연구계획에서 상호 배타적이지 않다는 것이다. 연구 목적에 맞는 결과를 얻기 위해 이런 연구방법들 중 하나 이상의 방법들이 적절하게 적용된다.

연구과정

여러분이 선택한 연구방법이 어느 것이든 연구과정을 이해하는 것이 도움이 될 것이다. 연구과정의 이해는 여러분의 연구활동의 틀을 구성하는데 도움이 될 것이다.

그림 1.4 3만 내지 6만 단어로 된 논문이나 연구보고서를 작성하려고 앉아있는 것은 쉬운 일이 아니다.

3만 내지 6만 단어로 된 논문이나 연구보고서를 작성하려고 앉아있는 일은 쉬운 것이 아니다. 보고서 작성 자체가 그렇지 않은 것처럼 그 보고서의 근거가 되는 사회연구 역시 일직선적으로 발전하는 것이 아니다. 그러면 연구를 어떻게 시작해야 할까? 지금쯤이면 여러분은 분명 지식을 습득하는 것과 그것을 가지고 무엇을 해야 하는가에 대한 의문 등이 복잡한 과정을 거친다는 것을 인식하고 있을 것이다. 연구방법론에 대한 수많은 서적들로부터 연구활동들이 서로 어떻게 얽혀 있는지에 대한 세 가지 설명을 골랐는데, 각각의 설명들은 세부적인 부분에 있어서는 연구과정을 다르게 보고 있다.

연구과정의 다섯 가지 주요요소들 사이의 관련성에 대한 개괄적인 면을 살펴보면 다음과 같은 도표를 만들 수가 있다(도표 1.1). 이 간단한 도표는 연구과정의 순환성과 이론의 중심적 역할을 강조하고 있다. 연구과정이 어떻게 이루어지고 또 어느 지점에서 연구과정 속으로 진입할 수 있는지 여러분은 자신이 있습니까? 누군가는 이 도표가 연구과정을 아주 잘 정리된 논리적 과정으로 보이게 한다고 말하겠지만, 실제로 여러분은 추측, 직관, 지적인 곤경이 들어있다는 사실을 알게 될 것이다.

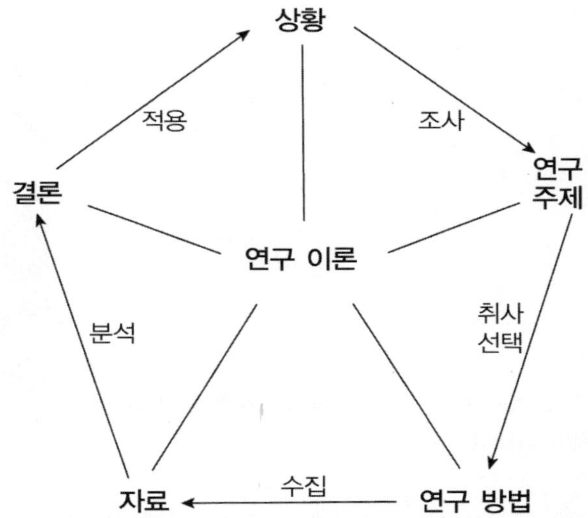

도표 1.1 연구과정

리디(Leedy, 1989, p. 9)가 개발한 이차원적 원형의 표현으로부터 저자가 발전시킨 나선형식 도표는 연구과정의 순환성을 훨씬 더 잘 보여주고 있다(도표 1.2). 각 부분들의 구획은 여러분이 올라타야 할 장소를 잘 나타내준다. 나선을 통한 각 부분의 방향전환이 기본 과정을 어떻게 되풀이하고 있는지를 주목하기 바란다. 각각의 방향전환에서 제기되는 의문점과 습득된 지식은 다음 회전의 토대가 된다.

- 연구를 이런 방식으로 보는 것은 연구에 -연구를 일회성, 즉 정적이고, 독립적이며, 자체가 목적인 것으로 보는 전통적 견해와는 전혀 다른-진정한 역동성을 부여해 주는 것이다. 모든 연구자들은 진정한 연구행위가 문제를 해결하기보다 더 많은 문제를 만들어 낸다는 사실을 곧 알게 된다. 그것이야말로 진실 탐구의 본질인 것이다(1989, p. 9).

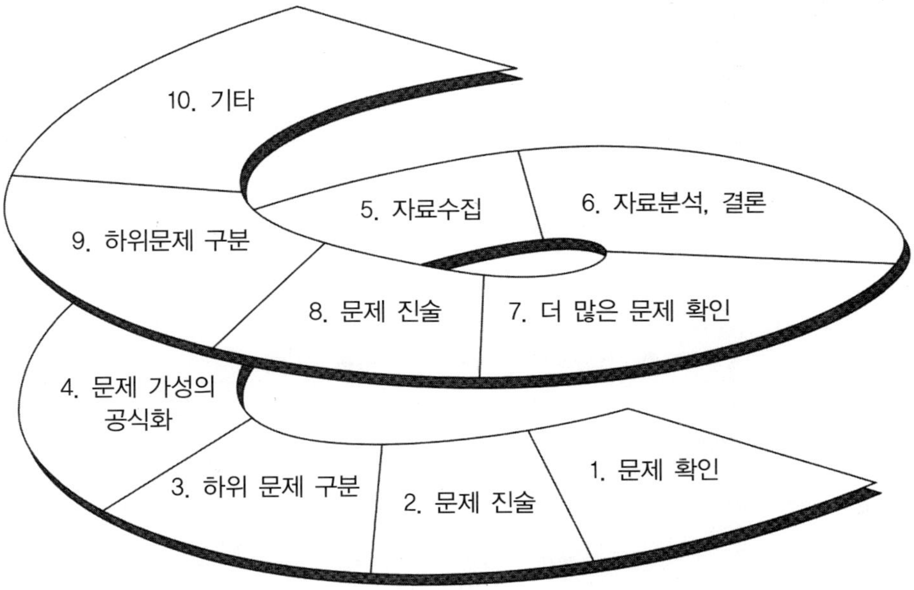

도표 1.2 연구과정 (Leedy, 1989, p. 9)

뉴먼(Newmans, 1989)의 것에서 발전시킨 도표를 보면 연구과정의 첫 단계에 집중하는 것을 볼 수 있다. 그것은 시간의 연속성에 있어 확실한 방향을 제시하고 있으며, 그러한 과정이 어떻게 연속적으로 확대되고, 지식의 범위가 어떻게 좁혀지는지를 보여주고 있다(도표 1.3). 각 단계의 지식이 습득되어질 때 주제영역은 범위가 좁혀져서 좀 더 세분화되고, 특정 영역에 대한 상세연구가 이루어진 폭넓은 지식이 수반되는 것이다. 더 구체적이지만 폭넓어진 연구대상으로의 전이는, 그러한 프로젝트를 통해 제대로 확대될 수 있을 것이며, 마침내 정밀한 결론이 도출될 것이고, 더욱 일반적인 중요성을 지닌 권장 사항들로 확대될 것이다.

연습문제 1.1 다음 단계를 사용하여 도표 1.3을 이어 그리고, 주제가 좁혀질 때마다 버려지는 것을 표시하라.

- 문제영역의 정의
- 영역 연구
- 연구문제의 정의
- 관련 개념, 이론 그리고 연구방법 탐구

• 프로포절
• 자료수집과 분석
• 연구결과와 결론
• 권고 사항

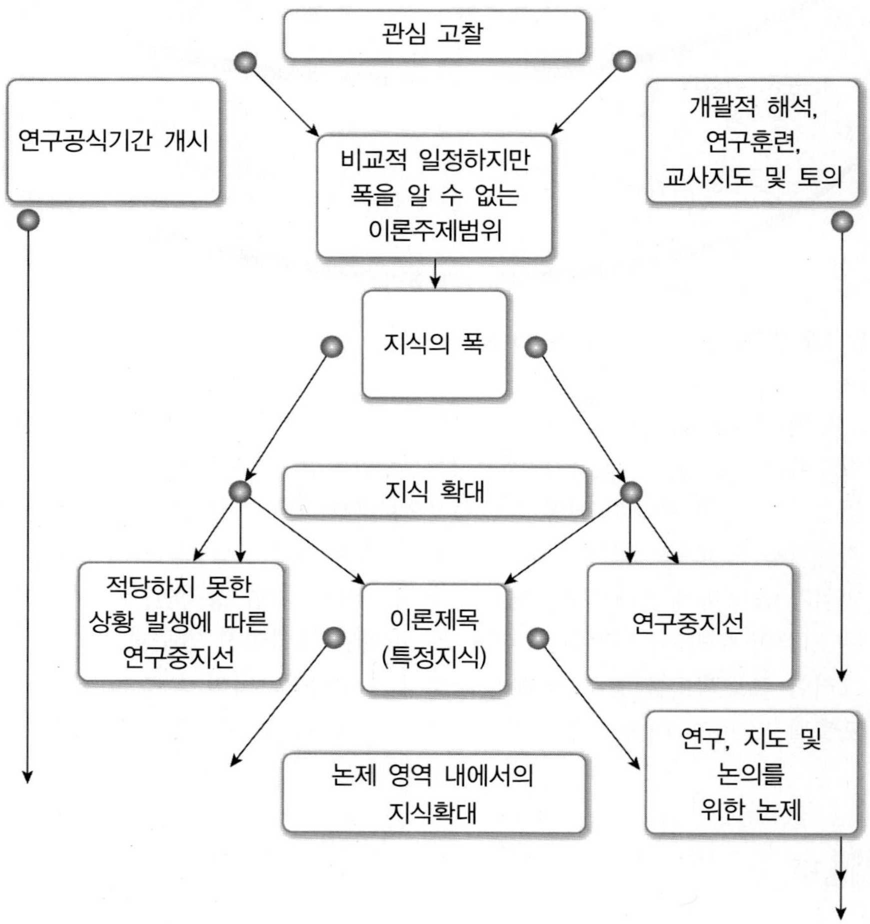

도표 1.3 연구과정(Newman, 1989, p. 28)

연구과정을 살펴보는 하나의 대안은 연구 기간 동안에 서로 연관되고 때로는 반복되는 일련의 단계들이다(도표 1.4를 보라).

생각해보기

자기자신의 연구프로젝트를 디자인하고 기획할 수 있다는 것은 연구과정에 대한 자신의 이해를 활용해야 한다는 것이다. 연구프로젝트를 기획하는 단계는 이 장의 후반부에 설명할 것이다.

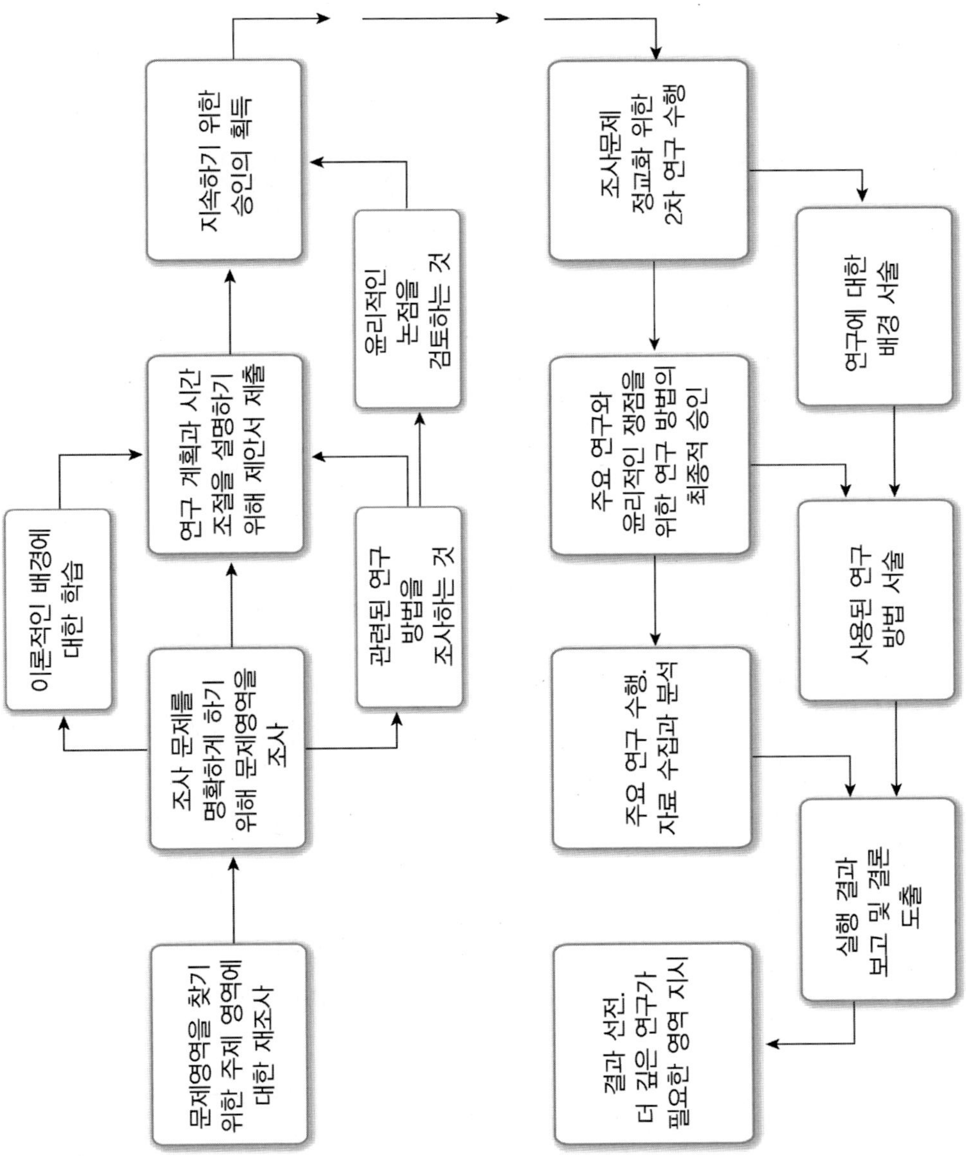

도표 1.4 연구과정

바람직한 연구결과의 특성

세상에는 알려지지 않은 수많은 정보가 있다. 여러분은 연구를 통해 이 정보과잉 현상에 한 몫 하는 것이다. 여러분의 노력을 가치 있게 만드는 것은 무엇일까? 여러분의 노력이 가치 있기 위해서 결과물이 갖추어야 하는 특성들은 과연 무엇일까? Box 1.13에 정리된 것처럼, 레이놀즈(Reynolds, 1971)는 토론의 훌륭한 지침과 기초로 사용할 수 있는 과학적 지식의 바람직한 특성 네 가지를 규명하였다.

Box 1.13 과학적 지식의 바람직한 특성

- 추상성
- 상호주관성(의미)
- 상호주관성(논리적 엄격함)
- 경험적 연관성

이런 특성들 사이의 공통점은, 연구결과들이 여러분의 연구 대상인 특정 사례들보다 더 넓은 분야와 관련이 있어야 하며, 연구과정에의 상호 접근이 용이하고 이해할 수 있는 연구과정에 기초해야 한다는 것이다. 이러한 특성들은 좀 더 상세히 검토해 볼만한 가치가 있다.

추상성이란 특성은 특정 시공간으로부터 독립적인 것이다. 연구결과들이 다른 상황에도 적용될 수 있다면 유용하고, 따라서 일반적 이론 발전을 야기할 수 있게 된다. 만약 연구결과 얻은 지식이 다른 시간, 다른 장소에서 일어나는 어떤 다른 현상과도 연관이 없을 경우, 특정 시공간에서 일어난 특수한 현상의 원인 규명은 보편적 가치가 없는 것이다. 여기에는 두 가지 이유가 있다.

우선, 그런 현상은 유일무이한 역사적 사건으로 비추어질 수밖에 없기 때문에 이러한 지식을 이용하여서는 미래 사건을 예측할 수가 없는 것이다. 위에서 본 바와 같이 연구의 주요 목적 중 하나는 미래에 대한 예측을 제공하는 것이다. 예측 가능성이 희박한 경우 유사한 미래의 사건에 어떤 영향력도 미칠 수 없게 되는 것이다.

둘째, 어떤 현상을 특정 장소에 국한시킴으로써, 다른 어느 장소에서 발생하는 사건에 그 연구결과를 적용시키는 일반화가 불가능하다.

특정 사건에 대한 연구가 유용하면서도 불가피한 경우가 있는데, 예를 들어 역사와 민족지학 연구가 그렇다. 역사학자들은 역사연구를 토대로 미래사건에 관해 예측(선거결과 등)한다는 것은 그리 적합한 일이라고 생각하지 않는 것 같다. 이런 유형의 연구목적은 분석, 설명하여 이해력을 얻는 것이다. 사회현상에 대해 더 잘 이해함으로써 문제점들을 완화시키기 위한 조정행위는 더욱 효과적일 수 있으며, 한층 예측 가능한 결과를 얻을 수 있을 것이다. 다찬가지로, 하나의 사건에 따른 연구에 있어서 연구결과는 그 사건을 설명하고 원인을 이해하며 향후 예측을 할 수 있도록 하는 것이다. 예를 들면, 연구에서 발견된 철도신호의 결함은 그것이 수정되지 않으면 보다 많은 사고의 원인이 될 수도 있다는 것이다.

상호주관성은 두 가지 관점으로 이해될 수 있다. 첫째, 모든 사람이 언어와 사건에 대해 동일하게 이해하도록 하기 위해서는 진술문에 쓰인 개념의 의미에 서로 합의가 있어야 한다. 이런 의미의 상호주관성, 즉, 의미에 관한 사람들 간의 합의는 개념에 대한 명확한 정의에 의해 이루어질 수 있는 것이다. 둘째, 어떤 진술도 최소 두 개의 개념 사이의 관계를 서술한다. 이따금 예측이나 이론 설명을 위해 하나의 연구계획에서 관련된 진술들을 많이 사용한다. 모호함과 진술들 간의 적절한 조합에 대한 논란 등을 피하기 위해 수학, 통계학, 기호논리학 같은 논리체계들을 발전시켜왔다. 그러한 것들은 상호주관성, 즉, 논리적인 차원에서의 활용에 대한 합의를 고양시키기 위해 이용된다.

- 만일 과학자들이 진술들의 조합에서 도출된 예측에 합의할 수 없는 경우, 현상에 대한 예측이나 설명을 위한 진술의 유용성에 대한 의견일치도 있을 수 없다 (Reynolds, 1971, p. 17).

대부분의 과학과 모든 기술은 관찰과 실험 결과에 따른 경험적 토대에 기초하고 있다. 과학적 이론의 기본 목적은 어떤 사건의 촉발요인은 무엇인가 또는 하나의 사건이 다른 사건과 왜 관련이 있는가를 설명하려는 것이다. 그런 설명의 근거는 사건연구자가 기록한 평가다. **경험적 연관성**은 특정이론과 객관적인 경험자료 사이의 관련성의 척도이며, 다른 과학자들 자신이 그 연구결과를 입증해볼 수 있게 해준다. 경험적 자료의 연관성이 많을수록 이론의 정확성에 대한 확신을 더욱 높여 주게 된다.

여러분 자신만의 연구를 시작하면서

학부부터 박사과정까지 어느 수준에서건 학술연구의 공통점은 다른 무엇보다 연구 수행의 연습이다. 학생들은 연구이론과 방법에 대한 지식을 연구주제와 관련된 적절하고 성공적인 방식으로 적용시키는 능력을 입증해야 한다. 여러분은 주제 자체를 단지 이런 증명을 가능하게 해주는 수단으로 여길지도 모르지만, 그것은 너무 냉소적인 생각이다. 특히 박사 수준에서 주제는 연구계획 이면에 있는 원동력이어야 하고, 연구는 주제에 관련된 지식에 일정한 기여를 해야 한다. 그러나 연구와 그 적용에 대한 적절한 이해가 없다면, 이런 지식의 발견은 이루어지지 않을 것이다.

하지만 여러분은 아마 학업의 일환으로 연구 활동을 시작했을 것이다. 여러분이 맞닥뜨리게 될 문제 대부분은 학술 연구자들이 직면하고 있는 것들과 유사할 것이다. 주된 차이점은 아마 여러분이 이용 가능한 자료는 더 많고, 감독과 조언을 구하기는 어렵다는 점, 그리고 전문적인 작업 상황 하에서 느끼는 중압감일 것이다. 그러나 성취할 수 있는 분명한 목표가 있고, 적절한 연구방법을 사용하여 효율적으로 연구를 수행해야 한다는 요구조건은 똑같을 것이다.

연구문제의 발견과 규정

여러분이 지금까지 읽은 내용으로 볼 때 확실한 것은, 연구를 수행하기 위해서는 답변을 요구하는 질문, 해결방안을 필요로 하는 요구, 또는 해결책을 모색하는 수수께끼를 확인하는 것으로 시작할 필요가 있다는 점이다. 이는 연구 계획의 핵심인 연구문제로 발전할 수 있는 것들이다.

그림 1.5 세상은 의문과 미해결의 문제들로 넘친다.

연구 학위 과정을 시작하는 학생들, 그리고 학술 연구에 참여하기를 원하는 전문가들은 출신배경이 아주 상이하고, 연구 분야에 대한 다양한 경험과 지식을 갖추고 있다. 대부분은 연구하고 싶은 주제에 대해 상당한 확신을 가지고 있지만, 많은 사람들이 자신이 다루고자 하는 정확한 문제를 잘 모르고 있다.

그러므로 연구의 세부주제를 결정하는 과정에서의 첫 번째 과제는 어떤 문제점, 어떤 미해결의 논쟁거리, 지식의 공백 또는 선택된 주제 내에서 무상의 욕구를 찾아내는 것이다. 이런 탐색에는 주제에 담겨있는 현재의 쟁점에 대한 인식과 탐구심으로 가득 찬 사고가 필요하다. 비록 여러분이 이 세계가 의문과 미해결의 난제로 가득 차있다는 것을 알게 되더라도, 이런 것들 모두가 연구에 적합한 것은 아니다. 그렇다면 여러분을 적절한 연구문제로 이끌어줄 수 있는 어떤 특징들을 찾아내야 하는가? Box 1.14는 가장 중요한 특징들을 보여주고 있다.

Box 1.14 적절한 연구문제의 특징

1. 매우 흥미 있는 것이어야 한다. 여러분은 문제를 연구하는데 많은 시간을 보내야 할 것이다. 주제에 대한 적극적인 관심은 연구의 지속을 위한 매우 소중한 동기부여가 될 것이다.
2. 문제는 중요해야 한다. 사소한 문제를 연구하거나 다른 곳어서 이미 끝난 연구를 되풀이하는데 시간과 노력을 낭비할 필요는 없다.
3. 문제를 상세히 기술해야 한다. 연구를 완료하는 데 필요한 시간과 다루게 될 문제의 깊이를 고려하라. 여러분은 폭넓은 분야를 단지 피상적으로만 다룰 수도 있고, 그 분야의 범위를 제한하면 할수록 더 세부적인 연구 활동을 할 수도 있다.
4. 필요한 정보를 얻을 수 있어야 한다. 문제를 다루기 위해 필요한 관련 정보를 모으는데 실패한다면 연구를 수행하지 못할 것이다. 왜냐하면 문헌이나 다른 출처에 접근하기가 힘들고 당신의 연구에 꼭 필요한 개인이나 조직의 협력을 얻지 못하기 때문이다.
5. 문제와 관련된 결론을 이끌어낼 수 있어야 한다. 의문을 제기하는 목적은 해답을 찾는 데 있다. 연구를 통해 문제에 대한 어떤 해결책을 제공해줄 수 있거나, 적어도 일부 잘못된 '해결책'을 배제시키는 정도까지는 되어야 한다.
6. 문제는 분명하고 간결하게 진술되어야 한다. 누구든지 이해할 수 있는, 정확하고 심사숙고하여 분명하게 표현된 문장은 문제가 무엇인지를 확실하게 설명할 수 있을 것이다.

연구문제를 결정하고 명확히 밝히는 것은 쉽지 않으며, 여러분이 당장 그렇게 할 것이라고 기대하지는 않는다. 이 단계에서 중요한 것은 여러분이 찾고자 하는 것이 무엇인지를 알고 적당한 기회에 대비해 주제를 검토하는 것이다.

처음에 시작한 생각이나 또는 지각하고 있는 **문제영역** 어느 것이든지 문제를 만들어낼 수 있다. 예를 들어, 이전에 어떤 사람도 인식하지 않았다 할지라도, '정착 계획의 주기적 패턴' 연구는 정착계획에 반복되는 패턴 같은 것이 있다는 생각의 산물이다. 이런 종류의 생각을 연구할만한 문제로 발전시키기 위해서는 더 정확하게 표현해야 할 것이다. 우리는 사회, 구조화된 환경, 교육 등과 연관된 문제들에 둘러싸여 있는데, 그 문제들 중 다수는 쉽게 인식할 수 있는 것들이다. 예를 들면, 빈곤, 범죄, 부적당한 주택공급과 열악한 작업환경 같은 사회문제, 디자인 결함 같은 기술적 문제, 기업도산과 관료제의 폐해 같은 조직문제들 그리고 지식의 부족 때문에 진행 중인 개선사항들이 방해받는 많은 주제들, 가령 학교에서 어린이의 발달에 미치는 부모의 영향, 설계자와 의뢰인 사이의 관계를 생각해 볼 수 있다.

분명, 문제영역을 찾는 것은 어렵지 않다. 어려운 점은 연구계획이나 학위라는 주제에 적절한 구체적인 연구문제가 포함된 영역을 선택하는 데 있다.

범하기 쉬운 실수들

이 단계에서 여러분에게 연구문제를 선택했을 때 범하기 쉬운 실수들을 알려줄 필요가 있다. 이런 실수들은 주로 연구 계획에 있는 자료 해석의 필요성을 파악하지 못한데서 비롯된다. Box 1.15는 네 가지의 흔한 실수들을 보여주고 있다.

Box 1.15 연구문제 선택 시 범하기 쉬운 실수들

1. 어떤 문제의 선택을 여러분이 가지고 있는 지식의 공백을 메워줄 구실로 삼는 것. 우리 모두는 스스로 더 많이 학습할 수 있는 기회를 환영하지만, 연구의 주안점은 단지 개인적인 이해가 아닌, 누구에게나 열려있는 지식에 기여하는 것이다. 누구나 정보의 수집과 복제를 담고 있는 문제를 찾을 수 있으나, 그것은 분석 가능한 자료와 더 넓은 관심을 가져올 결론을 찾는 추가적인 노력이 필요하다.
2. 복수의 자료군을 단순히 비교하는 문제를 공식화시키는 것. 일군의 자료와 기록의 비교는 많은 분량을 채울 수 있을 것이다(예: 시대에 따른 평균 결혼 연령). 그러나 정보로부터 새로운 무언가를 밝혀내려는 노력이 없다면, 연구 활동이 아닌 것이다. 연구문제는 비교의 이면에 놓여있는 목적을 분명하게 밝혀야 한다.

3. 문제를 두 개 자료군의 상관관계 정도를 측정하는 것으로 한정시켜 버리는 것. 두 자료군(가령, 평균 결혼 연령과 가족 규모) 사이의 명확한 연관성을 보여주기 위한 비교는 흥미로울지 모르지만, 그 결과는 인과 관계를 밝혀주지 못하는 단순한 숫자가 될 뿐이다. 이 숫자 즉, 상관계수는 그 관계의 속성을 전혀 보여주지 못하고, '그래서 뭐 어쩌라고?'라는 질문만 가져올 뿐이다.
4. 그 답변이 양자택일이 될 수밖에 없는 문제를 만드는 것. 세상에 대한 우리의 지식을 증진시키기 위해서는, 있는 그대로의 어떤 사건은 왜 그런지, 또 어떻게 돌아가고 있는지를 알 필요가 있다. 문제에 대한 양자택일 식의 해결방안은 그 대답이 가부가 되는 이유와 그런 답변의 함축적 의미를 무시함으로써 논점을 회피하게 된다.

연습문제 1.2 연구문제를 표방하고 있는 아래의 단문들을 살펴보고, 그 문장들이 연구할 만한 것인지, 그리고 여러분과 같은 개개인의 학생이 수행할만한 연구 과정이나 연구 계획의 명제인지를 판단해 보라. 처음에는 '예', '아니오', '아마도'를 사용하여 답변하시오. 그 다음에 그 연구문제가 실행가능하지 않다거나 현실적으로 어렵다고 생각되면, 이유를 간단하게 제시하라.

1. 영불 해협 터널 건설의 역사에 대한 연구.
2. 1970년과 1980년 사이, 전 유럽 지역 내 16세 학생들의 학교 역사 시험 결과에 대한 비교 연구.
3. 부모의 실업이 자녀의 학업태도에 미치는 영향.
4. 인간의 피부에서 발한의 냉각 효과에 대한 온도, 습도, 대기 이동의 관련성
5. 단일, 이중, 삼중의 창유리에서, 상이한 두께와 재질의 유리를 사용하는 효과.
6. 스코틀랜드 내 대학생들을 대상으로 한 장학금 지급 방식을 정하는데 있어서, 어떤 요인들을 고려해야만 하고, 그 요인들의 상대적인 중요도는 무엇인지.
7. 18세기 영국의 대규모 국가 주택 건설에 팔라디오(Palladio)의 빌라 디자인이 미친 영향에 대한 분석.
8. 제 3세계 국가들의 외채 차관에 따른 장점이 단점보다 더 큰 것인가.
9. 1970년대 미국의 거대 광역 도시권의 복잡한 도시에서의 복합 상가 주차장의 건설에서 조립식 건축 요소의 구성.
10. 주변의 색채가 병원 환자의 회복에 미치는 영향과 대수술 후에 환자들이

다른 명도의 색채에 어떻게 반응하는지에 대한 연구.

11. 새로운 건축물 내 '증후군'의 발생을 막아주는 방법을 보여주기 위해 '새집 증후군'의 원인을 규명하고 평가하기 위한 연구.
12. 지방세와 강제 징수 정책이 런던 상업 지구에 미치는 영향.
13. 중국 내 전세 증가와 주택 매매가 갖는 경제학적 의미.
14. 자기만족과 적응이라는 측면에서, 학교 졸업생들의 취업계획을 이후의 직업과 어떻게 비교할지, 그리고 계획했던 취업과 실제 취업사이의 차이점 분석은 취업계획을 세우는데 도움을 주는 어떤 정보를 제공해주는지.

생각해보기

여러분이 알 수 있다시피, 적절한 연구문제를 구별해내기 위해서는 선택한 연구 주제에 대한 상당히 많은 생각과 지식이 필요하다. (아마 여러분이 수행한 몇몇 선행 연구로부터) 이미 밝혀진 특정한 구체적인 문제를 가지고 연구를 수행하게 되지 않는다면, 여러분은 더 넓은 문제영역으로부터 구체적인 문제로 좁혀 들어갈 필요가 있을 것이다.

문제 발견과 분석에 도움이 되는 것들

Box 1.16에는 부스 외(Booth et al. 1995, p. 36)가 제시한 여러분들이 연구문제를 형성할 수 있도록 관심을 집중할 수 있는 과정이 나와 있다. 여러분이 알다시피, 단순히 연구목표를 좁히는 것과는 별개로, 배경연구에서 여러분이 밝혀낸 것을 고려하여 그에 따른 주제를 면밀하게 검토해야 할 것이다.

Box 1.16 연구문제에 집중하는 방법

1. 광범위한 주제 영역(문제영역)에서 관심이 있는 것을 찾아라.
2. 타당성 있는 주제로 관심을 좁혀라.
3. 여러 관점으로 주제에 대한 의문을 제기하라.
4. 여러분의 계획에 대한 이론적 근거를 명확히 제시하라.

처음에는 구체적 연구문제보다는, 주택 공급과 무주택 상태, 도시 내 공원, 건축 규제와 역사적 보존과 같은 관심이 가는 포괄적 지식 내에서 단지 **문제영역**만을 규정하는 것이 더 유용하다. 그 다음 여러분의 목적은 아주 구체적인 연구문제가 될 때까지 생각이나 문제의 범위를 좁히는 것이어야 한다. 이 구체화 과정은 이미 그 주제에 대해 쓴 것, 무슨 연구가 실시되었는지, 그리고 추가 연구가 필요한 부분은 어디인지, 여전히 논란의 여지가 남아있는 부분은 어디인지를 알아내기 위해 많은 배경지식의 연구가 필요할 것이다.

여러분은 예비 연구에 착수할 때, 세 가지 질문을 명심해야 한다. 첫째는 '연구를 수행하는 당신의 동기는 무엇인가?' 연구 결과에 대한 호기심이 주된 동기가 되어야 한다. 또 다른 동기는 당연히 연구 과정의 요구조건들을 충족시키는 것이 될 것이다. 연구과정-장래에 쓰일 수 있는 실용적 지식-에 대해 배우는 것 또한 동기가 될 것이다. 연구문제의 선택은 이러한 동기부여의 요인들로 부터 영향을 받기 쉽다.

두 번째 질문은 '그 주제에 집중하기 위하여 관련 있는 어떤 관심, 경험, 전문지식을 쏟아 부었는가?'이다. 만약 여러분이 그 주제에 대해 1년 혹은 그 이상 즐겁게 집중해야 한다면, 분명 주제에 대한 관심이 필수적일 것이다. 비록 어떤 주제에 대한 경험과 전문지식이 해당 분야에서 연구를 수행하는데 필수적인 것은 아니지만, 여러분이 문헌연구와 가능성 있는 문제영역에 친숙해질수록 연구의 예비단계와 정보수집 단계에 정말 큰 영향을 미칠 것이다. 그러나 누군가가 '참신한 눈(new eye)'으로 주제를 바라볼 때 '새로운 견해(new light)'가 그 주제에 드리워질 것이다.

세 번째 질문은 '당신은 무엇을 만들어낼 것인가?'이다. 연구자로서 여러분의 우선순위는 기한 내에 지지할만한 논문이나 유용한 연구 보고서를 만들어내는 일일 것이다. 만일 여러분이 연구생이라면, 대학이 적절한 연구 주제에 대해 기재해 놓은 규정에서 요구하는 사항을 살펴봐야 한다(지금 바로 하는 것이 좋을 것이다. 도서관에 보관된 가장 최근의 대학 학위 규정에서 정보를 찾을 수 있을 것이다. 또한 복사본으로도 받아두어야 한다). 만일 당신이 학위 과정의 일환으로 논문을 작성하고 있다면, 학위 과정 지침서를 검토해 보아라. 혹시 자금지원을 받는 연구 프로젝트를 수행하고 있다면, 당신이 작업해주고 있는 자금 후원자나 조직의 정책이 요구하는 바를 알아둘 필요가 있다.

그림 1.6 당신은 무엇을 만들어낼 것인가?

초기 문헌 연구와 문제 영역 규정

초기 문헌 연구의 목적은 선택한 연구 분야와 관련된 출판물을 찾고 적절한 문제영역을 검색하는 데 있다.

폭스(Fox, 1969)는 검토해봐야 할 두 종류의 문헌에 대해 언급한다. 첫 번째는 '개념적 문헌'이다. 이는 여러분이 염두에 두고 있는 주제의 권위자들이 쓴 것으로, 의견, 관념, 이론과 경험을 제시해주고, 책 · 기사 · 논문의 형식으로 출간된다. 두 번째인 '연구 문헌'은 주제에 대해 실시했던 연구에 대한 설명과 결과를 보여주고, 종종 논문과 보고서의 형식으로 소개된다. 문헌연구를 효과적으로 수행할 수 있는 방법에 대해서는 이 책의 2장에서 말해줄 것이다.

모든 연구는 방대한 양의 지식 또는 이해의 단지 일부분만 차지하고 있을 뿐이므로, 연구자는 자신의 연구 활동이 진행되고 있는 맥락을 인식해야 한다. 이 단계에서는 지식의 깊이보다는 오히려 주제에 대한 전체적인 윤곽을 잡는 것이 중요하다. 이런 개요가 여러분에게 주요 쟁점과 문제 또는 논쟁에 대한 이해, 그리고 준거틀(a frame of reference)의 범위 내에서 문제영역을 선택할 기회를 제공해줄 것이다. 이런 문제영역 안에서, 여러분은 이미 선행 연구를 통해 보편적 진리로 받아들여지고 있는 측면을 숙지하는 것이 중요하다. 이런 '진리들'은 더 이상의 증명도 필요 없어서, 연구문제는 그냥 그것을 사용한다. 연구자가 자신의 연구에서 전적으로 모든 사항에 의문을 제기하는 것은 불가능하다. 그 대신에 연구문제는 이런 '진리들' 중 몇몇의 진실성에 도전하는 형태를 취할 수 있다. 지혜의 발전은 사전 지식이라는 굳건한 기반 위에서만 이루어지는 것이다. 분명, 연구주제를 이미 잘 알고 있는 사람은 이 단계를 통해 더 빨리 나아갈 것이다.

생각해보기

연구 과정의 초기 단계에서 여러분은 연구문제를 명확히 하기 위해 애쓸 필요 없이, 단지 문제영역을 구별하기 위해 주제 분야를 탐색할 것이다. 그렇다 하더라도, 여러분이 나아갈 방향을 알 수 있도록 다음 단계는 무엇일지를 알고 있는 것이 유용하리라 생각된다. 이는 여러분이 문제 영역을 선택하는 데 도움을 줄 것이다. 구체적인 연구문제를 세부적으로 명확히 하기 위해 필요할 지식과 기술은 이 책의 2~8장에 설명할 것이다.

연구문제의 정의

선택된 주제의 다양한 쟁점들에 대한 관심에서 어느 하나의 문제영역을 선택한 후에, 다음 단계는 구체적인 **연구문제**가 될 수 있도록 이미 논의한 모든 특성을 바탕으로 문제를 더 분명하게 정의하는 것이다. 이 단계에는 탐구심, 기존 이론이 가지고 있는 모순과 약점을 찾아내는 시각, 그리고 창의력이 필요하다. '실내에 있는 식물이 사람들의 기분에 영향을 주는가?', '예방책이 공공 시설물 파괴를 어떻게 줄일 수 있는가?', 또는 '설계 · 건설 규제들이 지역 전통 가옥의 파괴를 막을 수 있는가?' 이와 같은 간단한 질문을 제기해 보는 것은 구체적인 문제를 찾아내는데 도움이 된다.

그런 질문은 구체적인 연구문제를 명확하게 하는 출발점이 될 수 있는데, 궁극적으로는 그 문제에 대한 답변을 제시해주어야 한다. 이 단계에서 그 질문은 적절한 연구방법의 유형은 무엇인지에 대한 단초를 제공해 줄 것이다. 역사적 연구방법 아니면 기술적 연구일까 혹은 상관관계 분석이나 실험연구가 될 것인가, 어느 한 가지가 아니라면 둘 이상의 연구방법을 조합할 것인가? 외견상으로는 간단해 보이는 질문들이 모호한 것들로 가득 차 있어서, 엄밀한 정의를 통해 설명되어야 한다. 예를 들어 위에 나와 있는 질문들에서 '기분' 은 무엇을 의미하고, 어떤 종류의 '예방책'을 생각하고 있는 것이며, 질문이 모든 종류의 '전통 가옥'을 포함하고 있는 것인가? 만일 여러분이 단지 대여섯 단어로 문제를 언급한다면, 그 문제는 지나치게 광범위해질 수도 있다. 어디에서, 누가, 무엇을, 어느 것을, 언제? 같은 추가 질문을 집어넣는 것이 그 문제를 상세하게 설명하는데 도움이 될 수 있다. 이 단계에서는 전체 질문 길이에 대해 고민하지 말고, 문제를 단문들로 나누어라. 다른 순서로 배치시킬 수 있도록 각각의 문장을 별개의 종잇조각에 옮겨놓는 것은 유용한 방법이다. 문장의 조합이 가장 논리적인 순서로 배열되었을 때, 그 진술을 좀 더 명쾌한 형식으로 편집할 수 있을 것이다

(문제기술에 대한 더 자세한 논의는 4장에서 다루고 있다).

구체적인 연구문제를 개진해 나가면서, 문제가 제기하고 있는 연구를 수행하는데 필요한 기술을 명심하라. 폭스(1969, p.39)는 다섯 가지 필수적인 기술을 제시하고 있다: 연구 설계, 도구 개발, 자료 수집, 자료분석, 연구보고서 작성이 그것이다.

연구 설계는 강사나 지도교수의 자문을 통해 배울 수 있다(5장과 6장에서 언급할 것이다). 그러나 도구 개발은 고도로 전문화된 기술이므로, 표준화되거나 이미 개발된 도구를 사용할 수 있도록 문제를 공식화하는 것이 좋다. 자료수집 방법이 요구하는 기술은, 필요한 자료의 정도를 고려해야 하긴 하지만, 일반적으로는 쉽게 얻을 수 있다(5장에 나와 있다). 자료분석은 정말로 전문가의 기술을 요구하는데, 매우 복잡한 특성을 지닌다(여러분이 그 정도까지 연구과정을 진행시키면, 전문가의 도움을 받을 수 있다). 연구문제 자체에 포함되어 있는 자료분석이 가지고 있는 의미에 대해 강사나 지도교수의 자문을 구하는 것은 분명 그럴 만한 가치가 있다. 연구보고서 작성은 7장에서 소개할 것이고, 몇 개월(혹은 몇 년)이 지나면 강사나 지도교수가 말해줄 것이다. 이런 점들을 숙지하고 있으면, 계획한 연구조사의 실현가능성과 높은 성공 가능성을 보장해 줄 것이다.

하위 문제들

대부분의 연구문제는 더 작은 문제들로 나누지 않은 채로 해결하기에는 어렵거나, 심지어 불가능하다. 문제를 공식화하는 동안 만들어진 단문들은 하위문제들의 존재에 대한 단서를 제공해줄 수 있다. 어느 한 측면은 또 다른 한 측면이 시작되기 전에 연구해야 하는가? 예를 들어 앞서 제기된 질문들 중 하나-공공시설물 파괴 행위를 막기 위해 사용할 수 있는 예방책의 종류-에서, 대책들을 어떻게 사용하고 그 대책들은 어떤 유형의 공공시설물 파괴 행위에 적합한지를 살펴봐야 할 것이다. 하위문제들은 연구 범위를 정확하게 기술하고, 주요 문제에 요약되어 다루어질 수 있게 전체 문제를 합쳐서 정의해야 한다.

Box 1.16에 나와 있는 여러분의 연구 범위를 하나의 주제로 좁혀주기 위한 단계에 이어, 부스 외(1995, p. 40)는, Box 1.17에 제시된 네 가지 관점에서 주제를 살펴봄으로써 여러분이 하위문제를 정의하기 위해 자신의 질문을 조직하는 방법을 더 자세히 설명하고 있다.

Box 1.17 하위문제를 정의하기 위해 사용되는 질문들

1. 주제의 중요한 부분은 무엇이고, 그 부분의 더 넓은 전체는 무엇인가?
2. 부분의 연혁은 무엇이고, 더 넓은 범위의 역사는 무엇인가?
3. 부분 내에서 어떤 종류의 범주를 찾을 수 있고, 소속된 더 넓은 범주는 무엇인가?
4. 부분의 장점이 무엇인가? 사용할 수 있는가?

2차 문헌검토

연구문제의 공식화에 이어 좀 더 집중적인 문헌검토가 이루어진다. 이런 문헌검토의 목적은, Box 1.18에 제시되었듯이, 연구문제의 한두 가지 측면에 대해 이미 실시한 연구에 대해 배우는 것이다.

Box 1.18 문헌검토의 목적

1. 자신의 연구 수행의 토대를 형성하기 위해 선행연구의 결과를 요약하는 것.
2. 자료 수집 방법에 대한 생각을 모으는 것.
3. 자료분석 방법을 연구하는 것.
4. 사용할 도구에 대해 연구하는 것.
5. 선행연구의 다양한 연구 설계의 성공을 평가하는 것.

문헌검토, 정보축적과 정보검색 기술에 대한 본격적인 소개는 4장에 나와 있다.

연습문제 1.3

여러분이 연구문제의 특성과 그 연구문제를 제시하는 방법에 대해 배운 내용을 연습해보기 위해, 여기에 대학원 학생이 쓴 연구제안서의 일부를 제시해 놓았다. 이 연구제안서는 관련 배경, 연구할 문제, 그리고 그 문제의 중요성에 대해 정확하고 간결하게 서술할 목적으로 쓰인 것이다. 분명히, 이 단계에서 여러분이 직접 이처럼 자세하게 쓰라는 요구를 받지는 않는다. 이 연습의 주안점은, 맥락에서 연구문제를 추출해 내는 방법과 읽는 사람에게 연구의 가치와 수행가능성을 납득시키기 위해 어떻게 정의되고 기술되어 있는지를 알아보기 위해, 여러분이 제시문을 검토해보는 것이다.

다음에 나오는 짤막한 연구제안서를 읽은 후, 아래 기준에 맞춰 살펴보라.

1. 연구문제는 명확하게 언급되었는가? 무엇인가? 써보라. 만약 분명하지 않다면, 그 연구문제가 무엇이었을지 찾아내고 나서 요약하라.
2. 그 문제는 배경지식과 의문으로부터 자연스럽게 나온 것처럼 보이는가? 문제를 이끌어내는 논거의 핵심을 요약하라. 만일 관련된 배경지식과 논거를 찾는 것이 어렵다면, 누락된 부분이 어디에 있는지 설명하라.
3. 어떤 하위문제들이 언급되어 있는가? 그렇다면 그것은 무엇인가? 써보라. 그 하위문제들이 정말 주요 문제의 부분을 이루고 있는가?
4. 제시된 연구는 범위 내에 국한되는가? 그 한계는 무엇인가?(만약 여러분이 시간, 장소 등과 같은 연구의 상이한 측면을 생각하고 있다면 도움이 될 것이다)
5. 연구자는 어떤 종류의 연구방법을 사용할 것이라고 말하였는가? 그렇다면, 연구자가 수행하게 될 연구 활동을 요약해 써보라.
6. 연구의 중요성을 암시해주는 것이 있는가? 있다면, 어떻게 전달하고 있는지 기술하라.
7. 다른 연구자의 연구나 참고문헌을 참조하거나 그에 대해 논의하고 있는가? 있다면 어떤 것인가?

연구제안서

청소년 신체 장애인들의 집단거주시설에 관한 연구

이 연구의 목적은 신체장애를 지닌 사람들을 위해 설계된 상이한 형태의 집단거주시설을 연구하는 데 있다. 그리고 이런 시설이 특히 중증 장애를 겪고 있는 청소년층에게 독립된 생활요건을 충족시켜주는지 그 효과를 평가할 것이다.

장애인 격리의 이면에 놓여있는 생각은 스스로 삶을 꾸려나갈 수 없는 사람들을 책임질 수 있는 시설에 정당하게 수용한다는 것이다. 오랫동안, 그런 시설에 들어간다는 것은 주변여건이나 목적에 의해 특정 권리, 특히 독립된 생활이라는 권리의 포기를 의미해 왔다.

타인에게 의지하는 사람들-빈자, 병자, 버림받은 자- 사이의 구분이 좀 더 분명해지게 됨에 따라, 구빈원, 고아원 그리고 수용소 같은 기관과 시설이 그들을 부양하기 위해 발전해 왔다. 그들의 공통된 사조는 격리다. 2차 세계 대전 이후, 격리시설 수용에 대한 의문이 제기되었고, 그런 사람들을 부양하기 위해 시설 생활에 대한 대안들이 모색되었다. 복지시설의 반응은 장애가 있는 사람들의 격리에서 이들을 주류 사회로 통합시키는 쪽으로 바뀌었다. 건축가들에게 근원적인 문제는 이런 전환을 수용하기 위해 건물들이 변화해야 하는가에 있었다. 건축가들은, 장애 정도가 다양한 사람들이 독립된 생활을 위해 선택할 수 있는 폭을 넓혀 줄 더 다양화된 건물을 고안할 필요가 있었다.

1950년대와 1960년대에 보호기관과 장애인 시설(special needs housing) 같은 새로운 건축 형태가 발전하였으나, 이것은 노년층의 사람들에게 더 탁월하게 적합하였다. 더 젊은 장애인들에게는 시설에 입소하거나 집에 머무는 것 사이에서 거의 대안이 없는 상태가 계속되었다.

하지만 1970년에 이르러 새로운 개념이 개발되었다. 가장 주목할 만한 것은 집을 떠나야 했었던 취업연령의 중증 장애인들을 위한 청소년 장애인 단체(YDUs)였다.

320개 이상의 YDUs와 유사한 시설이 지난 20년간 세워졌고, 10,500명을 위한 공간이 제공되었다. 일부는 병원 단지 내에, 또 몇몇은 지역사회 내에 세워졌는데, 보통 개인용 침실과 공용 시설을 갖추고 30명의 입주민을 수용한다. 시설물의 목적은 학교 졸업부터 은퇴까지 연령에 관계없이 독립된 주거에 대한 욕구를 충족시켜주는 것이었다. 그러나 이런 계획의 효율성에 대한 연구는 희소한 실정이다. 지금까지의 연구는, 건물 설계가 나이가 많은 입주민의 욕구에 부응하는 데는 더 성공적이고 젊은 장애인의 독립생활에 대한 욕구에는 그렇지 못하다는 것을 보여주고 있다.

그러므로 이 연구의 초점은 다른 YDU 건축 형태에 미친 영향을 연구하고, 독립 주거 욕구를 충족시켜주는 데 있어서의 효율성과 그 안에서 생활하는 청년 중증 장애인의 바람을 평가하는데 있다.

이전에 휠체어라는 요소에 모든 설계 목적이 맞춰졌던 각기 다른 건물 유형에서 독립적 주거의 효율성을 측정하기 위해 초기 연구에서 정립된 독립 주거의 지표들을 사용할 것이다. 자료는 다른 YDU 형태의 집단생활 운영체계에 대한 세부적인 다중 방식 설문연구(multi-method surveys)를 실시하여 수집할 것이다. 설문연구에는 계획에 대한 세부적인 평가와 건축물의 측정, 사용 중인 건물의 관찰, 연령대별 거주자와의 한정 응답식 면접(structured interview)을 포함시킬 것이다.

연구 결과는 이 분야에서 이루어지는 연구에 독창적인 기여를 하고, 중증 신체장애가 있는 청년층의 독립성을 최적화하기 위해 시작한 독립생활 계획 설계에 실질적 가치가 있는 조언을 주고자 한다.

(3년 뒤 박사 학위를 성공적으로 취득한 David Bonnett의 제안서)

생각해보기

여러분은 지금 주어진 지문을 분석하는 것이 더 빠르다고 생각하는가? 위에 주어진 예시는 박사 과정으로 넘어가고자 석사 학위를 위해 제출한 연구 계획서의 첫 번째 부분이다. 이 예에서 누락된 것은, 연구를 정확히 어떻게 수행할 것인가를 설명해주는 세부적인 방법론이다. 이미 말했다시피, 여러분이 이 단계에서 그만큼 세부적인 것을 쓸 수 있으리라 기대하지는 않는다. 그러나 7장이 끝나고 나면, 여러분은 비슷한 무언가를 쓸 수 있어야 하고, 이 발췌문은 여러분이 지향하고자 하는 바에 대한 생각을 주고 있다. 물론 여러분의 주제는 완전히 다르지만, 위에 나열된 기준들은 같을 것이다.

연구프로젝트의 기획

연구계획의 목적은 최초의 연구문제를 선택하여 그것을 어떻게 연구할 것인가를 결정하는 것이다. 명확하게 정의하여 표현된 연구문제는 연구 계획을 전개하기 위한 하나의 중요한 선결조건이다. 계획을 세울 때 고려해야 할 주요 요건들은 허용된 시간, 재정 지원, 각종 설비, 자료 입수 가능성, 가능한 분석 방법, 그리고 연구자로서의 여러분의 진행 능력 등이다.

여러분을 도와줄 연구팀은 없으며, 그리고 여러분에게는 석사과정 1년, 박사과정 3년, 그리고 학위논문을 완결하는데 필요한 몇 주간의 여유 밖에는 남겨져 있지 않는 다는 점을 기억해야 한다. 모든 여타의 연구 계획 역시 이와 비슷한 시간적 제약을 받는다. 여러분이 결정하기 어려운 부분들도 있을 것이다; 아무리 여러분의 주제가 흥미롭고 그 예상결과가 중요할지라도, 여러분이 연구할 분야의 범위를 한정시키고 다룰 수 있는 규모 내에서 연구를 계속하는 것이 필수적이다. 학위를 위한 연구는 연구기술 개발을 위한 훈련이며, 궁극적으로 여러분이 그 기술들을 충분히 습득했다는 것을 논문을 통해 보여 주어야 할 것이다.

연구전략 선택

여러분이 추진하고자 하는 연구의 종류는 무엇인가? 여러분 연구 계획의 핵심일 수 있는 각기 다른 전반적인 목적들을 기억하는 것은 가치 있는 일이다. 필립스와 푸(Phillips and Pugh, 1994, pp. 49-52)는 다음 Box 1.19에서 보는 바와 같이 세 가지의 기본 연구목표를 밝히고, 뒤이어 나오는 지문에서 각각에 대해 논의하고 있다.

Box 1.19 연구의 기본 목적 적

- 탐구
- 검증
- 문제해결

탐구

이런 유형의 연구는 알려지지 않은 것들을 탐구하여, 새로운 문제나 주제를 찾아 이를 해결하려 한다. 그러한 주제들에 대한 선행연구가 거의 전무하기 때문에, 연구범위를 정확하게 기술하거나 결과를 예측하기란 불가능하다. 비교적 탐구되지 않은 분야에 있기 때문에 연구의 필수적인 부분은 기존에 있는 어떤 이론, 개념, 그리고 방법론을 사용하거나 채택할지를 알아보는 것이다. 아니면 기존의 것들로는 실패해서 새로운 이론, 개념, 방법론을 고안해내는 것이기도 하다. 이것은 결과물이 가치 있을 것이라는 기대 속에 지식의 한도를 떨쳐버리는 것이다.

검증(testing out)

이런 연구의 공통된 특징 한 가지는 구체적 사례로부터 일반화시킨다는 점이다. 그러나 일반화가 타당성을 갖기까지는 얼마나 먼 일인가? 연구의 검증은 다른 조건 속에서 일반화의 타당성을 알아보는 것이며, 그 일반화의 한계를 규정하려는 것이다. 이 기본적인 과학적 행위는 이론의 정교화를 가져온다. 이러한 접근방법에는 수많은 가능성들이 있는데, 상이한 지역들에서, 각기 다른 사회적 또는 물리적 조건하에서, 서로 다른 배경 등에서의 일반화 검증을 실시하는 것이다.

문제해결

이런 유형의 연구는 '실생활 문제'를 확인해 준다. 그 목적은 체계적인 평가와 분석 기법을 사용하여 문제에 대해 가능한 해결책들을 찾아내는데 있다. '실생활의 문제들'은 복합적이기 때문에 그에 대한 연구는 많은 배경지식이 요구되며, 다양한 방법들과 여러 원칙들이 담겨 있을 것이다. 이런 연구를 이론적 수준에서 계속해 나가는 것이 가능할지도 모르나, 흔히 현실적인 이점들이 이 연구에서 나온다. 그러나 해결책들이 확실하거나 뚜렷한 것 같지는 않다.

어떤 연구 유형이 학위를 얻기에 가장 효과적인가? 필립스와 푸(1994)는 가장 안전한 선택 즉, 불확실한 요소들이 가장 적은 것을 추천해야 한다고 지극히 현실적으로 주장한다. 기존 이론들과 확립되어 있는 검증방법에 기초한 연구 검증은 (비록 흥분되는 일은 놓칠지 모르지만) 나머지 두 가지 연구방법이 가지고 있는 예측불가능성을 피하게 해준다. 여러분이 수영을 할 수 있을 때까지는 두 발을 바닥에 닿도록 하는 것이 아마 더 나을 것이다! 그럼에도 여러분은 그 연구를 (단지 반복하기보다는 차라리) 가치 있는 것으로 만들기 위해서 그 주제에 새로운 통찰력이나 방법을 도입해야 할 것이다. 그리고 이러한 주류의 연구유형은 나머지 두 유형의 연구보다는 더욱 쉽게 출판하고 인용할 수 있는 결과를 내놓을 것이라는 점을 주장할 수 있다.

탐구적인 문제 해결 접근방법에는 더 큰 위험부담과 우리가 알지 못하는 것들이 많이 있다. 확실히 이 접근방법들은 연구자에게 더 많은 전문지식과 경험을 요구하며, 지도교수의 전폭적인 지지가 필요하다. 그러한 혁신적이며 독창적인 연구에 있어, 그 결과가 공표될 수 있을 만큼 그 주제에 대한 권위를 얻는 것은 더 어려우며, 그것은 자칫 자신의 연구 경력에 타격을 입힐 수도 있는 것이다.

그림 1.7 문제해결 양식의 연구는 어떤 "실질적인 생활문제"를 확인하는 것이다.

생각해보기

여러분은 이제 자신만의 연구 대상에 대해 생각해보고, 상기 연구 유형들 중 어느 것이 여러분 연구에 적합하다고 여겨지는지를 숙고해 보아야한다.

당신의 프로젝트를 계획하기

어떤 연구과제일지라도 연구목적을 이행하는데 있어서 연구자가 시간을 효율적으로 사용할 수 있는 계획이 필요하다. 마구잡이식으로 주석 및 참고문헌, 잡다한 정보와 의견을 수집하고 읽는 것은 많은 노력을 낭비하고 좌절을 초래할 수 있다. 이런 식의 활동은 '매우 흥미로울지' 몰라도 어떤 일정한 방향으로 인도해 주지도 않으며, 따라서 연구를 진전시키는데 아무런 기여를 하지 못한다.

- 연구계획과 건축 계획에는 많은 공통점이 있다. 각각 과제에 대한 작업을 시작할 수 있으려면 전체적인 조직에 대한 개념화와 세밀한 계획이 선행되어야 한다. 성공적인 완성을 위해, 건물은 분명하게 고안되고 정확하게 제도된 계획을 필요로 한다. 연구계획은 완벽하게 머릿속에 떠올릴 수 있어야 하고, 정확하게 세부적이어야 한다(Leedy, 1989, p.79).

리디에 따르면(1989, p.81), 모든 연구에는 기본적인 형식이 있다. 주제나 학문이 초점을 맞추고 있는 것이 무엇이든지 간에 모두, 주요 연구문제의 필요성, 자료의 수집과 대조, 적절한 분석방법과 확실한 결론의 공식화를 공유한다. 그렇다고 모든 학문의 방법론이 비슷할 것이라고 말하는 것은 아니다. 오히려 반대로, 연구과제 계획의 많은 부분이 자료 수집과 분석을 위해 가장 적절한 기술을 결정하는데 할당된다. 또한, 그러한 과정의 근본적인 원동력은 동기, 경험, 기술과 같은 연구자의 특징, 비용, 시간, 편의 시설, 상황 등과 같은 연구 상황의 측면, 그리고 응답자나 연구를 함께 작업하는 다른 사람들의 욕구와 요구를 포함한다.

Box 1.20, 1.21, 그리고 1.22는 연구계획의 세 가지 사례를 담고 있는데, 두 개는 박사 논문에 있는 내용이며, 마지막 세 번째는 자금지원을 받은 연구 프로그램이다. 여기 사례들에 나와 있는 참고문헌들은 이 책의 참고문헌에 목록에 포함되지 않았음을 적어둔다.

Box 1.20 연구계획 사례 1

Oxford시의 1차 진료 기관(Primary Care Group, PCG) : 관계 부처 간 협력에 관한 사례연구

- **노인들의 독립심 장려하기**

이 연구에서는 추적 조건으로 대퇴부 골절(엉덩이 골절)을 사용할 것이다. 노인을 위한 보호 대책은, 예방(사고 감소), 외상, 사회복귀, 1차 진료, 지속적인 사회적 자가 보호, 사회 복지사업, 자원봉사 부문, 간병인, 복지 센터, 재가 보호 등을 포함한 의료 서비스와 사회복지의 모든 체계를 수반한다. PCG가 관계 부처 간 협력에 영향을 미친다면, 그것은 이 기관에 대한 처우에 분명하게 나타나야 한다.

이 연구는 관리자와 서비스 이용자 둘 모두의 관점에서 관계 부처 간 협력에 대한 PCG의 영향을 확인해볼 것이다. 중간관리자와 실무자를 대표하는 목적표본(purposive sample)을 선정하여 반구조화 면접(semi-structured interview)을 실시할 것이다. SWOT(Strengths 강점, Weaknesses 단점, Opportunities 기회 and Threats 위협) 분석틀을 사용할 것이다. 표본추출은 관련 기관의 간부들에게 조직 내에서 타 기관과 연결되는 접근성이라는 측면에서 인터뷰하기에 가장 적합한 인물이 누구인지를 확인해달라고 요청하여 진행하였다. 이런 사항들은 대퇴부 골절상을 입고 사람들이 자신들을 돌봐주었던 체험을 겪고 난 후에 집으로 돌아온 노인들의 경험을 연구하기 위해 반구조화 면접을 실시한 이후에 이루어질 것이다. 이는 '전문가들'의 설명을 입증해주는(혹은 그 반대인) 전후 관계상의 자료를 제공해 줄 것이다. 연구방법은 전문가들과 이용자들의 인식을 연구하는 것인데, 그 영향을 바로 측정하기보다는 1년간 지속적으로 기대와 실제를 비교하는 것이다. 서비스 이용자들과 그들의 간병인들은 John Radcliffe 병원 응급실(A&E, Accident and Emergency)을 통해 만날 것이다. 의료윤리위원회의 승인을 구할 것이다. 현장연구는 첫 번째 시기(2000년 4월에서 6월까지)와 두 번째 시기(2001년 4월에서 6월까지), 두 차례 실시할 것이다.

- **PCG의 약물남용 대책사업(Substance Misuse Services)에 대한 평가**

이 연구과제는 PCG가 천명한 다섯 가지 우선사항 가운데 한 가지인 도시의 약물과 음주 문제를 다루는 PCG의 결정에 관한 것이다. PCG는 개발 부서인 Oxford 지역 약물남용 대책사업에 사업개발을 위한 10만 파운드의 예산과 함께 2000년 1월부터 1년 동안 우편물을 보냈다. 본 연구에서 측정 기준은 주로 그 계획의 목적이 될 것이고, 따라서 시행단체와의 상의를 통해 구체화시킬 것이다.

연구의 앞선 내용과 마찬가지로, 관련 기관들의 관리자와 실무자 수준에서 핵심적인 정보제공자들의 목적표본에 대한 반구조화 면접을 실시할 것이고, SWOT분석틀을 사용할 것이다. 서비스 이용자들 또한 PCG 계획이 자신들의 진료 경험에 미친

영향을 평가하기 위해 면접을 볼 것이다. 그들은 시중 약국인 Libra에서 만날 것이다. 그 약국 관리인을 '감시요원(gatekeeper)'으로 정해서, 고객들이 자발적으로 연구에 참여하도록 할 것이다. 의료윤리위원회의 승인을 구할 것이다. 현장연구는 첫 번째 시기(2000년 4월에서 6월까지)와 두 번째 시기(2001년 4월에서 6월까지), 두 차례 실시할 것이다.

- **구조적 변화 관찰**

이 연구의 세 번째 요소는 공동 협력에 대한 PCG의 영향을 연구하고, 면접, 우편설문연구, 문서분석, 이 세 가지 방법으로 PCG의 구조적 변화를 관찰할 것이다. 면접에 대한 예비 분석을 통해 두 개의 우편 설문지를 작성할 것이다. PCG 표본의 15%에 대한 전국적인 설문연구를 수행하는 전국 추적 프로젝트 결과물과의 비교가 이루어질 것인데, 그 일부는 특히 지역 당국과의 협력관계 발전을 살펴볼 것이다. 특정 관심 주제는 PCG의 도입이 기존의 의료비지원을 받는 지역보건의(General Practitioners, GPs) 제도에 미친 영향이 될 것이다.

1. 면접. 2000년과 2001년 6월에서 11월까지 각각 6개월 동안, 각 기관 사이의 접점에 있는 핵심 정보 제공자들에 대한 면접을 실시할 것이다. SWOT분석과(또는) 스테판 페캄(Stephan Peckham, 1999)의 분리-통합 면접 계획이 사용될 것이다. 가능한 한 많은 기관의 구성원을 대표하는 피면접자들을 면접할 것이다.
2. 우편설문지. 첫 번째 설문지는 오직 전에 의료비지원을 받았던 사람들에게만 보낼 것이고, 설문지에는 현재 의료비지원을 받고 있는 사람들과의 면접에서 알게 된 내용을 많이 담는 것을 목표로 할 것이다. 두 번째 설문지 설계는 모든 면접에 대한 예비 분석을 통해 이루어질 것이고 옥스포드에 있는 개업의사 각각에게 발송될 것이다. 설문지 회수를 장려하기 위한 PCG부터의 지원이 있을 것이다.
3. 문서 분석. PCG 문서의 지속적인 분석을 수행할 것이다. 이러한 문서들에는 이사회 회의, 소집단 회의(건강증진계획 단체, 소통과 대중 참여 단체, 정신건강 실무단체, 임상관리), 그리고 다른 회의의 행동강령과 의사록, 상담 활동 등이 포함될 것이다.

첫 번째 현장연구 기간 동안의 기본적인 자료 수집은 석사 과정 학생들이 맡을 것이고, 박사 과정은 1년 동안의 자료 수집과 PCG가 활동 초기에 관계 기관 협력에 어떻게 영향을 미쳤는가에 대한 분석을 담당할 것이다.

(Alison Chisholm, Oxford Brookes University)

Box 1.21 연구계획 사례 2

Key Stage(KS) 3 과학에서 에너지에 대한 교수 학습에 영향을 미치는 요인

- **제안된 계획**
  - **1단계:** KS3에서 에너지 강의에 대한 접근방법을 찾기 위해 연구하라. 교육과정 구성, 사용된 자료, 담당 교사의 전문성에 초점이 맞춰질 것이다. 처음에는 과학 주임들을 겨냥한 반구조화 설문지로 시행될 것이다. 이후 에너지 강의에 대한 생각과 교내 과학교사들과의 후속 연구 가능성에 대해 물어보는 간단한 비공식적 면접이 빨리 이루어지기를 바란다. 처음에는 여러 주와 대도시 지역에 걸쳐 있는 시골과 도시 지역에서 선발된 100개 중등학교의 무작위 표본과 접촉하는 것이 목표다. 이 단계는, 학교에서 에너지를 가르치는 방법에 대한 유용한 정보를 얻어낼 기반을 구축하기 위해, 첫 만남을 연습하고 어색함을 없애는 단계이다. 요구하는 정보가 감정적이고 정서적인 것이 아니라, 피상적이고 조직적인 것이기 때문에, 반구조화 설문지가 적절하다. 처음에는 학교내 교사와 학생 전부를 실제로 만나볼 것이다. 자료는 엑셀과 같은 표 계산 프로그램을 사용해서 분석될 것이다.
  - **2단계:** 지원한 교사 몇몇을 포섭하기만 하면, 이 단계는 교사들이 자신들의 경험상 개념 이해에 중요하다고 여기는 요인들을 이끌어내고 우선순위를 매기기 위해 교사들과 함께 작업하는 것을 목표로 하는 간단한 시행이 될 것이다. 요인의 도출은 개념 지도화(concept mapping)를 통해 이루어질 것이다. 순위와 우선순위는 실제 인식하고 있는 중요성을 측정하기 위해 반응척도(response scale)를 통해 이루어질 것이고, 상대적 중요성을 측정하기 위해 우선순위 격자망(grid)으로 삼각 측량될 것이다. 이 단계는 1단계에서 정해놓은 교과과정 내에서의 교수 행위에 대한 약간 더 깊은 통찰력, 나아가 학교와의 관계발전을 얻기 위해 이루어진다. 그리고 교사들을 알아가고 심층적 사례 연구 작업의 가능성을 열어놓아 현장연구 방법론의 출발점을 제공하게 되는 것이다. 그것은 20명의 교사들과 함께 작업하는 것을 목표로 한다. 자료는 등급을 매겨 우선순위가 되는 요인들을 삼각 측정하여 표 계산 프로그램으로 분석할 것이다. 각각의 교사에게 중요한 요인들의 개별적인 '상(picture)'의 결과는 개념적 이해에 유용한 자료를 제시해 줄 것이다. 한 집단으로서의 모든 교사들을 위한 '상'은 상관관계의 증거로 연구될 수도 있다. 개념 지도화방법을 정교화하고 결과 반영을 용이하게 하며, 추가 35명과의 유용한 만남을 갖기 위해 교육대학원(Postgraduate Certificate in Education) 학생들과 이 단계를 함께 조율해나갈 것이다.

- **3단계:** 이 단계는 8~10명의 교사 및 그들의 학생들과 함께 작업한 사례 연구이다. 목표는 2단계에서 등급과 우선순위가 매겨진 기초 요인들을 바탕으로 에너지를 가르치는 것의 효율성을 측정하는 것이 될 것이다. 이것은 교사와 에너지 혹은 에너지와 관련된 주제를 다루는 수업을 열심히 따라가는 7, 8학년 또는 9학년 학생들과 함께 작업하여 실시할 것이다. 효율성은 수업 이전과 이후 학생들의 개념 이하라는 측면에서 평가할 것인데, 먼저 첫 수업에서 학생들이 기대하는 결과에 대한 기준을 정할 것이다. 여기에는 그 학교의 교과과정이 담겨 있기 때문에 국가의 교과과정 역시 알 수 있다. 또한, 예상되는 에너지 개념에 대한 이해수준 역시 미리 명확하게 정의될 것이다. 그러나 에너지에 대한 설명에서의 최근 변화에 따른 에너지 개념의 복잡한 특성을 고려하면, 일부 교사들은 가르치기 전에 에너지에 대해 기존에 자신들이 가지고 있는 생각들을 의심해봐야 할지도 모른다. 따라서 어떠한 잘못된 생각들을 끄집어내기 위해서 교사들에 대해 심층면접을 시행하고, INSET(PSTS 프로젝트로부터 방법과 자료를 사용하는 것, 현직교사 연수)을 위한 방법을 제공하는 것이 좋다. 수업 전후에 학생들은 구조화된 개방형 질문을 통해 에너지에 대한 이해력 테스트를 받을 것이다. 학생들이 가지고 있는 개념에 대해 더 잘 이해하기 위해 한 명을 표본화하여 심층 면접할 것이다. 에너지 개념에 대한 다양한 설명에 따라 검사 질문과 면접 기록들을 코딩(coding)할 것이다. 전반적으로, 교과과정 조직, 교사의 전문성과 교과 지식, 구성주의 교수 학습의 효율성, 그리고 학교에서 가르치는 과학에서 에너지 개념의 설명이 변한 것에 대한 인식은 비판적으로 검토하고 고려해야할 요인들일 것이다.

  요약하면, 2단계를 거쳐 만남을 확보한 후의 각각의 사례 연구의 순서는 다음과 같다.

- '사례와 사건에 관한 면접'기술을 사용하여 에너지의 이해에 대해 교사들을 면접한다.
- 학생들을 테스트하고 하나의 표본을 인터뷰하여 에너지에 대한 학생들의 예상을 파악한다.
- (필요하다면) 교사들에게 에너지 개념에 대한 교사연수(INSET) 기회를 제공한다.
- 위(구성주의 원칙)의 것들을 고려하여 교수 절차의 요소들을 숙그하고 재설계한다.
- 수업 진행을 참여 관찰하여 현장 기록하고, 보고를 위해 코딩하고 생각해본다.
- 마지막에 학생들을 테스트하고 하나의 표본을 다시 면접한다.
- 전 과정의 보급과 성찰
- 개념적 이해의 강화를 검사하기 위해, 가능하면 후일에 학생들을 다시 테스트한다(구성주의 원칙).

• **방법론**

연구자의 입장은 이 연구의 목적을 달성하는데 일반적이고 혼합방법론(mixed methodology)이 적합하다는 것이다. 질적 방법과 양적 방법을 함께 사용할 것이다. 1단계와 2단계에는 그 단계들에서 산출된 정보뿐만 아니라, 중요하게는 개인적 측면에 있어서도 3단계를 위한 필수 조건으로 인식된다. 전체 설계는 켈리(Kelly)의 개인 구성이론(personal construct theory)을 염두에 둔 것으로, 특히 '개인의 구성 체계의 포괄'과 '핵심 구성'에 대한 민감성이 그러하다. 학교와 처음 접촉할 때의 목적은 단지 교과과정 구성에 대한 피상적인 질문을 하는 것이다. 그 이후 교사들과 충분한 공감(rapport)과 신뢰가 형성될 때, 더 깊이 있는 질문을 던져보는 것이 적절하다. 예를 들면, 교사의 교과 지식에 관한 문제는, 언급한 바와 같이 중등학교 과학교사들에게는 민감한 영역일지도 모르는 3단계에서 나타난다. 이는 비판적 연구수행을 위해 교사들과 함께 작업하러 오는, 현직 교사가 아닌 대학 연구원이라는 지위를 생각해볼 때 특히 그러하다.

3단계는 행동연구(action research)와 구성주의 원칙에 따라 설계되었다. 이 연구자는 그러한 심층적 교육연구에는 자기회귀(autoregression) 연구방법이 좋다고 생각하는데, 그 이유는 연구를 실시하는 사람이 연구과정에 참여하고, 권한을 부여할 수 있으며, 지식의 본질이 현실에 근거한 것이고, 연구가 현실적 가치를 갖기 때문이다. 또한 자기반성 과정 때문에, 그것은 실천에 있어서 긍정적인 변화 가능성을 조장한다. 구성주의는 언급된 바와 같이 현재의 연구 보고서에서 중요하게 여겨지기 때문에 적절한 교육학이라 생각된다.

• **박사논문에 대한 견해**

이 연구는 KS3에서 과학의 에너지 개념에 대한 교수와 학습을 향상시키는 지식의 기초에 기여할 것으로 생각되는데, 특히, 연구과정을 통해 에너지에 관한 개념 이해에 중요한 영향을 미치는 구체적 요인들에 대해 비판적으로 평가, 기술하고 강조한 점이 그렇다. 이 연구는 또한 켈리의 개인 구성이론, 행동 연구, 구성주의, 질적·양적 방법론을 끌어들여 혼합방법론을 보여줄 것이다. 이것은 KS4, 고등교육(Further Education), 또는 개념적 이해가 쟁점이 되는 또 다른 학과 영역으로 확대될 가능성을 지니고 있다.

• **연구기간**

- 1년 기간 1 : 문헌연구
  기간 2 : 연구 설계, 세부사항

기간 3 : 접촉하기, 1단계, 2단계 진행, PGCE 학생
- 2년 기간 1 : 본 연구
  기간 2 : 본 연구
  기간 3 : 1, 2, 3단계
- 3년 기간 1 : 1, 2, 3단계
  기간 2 : 논문작성
  기간 3 : 논문작성

(Robert Illes, Oxford Brookes University)

Box 1.22 연구계획 사례 3

국민의료보험에 종사하는 관리자, 설계자, 그리고 연구자들을 위한 설비 관리에 대한 현재와 완료된 데이터베이스 산출을 위한 초기 연구

- **목적과 방법론**

1. 필수적인 데이터베이스 문제의 범위와 규모 결정, 현재 검색방법, 선호도와 요구사항.
   방법: 국민의료보험 프로젝트 관련 분야에서 일하는 관리자들 중 선발된(대략 20명) 소규모 인원들과 구조화된 개별적 전화 면접. 결과: 데이터베이스 '개요'의 공식화.
2. 현재 존재하고 연구를 착수하는 데 사용할 수 있는 자료 출처에 대한 연구. 방법: 도서관 검색, 전문가와 리서치 센터에 전화와 서면 문의. 결과: 연구 활동 정보에 관한 현존하는 데이터베이스와 출처 목록.
3. 이러한 자료 출처에 접근, 접속 비용, 자료 사용에 관한 저작권 상황, 가능한 저작권료의 특징에 대한 연구. 방법: 자료의 제공자와 관리자와의 서면 연락과 전화 통화. 결과: 연구활동에 관한 자료의 수집비용과 이용가능성에 대한 세부적인 정보.
4. 비용 영향 평가를 포함한 국민의료보험 프로젝트에 종사하는 직원들과 다른 사람들의 용이한 데이터베이스 접근을 가능하게 해주는 검색엔진에 대한 검토를 포함하여 CD-ROM, 인터넷, 인트라넷과 같은 데이터베이스에 적합한 수단을 연구. 방법: 그 주제에 관한 전문가의 논문 자료, 현장 실무자들과의 상담. 결과: 숙고한 결과 나온 장·단점과 상대적으로 측정된 비용에 대한 선택 사항 목록.

5. 설계 특성, 형식, 검색 도구, 인쇄 선택 사항, 최신정보의 특징과 알맞은 비용을 포함하여 적합한 데이터베이스 컴퓨터 프로그램에 대한 연구. 방법: 이용 가능한 프로그램 설계서 수집, 컴퓨터 관련 언론 매체에 실린 프로그램 논평에 대한 꼼꼼한 연구, 대학과 전문 분야에 있는 데이터베이스 설계자들과 관리자들과의 상담. 결과: 비교를 통한 특징들과 이용 가능한 프로그램의 적합성과 비용에 대한 보고서 초안.
6. 가능한 관리 방법, 유지비, 데이터베이스의 정기적 갱신과 품질관리, 선택 사항에 대한 소유권과 허가, 그리고 상대적 비용 검토. 방법: 시스템에 따른 필수요건 평가, 조직 내의 자금과 인사를 담당하는 국민의료보험 기획 관리자들과의 상담, 그리고(또는) 외부 상담자의 활용. 결과: 영향 평가에 따른 가능한 선택 사항과 비용에 대한 목록.
7. 임원과 간부들의 생각을 구하는 의견(feedback) 질문지와 함께 토론 문서의 초안 산출, 국민의료보험 임원진에 제출 후 상호 검토(peer review). 방법: 이용 가능한 정보를 토대로 만든 선택 사항 목록과 심사숙고한 권고사항들과 더불어, 1~6단계에서 얻은 정보의 비교 연구를 포함한 문서 준비, 상담 중에 기록한 전문가와 관리자의 의견, 국민의료보험 임원진이 제시한 정책과 실행가능성 판단. 제안된 선택 사항의 근거에 대한 질문지 체계화, 또한 토론 문건의 배포에 관한 충고/추천, 논평을 위해 선발된 국민의료보험 관리자들과 동료 연구들에게 분배, 재검토 결과로서 토론 문서의 수정과 조정. 결과: 배포할 준비가 된 승인받은 토론 문건.
8. 설문지가 첨부된 토론 문건 제작과 배포. 방법: 복사와 우편 배포. 결과: 선택 사항을 통보받고 의견을 요구받는 국민의료보험의 설비관리자들.
9. 질문지 응답에 대한 평가. 방법: 선택 사항과 권고사항에 대한 반응을 분석하고 요약하기 위해 (SPSS를 사용하여) 설문지 회수에 대한 간단한 통계적 평가, 설문지를 통해 얻은 추가 제안과 논평의 요약. 결과: 전문가로부터의 조언 요약.
10. 이를 토대로 한 연구 데이터베이스의 산출과 관리를 위한 충고/제안에 대한 보고서 제출. 방법: 토론 문건과 그에 대한 반응에 기초한 보고서 작성. 결과: 국민의료보험 내 선택 사항, 시설과 공단 관리에서 현재 진행되고 완료된 데이터베이스에 관한 적절한 비용과 수용가능성에 대한 정책과 의사결정자들을 대상으로 한 상세한 보고서. 이는 그러한 데이터베이스의 산출과 유지를 위한 제안의 기초가 될 수 있다.

• 계획의 주요 단계

연구 계획은 세 단계로 진행될 것이다.

1. 데이터베이스에 대한 설계 '개요'와 정보 수집과 평가의 체계화 (8주)

2. 토론 문서와 상담 기록 작성 (5주)
3. 회수된 설문지 분석과 권고사항이 담긴 보고서 작성 (6주)

세부적인 일정들은 (여기가 아닌) 연구과제 계획에 들어있다. 결과 보고 일정은 다음과 같다. 정보 수집과 평가의 종료(1999년 1월 25일), 토론 문서 초안의 배포(1999년 2월 15일), 그리고 최종 보고서의 제출(1999년 3월 29일).
정보수집, 상담, 평가는, 때로 다른 팀원들의 보조(조언)와 함께 니콜라스 왈러만(Nicholas Walliman)이 담당할 것이다. 자료의 구성과 작성을 돕기 위해 필요할 때에 임시 사무 보조원을 고용할 것이다.

• 국민의료보험에 대한 연구의 배포와 시행 방법

연구 데이터베이스를 설치하고 유지하는 이점, 선택 사항, 비용에 관해 평가하는 토론 문서를 제출할 것이다. 이것은 보건복지부 내의 모든 관계자와 운영진에게 배포될 것이다. 그 문서에는 회수하여 평가한 의견 설문지가 포함될 것이고 구체적인 추천내용이 들어있는 보고서를 발행할 것이다. 이 보고서는 국민의료보험의 정책과 의사결정 담당자, 이전 목록에 있는 모든 관리인들과 운영진에게 발송될 것이다.

권고사항이 연구 데이터베이스의 생성 또는 그에 대한 몇 가지 대안을 뒷받침해준다면, 그 사항들은 국민의료보험의 설비관리와 관련된 최신 연구정보에 대한 접근을 향상시켜주는 다음 단계 시스템 구축의 토대가 될 것이다. 그리고 그 내용은 국민의료보험 기관의 해당 부서에 제출될 것이다.

(Nicholas Walliman, Oxford Brookes University)

필립스와 푸(1994)는, 연구 수행이란 하나의 기교이며, 그 안에 담긴 기본적인 교육과정은 직접 시행해 봄으로써 배우는 것이라고 주장했다. 여러분의 연구과제와 연구방법에 대한 전반적인 계획을 결정한 후, 여러분은 각각의 요소들을 수행하는데 필요한 기술들을 어떻게 습득할 것인지 신중하게 생각해봐야 한다. 이는 시간이 걸리는 일이며, 연구 과정의 각 단계에 필수적으로 포함시켜야 하는 것들이다. 또한 명심해야 할 사항은 여러분이 자신의 연구계획에서 기술을 사용하기 전에 연습을 해봐야 한다는 점인데, 이는 여러분에게 어느 정도의 피드백을 얻을 기회를 주고, '신중하게' 그 기술을 사용할 때 더 큰 자신감을 불어넣어줄 것이다.

연습문제 1.4 여러분 만의 주제와 그것을 수행하기 위해 어떤 기술을 개발할 필요가 있는지 생각해 보라. 그 다음:

1. 연구 목적 달성을 위해 택한 조치들을 알아보기 위해 Box 1.20, 1.21, 1.22에 있는 연구계획 사례들을 분석하라. 각 접근방법의 유형을 비교하고 여러분의 연구과제와 관련하여 배울 점은 무엇인지를 생각해보라. 분명 연구과제는 다를 것이지만, 여러분은 자료 수집, 분석 그리고 결론 도출의 주요 과정들이 얼마나 공통된 특징을 가지고 있는지를 알게 될 것이다.
2. 여러분이 배울 필요가 있을 것 같은 기술 목록을 작성하고, 여러분이 자신의 연구 계획에 관한 다양한 단계들을 수행하기 전에 연습해보라.

다음 단계 : 연구문제 영역 찾기

이 절의 목적은 :

- 여러분이 연구하려는 것과 이 장의 내용들을 비교검토해 보는 것
- 문제영역에 대한 여러분 만의 주제를 탐색하는 것
- 여러분의 선택을 구체화시키고 연구문제를 정의하기 위해, 위의 문제영역에 들어갈 만한 연구의 실용성과 적합성을 평가하는 것
- 추가적으로 수집해야 하는 정보들을 결정하는 것
- 여러분의 생각을 다른 사람들과 상의하고 논의하는 것

귀하의 연구를 진행하기 위한 점검사항

Step 1 : 문제영역 확인을 위해 자신의 강점들을 사용하라

자신의 학문적, 전문적, 개인적 경험들은 여러분의 연구에 귀중한 자산이 된다. 이런 경험들 가운데 여러분이 가장 잘했던 것들을 확인해 보아라. 주제에 대해서 여러분이 이미 알고 있는 것과 연구의 특성에 대해 이해하고 있는 것에 기초하여, 관심을 가지고 있는 분야를 검토하고, 연구할 만한 2~3가지의 문제 영역들을 찾아보아라. 문제 영역들은, 이론적으로나 실질적으로 원활하게 돌아가지 않는 체계나 조직을 살펴봄으로

써 찾을 수 있을 것이다. 예를 들어 환경 관련 에너지 보전 같은 더 거시적인 쟁점에 관심을 가질 수도 있다. 여러분의 주제와 관련해서 자신이 생각하기에 오해의 소지가 있다거나 잘못된 믿음인 것을 읽어본 적은 없는가? 혹은 중요하다고 생각하는 주제에 대해서 누락된 중요정보는 없는가?

문제영역을 선택하였으면, 문제의 본질을 강조하거나 문제의 다른 측면을 보여주는 다양한 질문들을 궁리하여 관련 쟁점을 살펴보아라. 이러한 작업은 여러분 연구의 기초가 되어줄 더 구체적인 연구문제들로 여러분을 인도해줄 것이다.

Step 2 : 깨어 있어라

흥미로운 연구주제에 항상 눈과 귀를 열어 두어라. 사실 모든 논문, 보고서, 그리고 심지어 책의 마지막 장에는, 후속연구의 필요성을 제시해 놓고, 종종 그러한 것들을 꽤 상세히 적어놓기도 한다. 이런 것들은 여러분 자신의 연구문제를 찾는 훌륭한 단서가 될 것이다.

Step 3 : 연구문제를 선택하라

문제 영역을 명확히 하고 설명하기 위해 더 필요한 정보가 무엇인지를 생각해보아라. 처음부터 너무 구체적일 필요는 없다. 주제 중에서 가장 관심이 가는 목록들을 만드는 것은 좋은 생각이다. 이 목록은 여러분의 관심 사항을 전부 혹은 일부 포함하고 있는 문제를 살펴볼 수 있게 해준다.

프로젝트를 위해 연구문제를 결정하는 것은, 앞으로 수개월 혹은 심지어 몇 년 동안 여러분의 삶에 영향을 미칠 중요한 단계이다. 연구가 끝날 때까지 여러분에게 동기부여가 될 만큼 그 주제에 충분한 관심을 가지고 있는지 확인해야 한다. 주제가 아무리 흥미롭고 중요하다 할지라도, 프로젝트를 감당할 수 있게 지속적으로 관리해야 하는데, 이는 그 프로젝트를 자신의 전문 영역에만 국한시키면 된다. 다른 전문 영역은 누군가가 할 후속연구로 남겨놓아라.

여러분의 탐구에 대한 지침으로써, 여러분의 연구문제 각각에 아래와 같은 질문들을 해보는 것이 도움이 될 것이다. 아래의 질문에 대답할 수 있는지 살펴보라 :

1. 누군가가 동일한 혹은 유사한 문제로 연구를 한 적이 있는가?
2. 이러한 특정한 문제들을 연구하기 위해 방법론적, 과학적 접근방법들을 어떻게 적용시킬 수 있는지 생각해 볼 수 있는가?
3. 어떤 쟁점들을 더 살펴볼 필요가 있을까?
4. 이런 문제들에 대한 연구가 얼마나 중요하다고 생각하는가?
5. 여러분 논문의 타당한 주제로 삼기 위해서 연구문제를 구체화시키는(상세하게 설명하는) 것이 가능하다고 생각하는가? 만약 그렇다면, 간단한 사례 몇 가지를 제시할 수 있는가?

Step 4 : 문제를 분석하라

연구문제와 관련 있을지 모르는 것이 무엇인지를 알기 위해서, 문제를 실제적 구성요소들(가령, 하위-문제들 혹은 하위-질문들)로 나누어라. 이러한 것들에 답하기 위해서 실제로 필요한 것들이 무엇인지 살펴보아라. 배정된 시간 내에 할 수 있겠는가? 그렇지 않다면, 문제의 범위를 줄여라.

Step 5 : 여러분의 연구 방법을 선택하라

연구 전략의 세 가지 유형인 탐구, 검증, 문제 해결은 1단계에 열거한 연구 목적과 관련이 있다. 여러분의 연구는 이 중에서 어느 것에 들어맞는가? 전략은 계획이다. 이것을 여러분의 개별적인 연구 과정 기획과 연관시키고, 시간을 추가하고 여러분이 실제로 수행할 것의 구성에 필요한 요소들을 결정하라. 다음 장은 여러분이 이 전략을 수행하기 위해 사용할 수 있는 방법들을 좀 더 자세하게 설명할 것이다.

Step 6 : 여러분의 탐구에 대한 계획세우기

여러분은 연구과정에 대한 이해를 바탕으로 그 과정을 통한 여러분의 탐구를 설명할 네트워크나 도표를 면밀하게 그릴 수 있는가? 주어진 사례들은 매우 일반적이다. 여러분은 자신의 연구 과제를 더 구체적으로 만들 수 있다. 중요한 두 가지 측면을 유념하라: 연구의 핵심 요소들을 추출함에 따라 나타나는 문제 영역을 확장시키거나 축소시키는 특징, 그리고 반복되는 피드백 순환-주기적으로 이론과 근거로 거슬러 올라가 점검하는 것-의 존재.

Step 7 : 상담하라

가능한 많은 관련 인사(강사, 전문가, 동료 학생들)들과 여러분의 생각에 대해서 상담하라. 단순히 말로만은 생각을 전달하기가 어렵다. 최근에 여러분이 했던 생각에 대해서 가능한 명확하게 이야기하기 위해서 기록해 두어라. 이것은 사람들로 하여금 여러분이 구체적인 논평을 요구하는 무언가를 상의한다고 느끼게 한다. 상담을 통해 여러분의 연구제안서를 계속 고쳐 쓰고, 생각을 계속 발전시켜 나가라.

Step 8 : 토론하라

이러한 쟁점들을 강사 혹은 지도교수와 논의해보기 위해, 간단한 내용을 적은 메모를 준비하라. 이야기를 나누기 전에, 그/그녀에게 읽어보게 하는 것이 더 좋다. 이것은 탐구적인 활동이므로, 이 단계에서 연구문제에 대한 구체적인 것들을 공식화할 필요는 없다. 이러한 것들은 나중에 하면 된다. 이번 장을 공부한 후, 여러분은 적어도 어떤 종류의 문제에 관심을 가지고 있는지를 알게 될 것이다.

정리와 평가

위의 단계들을 따르는 것은 가능성 있는 문제들의 발견과 각각의 문제와 관련된 주제들에 대한 예비 분석을 이끌어 낼 것이다. 이것은 여러분이 탐구할 필요가 있는 배경지식의 종류를 정해주고, 연구의 기초로 사용할 연구 가능한 문제를 구체화시키고 좁혀나가는데 중요한 쟁점들이 무엇인지를 정리하는데 도움을 줄 것이다.

여러분이 준비가 되었을 때, 강사나 지도교수와의 개별 지도 시간을 정하고, 그들이 읽어 볼 메모를 건네주어야 한다. 강사나 지도교수는 여러분이 제안한 문제영역에서 연구의 잠재적 가능성과 선택 가능한 연그문제에 대해 여러분과 논의해야 하고, 또한 여러분의 배경연구에 대한 제언도 잊지 말아야 한다. 이제 여러분은 학문적 연구의 기본 특성에 대해 이해한 것을 증명해 보일 수 있을 것이다. 그리고 이 장에서 제시된 연구와 관련된 몇 가지 주제를 여러분의 스승과 논의하고 싶어할지 모른다.

더 읽을거리

훌륭한 출발점은 여러분의 주제에 대하여 이전에 완성되었던 논문, 학위논문, 보고서 등을 살펴보는 것이다. 이것은 어떻게 진행해야 하는지를 가르쳐 주지는 않지만, 여러분의 사고에 풍부한 양식을 제공해 줄 것이다. 또한 여러분 자신의 주제에 관한 혹은 연구의 질에 관한 비판 능력을 자극하는데 도움이 될 것이다. 이것은 나중에 스스로의 연구를 되돌아보고 평가하는데 있어서도 매우 중요하다.

이러한 주제와 관련된 대부분의 책은 논문을 준비하고 쓰는 데 대한 전체 과정을 전부 다룬다. 하지만 그 어느 것도 실제로 여러분이 왜 연구를 해야 하는지, 연구자들과 다른 독자들이 찾으려고 하는 것은 무엇인지를 논의하고 있지 않다. 이런 점에도 불구하고, 만약 시간이 된다면, 연구과정의 이 단계에 주어진 조언들을 비교해보길 바란다. 접근방법들은 연구 수준에 따라, 그리고 일부에서는 관심을 갖는 특정 주제에 따라, 매우 다양해진다. 책의 첫 장에 제시된 서두의 조언들만을 살펴보고, 더욱 관심이 가는 부분이 있는지를 알아보기 위해 목차를 확인해 보아라.

다음에 나오는 책들은 학부생, 대학원생 그리고 연구 실무자들을 대상으로 한 서적들이다. 서문을 선택적으로 읽어보는 것이 연구조사를 시작하는데 더 많은 힌트와 조언을 줄 수 있을 것으로 기대된다. 각 저서는 주제에 대해 약간씩 다른 견해를 보여주고 있으므로, 가능한 더 많은 책들을 참조하라. 이것은 도서관에 가서 굳이 책을 빌리지 않더라도 할 수 있는 것이다. 책장에서 그 책들을 찾으면, 관련 장을 찾아보기 위해 목차를 살펴보아라.

Blaxter. L. Hughes, C. and Tight, M. (2006) *How to Research*, 3rd edn. Buckingham: Open University Press.
첫 장은 연구가 무엇인지에 대한 흥미로운 견해를 제공해준다.

Rudestam, K. E. and Newton, R. (2007) *Surviving your Dissertation: a Comprehensive Guide to Content and Process*, 3rd edn. Thousand Oaks, CA : Sage.
다시, 첫 두 장들은 연구에 대한 개관을 보여준다.

David, M. and Sutton, C. (2004) *Social Research: the Basic*. London:Sage.
시작하기에 좋은 장

Swetnam, D. (2000) *Writing Your Dissertation: How to Plan, Prepare and Present Successful Work*, 3rd edn. Oxford: How To Books.
1장은 시작하는 방법에 대한 간단한 조언 몇 가지를 제시해 준다.

Biggam, J. (1990) *Succeeding with your Master's Dissertation: a Step-by-Step Handbook*. Basingstoke: Pagrave.
전에 논문을 써본 적 없는 누구라도 읽기에 유용하고 간단하고 쉬운 책.

그리고 좀 더 주제중심적인 접근방법을 담고 있는 몇몇 저서들:

Bell, J. (1990) *Doing Your Research Project: a Guide for First-time Researchers in Education*, 3rd edn. Buckingham: Open University Press.

Wilson, E.B. (1990) An *Introduction to Scientific Research*. New York: Constable.

Polgar, S.T. (2008) *Introduction to Research in the Health Sciences*, 5th edn. Edinburgh: Churchill Livingstone.

Pennings, P. (1999) *Doing Research in Political Science: An Introduction to Comparative Methods*. London: Sage.

Cooper, D. and Schindler, P. (2006) *Business Research Methods*, 9th edn. Singapore: McGraw-Hill.

CHAPTER

02 연구 이론과 지식의 본질

- 목적
- 과학의 구조와 지식의 본질에 대한 철학과 논쟁
- 가설
- 사회연구의 접근방법
- 결론
- 다음 단계 : 연구 계획의 이론적 기반
- 더 읽을거리

목적

여러분이 자신의 문제를 연구하기 위해 어떤 탐구 유형을 사용할 것인가에 대해 생각해볼 수 있도록 연구과정에 대한 질문들을 소개하려고 한다. 이 소개는 아래에서 나오는 내용들을 통해 이루어진다.

- ✔ 연구철학과 지식의 본질에 대한 논쟁의 일부 측면들을 분석함으로써
- ✔ 과학적 방법의 형식과 특성을 좀 더 상세하게 설명함으로써
- ✔ 연구에 대한 대안적 접근방법들을 찾아봄으로써

과학의 구조와 지식의 본질에 대한 철학과 논쟁

이번 장은 과학적 탐구에 대한 간략한 설명으로 시작하는데, 비판적 합리주의에 도전한 논쟁에 대해서도 짧게 살펴볼 것이다. 그 다음 이 논쟁의 기저에 놓여있는 철학들, 특히 사회과학과 관련된 철학들을 더 자세히 살펴본다.

흔히 자연과학이나 인문과학의 철학에 대해 연구하는 것은 사회연구를 하는 사람들과는 관련이 없다고들 말한다. 이론 하나하나에 대한 설명이 이루어지지만, 뒤이어 나오는 이론에 의해 반박되면서 그날그날 이루어지는 연구와는 별 관계없는 것이 되고 혼란만 가중시킬 뿐이다. 그렇다면 왜 연구의 배경지식으로써 철학에 대해 생각해 보는 것이 중요한 것인가? 그 이유는 모든 사람은 철학자이기 때문이다. 그 말은 모든 사람은 세계관을 가지고 있다는 것이다.

- 철학의 대안은 철학 없음이 아니라 나쁜 철학이다. '철학이 없는' 사람은 의식하지 못하는 철학을 가지고 있는 것이고, 그 철학을 과학 또는 정치, 일상생활 어느 것이든 실천할 때 적용하고 있다(Collier, 1994, p. 16).

철학은 논거를 명확하게 해주는 효과가 있다. 여러분이 연구를 비판적으로 평가할 수 있기 위해서는 철학적 쟁점을 세심하게 살펴볼 필요가 있다. 명확하게 드러나지 않을 때조차도 연구 보고서의 근거가 되며 논란을 불러일으킬지 모르는 가정들을 구분해내고, 그로 인해 사용한 연구방법의 적합성과 도출된 결론의 타당성을 판단할 수 있어야 한다. 그러므로 여러분 역시 자신의 연구에 대해서도 이런 측면들을 고려해야 할 것이다.

- 모든 철학적 입장과 방법론들은, 명확하든 함축적이든, 사회적 현실에 대한 견해가 담겨 있다. 다시 이런 견해는 무엇이 타당한 지식이 될 수 있는지를 정해줄 것이다. 따라서 존재론적인 대상들이 인식론을 구성하는 것이다(Williams and May, 1996, p. 69).

몇 가지 간단한 사례들이 이해하는데 도움을 줄 것이다. 여러분이 도심 내 어린이 놀이터에 대한 연구를 실시해야 한다고 가정해 보자. 아마 여러 유형의 분석 자료를 수집할 수 있을 것이다. 예를 들면, 인구수, 놀이터의 규모, 시설 그리고 위치와 관련시켜서 얼마나 많은 놀이터가 있는지에 대한 공식 통계자료를 살펴볼 수 있을 것이다. 아니면 다른 놀이터에 대해 어떻게 생각하는지를 알아보기 위해 아이들과 부모들을 대상으로 면접을 실시할 수도 있을 것이다. 또는 공중에서 놀이터를 관찰하고 아이들이 노는 패턴을 기하학적 형태로 구성해보거나, 아이들이 놀이기구를 어떻게 이용하는지를 놀이터 근처에서 관찰, 기록할 수도 있을 것이다. 혹은 안전성을 확인해 보기 위해, 아이들이 놀면서 놀이기구에 가하는 힘이 얼마나 되는지를 측정하고, 기구의 강도와 부식되는 비율을 측정해 볼 수도 있다. 이런 접근방법들은 모두 방법론적인 것뿐만 아니라 이론적인 결정을 포함하고 있다.

그러므로 가령 여러분이 '사회적 사실들' 간의 상관관계를 규명하고자 한다면, 공식 통계자료 수집을 선호할 것이다. 하지만 여러분이 '사회적 의미'를 찾는데 관심이 있다면, 면접연구가 더 적절할 것이다. 여러분이 상호작용론이나 민속방법론(ethnomethodology)에 더 관심이 간다면, 전체든 세부적인 것이든 사람들이 하는 것에 대해 면밀히 관찰할 것이다. 마지막으로 여러분이 놀이기구의 기술적 성능에 흥미가 있다면, 과학적 방법에 따른 검사와 실험이 그와 관련된 답변을 내놓을 것이다.

그래서 여러분은 연구를 수행할 때, 어떤 철학적 입장을 취할 것인가를 결정해야만 할 것이다. 그렇다고 어떤 접근방법이 다른 것보다 더 좋다는 것은 아니다. 여러분의 연구방법은 연구문제의 특성과 연구 성격에 대한 자신의 생각에 따라 달라질 것이다. 그 결정이 여러분의 탐구 유형, 적절한 연구방법의 선택, 그리고 예상되는 결과의 특성을 정하는데 도움을 줄 것이다.

과학적 탐구

과학적 탐구를 둘러싼 논쟁을 살펴보기 전에, 전통적으로 과학의 이미지는 무엇이었는지를 살펴보는 것이 좋겠다. 해킹(Hacking)이 만든 아홉 가지 관점에 대한 목록을 Box 2.1에 전부 정리해 놓았다. 어떤 철학자나 과학자도 아홉 가지 입장 모두를 다 지지하지는 않지만, 널리 퍼져있는 과학에 대한 생각을 잘 요약해서 보여준다.

Box. 2.1 과학적 탐구에 대한 관점

1. 사실주의. 과학이란 하나의 현실세계에 대해 알아내려는 시도이다. 그 세계에 대한 진리들은 사람들의 생각과 상관없이 사실이며, 세계의 선택된 부분 각각은 그 부분에만 적용되는 고유한 설명이 존재한다.
2. 경계. 과학적 이론들과 다른 종류의 신념들 사이에는 상당히 뚜렷한 차이가 난다.
3. 과학은 누적된다. 비록 시작이 잘못된 경우가 많긴 하지만, 대체로 과학은 기존에 알려져 있는 것을 기반으로 한다. 아인슈타인의 이론조차도 뉴턴의 이론에서 발전한 것이다.
4. 관찰과 이론의 구분. 관찰한 것의 보고와 이론에 대한 진술 사이에는 분명한 차이가 있다.
5. 근거. 관찰과 실험은 가설과 이론의 근거와 정당성을 제공해준다.
6. 이론은 연역적 구조로 이루어지며, 관찰 내용을 이론적 가설로부터 추론함으로써 이론의 검증이 이루어진다.
7. 과학적 개념은 정확하고, 과학에서 사용하는 용어들은 고정된 의미를 갖는다.
8. 정당화의 맥락과 발견의 맥락이 있다. 우리는 발견이 이루어지는 심리적 혹은 사회적 상황과 분명하게 밝혀진 사실들을 수용하는 논리적 근거, 이 둘을 구별해야만 한다.
9. 과학의 통일성. 하나의 현실세계에 대해서는 단지 하나의 과학만이 존재해야 한다. 덜 중요한 과학은 더 중요한 과학으로 환원시킬 수 있다. 사회학은 심리학, 심리학은 생물학, 생물학은 화학, 그리고 화학은 물리학으로 환원시킬 수 있는 것이다 (Hacking, 1981, pp. 1-2).

지난 수 세기에 걸쳐 다양한 방식으로 과학적 탐구가 이루어졌지만, 양 극단을 대표하는 두 가지 접근방법들-귀납법과 연역법-을 찾아볼 수 있다. 한 쪽 극단에 있는 귀납법은 순전히 관찰에 근거하여 이론을 정립하고자 하고, 반면 반대편 극단에 있는 연역법은 지적인 수단을 사용해 이론을 고안하고 그 다음에 관찰을 통해 그 이론을 검증하려 한다. 비교적 최근에 나온 가설-연역적 방법은 귀납과 연역 두 접근방법들 모두를 통합시킨 것이다.

순수귀납법(pure induction)

지금도 그렇지만, 초창기 과학적 활동에서 가장 일반적인 것은 **귀납법**이었다. 매일 우리는 일반화시키고자 하는 경험에서 결론을 내리게 된다. 하지만 이런 과학적 과정에는 분명 단점이 있다. 전해 내려오는 버트런드 러셀(Bertrand Russell, 1912, p. 98)의 다소 섬뜩한 귀납주의자 칠면조(사실 원문에서는 닭) 이야기를 생각해보자.

- 칠면조 농장에서의 첫 날 아침에, 이 칠면조는 오전 9시에 먹이를 먹게 된다는 것을 알았다. 하지만 그 칠면조는 훌륭한 귀납주의자였기 때문에 성급하게 결론내리지 않았다. 그 칠면조는 햇살이 비치든, 비가 오든, 바람이 불든, 잠잠하든 매일 오전 9시에 먹이를 받는다는 것을 관찰하면서, 참을성 있게 수십 일을 기다렸다. 마침내 칠면조는 자신의 주의 깊은 관찰을 바탕으로 '나는 항상 오전 9시에 먹이를 받는다.'라는 결론을 내리게 되었다. 크리스마스이브에 참인 전제를 바탕으로 한 칠면조의 귀납적 추론이 분명 잘못된 결론을 이끌어내었다는 것이 드러났다. 왜냐하면 바로 그날 오전 9시에 칠면조는 먹이를 받는 대신 목이 잘렸기 때문이다.

이 이야기는 순수한 귀납법의 한 사례로 볼 수 있다. 이런 과학적 탐구방법의 명백한 단점에도 불구하고, 17세기 갈릴레오와 뉴턴 같은 과학자들이 발전시킨 귀납법은 과학혁명의 도래를 예고했다. 철학자 프란시스 베이컨은 다음과 같이 주장하여 이를 요약하고 있다; 인간이 자연을 이해하기 위해서는 아리스토텔레스 같은 고대 철학자의 저서나 성경이 아니라 자연과 상담해야 한다.

많은 과학적 발전이, 귀납적 추론과 일반화 공식을 통해 그리고 경험과 관찰에서 귀납적으로 도출된 법칙들로 이뤄졌다. 하지만 귀납주의자들의 일반화가 타당성을 얻기 위해서는 Box 2.2에 나와 있는 세 가지 조건들을 충족시켜야 한다.

Box 2.2 귀납적 추론의 조건

1. 수많은 관찰이 있어야만 한다.
2. 다양한 환경과 조건 하에서 반복하여 관찰해야 한다.
3. 관찰한 어떤 것도 도출된 일반화와 모순되어서는 안 된다.

귀납적 탐구를 거쳐 나온 결론을 이용하기 위해 도출된 일반화나 법칙으로 예측이 이루어지게 된다. 여기에는 논리적이고 타당한 연역적 추론을 사용하는데,

가령 다음 일식은 천문학의 법칙으로 예측할 수 있는 것이다. 이와 같은 법칙들은 지금까지도 그래왔고 지금도 여전히 유용하긴 하지만, 오래전 13세기 중반에 흄(Hume)은 귀납법의 가치에 이의를 제기했었다. 그는 귀납법을 옹호하는데 귀납법을 사용하면서, 귀납법을 정당화시키는데 사용되는 논거가 순환논리라는 것을 입증하였다. 다음에 나오는 논거를 살펴보자.

- x_1의 경우에 귀납법의 원칙이 적용된다.
- x_2 등등의 경우 귀납법의 원칙이 적용된다.
- 귀납법의 원칙은 항상 적용된다.

최종적인 보편타당한 진술이란 것은 반복하여 성공적으로 귀납법의 원칙이 적용된 귀납적 논거이다. 이는 전부터 '귀납법의 문제점'으로 불려왔다.

순수한 귀납주의자에게는 심각한 문제가 두 가지 더 남아있다. 첫 번째 문제는 관찰진술(observation statement)의 개수를 얼마나 많이 해야만 하는지이고, 둘째는 진짜 결론에 도달하기 위해서 어느 정도 범위의 상황과 조건 하에서 반복되어야 하는 것인가의 문제다.

불이 화상을 입힌다는 것을 입증하기 위해 한 번 이상 불 속에 자신의 손을 집어넣는 사람은 용감한(혹은 무모한) 사람일 것이다. 반면에, 폐암으로 죽은 애연가 단 한 명의 사례를 증거삼아 흡연은 폐암의 원인이 된다고 주장하는 것은 성급한 일일 것이다. 분명히 귀납법을 이용하여 결론에 이르기 위해 필요한 관찰진술의 수량은 어떤 관찰이냐에 따라 크게 좌우되는 것처럼 보인다.

특정 현상에 대한 관찰이 이루어지는 상황과 조건의 개수라는 것은 무한히 커질 수 있다. 분명, 불필요한 변화를 없애기 위해서는 몇 가지를 선택해야만 한다. 하지만 귀납적 추론을 합당하게 하기 위해서 어떤 상황과 조건이 적절한 것이라고 선택할 수 있을까? 타당한 결정을 내리기 위해서는 상황에 대한 이론적 지식, 즉 관찰에 앞선 이론이 필요한데, 이는 귀납주의자가 절대 반대하는 것이다!

귀납적 결론의 신뢰성에 제기된 의구심과 요구 조건을 충족시키는데 따른 난항들 때문에 순수 귀납주의자는 주장을 약간 누그러뜨리게 되었다. 이제 더 이상 귀납법을 통한 일반화가 100% 확실하다고 주장할 수는 없지만, 다양한 조건 아래에서 반복된 관찰은 그 결론의 개연성을 주장하는 어떤 결론을 유도할 수 있다. 더 많은 조건 하에서 더 많이 관찰하면 할수록, 그 일반화가 참일 개연성이 더 커지는 것이다. 훨씬 더 한정된 접근방법이 일반명제부터 특정 사례까지 예측을 좁히도록 해 준다. 예를 들어, 공학은 특정 디자인의 선박이 예상되는 해

양 조건을 견디고 가라앉지 않을 것이라고 예측할 수 있지만, 어떤 조건에서든 모든 선박이 안전할 것이라고 예측할 수는 없다. 하지만 근본적인 귀납법의 순환논리의 문제점은 여전히 남아있다.

간단히 말해, 귀납법의 문제점들에 대한 반응들이 있는데, 여기에는 세 가지가 있다.

1. 흄의 회의적 반응: 과학이 논리나 경험으로 정당화시킬 수 없는 귀납법에 근거하고 있다는 점을 고려해 보면, 법칙과 이론의 수용이란 것은 반복된 관찰의 결과로 얻어진 심리적 습관에 지나지 않는다.
2. 귀납법의 합리성: 모든 지식은 관찰에 근거해야 하므로, 귀납법은 관찰로부터 결론에 도달하는 '확실한' 방법이다.
3. 귀납법은 과학적인 것이 아니다: 과학은 귀납법에 기초한 것이 아니므로, 귀납법이 과학적일 필요는 없다. 이는, 나중에 더 언급하게 될 칼 포퍼(Karl Popper)가 했던 말이다.

연역법과 반증의 원칙(the principle of falsification)

귀납법으로 대표되는 '연구 후 이론' 접근방법과 반대되는 것은 '이론 후 연구' 접근방법인데, 이는 **연역법**을 사용하는 것이다. 이 경우에 연구는 그에 앞선 이론에 의해 인도된다. 이론은 인지된 문제에 대한 사색적인 답변이며, 관찰과 실험으로 검증된다. 이론을 뒷받침하는 관찰을 통해 어떤 이론의 가능한 진실을 확인하는 것이 가능하지만, 이론은 조작될 수 있고, 이론적 명제와 일치하지 않는 관찰로 인해 완전히 기각될 수도 있다. 과학은 이런 식으로 시행착오를 거쳐 나가는 것으로 보인다. 하나의 이론이 기각되면, 또 다른 이론이 제안되고 검증되며, 최적의 이론이 살아남는다. 특정 이론 하나가 참이라는 것을 증명하는 것이 불가능할지도 모르지만, 그 이론은 현재에는 가장 유용한 것으로 또 이전의 어떤 다른 이론보다 더 나은 것으로 비춰질 수 있다.

이런 유형의 과학적 탐구에 대한 논리적 정당성은 간단히 말해 다음과 같다. 아무리 많은 관찰도 어떤 이론이 참이라는 것을 확고히 해줄 수는 없지만, 그 이론의 명제와 반대되는 단 하나의 관찰만으로도 그 명제가 거짓임을 입증하기에 충분하다. '모든 백조는 하얗다'라는 이론을 예로 들어보자. 하얀 백조를 백만 번 본 것이 그 이론을 참이라고 증명해줄 수는 없으나, 오직 단 한 번 하얀색이 아닌 백조를 본 것만으로도 그 이론을 기각시키기에 충분할 것이다. 바로 거기에 이런 접근방법의 강점이 있는 것이다.

가설

하나의 이론이 검증되기 위해서, 그 이론은 **가설**이라 불리는 명제로 표현되어야 한다. 가설이 갖추어야 할 필수요건은 반증가능성이다. 이는 가설과 모순되는 관찰명제가 참이 되는 것이 분명 논리적으로 가능하여 그 가설을 논파할 수 있다는 것을 의미한다.

연습문제 2.1 여기 많은 진술들이 제시되어 있다. 각각의 진술들을 검토해보고 어느 것이 반증가능한지, 그래서 가설로 사용할 수 있는지, 그리고 어느 것은 안 되는지를 결정하라. 만약 가설이 되지 못한다면 왜 그런지 설명할 수 있겠는가?

1. 토요일마다 항상 비가 내린다.
2. 모든 사각형들은 같은 길이의 네 면이 있다.
3. 높은 곳에서 던져진 무거운 물체는 땅으로 떨어진다.
4. 물은 섭씨 100도까지 가열되면 끓는다.
5. 비가 오든지 비가 오지 않든지 둘 중 하나다.
6. 강철 기둥은 하중을 받으면 구부러진다.
7. 기업체에서는 수익을 올릴 수 있다.
8. 모든 원은 둥글다.
9. 모든 둥근 물체는 원이다.
10. 어떤 물체는 정지해 있거나 움직이거나 둘 중 하나다.

생각해보기

위에서 제시된 진술들은 단순한 사례들이라 그것들이 가설인지의 여부를 결정하기가 쉽다. 이론적인 경우 더 어렵겠지만 실제적인 연구에서 가설의 진위를 결정하는 것은 일반적으로 아주 어렵다. 왜냐하면 가설들이란 종종 어떻게 검증되어야 하는지가 명확하지 않기 때문이다. 가설을 반증해보기 위해 얼마나 효과적인 검증방법을 만들어낼 수 있는가는 바로 연구자에게 달려 있는 것이다.

반증

문제점을 조명해보고 탐구함으로써 과학이 발전한다는 생각은 널리 받아들여지고 있다. 하지만 이런 문제들에 대응하는 이론들이 오직 관찰의 결과로 만들어지고, 따라서 본질적으로 귀납적인 것이라고 주장할지도 모른다. 우리는 사례를 통해 이것이 꼭 그럴 필요는 없다는 것을 보여줄 수 있다. 관찰은 종종 기존 이론의 설명 속에서 단순하게 문제점을 강조하여, 그 결과 가설로 표현되는 사변적이고 대안적인 이론을 낳게 된다. 예를 들어, 많은 사람들이 전염병으로 죽어가고 있던, 중세 유럽에 흑사병이 창궐하던 시기에, 전염병이 환자와 죽은 사람에게서 공기 중으로 뿜어져 나오는 악취로 인해 퍼져나간다는 이론에 의문이 제기되었다. 왜냐하면 질병으로 고통 받는 사람들과 함께 있지 않았던 사람들이 병에 걸렸기 때문이었다. 질병 확산의 다른 이유를 찾게 되었고, 벼룩이 들끓는 쥐들이 사방에 있는 것과 질병 확산 사이에 어떤 연관성이 있다는 생각이 새로운 이론을 이끌었고, 그 전 이론은 버려졌다.

반증과정은, 완전히 새로운 출발을 요구하는 이론의 전면적인 철폐보다는 덜 충격적인 결과를 야기할 수 있다. 포퍼가 주장하기를, 과학의 발전 상당수는 현재 이론의 정교화와 수정에 의해 비롯된 것이었다. 이 아주 간단한 예를 살펴보자.

- 어떤 이론은 물이 항상 섭씨 100도에서 끓는다고 말한다. 높은 고도에서는 섭씨 100도 미만에서 물이 끓는다는 것을 관찰했다. 여기서 문제가 발생하고, 원래 이론에서는 고려하지 않았던 요인인 고도에 따른 기압차이가 물의 끓는점에 영향을 미쳤을지도 모른다는 생각을 낳게 된다. 고도의 영향이 이론에 추가되고, 이제 '물은 해수면에서 섭씨 100도에 끓는다.'라고 쓰여 있다. 기본 이론은 완전히 버려진 것이 아니라 대안적 이론으로 정교화된 것이다.

그림 2.1 관찰은 단순하게 기존의 이론에 존재하는 문제들을 강조하는 것이다.

이 사례에서 새로운 이론은 좀 더 정확하고, 따라서 처음 이론보다 더 반증 가능하며, 그래서 채택될 것이다. 이것이 바로 반증주의자가 계속해서 더 정제되고 반증가능해진 이론들의 발전을 통해 과학의 점진적 진보가 일어나는 것을 지켜보는 방식이다.

가설-연역적 또는 과학적 방법

훨씬 더 극적인 자연이라는 대상에 대한 과학적 사고는, 한편으로는 관찰로 뒷받침되는 추측에 가까운 예측에 의해, 다른 한편으로는 겉보기에 명백하고 별로 위험해 보이지 않는 반증된 추측에 의해 이루어진다. 이 접근방법은 흔히 **가설-연역적 방법**으로 알려져 있는데, 일반적으로 **과학적 방법**과 같은 의미로 쓰인다.

Box 2.3에 과학적 방법의 단계에 대해 간단히 요약해 놓았다.

Box 2.3 과학적 방법의 단계

1. 문제의 발견 또는 확인
2. 잠정적인 해결책이나 가설의 설정
3. 해결책이나 가설에 대한 실질적 또는 이론적 검증
4. 효과 없는 해결책의 소거 또는 조정

그러나 반증에는 이론적 한계점들이 있다. 가장 중요한 한계점은 관찰진술들이 이론 의존적이고 잘못될 수 있다는 것이다. 이론을 반박하는 관찰진술들로 논리적인 반증이 가능하지만, 그 관찰진술이 옳다는 증거가 없다. 우리는 코페르니쿠스 이전에는 지구를 둘러싼 태양, 별 그리고 행성들의 움직임에 대한 관찰을 해석한 것이 지구가 우주의 중심이 아니라고 주장하는 그 어떤 이론도 폐기시켰다는 점을 상기할 필요가 있다. 만약 모든 관찰진술들이 틀리다면, 두 가지 심각한 결과를 상상해볼 수 있다. 올바른 이론이 잘못된 관찰에 의해 부당하게 거부당한다든가, 아니면 진실인 관찰명제가 오류인 것으로 드러났기 때문에 틀린 이론에 대해 어떤 문제제기도 이루어지지 않는 경우. 그러므로,

- 근거가 되는 완벽하게 확실한 관찰이 부족하여, 결정적인 반증을 배제시키게 된다(Chalmers, 1982, p. 60).

또 다른 문제들은 실생활에서 검증이론의 복잡성 때문에 일어난다. 사실주의 과학이론들은 복잡한 명제들로 이루어지는데, 그 명제들 각각은 기존 이론에 근거한 가정에 의존한다. 검증방법들 역시 마찬가지로 가정에 근거하고, 주변조건에 영향을 받게 된다. 만약 이론에 대한 예측들이 시험결과에 나타나지 않으면, 잘못된 것은 기저에 놓인 전제들이지 이론 자체는 아니라고 생각하기 쉽다.

과학의 역사에는, 기존에 있는 증거로 반증되고 그 반증에 따라 기각되어야만 했던 급진적 이론들이 그 증거를 뒤집는 다른 과학 분야의 발전이 있기까지 수년 간 보존되어졌던 많은 사례들이 있다. 뉴턴의 중력이론, 보어(Bohr)의 원자론, 맥스웰의 기체운동론 그리고 코페르니쿠스의 태양계 이론들은 이런 식으로 살아남은 사례들이다. 만약 반증주의자들의 접근방법을 그대로 따랐더라면, 이런 귀중한 이론들은 일찍이 사라져버렸을 것이다.

생각해보기

귀납법의 단점들에도 불구하고, 우리는 일상생활에서 의식조차 하지 않으면서도 꽤나 성공적으로 귀납적 추론을 하고 있으며, 엄청나게 많은 과학적 연구들이 가설-연역적 방법을 통해 성공적으로 이루어져 왔다는 점들은 이제 여러분에게 분명해졌을 것이다. 하지만 과학과 지식의 본질 사이의 관계를 살펴보는 과학적 탐구에 대한 더 광범위한 논쟁이 있다.

그 어느 누구도 입증가능한 사실들과 이론적 진술들이 흔히 수용되는 것처럼 지식이, 심지어 과학적인 지식조차도, 현실간의 관계성에 확고하게 근거하고 있다는 것에 동의하지는 않는다. 과학적 연구를 둘러싼 활동들은 과학적 탐구를 묘사하는데 사용하는 간단한 사례들과 모델들보다 훨씬 더 복잡하다. 과학사의 연구에서 볼 수 있듯이, 단지 이론과 개별적 혹은 일련의 관찰명제들 사이의 관계를 연구하는 것은 주요한 과학적 이론의 복잡성과 그 이론의 정확한 형태에 도달하기까지의 느리고 복잡한 발전에 대해 고려하지 않는다.

과학적 탐구의 본질에 대한 중요하고 서로 다른 관점들 몇 가지를 살펴보기 위해서, 우리는 포퍼가 제시한 비판적 합리주의 접근방법과 쿤(Kuhn)의 상대주의적 접근방법, 마지막으로 페이어아벤트(Feyerabend)가 취한 '방법론 거부'의 입장을 비교해볼 수 있다. 이 세 가지 접근방법들은 이론평가와 이론 선택이라는 쟁점에 대한, 그리고 과학과 비-과학을 구분하는 방법에 대한 논쟁이 있다는 점을 시사하고 있다.

비판적 합리주의

주로 포퍼와 관련된 **비판적 합리주의** 접근방법은, 경쟁관계의 이론들은 시대나 사회의 영향에 상관없는 구체적이고 불변의 보편타당한 기준에 비추어 판단할 수 있다고 주장한다. 이 보편적 기준에 대한 주장은, 합리주의자들로 하여금 이론이 이런 기준들에 부합하면 할수록 더 보편적 '진리'에 가까이 다가가는 것이라고 믿게 만들었다.

과학과 비-과학의 구분은 쉽게 이루어진다. 만약 보편적 기준으로 이론을 평가할 수 없으면, 과학적이지 않은 것이다. 예를 들어, 귀납적 합리주의자는 천문학을 거부하는데, 그 이유는 천문학이 관찰에 의한 사실들로 입증할 수 없기 때문이다. 마찬가지로, 마르크스주의 이론의 반증불가능 때문에 합리주의자는 이 이론을 과학적이지 않은 것으로 거부하게 된다. 부인할 수 없이 추구할 가치가 있는 진리는 과학의 가장 중요한 목표로 간주되며, 오직 합리적인 방법을 통해서만 도달할 수 있는 것이다.

상대주의

이론의 특성을 판단하는데 합리적 기준에 근거한 보편적 규칙을 적용할 수 있다는 믿음과는 반대로, **상대주의**의 입장은 원칙적으로 판단이라는 것은 개인 또는 사회의 가치, 그리고 그들이 판단을 내리는 관점에 달려 있다는 점을 담고 있다. 어떤 보편적 기준도 '합리적으로' 적용될 수 없으며, 개인 또는 조직이 내린 결정을 이해하는 것은 오직 참여자들의 역사적, 심리적, 사회적 배경을 통해서만 가능하다.

그림 2.2 과학적 진전이라는 것은 매끄럽고 꾸준한 과정이 아니다.

쿤은 과학의 발전사에 대한 연구는 과학적 진전이라는 것이 매끄럽고 꾸준한 과정이 아니라는 것을 보여준다고 주장했다. 일단 물리학, 생물학 또는 천문학 같은 과학의 한 분파가 스스로를 어떤 하나의 독립된 실체로 확립시키면, 그 발전은 순환으로 특징지어진다. 정상과학(normal science)이 위기를 맞게 되면 혁명이 일어나고, 다시 새로운 정상과학에서 그 해결책이 마련된다. 따라서 지식은 역사적 관점을 가지게 되는데, 어느 한 시대에 진리인 것으로 여겨지는 것이 급격하게 변하거나 심지어 후대에는 정반대가 된다.

정상과학이란, 입증되고 널리 받아들여지는 지식 체계가 확립되고 성공한 기술을 이용해 원리로서의 지식체계를 확장하고 개선하는 시기이다. 이 정상과학의 기간 동안에는 개념과 이론을 정교하고 명확하게 하려는 신중한 접근방법이 있게 마련이다. 쿤은 정상과학의 두 가지 특징들을 널리 받아들여지는 지식 체계와 방법론에 대한 신념으로 구분했는데, 그는 이 둘을 묶어서 패러다임이라 불렀다. 전자는 일련의 공유된 가치로, 전문가들이 공유하고 있는 법칙과 일반화를 나타낸다. 후자는 성과물의 측정으로, 그 분야에서 작동하는 모델로 사용되는 문제해결의 확립된 방법과 기술을 나타낸다. 정상과학의 활동은 패러다임의 범주 안에서 이루어진다.

이런 과학적 활동의 결과로서 패러다임으로는 해결할 수 없는 문제점들에 대한 증거가 쌓여갈 때, 패러다임 원칙들에 의문이 제기되면서 불확실성이 자리잡게 되고, 현상을 바라보는 새로운 방식을 모색하게 된다. 이런 위기는 사고방식의 혁신을 불러일으키고, 진화하는 새로운 패러다임을 초래하게 된다. 그 새로운 패러다임은 보통 이전의 것과는 판이하게 다른 것이다. 새로운 **패러다임**의 개념들은 다르거나 완전히 다른 의미를 가질지 모르며, 전적으로 다른 문제들로 천명될 수도 있다. 이는 또한 검증방법들 역시 이전 패러다임의 방식들과는 상당히 달라질 것이라는 것을 의미한다.

- 포퍼에게 과학적 변화는 합리적인 것이며, 적어도 이성적으로 재건할 수 있는 논리 발견의 영역 내에 있는 것이다. 쿤에게 있어서, 하나의 '패러다임'에서 또 다른 패러다임으로의 과학적 변화는 이성의 규칙이 아니고 이성으로 통제될 수도 없는, 완전히 (사회적) 심리적 발견의 영역에 속하는 신비로운 전환이다. 과학적 변화는 일종의 종교적 변화이다(Lakatos, 1970, p. 93).

그러므로 한 패러다임에서 다른 패러다임으로 이행하는 것은, 많은 정보와 더 이상 타당하지 않은 질문들을 폐기시키는 것을 포함하기 때문에 누적적인 것이 아니다. 새로운 패러다임이 확립되었을 때 종종 벌어지는 갑작스런 변화는 과학의 분과학문 혹은 전체 세계, 가령 기계론적 세계, 상대주의 세계 또는 훨씬 더 최근의 것인 양자(quantum) 세계를 바라보는 새로운 방식을 만들어낸다(Kuhn, 1970).

두 개의 연속된 패러다임의 특징에 대한 급격한 변화를 보여주는 것으로써, Box 2.4에 나와 있는 뉴턴 물리학과 양자 물리학의 특징 목록을 비교해보자. 이 목록은 다나 조하르(Danah Zohar)가 1995년 4월에 Oxford Brookes Univ.에서 했던 강의에서 가져온 내용이다(또한 Zohar and Marshall, 1993을 보라).

Box 2.4 뉴턴의 연구와 양자 연구의 비교

뉴톤 물리학(Newtonian)	양자 물리학(Quantum)
결정론적	불확정적
확실성	불확실성
연속적(선형)	불연속적(비선형)
환원주의(비-창조적인)	발생적(창조적)
원자론적	전체론적(맥락적)
인과적인	비인과적인(비국소적)
위계적	비위계적
양자택일	양자모두
현실성	잠재력
주체/대상 분리	관찰자 참여
비-진화적	진화적

'방법론 거부(anti-method)' 입장

하지만 과학적 견해만이 지식으로 가는 유일한 길로 채택될 수 있는 것인가? 페이어아벤트는 과학적인 것을 포함한 모든 이데올로기들의 위험성을 경고했다. 왜 과학인가? 확실히 과학이 항상 권위주의와 미신에 대항해 싸우는 최전선에 있어 왔고, 우리의 지적인 사고를 해방시켜 주었으며, 우리에게 오래된 융통성 없는 생각에 맞서 싸울 수단을 제공해 주었던 것은 널리 받아들여지고 있는 사실인가? 과학과 계몽은 함께 가는 것인가? 크로포트킨(Kropotkin), 입센(Ibsen), 레비-스트라우스(Lévi-Strauss), 마르크스와 엥겔스는 전통적인 제도와 믿음의 형식을 저버리고 과학적 사고를 받아들였기 때문에 모두 틀렸는가? '이 질문들에 대한 나의 확고한 대답은 그렇다와 그렇지 않다'라고 페이어아벤트는 기록했다. (1981, p. 156)! 그는 아래에 나오는 점들을 주장하면서 자신의 답변에 대한 설명을 이어갔다.

- 사람들로 하여금 물려받은 신념에 의문을 제기하고 받아들여지고 있는 진실에 도전하게 만드는 이데올로기는 어떤 것이든 인류의 해방에 기여하는 것이며, 따라서 환영받는다. 17세기와 18세기 과학은 진정 그런 이데올로기였다.
- 이와 같이 과학이 그 자리에 머물러 있지 않았다고 말할 수는 없다. 반대로, 과학은 자신이 맞서 싸우는 이데올로기만큼이나 굳건하고 억압적인 것이 되어왔다. 마치 과거에 종교적인 '사실'을 가르치듯이 학교와 대학에서 과학적 '사실'을 가르친다. 비평은 금지된다. 과학은 '진리'를 발견했기 때문에 비평을 초월한 것이라는 주장으로 생각의 자유에 제약을 가한다.
- 과학은 우리 사회에서 아주 중요한 위치를 차지하게 되었는데, 왜냐하면 첫째, 과학은 결과에 도달하는 적절한 방법을 찾아냈고, 둘째로 그 방법을 통해 얻은 수많은 결과들로 인해 효율적인 것으로 입증되었기 때문이다.

페이어아벤트는 이런 주장들에 도전하며, 과학적 방법은 더 이상 존재하지 않는다고 주장했다. 귀납법의 단점들은 흄에 의해 밝혀졌다. 포퍼와 밀은 다른 방식으로 이 방법론의 문제점을 극복하려 했다. 그들 모두 이론은 입증할 수 없고, 다른 이론들과의 비교 없이 그 이론들의 우수성을 판단할 수는 없다는데 동의했다. 채택된 이론은 여러 면에서 부족할지 모르지만, 경쟁 이론보다 더 좋다면 한 그 이론은 우위를 점할 것이다. 거부된 대안 이론들은 수용된 이론의 판단 기준이 되고, 발탁된 견해의 내용을 두드러지게 해주기 때문에 아예 없어지는 것은 아니다.

- 그렇게 인지된 지식은 엄청나게 많은 기준들로 방향을 정하고 세분화시킨 수많은 대안들인 것이다. 그 지식은 우리의 지성이 상상력 넘치는 선택을 하게 만들어주고, 그로 인해 성장하게 해준다. 우리의 지성이 선택하고, 상상하고, 비판할 수 있게 해준다(Feyerabend 1981, p. 159).

그림 2.3 이론들은, 특히 새롭고 혁명적일때, 언제나 수많은 형식상의 결함과 모순을 내포한다.

그렇기는 하지만, 포퍼의 기준들은 분명하고 모호하지 않으며, 정확하게 표현된다. 이론들은 검증가능하거나 검증가능하지 않거나 둘 중 하나다. 검증가능하지 않은 이론들은 과학에서 설 자리가 없고 제거된다. 하지만 페이어아벤트는 단호하게 적용된 이 기준들이 비교할만한 것으로 대체시켜 주지도 않고 과학을 제거할 것이라고 주장했다. 왜냐하면 이론들, 특히 새롭고 혁명적인 이론들은 어떻게 반증될 수 있는지를 공식화시켜 밝힐 수가 없고, 게다가 수많은 형식상의 오류와 모순을 담고 있을 것이기 때문이다. 그러므로 포퍼식의 기준은 과학에 도움이 되지 않는다!

페이어아벤트는 쿤의 생각을 흥미롭지만 절망적일만큼 모호한 것으로 생각했고, 역사 속에 '정상과학'의 시기라는 것이 한번이라도 있었다는 점을 입증하려는 사람이 있으면 그가 누구든지 맞서 싸웠다. 그는 계속해서 주장하기를, 과학은 그 결과 때문에 특별한 지위를 차지할 자격이 생기는 것이 아니다. 상당히 과학적이지 않은 것으로 여겨지는 많은 다른 활동들 역시 결과를 만들어낸다. 예를 들어, 동양의학과 텔레파시는 과학적 이론들로 설명이 안 되는 결과들을 산출해 내는 것으로 알려져 있는 현상들이다. 이데올로기적 압력이 우리에게 다른 모든 것을 배제시켜 버리고 오직 과학에만 귀 기울이게 만들기 때문에, 과학 이외의 활동들은 묵살된다. 어떤 현상은 오직 완전히 과학적인 측면에서 설명될 수 있을 때만 수용된다. 하지만, 페이어아벤트는 지식의 진보가 순수하게 과학적 토대에 의존했던 적은 거의 없었다는 점을 역사가 보여준다고 주장했다. 코페르니쿠스는 새로운 우주관을 내놓았을 때 열광적인 피타고라스학파의 생각을 믿었었다. 그리고 중국 공산당들이 대학과 병원에서 전통 한의학을 서양 의학으로 대체해야 한다고 주장했을 때, 한의학이 앞서 있었고, 서양의학이 이를 배워갔었다. 따라서 우리는 오늘날 사회에서 과학만이 담당하는 특별한 역할을 뒷받침할 수 있는 어떤 논거도 없다고 결론지어야 한다. 페이어아벤트는 아래와 같이 결론을 내렸다.

- 과학은 사회를 발전시키는 많은 이데올로기들 중 하나일 뿐이고, 그렇게 취급되어야 한다... 과학은 관심이 있는 사람은 누구든지 검토하고 비판할 수 있는 지적인 원칙이다... 이데올로기들은 다른 이데올로기들과 함께 사용될 때 놀랄 만큼 좋은 것이다. 그 장점들이 반대자들을 제거해 버리게 되면 그 이데올로기들은 곧바로 따분하고 교조적인 것이 된다(1981, pp. 162–3).

사회연구의 접근방법

사회과학의 많은 연구자들에게 과학적 방법에 대한 철학적 논쟁들은 별로 중요하지 않다. 그들은 '진리'나 그에 가까운 것을 찾는 대신, '의미'를 파악하고 의미의 복잡성들을 이해하는데 훨씬 더 많은 관심이 있다.

사회과학과 인문학 분야에서 연구하는 연구문제의 유형들은 매우 다양하고, 자연과학의 범주에 완전히 맞아떨어지지도 않는다. 그 문제들은, 잘 정립된 패러다임 안에서 '전통적인' 과학적 방법을 사용한 연구를 잘 받아들이는 정확한 문제분석에서부터, 변수들이 알려지지 않고 이론적인 기초들이 아직 형성되지 않은 탐구적인 상황까지, 또 최근의 해석적이고 문학적인 분석 방법들이 적절하다고 여겨지는 가치 판단적 그리고 의미 판단적 사회학 연구까지 확대되고 있다.

비판적 합리주의 접근방법의 다양한 대안들이 한때 과학적 방법이 지녔던 권위와 정확성을 가지고 있지 않다는 것은 놀랄만한 일이 아니다. 공통된 특징은 사회를 완전히 객관적인 시각으로 보는 것과 지식 그 자체가 사회현상이라고 생각하는 믿음을 버린 점이다. 그럼에도 불구하고, 사회과학자들은 여전히 사회를 단지 실제적이 아니라 이론적으로 보는 것이 가능하다고 믿는다.

사회과학이 직면한 가장 큰 과제는 연구자 그 자신이 사회와 문화의 한 부분이고, '중립적인 관찰자'가 될 수 없다는 점이다. 게다가 연구의 대상이 되는 사람들 역시 자신의 의견을 표명하며, 개성을 표현할 수 있다. 따라서 '문화적 실재에 대한 모든 지식은, 보다시피, 항상 특정 관점에서 비롯한 지식이다.'(Weber, 1949, p. 81) 사회의 어떤 측면에 대해서든 한 걸음 뒤로 물러나서 중립적으로 보는 것은 불가능하다.

- 사회과학자의 난제는 그들의 주제와 그것을 연구하는 이들이 의미들을 통해 구성된 같은 세상에 살고 있다는 사실과 타협해야 한다는 것이다(Hughes, 1990, p. 137).

사회과학자들이 이 사실을 극복하려고 고심해왔던 것을 가장 잘 설명할 수 있는 방법은, 이 분야의 발전에 선도적이었던 인물들 중 몇몇이 택한 각기 다른 입장을 간단하게 정리해 보는 것이다. 뒤르켐은 자신의 연구에서 '사회적 사실'이라고 부르는 것을 탐구함으로써 자연과학적 접근방법을 옹호하였다 – **실증주의적 접근방법.** 훗설, 슈츠와 시카고학파의 회원들은 주제의 유의미성(meaning-fulness)을 가장 중요한 것으로 보았다 – **해석론자(interpretivist) 접근방법.** 베버는, 사건의 실제 경과를 주관적인 해석으로 검증하면서, 실증주의와 해석주의 관점이 모두 필요하다고 믿었다. – **조화론적(reconciliatory) 접근방법**. 바스카는 체계론적 관점을 채택함으로써 자연과학과 사회과학 사이의 관계를 계층화의 하나로 파악하였다. 이것은 실증주의와 해석주의 사이에서의 '양자택일(either/or)'이라는 대립을 완화시키기 위한 강력한 논거의 토대로 사용될 수 있다. 레비-스트라우스는 이런 논란을 무시하고 사회계층 기저에 놓여 있는 핵심으로 문화적 상징에 주목했다. 나중에, 데리다와 푸코 같은 프랑스 철학자들은, 지식과 우리가 그 지식을 전달하는 방법에 대한 확실성을 약화시키고, 포스트모더니즘 접근방법인 상시 문제제기(ever-questioning)의 입장을 취하게 된다.

실증주의적 접근방법

여기서 가장 넓은 의미로써 인간사회에 대한 연구로 이해되는 사회과학은 풍부한 연구문제들의 재원이다. 벡(Beck, 1979)에 따르면, 이 중요하고 때로는 논쟁거리가 되는 과학의 한 분야는 프랑스 철학자인 오귀스트 콩트가 19세기에 처음으로 정의하고 그 이름을 붙였다. 콩트는 다른 과학적 연구의 주제들처럼 사회를 경험적으로 분석할 수 있고, 사회 법칙들과 이론들은 심리학과 생물학적 기반 위에 형성될 수 있다고 생각하였다. 그는 모든 진리는 지각을 통한 경험과 축적된 정보에 의거하여 형성된다고 믿고, 확장된 관찰과 실험을 통해서만 발전할 수 있다고 생각했다. 그는 순수이성(pure reason)을 사색과 형이상학적인 탐구의 수단으로 보게 되면서 그것으로부터 등을 돌리게 되었다.

따라서 실증주의 사회과학자는 자연과학의 방법론적 과정을 적절하게 사회과학에 적용시켜서 그 결과를 자연과학처럼 법칙이나 경험적 일반화로 표현할 수 있어야 한다고 믿는다. 그렇게 함으로써 사회과학자들은 측정할 수 있고 검증할 수 있는 자료를 바탕으로 사회 현상에 대해 명확하고 근거가 충분한 분석과 해석을 얻을 수 있다. 뒤르켐은 사회학의 본질에 대한 그의 철학적 논문들뿐만 아니라, 노동 분업, 자살, 종교와 교육에 대한 연구로 유명하다. 유물론적 관점에서 도덕과 인간성의 사회적 측면을 정의하려고 한 마르크스와는 달리, 뒤르켐은 사회가 그 사회현상들의 체계를 발전시키고, 그 현상들은 집단의 공유된 기준과 믿음을 생산한다고 생각하였다. 그는 그것들을 '사회적 사실'이라고 불렀는데 예를 들면, 경제 조직, 법, 관습, 범죄 등이 있다. 사회적 사실은 그들 자체가 옳은 것으로 존재하며, 우리의 외부에 있으며, 우리의 의지에 반하고, 그리고 우리의 행동을 제약한다.

Box 2.5 사회학자의 의무

사회학자의 의무는 사회적 사실의 근본적인 특성을 설명하는 것이고, 그것들이 어떻게 존재하게 되었는지, 어떻게 서로 관계를 맺게 되는지, 어떻게 서로 영향을 미치는지, 그리고 사회적 전체를 구성하기 위해 어떻게 함께 기능을 하는지 등을 설명하는 것이다(Hughes, 1990, p. 25).

위에 요약되어 있는 사회학자의 의무를 다하기 위해서, 사회과학자들은 사회현상들에 대한 모든 세상의 통념들을 거부해야 하고, 마치 처음 보는 것처럼 사회를 봐야 한다. 과학적인 관찰 기법들을 활용하여 사회적 사실들을 '발견하고' 정의한 이후에, 사회과학자는 생물학 또는 심리학 같은 다른 과학의 영역보다는 차라리 다른 사회적 사실들 사이에서 그 원인을 찾아내야 한다. 독자적인 방법으로 사회학을 연구함으로써 사회과학자는 다양한 사회적 병폐들의 기원을 이해하고, 그 해결책을 제시해줄 지식을 사용할 수 있다. 요약하면, 이 접근방법은 사회를 연구의 초점으로 인식하여 사회 내부의 법칙들을 이해하고, 관련된 사실들을 입증하여 그들이 하는 것처럼 어떻게, 왜 개인들이 그런 행동을 하는지 이해할 수 있다. 그러나 모든 철학자들이 인간사회가 그러한 비현실적인 분석을 받아들인다고 동의하는 것은 아니다.

해석론자(interpretivist) 접근방법

20세기 하반기부터, 가장 유명한 지식인들 중 일부는, 과학적 방법이 사회에서의 그리고 개인들 사이에서의 복잡한 상호관계에 대한 실질적인 이해를 제공해 줄 수 있다는 주장을 반박하였다. **해석주의**라 불리는 이 관점에 따르면, 실증주의 사회과학은 각자의 행동 근거로 삼는 개인의 고유한 이론적인 입장을 무시하여 사회 내 개인의 모습에 대한 잘못된 이해를 낳고 있다. 또한 자연과학과는 달리, 연구자는 체계의 밖에서부터 관찰하는 것이 아니라, 자신이 연구하는 인간상황 내에 있어야 한다. 게다가 인간 행동에서 변하지 않는 것을 찾아내는데 집중함으로써, 연구자는 반복적이고, 예측가능하고, 사회의 불변적 측면을 강조하고, 주관적이고, 개인적이고, 창조적인 것을 무시한다.

그림 2.4 연구자는 체계의 밖에서부터 관찰하는 것이 아니라, 자신이 연구하는 인간 상황 내에 있어야 한다.

코헨과 매니언(1994, p. 29)에 따르면, 실증주의에 반대하는 세 개의 주요 학파들이 있다: 훗설과 슈츠가 발전시킨 현상학(Phenomenology), 가핑클(Garfinkel)이 개척한 민속방법론(ethnomethodology), 시카고학파의 상징적 상호작용론(symbolic interactionism). 그들 모두는, 인간 행동 이면에 놓여있는 규칙들을 확인함으로써 체계적인 법칙으로 정리할 수 있고, 연구자들과 사회를 분리시켜 객관적이고 공정한 관점으로 연구할 수 있다는 주장에 전적으로 반대한다.

사회적 실제를 해석하기 위한 대안들을 비교하기 위해, 여기 객관주의와 해석주의 접근방법 사이의 주요 차이점을 정리해 놓은 유용한 표(Box 2.6)가 나와 있다.

연구하는데 있어 해석학적 접근방법이 갖는 함의는 관찰자 또는 '해석자'들을 그들의 조사맥락과 동떨어진 것으로 볼 수 없다는 점이다. 그들은 필연적으로 연구에 대해 자신들의 의미를 부여하고 설명한다. 또한 관찰하는데 있어서 자신들의 관점을 인지하고 받아들여야 한다. 연구에서 이해를 구하고자 하는 시도들은 우리 자신의 역사적, 문화적 환경에 영향을 받는다는 사실을 아주 잘 알고 있다.

실증주의와는 반대로, 우리는 개인의 가치와 행동을 이해하기 위해 사회 속에서 개인들을 봐야 한다. 그러기 위해 우리는 사회체계의 구조와 원리를 이해해야 할 것이다.

Box 2.6 사회과학에서의 객관주의와 해석주의 접근방법의 비교

	객관주의	해석주의
철학적 기초	사실주의: 세상은 실재하기 때문에 우리는 그 실체를 알 수 있다.	이상주의: 세상은 존재하지만, 모든 사람들은 다른 관점으로 그 세상을 파악한다. 따라서 보편적 진실을 확립하는 것은 불가능하다
사회과학의 역할	사회의 이면에 있는 보편적 진리와 사람들이 그에 순응하는 방식을 밝혀내는 것	삶에 대한 사람들의 상이한 관점들이 어떻게 다른 사회구조를 초래하는지를 보여주는 것
연구자의 역할	연구 대상과 동떨어진 시각을 가진 중립적 관찰자	연구과정에서 핵심적 역할을 담당하는 참여자
이론적 접근방법	근본적 법칙발견을 위해 과학적 방법과 가치 판단적이지 않은 자료를 사용한 합리적 접근방법	이면에 놓인 의미를 밝히기 위해 귀납법과 가치 판단적인 자료를 사용한 주관적 접근방법
방법	가설의 입증, 기각 또는 정교화를 위한 실험 또는 수학적 모델과 양적 분석	관계와 상호작용의 영향을 밝히기 위해 질적 비교 분석으로 질문, 담론 분석과 관찰
사회의 분석	질서 추구. 공유된 가치체계는 사회 구조의 토대가 되어 그 구조를 강화시킨다. 사회는 합의에 의해 통제된다.	동학 추구. 다양하고 상이한 가치들은 복잡한 상호작용을 야기한다. 사회는 협의에 의해 가능해진다.

조화론적(reconciliatory) 접근방법

베버는 순수한 해석주의자들을 거부하였다. 하지만 사건의 구체적인 경과와 주관적인 해석의 결과를 비교하면서 해석주의가 어느 정도 필요함을 인정하였다. 그는 그냥 존재하는 것인 사실로서 인식해야 할 것과 있을지도 없을지도 모르는 가치로서 인식해야 할 것과의 구별이 바람직하다고 하였다. 사실과 가치들은 별개의 다른 현상이기 때문 그 둘 사이의 차이는 그대로 유지시켜야 한다. 그러나 사회를 이해하기 위해 우리는 이 두 가지 요소 모두를 고려해야 한다.

어떻게 할 수 있을까? 베버는 사회 관습을 충분히 묘사하기 위해 그 관습들이 무엇을 의미하는지 이해해야 한다고 주장하였다. 이것은 어떤 특정한 입장을 정하거나 가치의 판단 없이 관련된 가치를 이해하는 것이 필요하다. 이러한 이해가(종종 verstehen로 인용되는) 사회과학의 주제이다. 상황의 내부적인 논리에 대한 평가를 통해 이성적으로 사회관습을 연구하는 것이 가능하다. 이 방법으로 그것들 본래의 가치들을 고려하여 복잡한 사회현상 내의 원인과 영향, 요소들을 체계화할 수 있다.

사회과학자들은 그들 역시 사회와 문화의 구성원이기 때문에 개인적인 예상이나 믿음 등 가치평가에서 벗어나는 것은 불가능하다고 주장할 수 있다. 베버는 이에 동의하는데,

- 문화를 분석하는데 있어 완벽하게 객관성을 유지할 수는 없다. 또한 특수한 사회현상 역시 마찬가지이며, 편견 역시 피할 수는 없다. 문화적 현실에 대한 모든 지식은 보다시피, 항상 특정 관점에서 비롯할 수밖에 없다(1949, pp. 72-81).

따라서 어떠한 사회분석이라 할지라도 그것은 '어딘가에서부터 나온 관점'에 근거한다. 이는 불가피하고 심지어는 바람직한 일이라고 할 수 있다. 사회현상의 과학적인 평가를 하기 위해 베버는 다음과 같이 구분을 했다. 연구자에게 문화적 중요성이 있으며, 연구에서 사용하는 개념과 가치들에 반영되어 있는 것들이 있다. 이것들은 연구의 시작단계에서 '주어진 것'들이다. 그 이후에 일단 주제와 분석틀이 정해지고 나면, 연구자들은 개인의 가치가 개입되지 않은 방법들로 사실을 결정할 책임이 있다: 이것이 연구의 '과학적인' 요소이다.

이런 이원적인 과정에 덧붙여, 베버는 '복잡한' 사회현상을 이해하기 위한 또 다른 접근방법을 제시하였다. 그는 한두 개의 핵심 가치들에서 나온 합리적이고 단순하게 만든 사회규범의 모델을 논리적으로 만들었다. 이것들을 '이상형(ideal types)'이라고 부른다. 예를 들어 이상적인 관료제의 모델은 오직 이성적이고 계획적인 효율성의 원칙에 근거한다. 분명히, 그러한 관료제는 실제로는 존재하지 않는다. 하지만 이상과 현실을 비교함으로써 현재의 관료제의 특성들을 야기하는 요인들을 파악할 수 있다.

따라서 이 조화론적 관점은 개인 그리고 개인의 믿음과 가치에 대한 연구와 사회구조의 연구 사이에서의 상호보완적인 움직임을 고취시킨다.

비판적 실재론(critical realism)

철학자 로이 바스카(Roy Bhaskar)는 실증주의와 해석주의로 양분된 논쟁에 자연과학과 사회과학의 관계에 대한 좀 더 포괄적이고 체계적인 관점의 대안을

제시했다. 그의 접근법, 즉 **비판적 실재론**은 자연을 각각의 계층이 하위계층을 좀 더 복잡한 것의 토대로 삼는 계층화된 것으로 보았다. 따라서 물리학은 화학보다 기본적이고, 화학은 생물학보다 기본적이며, 생물학은 인문과학보다 기본적이다. 보다 기본적인 것에서 보다 복잡한 것의 영역들 사이의 관계는 포괄적이고 일방적인 관계이다 – 더 복잡한 것은 더 단순한 것에서부터 출현한다. 그러므로 모든 인간들은 화학적인 물질로 구성되어 있지만, 화학적인 물질이 인간으로 구성된 것은 아니다.

이것은 인간들이 화학, 물리학, 생물학의 법칙의 지배를 받는다는 것을 의미한다. 그러나, 인간은 화학이나 생물학, 물리학적인 법칙을 거스를 수 없지만, 화학, 생물학, 물리학적 법칙들 중 특정한 화학적 법칙만을 따르고, 생물학적인 법칙을 따르지 않거나, 사회적인 '법칙'을 따르지 않는다면, 인간을 구성하는 화학물질이 할 수 없는 모든 종류의 것을 할 수 있다. 그러므로 인문학은 그것의 생물학적, 물리학적, 화학적 속성에 대한 연구로 환원될 수 없다(Collier, 1994, pp. 107–9). 이러한 도전과제들이 Box 2.1에 나와 있는 과학에 대한 통념에 대한 해킹의 목록 아홉 가지에 어떻게 나와 있는지 살펴보라.

계층화된 세계에서 상위계층의 복잡성은 누군가가 그것을 과학적으로 연구하고자 할 때 분명 문제가 된다. 계층화된 세계는 열린 체계지만, 하위계층의 현상을 분리시키는 것이 더 쉽다. 예를 들면 유기체의 대사에서 일어나는 화학적 현상을 분리하는 것은 쉽다. 그러나 화학적 과정의 영향에서 유기체의 대사를 분리시키는 것은 가능하지 않다. 그러므로 상위의 계층으로 갈수록 현상들을 분리시키기는 어렵다.

또한 바스카는 사회적 작용의 변형모델이라 불리는 개인과 사회 사이의 관계에 대한 완전히 통합적인 관점을 제시했다. 한편으로 개인의 행동을 이해하기 위한 연구나, 다른 한편의 사회구조를 이해하기 위한 개인에 대한 연구, 또는 그것들 사이의 어딘가에서 서로의 연구결과를 확인하는 것이 아니라, 바스카는 개인과 사회의 호의적인 상호작용은 서로를 변형시킨다고 주장했다. 개인과 사회는 상호간에 의존적이다: 개인의 행동은 (praxis) 사회의 (structure) 영향을 받고, 다시 이런 개인의 행동은 사회에 영향을 (transformation) 준다.

콜리어(Collier, 1994, p. 146)는 언어를 이것의 좋은 예로 본다. 우리는 언어를 사용해서 의사소통을 하기 전에 그것의 규칙(structure)을 배워야 한다. 그런 후에 우리는 규칙에 대해 계속 생각을 하거나, 그것을 바꾸고 싶다는 생각 없이 언어를 의사소통에 사용(praxis)할 수 있다. 그러나 언어의 존재란 우리가 그것을 사용하는가에 달려있다. 그리고 우리가 언어를 사용하는 동안에 우리는 그

규칙을 굳이 바꾸는 것이 필요하다고 의식하지도 않으면서 바꾼다(transformation). 여러분이 세월을 통해 영어가 얼마나 바뀌었는지 알기 위해서는 단지 빅토리아 시대의 소설을 읽어보면 된다.

그러므로 우리가 개인과 사회를 개념적으로 구분할 수 있다고 하더라도 개인들이 서로에게 작용하는 방식은 오직 분석을 통해서만 그들을 분리 가능하게 만든다.

- 사회는 현재의 상태(질료원인, material cause)이자 계속적으로 재생산된 인간 활동의 성과이다. 그리고 그 실행(praxis)은 사회조건의 의식적인 생산과 (주로 무의식적인) 재생산 모두이다. 혹자는 전자를 구조의 이중성이라 하고, 후자를 실행의 이중성이라고 한다(Bhaskar, 1989, pp. 34–5).

개인과 사회에 대한 이런 상호관계적인 관점과 '계층과 출현'에 대한 철학은 인간과 자연/인문과학 사이의 경계에 광범위하게 영향을 주었다. 사회학, 경제학, 심리분석, 언어학, 역사학, 지리학, 생물학, 생태학, 여성주의들은 비판적 사실주의 생각들을 잘 활용해 왔다.

구조주의, 후기 구조주의 그리고 포스트모더니즘

구조주의자들은 모든 문화현상들은 성격상 일차적으로 언어적이다라는 견해에 근거한, 구조주의 접근방법은 주관성 사회적 실재의 표면 아래 놓여 있는 심층적 '구조'에 의해 주관성이 형성된다고 주장했기 때문에 그 이름을 얻게 되었다. 레비-스트라우스는 밑에 있는 지층의 복잡한 쌓기와 접기에 의해 문화현상의 명시적 측면들이 형성된다고 주장하면서 지질학적 은유를 사용했다. 이런 점들은 기호 분석을 통해 드러날 수 있다. '문화적 상징들과 표현들은 표면구조이며, "실제"의 모습을 얻게 된다'(Seale, 1998, p. 34).

후기-구조주의 사상은 20세기 후반부에 데리다와 푸코 같은 프랑스 철학자에 의해 발전했다. '해체이론(deconstruction)'이라는 방법을 통해, 글자와 담론으로 이루어진 권위에의 요구들이 약화된다. 이항대립이라는 구조주의 방법론의 타당성에 대한 거부는 의미와 지적 범주들이 움직이며 고정적이지 않다고 주장하게 만들었다. 실(Seale, 1998, p. 34)에 따르면, **포스트모더니즘** 사상이 뒤이어 발전했으며, 세 가지 기본 원칙들로 인해 그것이 더 널리 받아들여지게 되었다.

1. **분산된 자아** – 정체성을 결정해 주는 인간의 보편성은 존재하지 않고, 자아는 사회의 산물이라는 믿음.
2. **권위 주장의 거부** – 과학적 객관성과 가치중립성을 통한 진보라는 관념은 오류이며, 도덕적 진공상태를 초래한다. 담론은 분명 비판적 분석의 대상이 될 것이고, 전통과 가치들은 끊임없이 공격받을 것이다.
3. **이해의 실천에 있어서 불안정성에 전념** – 모든 것이 의심받게 됨에 따라 어떤 확립된 사고방식도 있을 수가 없다. 세계에 대한 우리의 이해는 끝없는 변화이기 쉽다. 한 문화 안에 있는 모든 의견들은 표현할 동등한 권리를 가진다.

포스트모더니즘은 비판이론, 철학, 건축, 예술, 문학 그리고 문화의 발전에 광범위하게 적용된다. 그리고 이런 것들은 일반적으로 모더니즘에서 나오거나 아니면 모더니즘을 대체하거나 하는 것으로 특징지어진다. 사회학에서 모더니즘은 경제적, 문화적, 그리고 민주적 변화의 결과인 것으로 묘사되어진다. 이런 맥락과 관련되는 용어들에는 후기 산업사회, 후기 자본주의가 포함되는데, 이는 서비스 경제, 대중매체의 중요성, 그리고 점차 상호의존적으로 되어가는 세계경제의 부상과 같은 요인들 때문이다.

연습문제 2.2

1. 위에서 읽은 것이나, 다른 자료를 바탕으로 과학적 탐구의 특성에 대하여 포퍼, 쿤, 페이어아벤트가 제안한 요점에 대해 각각 한두 개의 문장으로 요약하라.
2. 이 필자들 중에서 지식을 얻는데 유효한 접근법으로 해석주의에 대하여 반대의 관점을 피력한 사람은 누구인가? 왜 그렇게 생각하는지 이유를 밝혀라.
3. 다음에 나와 있는 지문에 주어진 연구에 대한 설명이 실증주의적 접근인가 아니면 해석주의 접근인가? 밑에 주어진 (a)–(d)의 네 항목에 대해 답변하라. Box 2.6의 비교분석 리스트가 답변하는데 도움이 될 것이다. 연구를 하는데 있어서 두 가지 다른 접근방법을 조합하는 것이 필요한지 아니면 그것들이 서로 배타적인 것인지 생각보라.

• Text

이 연구는 도면과 상품디자인 사이의 관계에 대한 연구이다. 어떻게 도안할 것인가에 대한 디자이너의 관심이 상품의 디자인에 미칠지 모르는 영향에 대해 이것이 어떻게 일어날지에 대한 다양한 생각들이 있다. 많은 연구자들이 그러한 영향들이 어디에서 발생하는지에 대한 각각의 사례들을 제시하고 있더라도, 상품디자인에서 도안이 갖는 함의에 대한 총체적인 연구는 없다. 이 관계를 연구하기 위해 아래의 것들이 필요하다.

a. 의사소통에 있어서 도안의 관계와 추상화의 과정을 연구하라.
b. 코드화된 정보들이 어떻게 도안에서 인식될 수 있는지, 그리고 어떻게 이 인식들을 납득할 수 있는지 평가하라.
c. 도안들과 그들이 생각하는 형태들이 더 넓은 의사소통의 방법으로서 디자인에 어떻게 영향을 미치는지 연구하라.
d. 디자이너와 묘사하는 사람들을 인터뷰함으로써 도안의 특정한 형태에 디자인에 미치는 영향력의 범위에 대해 경험적으로 평가하라.

연구는 도안의 의사소통 측면(communications aspects)의 종합적인 개요와 어떻게 이것들이 상품디자인에 영향을 미치는지 알려준다. 디자이너가 디자인을 하는 동안 자기 자신과 나누는 내부의 대화를 통해, 도안이 의미하고 있는 디자인에 대한 한 디자이너의 의도가 다른 디자이너에 미치는 영향을 통해, 특히 디자인을 추측하는 동안 도안의 이미지를 재수집하게 되는데 이런 것들로 구체적인 도안의 형태가 디자인에 영향을 미치는 점을 설명해준다.

생각해보기

이런 다소 광범위한 지식의 특성에 대한 논의와 여러분 자신의 연구를 연관시키기 위해, 위에 명시된 다양한 철학적 관점과 관련하여 여러분 자신의 연구에 대한 객관성을 실험해보는 것은 좋은 생각이다. 이 작업은 어떤 전략 유형이 여러분 자신의 연구에 적합한지 분류하는 데 도움이 된다. 실증주의 접근을 하기 위해 귀납, 연역법을 사용하는 것이 적절할 것인가, 아니면 가설-연역적 방법이 적당할 것인가? 그렇지 않으면 여러분의 연구가 해석주의 접근에 더 적합할 것인가? 아마 두 접근법의 조화가 가장 성과가 좋을 것이다. 이 결정은 여러분의 연구문제를 표현하는 방식과 답변을 찾기 위한 방법론에 영향을 미칠 것이다.

결론

과학적 탐구의 본질과 지식 획득을 둘러싼 쟁점들에 대한 어떤 논의도 이 입문서에서는 성격상 매우 간단하게 요약되어야만 했다. 연구는 스스로 광범위한 주제와 원칙들에 결부시킬 수 있다는 사실을 인지하면서, 나는 여러분의 연구문제의 유형이 어떤 것이든지, 여러분 자신의 접근방법에 대해 문제를 제기해줄 것이라고 희망하며, 관련된 주요 관점들을 포함시키려했다.

지식과 어떻게 우리가 그것을 얻을 수 있는가에 대한 논의는 끊임없는 것이고, 어떤 연구를 하든 우리는 그 노력의 중심에 있는 것이다. 나는 여러분의 연구프로젝트 전반에 걸쳐, 또한 여러분의 다음 연구에 관해서도, 단지 여러분의 삶에 대한 태도에만 그치는 것이 아니라, 모든 우리의 일상적인 행동들에 이 같은 요소들이 얼마나 연관이 되어 있는지, 얼마나 영향을 미칠지에 대하여 깊이 있는 인식을 얻는 것이 중요하다고 생각한다.

다음 단계 : 연구 계획의 이론적 기반

이번 장의 목적은 일찍이 논의되었던 철학적 입장들 중 어느 것이 여러분의 접근방식과 관련이 있는지, 그리고 여러분이 연구를 진행시키기 위해 적절한 논거를 어떻게 구성할지를 알아보기 위해 여러분 자신의 연구문제 영역을 검토해 보는 것이다. 그 문제에 대한 여러분 자신의 개인적 태도, 연구하고 싶은 수준, 그리고 접근방법에 대한 인식은 모두 여러분이 행하는 연구의 성격을 결정하는 데 도움을 줄 것이다.

이 절의 목적은 이렇다.

- 다양한 이론적 접근방법들이 여러분의 연구 전략에서 무슨 역할을 하게 될지를 알아보기 위해 연구문제나 연구영역을 검토해 보는 것
- 연구문제에 대한 여러분 자신의 태도, 그 문제를 바라보는 관점 및 시험해 보려는 수준을 탐구해 보는 것
- 적절한 연구 전략을 공식화하고 문제를 표현하는 적절한 방식을 찾아내는 것

여러분 연구의 진척을 위한 점검사항

Step 1 : 입장을 검토하라

여러분이 무엇을 읽든지 간에 몇 가지 철학적 입장들에 근거한 것일 것이다. 여러분이 읽고 있는 각각의 책, 논문 그리고 다른 읽을거리들을 분류시켜 보아라. 이런 것들을 인식하게 되는 것은 진행 중인 논의들을 이해하는데 도움을 줄 것이고, 여러분의 철학적 접근을 공식화하는데 안내 역할을 해줄 것이다.

Step 2 : 당신은 얼마나 과학적인가?

여러분이 생각하기에 자신의 연구는 해킹의 과학적 탐구의 특징 목록(Box 2.1)에 얼마나 잘 들어맞을 것인가? 여러분 프로젝트의 전개를 어떻게 예상하는지 스스로에게 물어보는 것은 연구의 본질과 과정에 대한 스스로의 가정을 두드러지게 해줄 것이다.

여러분의 연구 계획은 다양한 철학적 접근방법들에 얼마나 잘 들어맞는지 신중하게 생각해 보아라. 과학적 방법의 가정은 여러분의 연구방법에 적절했는가? 아니면 좀 더 상대주의적 입장이 적절한가? 여러분이 물어봐야만 할 질문들 몇 가지는 다음과 같다.

- 여러분의 문제는 사물에 대한 것인가 아니면 사람들에 관한 것인가? 또는 그 둘 사이의 관계에 대한 것인가?
- 의미나 주관적인 힘의 측면보다는 힘과 내적인 물리적 변화의 측면으로 분석되거나 설명될 수 있는가?
- 인과관계 개념이 중요한 측면인가? 아니면 여러분은 어떤 상황의 이해를 위한 설명을 찾으려고 하는가?
- 지식은 공정한 관찰/혹은 실험을 통해 얻어질 수 있는가? 혹은 당신이 그 상황 속에 빠져들어야만 하고 주관적 해석 혹은 가치 판단이 들어간 관찰들을 해야만 하는가?

이러한 질문들로부터 여러분이 얻은 결론에 의거하여, 어떤 종류의 접근방법이 여러분의 연구계획에 적절했다고 보는가? 지식의 본질과 연구를 위한 접근방법들을 둘러싼 쟁점에 대해 여러분이 읽은 바에 비춰서 여러분 결정의 이유들을 논의해 보아라. 더 조사할 필요가 있을 여러분 연구의 잠재적 가치에 대해 어떤 질문들이 나올 것인가?

Step 3 : 귀납법 아니면 연역법?

연구에 대한 여러분의 주제와 자신의 입장에 따라, 주요 논거들을 귀납적 혹은 연역적 추론에 근거할 것인가, 아니면 가설-연역법의 접근방법을 택할 것인가? 많은 경우의 질적 사회과학 연구에 있어서 개념과 이론들은 관찰과 상담에 기초하여 발전된다 - 고전적인 귀납적 방식. 경제학, 상업, 마케팅, 그리고 많은 응용학문들에는 매우 다양한 범위의 연역적 접근방법이 존재한다. 예를 들면 케인즈 이론들이 정말로 효과가 있는가? 자연과학과 과학적 방법에 기초한 많은 원칙들은 보통 가설-연역적 추론을 많이 사용한다. 여러분이 자신의 연구문제를 다루는 방식과 사용하는 연구방법의 종류는 여러분의 사고방식과 밀접하게 관련되어 있을 것이다. 그 점을 분명하게 확인하라.

Step 4 : 여러분의 접근방법을 '맞춰나가기'

'맞추기'에서 내가 의미하려는 바는, 여러분이 자료 출처를 언급함으로써 이론적 접근방법의 맥락과 그것을 뒷받침하는 사고방식을 제공해준다는 것이다. 지금까지 여러분은 다른 사람들의 연구를 진척시키거나 도전하고 있었다는 것이 분명하다. 여러분의 연구는 일련의 사상, 전통 혹은 특정 관점에 속하게 될 것이다. 문헌연구 결과는 선행연구 연구를 통해 여러분으로 하여금 이런 흐름과 그들의 사고방식을 따라갈 수 있게 해 줄 것이다. 여러분 연구제안서의 배경연구 항목에서 이런 것들을 간략히 언급해줄 필요가 있을 것이다.

정리와 평가

여러분의 강사나 지도교수 중 한 사람과 만날 약속을 잡고, 그들에게 위에 나와 있는 임무들 때문에 떠올리게 된 생각의 결과를 설명하라. 여러분은 지식의 본질과 연구의 활동을 둘러싼 쟁점에 대해 자세하게 이해한 바대로 설명할 수 있어야만 하고, 이 같은 쟁점들이 자신의 연구와 어떠한 관련이 있는지 설명할 수 있어야 한다. 여러분의 논증능력이 시험대에 오르게 될 것이다!

그 논의의 결과는 여러분 연구의 근거가 되는 지적인 철저함을 평가하는데 도움이 될 것이고, 연구 설계를 하는데 있어서 적절한 선택사항을 연구하고 연구의 질에 대한 문제를 탐구하게 준비시켜 줄 것이다. 이러한 주제들은 다음 장에서 다루어질 것이다.

더 읽을거리

만일 여러분이 원한다면 지식철학과 연구에 대해 훨씬 더 자세하게 검토할 수 있다. 하지만 여러분의 연구 주제가 이런 문제들에 초점을 맞추고 있지 않다면, 너무 깊이 파고들 시간은 부족할 것 같다. 하지만, 여러분의 연구를 철학적 맥락에 두기 위해서 과학적 지식과 그것을 폄하하는 자들에 대한 철학적 논쟁에 대해 많이 아는 것은 좋다. 이번 장을 엮으면서, 다음에 나오는 책들이 유용하고 살펴볼 가치가 있다는 것을 알게 되었다. 제목은 그 책이 다루고 있는 내용을 나타내준다. 좀 더 구하기 쉬운 것을 앞쪽에 배치시켜 놓았다. 두 권의 훌륭한 입문서들로 시작한다.

Thompson, M. (2006) *Philosophy*. London: Hodder(Teach Yourself Series).
이 책은 주요 용어를 설명해주고, 주요 사상의 흐름에 대한 개요를 보여주는 철학 입문서다.

Warburton, N. (2004) *Philosophy: the Basics*, 4th edn. London: Routledge.
또 다른 얇은 일반 입문서.

아래에 나오는 책들은 과학적 접근방법들과 딜레마에 초점을 맞추고 있다.

Okasha, S. (2002) *Philosophy of Science: a Very Short Introduction*. Oxford: Oxford University Press.
과학철학에 대한 명확하고 전문적이지 않은 입문서.

Chalmers, A. (1999) *What is This Thing Called Science?*, 3rd edn. Milton Keynes: Open University Press.
과학적 방법에 대해 좀 더 깊이 들어간다.

아래에 나오는 책들은 과학적 접근방법들과 딜레마에 초점을 맞추고 있다. 처음 세 권은 과학의 본질에 대한 일반적 논의들이고, 반면 나머지 것들은 과학 논쟁에 엄청난 영향을 미쳐왔던 중요한 글들이다: 열렬한 지지자들에게 영향력이 큰 책들.

Kuhn, T. S. (1970) *The Structure of Scientific Revolutions*, 2nd edn. Chicago: Chicago University Press.

Popper, K. (1992) *The Logic of Scientific Discovery*(Routledge Classics). London: Routledge.

Feyerabend, P. (1993) *Against Method: Outline of an Anarchistic Theory of Knowledge*, 3rd edn. London: Verso.

Medawar, P.B. (1969) *Induction and Intuition in Scientific Thought*. London: Methun.

Medawar, P. B. (1986) *The Limits of Science*. London: Methun.

Bohm, D. and Peat, F. (1987) *Science, Oder and Creativity*. London: Routledge.

Hacking, I.(ed.)(1981) Scientific Revolutions. Oxford: Oxford University Press. See pp. 60-79, 'The corroboration of theories' by H.Putnam; and pp. 157-67, 'How to defend society against science' by P. Feyerabend .

Lakatos, I. and Musgrave, A. (eds)(1970) *Criticism and the Growth of Knowledge*. Cambridge University Press. See pp. 91-196, 'Methodology of scientific research programmes' by I, Lakatos.

Archer, M., Bhaskar, R., Collier, A., Lawson, T. and Norrie, A. (1998) *Critical Realism: Essential Readings*. London: Routledge.

그리고 다음에 나오는 책들은 사회과학의 기초를 살펴본다.

Best, S. (2003) *The Beginners Guide to Social Theory*. London: Sage.
Seale, C. (2004) Researching Society and Culture, 2nd edn. London: Sage. See particularly Part 1.
Zohar, D. and Marshall, I. (1993) *The Quantum Society*. London: Bloomsbury.
Skinner, Q. (ed.) (1990) *The Return of Grand Theory in the Human Sciences*. Cambridge: Cambridge University Press.

CHAPTER

03 개념, 언어와 논증

- 목적
- 머리말
- 개념과 이론
- 언어와 논증
- 결론
- 다음 단계 : 여러분의 주제에 맞는 연구 유형은?
- 더 읽을거리

목적

- ✔ 개념의 본질과 측정 방법을 탐구하는 것
- ✔ 개념과 이론의 역할을 연구하는 것
- ✔ 언어가 어떻게 의사소통의 기본 원칙이 되었는지를 보여주는 것
- ✔ 여러분의 주장(case)을 설득력 있게 해주는 논거의 사용방법을 설명하는 것

머리말

이 장에서는 개념과 이론이라는 가장 기본적인 요소들에 대해서 간단히 짚고 넘어가는 것으로 시작한다. 연구에서 자주 사용되는 용어들의 의미와 중요성을 밝히는 것이 목적인데, 개념과 이론 등의 용어가 정확히 무엇을 의미하는지를 이해하고 사용하는 것은 자신이 하고자 하는 연구에 대해서 더 명확하게 표현할 수 있게 해준다. 이는 제기한 문제에 대해서 더 정확하게 규정하고, 어떠한 연구방법이 더 적절할 지에 대해서 토론하는데 큰 도움을 줄 것이다. 이론, 법칙, 가설 등의 많은 전문 용어들이 문맥에 따라 다르게 사용되고, 글 쓰는 사람의 해석에 따라 뜻이 조금씩 달라지는 것은 그리 중요하지 않다.

먼저 여러분 연구의 근간을 이루게 될 논거를 구성하는데 이런 개념들이 쓰이는 방법을 살펴볼 것이다. 논거는 연구에 대해 말해주는 핵심적 위치를 차지하고 있다. 여러분은 자신의 연구 계획의 모든 단계, 즉 연구문제와 연구를 하는 이유를 말할 때, 관련 배경지식을 논의할 때, 자료를 수집하고 분석하기 적절한 연구방법을 선택할 때에 여러분이 쓴 글을 읽는 독자에게 납득시켜야 한다. 이것이 바로 논거의 본질과 그것을 어떻게 판단해야 하는지에 대해 분명히 인식하고 있어야 하는 이유이다.

개념과 이론

개념

개념은 특정한 현상에 대한 일반적인 표현으로, 주로 어떠한 생각을 대표하는 단어, 예를 들어 고양이, 개, 분노, 성공, 소외, 속도, 지적능력, 사회주의 등이다. 이런 예들을 좀 더 자세히 살펴보면, 각각의 단어가 어떠한 생각을 전달하고 있음을 알 수 있다. 코헨과 매니언은 이에 대해 좀 더 자세히 밝히고 있는데, '개념이란 단어(또는 상징)와 생각 또는 개념 사이의 관계'(Cohen and Manion, 1994, p.17)라고 말한다. 모든 사람들이 어느 곳에서나 개념을 사용한다. 물론, 같은 문화권에서는 많은 개념들, 가령, 아기, 증오, 정의 등을 공유하고 있다. 그러나 그렇지 않은 경우에는 소규모 집단의 사람들, 전문가들, 또는 특정 집단의 구성원들만이 어떠한 개념들 예를 들어, 구어부전(idioglossia), 내부 결로(interstitial condensation), 예견적 사회화(anticipatory socialization) 등을 이해할 수 있다.

우리가 이 세상의 현상들을 서로 연관지어서 생각할 수 있는 것은 바로 이런 개념들의 사용을 통해서이다. 개념을 통해서 현실에 대해 이해하고 질서와 상관성에 대해 인식하게 된다. 우리는 개념을 사용해서 주변 환경으로부터 얻은 경험을 의사소통하고, 그러므로 주위 환경에 대한 우리의 인지능력도 지식과 개념을 얼마나 알고 있는지에 따라 달라진다. 더 많은 개념을 알고 사용할수록, 접하는 정보로부터 더 많은 것을 알아낼 수 있으며, '저 밖에 있는 것'이 무엇이든지 우리 자신의 인지능력에 대해서 더 확신을 가질 수 있다. 만약에, 오직 우리가 이용할 수 있는 개념을 통해서만 세상을 이해하게 된다면, 어떤 개념에 대해 다르게 이해하고 있는 사람들 사이에는 객관적으로 같은 현실 상황을 다르게 이해할 수도 있는 것이다. 어떠한 사건을 준비하고 있는 변호사는 그저 그런 평범한 사람과는 그 문제에 대해 매우 다른 개념을 적용시킬 것이고, 소박한 시골 문화에서 살던 사람이 도시적이고 현대적인 공간에 온다던, 마치 달나라에 온 사람(아니면 인디애나 존스)처럼 매우 큰 혼란을 일으킬 것이다.

자연과학자들은 개념에 대한 정의를 매우 정확하게 내리고자 할 것이고, 이는 많은 사례들에서 볼 수 있듯이, 연구의 범위 내에서 가능하다. 그러나 자연 과학자들에 비해서 사회 과학자들은 개념에 대해서 정확한 정의를 내리기가 어렵다. 왜냐하면 사회과학이 다루는 개념들은 의견, 감정, 가치, 전통, 규율 등에 관한 것으로, 자연과학과 같은 방식으로 정확하게 규정할 수가 없기 때문이다.

진술(Statement)

연구에서 개념만을 사용하는 것은 제한적이다. 만약 누군가가 연구 목적이 분류 체계(유형)를 제시하고, 설명하고, 예측하여, 이해력을 얻는 것으로 본다면, 오직 처음의 것, 즉 유형의 제시만이 개념을 사용하여 얻을 수 있는 것이다. 나머지의 목적들 (설명하고, 예측하고, 이해력을 얻는 것)은 진술-개념을 포함한 진술-을 통해서 표현되어야 한다. 대부분의 연구에서, 개념의 의미와 가치는 진술에서의 쓰임과 떨어져서는 이해할 수 없다. 다시 말해, 레이놀즈에 따르면, '개념의 과학적인 가치는 그 개념들을 포함하고 있는 진술의 과학적 유용성에 의해서만 평가될 수 있다'(Reynolds, 1971, p.45). 그러나 표현의 명료성을 기준으로 개념을 평가할 수도 있다. 명료성은 그 개념의 용법과 의미에 대해 사용자들이 동의하는 정도에 따라 측정할 수 있다.

상징

이해의 단위로 정의할 수도 있는 개념은, 문어체 또는 구어체, 자연적 또는 인위적(예를 들어, 수학) 언어의 형태를 가진 **상징**을 통해서 표현되고 소통된다. 의미를 정확하게 전달하기 위해서, 사용하는 사람과 받아들이는 사람이 상징의 의미를 동일하게 해석해야 한다.

'상징'이란 말은 일반적으로 수학적 기호, 예를 들어, £, +, % 같은 것을 의미하는데 반해, 상징 중에서도 구어나 문어의 언어 형식을 갖고 있는 것을 보통 **용어**라 한다. 자연적이든 인위적이든 어떤 언어에서든 사용하는 용어의 두 종류를 살펴볼 수 있다. 첫째는 원시어(primitive terms), 즉, 다른 용어로 설명할 수 없고, 그 공유된 의미에 대한 합의를 바탕으로 하는 용어, 예를 들어, 개인, 상호작용, 돌, 희망 등과 같은 것이다. 둘째로는 파생어(derived terms), 즉, 원시용어로 설명될 수 있는 용어, 예를 들어, 집단, 기업조직, 커튼 벽 등을 생각해 볼 수 있다. 분명히 전자의 용어들을 명확하게 이해하기가 더 어려운데, 이는 그 용어 설명은 오직 그 사례가 되는 것과 사례에 포함되지 않는 것을 보여줌으로써만 가능하기 때문이다.

연습문제 3.1 여기 몇 개의 용어들이 나와 있는데, 그 중 일부는 원시용어고 일부는 파생어이다. 어느 것이 그런지, 그리고 만약 파생어라면 원시용어를 사용하여 어떻게 정의할 수 있는지를 설명하라. 아래의 예를 참고하라.
강의 – 파생어. 다른 원시용어(발언, 사람, 앞, 청중)를 사용하여 정의됨: 청중 앞에 있는 어떤 한 사람이 하는 발언.

〈문제〉
1. 자동차
2. 모임
3. 기찻길
4. 의사
5. 동네이웃

생각해보기

여러분은 파생어나 원시용어로 이루어진 정의 둘 중 하나가 같은 개념을 나타내고 있는지를 확인해야 한다. 파생어의 장점은 더 효과적으로 사용된다는 점인데, 파생어의 정의에 사용되는 일련의 단어들(원시용어)보다 노력이 적게 들기 때문이다.
아무리 꼼꼼하게 정의했다 하더라도, 특정 상황에서 사용한 어떤 용어나 상징이 다른 상황에서는 의미가 달라질 때 종종 혼동이 생길 수 있다. '건축(architecture)'이라는 용어를 예로 들어보면, 이 용어는 건설 환경에서는 하나의 의미를 갖지만, 정보통신 분야에서는 완전히 다른 의미-컴퓨터 시스템의 구성-를 갖게 된다. 또 다른 예로, 기호 π는 수학자와 그리스 학자에게 상이한 의미를 지닐 것이다.

그림 3.1 어떤 상징이 다른 맥락에서 상이한 의미를 갖을때 혼란이 흔하게 야기될 것이다.

연구에서 이런 문제는 일반적인데, 특히 만약 그 상징이나 용어가 일상생활 속 언어에서는 다른 개념으로 쓰이고 있다면 더욱 그렇다. 저자의 의도와는 상관없이 이렇게 추가된 의미가 종종 어떤 진술의 의미를 완전히 다르게 할 수도 있다. 연구자들은 이러한 문제를 해결하기 위해서, 새로 만들거나 자주 쓰이지 않는 단어들인 추상적인 상징, 심지어는 라틴어나 그리스어에서 따온 문구들을 사용하기도 한다. 그러나 이러한 상징이나 용어들은 너무 추상적이고, 무익하거나 읽기 어려워서 종종 비난을 받기도 한다. 불행하게도, 독자들이 상징이나 용어를 정확하게 이해하는 데에 별로 신경을 쓰지 않고, 읽기 '쉬운 글'만을 고집할 경우, 이 문제를 해결할 수 있는 방법은 없어 보인다. 저자가 자신이 사용하는 상징이나 용어의 정의를 처음부터 명확히 하지 않을 경우 문제는 더욱 커진다.

또 다른 형태의 정의도 언급되어야 하는데, 바로 사전적 정의(dictionary definition)이다. 이는 개념을 용어를 통해 묘사하려는 시도이다. 여러분은 대부분의 사전적 정의가 순환적이라는 것을 알게 될 것이다. 즉, 한 단어를 찾다 보면 또 다른 단어의 뜻을 찾아보아야 하고 또 다른 단어를 찾고 결국 처음에 찾으려 한 단어를 다시 찾게 되는 경향이 있다. 이는 사전이 일상적 용어를 사용해서 원시용어를 설명할 수가 없기 때문이다. 사전적 정의의 이해는 독자들이 원시용어들에 대해 어느 정도의 기본적 이해가 있어야만 가능하고, 그림으로 보여주는 것도 효과적인 방법이다.

추상적 개념과 구체적 개념

개념은 추상적 또는 구체적으로 정의될 수 있는 특징이 있다. 레이놀즈에 따르면, 추상적 개념은 특정한 시간과 장소와는 완전히 독립된 개념들이다. 즉, 하나의 고유한 공간적(장소) 또는 시간적(역사적 시대) 환경과 전혀 관련이 없는 것이다. 이러한 개념은 주로 특정한 연구 유형, 예를 들어 변경지역 거주(민족지 연구), 수사학적 구성 (담화 분석)과 밀접한 연관이 있고, 그런 연구 유형에 의해 발전하게 된다. 만약 어떠한 개념이 특정한 시간과 장소에 한정된다면, 구체적 개념이라고 한다(Reynolds, 1971, p. 49).

연습문제 3.2 아래의 개념들이 추상적인지 구체적인지를 결정하고, 만약 구체적이라면 무엇에 구체적인 것인지를 설명하라. 두 개의 예가 있다.

- 기온 - 추상적
- 태양의 온도 - 구체적 - 특정 장소

〈문제〉

1. 3일
2. 1967년 12월 4일부터 1967년 12월 6일까지
3. 태도
4. 스미스 씨가 존스 씨에 대해 느끼는 생각
5. 사회 체계
6. 여성연합
7. 집단
8. 런던에서의 오후

생각해보기

구체적 개념의 경우에는 그 개념 안에 포함된 추상적 개념이 있다는 것을 알 수 있을 것이다. 구체적 개념은 추상적 개념의 **사례**들이다.

지금까지는 '추상'이라는 단어의 오직 한 가지 의미(시간과 공간 등으로부터의 독립성)만이 논의되어 왔다. 추상의 개념은 추상화의 '깊이'를 의미하는 또 다른 의미도 있다. 두 개의 추상적 개념이 모두 시간과 공간에서 독립적인 것으로 보일 수 있지만, 그 중 하나의 개념이 나머지 하나의 개념보다 조금이라도 더 추상적일수 있다. 만약 한 개념이 나머지 다른 개념에 포함되어 있다면, 그 두 번째 또는 더 일반적인 개념을 더 추상적인 것으로 본다. 레이놀즈(1971, p. 50)는 다음의 예를 사용하여 설명한다. 어떤 쪽으로 향해 있는 정서적 성향인 '감정'이라는 개념과 다른 것에 대한 긍정적 느낌을 나타내는 '좋아함'이라는 개념을 생각해보자. '감정'이라는 개념이, '사랑', '존경', '칭송' 뿐만 아니라, '증오', '혐오' 등의 감정들과 더불어 '좋아함'을 포함하는 것으로 여겨질 것이다. 이 예에서, 감정이 더 추상적인 개념이 되는데, 이는 '좋아함'이라는 의미를 내포하고 있기 때문이다.

연구에서 개념들을 사용할 때, 그 개념들의 추상적인 정도는 연구의 유형에 적절해야만 한다. 너무 추상적이거나 너무 광범위한 개념들은 사용할 수 없다.

개념 측정

자연과학에서 과학적 진술의 가장 중요한 점들 중 하나는 실제의 과학적 진술이 세계와 관련이 있어야 한다는 것이다. 진술을 실제 현상과 비교할 수 있어야 한다. 보통, 이것은 이론적인 개념의 사례를 보여줄 수 있는 명백한 사건이나 현상들을 밝혀내는 것으로 이루어진다. 이론적 개념은 구체적 상황에서 직접 체감할 수 있는 느낌과 연관이 있다. 어쨌든 원자나 전자를 실제로 관찰할 수 없으므로, 우리가 볼 수 있는 것은 원자나 전자가 어떠한 영향을 주는지를 보게 되는 것이다. 실생활에서 직접 측정이 불가능한 이론적 개념을 '가설적 구성(hypothetical construct)'이라 부르기도 한다.

보통 사회과학에서 개념의 측정은 쉬운 일이 아니다. 믿음, 관습, 행위와 가치 등을 다루는데 자로 잰 듯이 정확할 수는 없지만, 믿음의 헌신과 힘 등의 정도 차이는 명백할 수 있다. 이런 정도의 차이를 측정하는 것은 사람(혹은 사람들, 제도 등등) 사이의 의사소통을 통해 결정되고, 연구자의 인지능력이나 개인적인 판단에 의해서도 결정된다. 온도계를 뜨거운 목욕물에 넣고 단순히 눈금을 읽는 그런 간단한 일이 아니다! 하지만 사회적 자료의 일부는 특정형태로 계량화 시켜서 수집될 수도 있다. 예를 들어, 경제관련 자료, 인구통계 등이 있다.

조작적 정의(Operational definition)

실생활에서 이론적 개념의 존재를 입증하기 위해서는, 필요한 실행의 지표를 나타내 줄 수 있는 특별한 종류의 정의가 필요하다. 이를 **조작적 정의(operational definition)**라 한다.

레이놀즈는 Box 3.1에 조작적 정의를 실행시킬 필요가 있는 절차라고 정리한다. 미칠 영향이 아니라 수행할 활동에 강조를 두고 있다는 점에 주목하라.

Box. 3.1 조작적 정의의 정의

이론적 개념의 존재 또는 정도를 보여주는 감각을 통한 자극(청각, 시각, 촉각 등의 자극)을 받기 위해 연구자가 수행해야 하는 활동을 묘사해주는 일련의 과정(Reynolds, 1971, p.52)

조작적 정의의 큰 특징은 추상적이라는 점, 즉 시간과 공간으로부터 독립적이라는 것이다. 이는 여러 가지의 서로 다른 실제 상황과 시간에서도 사용할 수 있음을 의미한다.

예를 들어, 한 집단에 속한 사람들의 개별적 건강상태(전반적인 신체의 물리적 상태)를 세 가지 방법으로 측정할 수 있다.

1. 훈련된 관찰자, 가령 체육 선생님이나 코치들에게 일련의 운동수행능력 검사를 토대로 판단을 내리게 한다.
2. 휴식 중일 때와 활동하고 있는 동안, 혈압이나 호흡수 또는 맥박 등과 같은 신체적 활동에 관련된 자료를 수집한다.
3. 본인들에게 평소 하는 활동들에 대한 설문지에 응답하게 한다('매주 5마일 이상 달리기를 하십니까?' 에 대해 '네'라고 대답한 것이 '아니오'라고 답한 것보다 더 건강하다고 볼 수 있다).

이런 과정들 각각은 건강상태의 이론적 개념과 관련되어 있다고 볼 수 있으며, 다른 상황에서의 건강상태를 측정하는데 사용될 수 있다. 각각의 경우, 한 사람의 건강상태에 대한 감각적 인상을 얻기 위해 (너무 전문적인 수준으로 들어가지 않으면서) 무엇을 해야 하는지를 알려준다. 예를 들어, 전문 관찰자들의 등급 평가, 신체적 특징에 대한 측정, 또는 설문지에 대한 개인의 응답 등이 있다.

이런 식으로 개인의 건강 상태를 측정하는 것과 당사자들이 실제 느끼는 것이 어떻게 다른지를 생각해보자. 예를 들어, 건강상태를 측정하는 것과 건강에 대해 느끼는 점을 측정하는 것은 다를 수 있다. 조작적 정의는 다소 상이하고, 양적 측정이라기보다는 질적 특성을 가진 더 추상적이고 주관적인 과정과 관련이 있을 것이다.

이러한 경우에, 신뢰성이라는 측면에서 개념에 대한 평가나 측정 방법에 대한 면밀한 검토가 있어야 한다. 위의 예에서 여러분은,

1. 연구대상자들에게 건강이란 무엇이고, 본인이 얼마나 건강하다고 느끼는지 질문하고,
2. 육체적인 활동, 예를 들어 무거운 쇼핑백을 옮기거나 버스를 잡아타기 위해 달리는 것 등에 대한 태도를 관찰하고,
3. 건강이라는 주제에 대한 대화에서 그들의 태도나 감정들을 분석한다.

이런 형식의 평가는 개인의 해석에 많은 영향을 받는다. 그러므로 이런 측정방법의 신뢰성 문제에 대해 많은 관심을 기울여야 할 것이다. 만약에 대상이 문제를 제대로 이해하지 못했거나, 연구자들에게 좋은 인상을 주기 위해서 자신의 느낌에 대해 솔직하게 얘기하지 않는다면, 대상자 오류(subject error)라는 것이 발생

할지도 모른다. 관찰자 오류(observer error)는 연구자가 과도한 업무가 있는 날과 같은 스트레스가 심한 상황에서 어떠한 대상을 관찰하는 경우에 생길 수 있다. 관찰자의 편견은 공평하지 못한 기준(뚱뚱한 사람들은 스스로에 대해 건강하지 못하다고 생각할 것이라는 고정관념 등)이 사용될 결과를 초래할 수 있다.

이론적 개념의 존재를 측정하기 위한, 조작적 정의의 적합성 이론적 개념과 간의 관계는 대개는 일종의 판단이다. 레이놀즈(1971, p. 55)에 따르면, 하나의 조작적 정의는 두 가지 기준에 따라 평가될 수 있는데, 이는 Box 3.2에서 볼 수 있다.

Box. 3.2 조작적 정의의 평가기준

1. 측정과정으로서의 적합성을 판단한다.
2. 이론적 개념과의 관계를 평가한다.

상호주관성(Intersubjectivity)

측정과정으로서의 조작적 정의에 관한 적합성을 평가하는 데 있어서 가장 중요한 것은 **상호주관성**, 또는 관찰자 간의 합의이다. 만약 두 명 이상의 연구자가 동일한 주제나 현상을 연구하기 위해서 특정한 절차를 따라 독립적으로 측정할 경우 이들은 같은 결론을 내릴까? 현실 속에서 어떤 현상에 조작적 정의를 대입할 경우 연구자들 간에 완전한 동의란 거의 없다. 이는 무작위로 발생하는 오류, 측정할 때의 실수와 사람을 대하면서 생기는 마음의 변화, 기분의 차이 등 여러 가지 요소들 때문이다. 조사의 중요한 쟁점은, 그 결과가 연구 질문에 적절한 것인지 아닌지에 관한 합의의 정도에 관한 것이다. 받아들여질 만한 합의의 정도는 검사가 이루어진 상황과 사용된 연구 기법에 따라 매우 달라진다.

이론적 개념과 조작적 정의의 관계는 접근하기에 쉽지가 않다. 이론적 개념을 주의 깊게 살펴봄으로써, 어느 것이 측정할 수 있는 부분의 특징(개인, 단체, 조직, 경험 등의 특징)이고, 어느 것이 이론적 개념과 직접적 연관이 있을 수 있는지를 구분할 수 있다. 이 과정은 항상 판단의 문제이다. 이론적 개념을 측정하기 위한 조작적 정의의 적합성은 상호 주관적인 합의의 정도에 의해 결정된다. 실증주의적 관점에서 보았을 때, 추상적 이론을 구체적 현상과 연결시키는 가장 중요한 과정이 궁극적으로는 이미 알려져 있는 판단에 의존할 수밖에 없다는 것은 냉정한 사실이다.

연습문제 3.3 여러분이 알고 있는 판단에 근거하여 다음에 나오는 이론적 개념들 각각에 대한 조작적 정의 세 가지를 만들어 보라.

1. 학교
2. 공포
3. 공동체
4. 응결(condensation)
5. 기아
6. 자력(magnetism)
7. 압력집단

개념의 양화(Quantification of concepts)

'학교 건물'의 이론적 개념은 어떤 특정한 종류의 건물에 붙어있는 이름으로 작용한다. 어떤 건물이 학교 건물인지 아닌지에 대해서 측정할 필요는 별로 없다. 학교 건물이거나 아니거나, 둘 중 하나이기 때문이다. 그러나 '공포' 같은 개념은 어떤 물체의 특징이나 현상에 대한 것일 수 있고, 심하거나 약한 정도에 따라 달라질 수도 있다. 그러므로 어떤 측정 방법을 쓰거나 아니면 양화시킬 필요가 있다. 하지만 무리지어 있는 양 떼에서 양의 수를 세는 것처럼 양화시킬 수 있을까?

예를 들어, −3부터 +3까지의 척도로 태도를 측정하는 것처럼 개념의 **양화**는 주로 조작적 정의와 연관이 있지만, 이론적 개념에도 적용이 가능하다. 양화를 조작적 정의에 적용시켰을 경우에, 보통 그 양화의 여러 가지 다른 형태들을 측정수준이라고 부른다.

측정수준(Levels of measurement)

1946년에 S. S. 스테판스는 통계학자와 연구자들 사이에서 널리 쓰이고 있던 측정 수준들의 계층화를 제안했는데, 이는 개념의 측정이나 조작적 정의뿐만 아니라 자료를 측정하는 데에도 쓰이게 된다. 그의 체계는 네 가지의 측정수준을 포함하고 있는데, 명목측정, 서열측정, 등간측정, 비율 **측정수준**으로 나뉜다. 모든 측정에 기본이 되는 것은 개념의 본질과 조작적 정의 또는 자료인데, 분석을 위해 분류된 방식과 특성에 따라 각기 다른 수준에서 측정되어지기도 한다.

명목(nominal)이라는 단어는 '이름'을 의미하는 라틴어 *nomen*에서 나온 말이다. **명목측정**은 매우 기본적이고 복잡하지 않다. 명목측정의 역할은 자료를 각각의 범주로 분류해서 서로를 비교할 수 있게 하는 것이다. 개념의 부분이나 상태에 이름을 붙이거나 분류하는 등의 과정을 통해 우리는 개념이나 자료를 가장 손쉽게 측정할 수 있다. 예를 들어, 많은 이론적 개념은 명목측정에 근거해서 양화된다. 이론적 개념으로써의 '지위 구조'는 두개의 상태를 갖고 있을 수 있다. 개인들의 한 집단이 가지고 있는 것 아니면, 개인들이 가지지 못한 것(버스를 기다리는 사람들의 한 집단)이다. 건물들은 여러 가지 종류로 나누어 볼 수 있는데, 상업적, 공업적, 교육적, 종교적 건물이 있다. 많은 조작적 정의들이 명목측정을 하고 있는데, 예를 들어, 성별(남성 또는 여성), 결혼상태(미혼, 기혼, 사별, 이혼, 별거) 등이 있다. 자료의 종류에도 이와 같은 방식이 적용되는데, 아이들을 소년과 소녀로 나누는 것이나, 금발, 갈색머리, 검은 머리 등으로 나누는 것이다.

명목측정은 자료를 서로 다른 범주나 상태로 분류시켜서 양화시키기 때문에, 이름을 붙여주는 결과밖에 얻지 못하고, 상태나 범주 간의 차이점이 있다는 것을 알기는 하지만 그 차이점에 대해서 설명하지는 못한다.

명목측정으로 얻은 자료는 시각적 또는 통계적 방법을 통해 제시하게 된다. 예를 들어, 막대그래프(bar graph)는 명목측정 자료를 비교하기 위해서 표시할 때 유용하게 쓰인다. 이러한 종류의 자료를 통계적 기법을 사용해 측정함으로써, 특정 상태나 전체 집단에 대한 하위집단의 비율 또는 하위집단들 간의 비율, 카이제곱 등을 구할 수 있다(이에 대해서는 뒤에서 (5장) 더욱 자세하게 다룰 것이다. 여기에서는 명목측정 자료가 통계적으로 사용될 수 있다는 점을 설명하기 위해 언급했을 뿐이다).

어떤 개념에 다수의 상태가 있거나 자료가 다수의 가치들로 이루어져 있어서, 이들 간에 상대적인 순서를 매길 수 있을 경우에 사용되는 방법이 **서열 측정수준(the ordinal level of measurement)**이다. 서열 측정수준은 어떤 대상을 측정하여 양화시켰을 때, 비교대상보다 많거나 적거나, 크거나 작거나 등에 중점을 두는 방식이고, 〈or〉이라는 기호로 표현된다.

학교나 대학교에서 공부하는 사람에게 가장 친숙한 서열측정은 학업성과에 따라 받게 되는 학점이다. A가 B보다 잘한 점수이고, B는 C보다 잘한 점수이지만, B를 받은 학생과 C를 받은 학생의 학업성취 정도의 차이가 A를 받은 학생과 B를 받은 학생 사이의 성취정도와 정확히 일치하지는 않는다. 이와 비슷하게, 우리는 교육의 정도를 평가함에 있어서, 어떤 사람이 교육을 전혀 받은 적이 없다든지, 초등학교 졸업, 중학교 졸업, 고등학교, 전문대학, 4년제 대학교졸업 등의 순서로 서열을 매긴다. 일터에서도 노동자들을 미숙련, 반 숙련, 숙련공 등으로 나누고 있다.

사회과학에서의 이론적 개념들 대부분은 서열측정으로 양화되었다고 본다. 요약하자면, '양화의 서열수준'은 개념의 다양한 상태들이 어떤 특징들에 근거해서 순위가 매겨질 수 있는 경우 인지에 따라 다양하게 사용된다.

측정의 서열척도는 자료에 적용될 수 있는 다양한 통계기법에 쓰인다. 우리는 서열측정을 사용하여 최빈값(mode)과 중앙값(median)을 구할 수 있고, 백분율(percentage)이나 백분위 점수(percentile rank)를 정하고, 카이제곱(chi-square)으로 검사할 수 있다. 또한 순위상관(rank correlation)을 이용해 관계를 보여줄 수도 있다.

그림 3.2 대학교에서 공부하는 사람에게 가장 친숙한 서열측정은 학업 성과에 따라 받게 되는 등급이다.

등간 측정수준(the interval level of measurement)은 두 가지 특징이 있는데, 일정한 측정단위가 있다는 점, 그리고 만약 영점(zero-point)이 있다면 이는 임의적으로 책정된 수치라는 점이다. 우리에게 가장 친숙한 등간측정의 방식은 온도계이다. 섭씨와 화씨 방식 모두에서 1도 차이는 모두 일정하고, 임의로 0도가 설정되어 있다. 화씨 방식에서는 영점의 선정이 얼마나 임의로 정해진 것인지를 잘 볼 수 있다. 처음에 Gabriel Fahrenheit가 아이슬란드에서 측정되는 가장 추운 온도를 영점으로 정하였다. 후에 그는 자신이 얻을 수 있었던 가장 낮은 온도(소금과 얼음을 섞어서 얻은 온도)를 영점으로 설정했다. 가능한 온도의 모든 범위 가운데에서, 이 점을 영점으로 하는 것은 순전히 자의적인 결정이었다. 물이 어는 온도는 화씨 32도, 물이 끓는 온도는 화씨 212도가 된다.

비록 온도 같이 등간 사이가 일정한 이론적 개념들은 자연과학에서는 흔하지만, 사회과학에서는 찾아보기가 힘들다. 추상적인 개념들이 일정한 간격을 가지고 있는 경우는 드물지만, 이 개념들을 양화시키는 조작적 방법으로 등간 측정수준을 사용하곤 한다. 예를 들어, 태도는 종종 이와 같은 척도로 측정되고 있다.

안 좋아함 -4 -3 -2 -1 0 +1 +2 +3 +4 좋아함

만약에 +2와 +4 사이의 차이가 0과 -2와의 차이와 같다고 가정했다면, 이 측정과정에 서열수준을 양화시키려는 시도라고 가정해 볼 수 있다. 이것은 꽤 대담한 가정이다! 일부 사회 과학자들이 확언적인 것들을 가정하려는 경향은 아마도 가장 유용한 요약방법과 통계적 실험이 서열측정을 사용하는 양화과정, 가령 최빈값(mode), 평균(mean), 표준편차(standard deviation), t-검정, F-검정을 요구하기 때문일 것이다.

응답의 비현실적인 정확성에 대해서는 많은 의문이 있다. 응답자가 이해하여 답한 것과 질문자가 의도한 것이 일치하는 것인가? 주어진 선택지에 응답자가 답하려고 하는 바를 정확히 담아낼 수 있는가? 태도를 묻는 질문에 대해서 주어진 몇 개의 보기들 중에서 고르는 것보다, '상황에 따라 다르다'라는 응답이 더 적절하다고 느꼈던 경험이 모두 한 번쯤은 있을 것이다.

비율 측정수준(the ratio level of measurement)에서는 0의 개념이 측정한 결과가 정말로 無일 때 사용된다. 우리 모두는 자연과학 분야에서 이론적으로나 조작적으로나 개념화된 비율측정에 익숙해 있다. 시간, 거리, 속도, 질량과 무게는 모두 이론적으로 그리고 조작적으로 상관관계에서 영점이 있는 개념들이다. 따라서 두 배 더 빠른, 두 배 더 먼, 두 배 더 무거운 등의 개념은 명확하다. 반면, 두 배로 똑똑한, 두 배로 편견에 빠진, 두 배의 자부심 등의 개념은 부적절한데, 이는 0만큼 똑똑하거나 0만큼 편견에 빠지거나 0만큼 자부심을 가진 것이 어떤 것인지 알 길이 없기 때문이다.

비율척도와 모든 다른 척도의 차이점은 비율척도가 부분들의 배(multiple)로 표현하여 가치를 측정할 수 있고, 비율척도에서 사용되는 비율은 임의의 비율이 아닌 정확한 비율이라는 것이다. 미터법이 그것을 보여줄 수 있는데, 1미터는 1센티미터의 100배이고, 1 밀리미터는 1센티미터의 10분의 1이다. 이 비율들은 1:100과 1:10이다. 모든 측정수준들 중에서, 비율척도는 가장 많은 통계실험에 적용된다. 이는 기하평균(geometric mean), 조화평균(harmonic mean), 백분율 변동과 다른 모든 통계적 결정 등에 사용될 수가 있다.

요약하면, 다양한 개념과 자료 측정에 대한 간단한 검사들이 Box 3.3에 나와 있다.

Box 3.3 간단한 측정수준 검사

만약에 이렇게 말할 수 있다면:

- 하나의 사물이 다른 것과 다르다면, 명목척도를 쓰고 있는 것이다;
- 하나의 사물이 다른 것보다 크거나, 좋거나, 무언가 더 있다면, 서열척도를 쓰고 있는 것이다;
- 하나의 사물이 다른 것보다 많은 단위들(각도, 인치)로 구성되어 있다면, 등간척도를 쓰고 있는 것이다;
- 하나의 사물이 다른 것보다 몇 배 더 크거나, 밝거나, 길거나, 무겁다면, 비율척도를 쓰고 있는 것이다.

연습문제 3.4 아래의 개념과 조작적 측정에는 어떤 양화 수준이 적합할지 생각보라.

1. 흥미를 갖는 독서 분야: 시, 소설, 전기
2. 성별: 소녀, 소년
3. 전압: 25V, 75V, 2000V
4. IQ: 90, 102, 125, 130
5. 시험성적: C-, C+, B, B+, A
6. 편안한 정도: 매우 불편, 불편, 편함, 매우 편함
7. 대기의 압력: 0.5 바, 1.3 바, 2.7바, 10바
8. 부: 빈곤, 가난, 중산층, 고소득, 부유함
9. 연간 소득: £1000 이하, £ 1000-4999, £5000-9999, £10000이상
10. 연간 소득: £3000, £7300, £9000, £17,000
11. 물이 맺히는 온도: 2℃, 12℃, 17℃, 24℃
12. 직함: 준남작, 기사, 공작, 백작, 자작, 군주
13. 직업: 배관공, 전기기사, 벽돌공, 목수
14. 놀이블럭: 빨간 정육면체, 노란 각뿔, 빨간 원기둥, 파란 구, 노란 정육면체, 빨간 구

양화를 사용하는 주된 장점들 중 하나는 두 개 이상의 개념들의 결합이나, 상호 관계성의 차원에서 좀 더 정확한 진술을 가능하게 한다는 것이다. 개념들 간의 관계를 밝히는 것은 연구활동에서 매우 중요하다. 다양한 양화의 방법은 개념들 간의 관계와 유형을 분류하는데 쓰일 수 있다. 명목수준은 두 개념이 관련이 있다 혹은 없다는 진술과 동일한 것이다. 서열수준은 개념들이 긍정적으로 또는 부정적으로 관련이 있다는 것을 보여준다.

자료를 분석했을 때, 관련성에 대한 언급은 일반적으로 조작적 정의와 관계가 있다. 만약 적절하게 적용되었을 때에 양화의 수준은 두 개 이상의 변수들의 관계를 밝힐 때 매우 유용하다.

생각해보기

개념의 본질과 특징, 그리고 그것들을 어떻게 측정해야 하는지에 대해서 많은 논의를 했다. 여러분의 연구에서, 여러분은 많은 개념을 쓰고 또 그 중 몇 가지는 측정해야 할 것이다. 그러나 여러분이나 다른 사람들 모두에게 가장 흥미를 끄는 것은 아마 개념의 의미나 측정 자체만이 아니라, 그들 간의 관계일 것이다. 이는 주제를 더 잘 이해할 수 있게 하는 요소이다. 그렇기 때문에 이론이 중요해진다.

이론(Theory)

코헨과 매니언(Cohen and Manion, 1994)은 전문적인 과학자들에게 과학은 설명하고, 이해하고, 예측하고, 조절하는 수단으로서 세상을 이해하는 방법이라는 견해를 유지했다. 그들에게 과학의 궁극적인 목표는 바로 이론이었다. 이론은 진술, 즉 이론적 진술의 형태로 표현된다.

케링거(Kerlinger, 1970)는 이론을 '현상을 설명하고 예측하기 위한 목적을 가지고 변수들 간의 관계를 구체화시킴으로써, 현상에 대한 체계적인 관점을 제시하는 서로 연관을 가진 일련의 구성(개념), 정의 그리고 명제(proposition)'라고 정의했다. 이론은 효과적으로 다양하고 고립되어 있는 사실적 자료의 조각들을 합쳐서 지적이고 개념적이며 좀 더 일반적으로 적용이 가능한 모델을 만들어 준다. 몰리(Mouly, 1978)는 이렇게 표현하기도 했다: '다른 것이 아니라면 이론은 편리함이다. 정돈되지 않고 복잡하게 엉켜있는 사실, 법칙, 개념, 명제, 원리 등을 의미 있고 정리된 구조로 만들어준다. 우리가 알고 있는 것을 이용해서 주어진 현상을 이해하려는 시도이다.'

그러나 덧붙이자면 이론은 정보와 발견을 위한 유용한 시발점이 되고, 연구를 위한 추동력이 된다. 새로운 가설이 제시될 수 있으며 새로운 문제점들이 드러날 수도 있다. 이론 형성은 더 연구가 필요한 부분을 밝혀내고, 어떤 정보가 부족한지를 알려줘서, 연구자가 지금까지 밝혀지지 않은 현상이 있다는 것을 제안하도록 해주는 효과를 발휘한다.

그림 3.3 이론 형성은 연구자가 지금까지 밝혀지지 않은 현상이 있다는 것을 제안하도록 해준다.

이론은 학문분야나 주제의 종류에 따라 그 중요성과 특징이 많이 달라진다. 기반이 확고하게 마련되어 있는 자연과학 분야에서는, 예를 들어 화학에서는, 이론이 매우 발달되어 있고 세세하지만, 다른 분야인 사회학에서는, 상대적으로 덜 발달되어 있고 덜 받아들여지고 있으며, 특징에 있어서도 균일하지가 않다. 이것은 비교적 새로운 학문 분야에는, 선구적인 질 높은 연구가 없었기 때문이다. 실버만(Silverman, 1998, p.103)은 이론을 살아있는 생명체로 보고, 훌륭한 연구에 의해 발전하고 변화할 수 있는 것으로 본다. 그러나 이론은 우리로 하여금 현상을 특정한 방식으로만 보게 만들기 때문에, 이론과 그 근거가 되는 개념들은 자기확증적(self-confirming)이다. 즉, 이론은 논박할 수가 없다는 의미인데, 자연과학에서처럼 완전히 틀렸다고 증명되지 않고, 다만 좀 더 유용하거나 좀 덜 유용하다는 식의 결론을 얻을 수밖에 없다. 따라서 이론의 특성은 전문성의 성숙정도에 크게 영향을 받는다. 과학 분야의 초기 단계는 경험적 연구, 즉 자료의 축적과 분류에 바탕을 두어야 한다. 오직 학문이 성숙해져야만, 적절한 다수의 이론들이 잘 발달되는 것이다.

이론의 특성을 평가하는 기준은 무엇일까? Box 3.4에는 몰리(Mouly)가 좋은 이론의 특징으로 밝혀놓은 것들이 정리되어 있다. 여러분은 이론을 실증주의적 관점에서 보고 있다는 것을 알 수 있을 것이다. 따라서 몰리의 기준은 모든 유형의 연구 이론에 일반적으로 적용시킬 수는 없다.

Box 3.4 좋은 이론의 주요 특징

1. 이론 체계는 경험적으로 검증될 수 있는 연역의 여지를 남겨두어야 하는데, 이는 확정이나 기각, 두 가지 모두가 가능할 수 있는 방법을 남겨두어야 함을 뜻한다. 이론의 타당성은 오직 그 이론을 도출해 낸 명제(가설)의 타당성을 통해서만 검증할 수 있다. 만약 가설을 반증하려는 다양한 시도가 계속 실패한다면, 그 타당성에 더 큰 자신감을 가져도 된다. 이것은 어떤 가설이 이치에 맞지 않다는 것을 증명할 때까지 끊임없이 반복될 수 있다. 이는 이론의 부적절함에 대한 간접적인 증거가 되고, 이후에 이론의 폐기(또는 좀 더 자주 일어나는 것은 좀 더 적절한 이론으로의 대체)로 이어질 수 있다.
2. 이론은 관찰과 이미 증명된 이론, 둘 모두와 양립할 수 있어야 한다. 실험을 통해 얻은 경험적 자료와 분명한 사실이나 가설에 근거해야 한다. 이론이 좋을수록, 현상을 좀 더 잘 설명하고, 더 많은 사실을 의미 있는 구조로 포함시켜 일반화할 수 있다.
3. 이론은 간단한 용어로 표현되어야 한다. 가장 많은 사실을 가장 단순한 방식으로 설명할 수 있는 이론이 가장 좋은 이론이다. 이것은 **간결성(parsimony)**의 법칙이다. 이론은 자료를 적절하게 설명하고, 그러면서도 너무 장황하지 않아야 한다. 반면에, 설명하기 어렵다는 이유로 변수들을 간과해서는 안 된다(Mouly in Cohen and Manion, 1994, pp.15-16).

이 모든 것은 자연 과학자들에게는 매우 당연하게 들리겠지만, 그 중 일부는 사회과학에서 달성하기가 어렵다. 2번에서, 측정과 반복된 관찰을 통해 확증된 경험적인 자료만으로 이론을 정립하는 것은 불가능할지도 모른다. 그렇기 때문에, 1번에서 요구한 것처럼 다양한 가설들의 타당성을 객관적으로 검증하는 것도 어려워진다.

그러나 중요한 것은, 2번에서 말한 것처럼, 이미 타당성이 확인된 이론과 현재 개발하고 있는 이론 사이의 관계이다. 이론적인 배경이 세상을 보는 눈을 결정한다. 콰인(Quine, 1969)이 주장한대로, 세상에 대한 우리의 경험은 우리에게 하나만의 이론을 주는 것이 아니다. 이론은 사실을 통해 이해되고, 우리의 외부 세계에 대한 사실적 지식은 그것에 대한 많은 해석을 가능하게 한다. '무엇이 존재하는가?'에 대한 유일한 대답은 '존재하는 것은 이론이 지칭하는 것이다.'라는 것이다. 다양한 이론들이 있기 때문에, 다양한 것을 설명해 준다. 항상 우리가 가지고 있는 증거와 논리적으로 일치하는 이론이 하나 이상 있을 것이다. 이것은 증거가 불충분하기 때문이 아니라, 같은 사실이 여러 가지 방식으로 변화되어서 이론의 형태로 자리 잡기 때문이다(Hughes and Sharrock, 1997, pp. 88-91).

한 과학 철학자는 이런 식으로 표현을 했다: '일반적으로, 관찰에 적용될 수는 있지만, 이론의 영향으로부터 완전히 자유로울 수 있는 기술적(descriptive) 단어는 인식할 수가 없다는 점에 동의한다'(Harré, 1972, p.25). 그러므로, 이론 없이는 현상을 이해할 수 없으며, 이론적 전제 없이는 연구가 진행될 수 없다고 할 수 있을 것이다. '모델, 개념, 그리고 이론은, 우리로 하여금 어떤 현상을 특정한 방식으로 바라보게 만든다는 점에서 자기 확증적이다. 이것은 이론이 절대 쓸모없는 것이 아니라, 좀 더 또는 좀 덜 유용할 뿐이라는 것을 시사한다'(Silverman, 1998, p.103).

본질적으로 모든 이론은 잠정적이어야만 한다. 아무리 정교한 이론이라 할지라도 어떤 이론도 확정되었거나, 최종적인 것이 아니다. 이론은 실제 삶의 축소판이기 때문에 변화와 발전의 대상이 되며, 따라서 불변의 진리로 보지 않고, 일시적인 것으로 보아야 한다. 변화나 발전, 심지어 교체할 수 있다면 그렇게 해야 한다.

레이놀즈(1971, 제5장)는 과학적인 지식은 기본적으로 추상적인 이론의 진술을 모아놓은 것이라고 주장했다. 그는 진술의 집합들이 '이론'을 구성하기 위해서 어떻게 조직화되는지를 세 가지로 정리했다. 첫 번째는, 과학의 매우 중요한 부분을 형성하는 것으로, 지식이 결국은 일련의 법칙(현재로서는 '진실'로 여겨지는 진술들)이라는 관점이다. 두 번째 관점은 이론을 구성하고 있는 것은 격언의 형식(즉, 자명한 진실에 근거)이라는 것이다. 세 번째는 인과관계인데, 이론을 상호 연관 있는 정의와 진술들의 모음으로 보는 것이다. 그의 설명에 대한 아래의 요약은 각각의 주요 특징들을 보여줄 것이다.

그림 3.4 모든 이론은 정의상 감정적인 것이어야 한다.

법칙이론의 집합(Set of laws theory)

대부분의 과학적 탐구의 근거인 확고한 토대는 주로 법칙이나 법칙체계로 표현된다. 기본적으로, 법칙은 관계성을 설명하는 진술로, 과학자들은 자신 있게 그것을 절대적인 '진리'로 여긴다. 이러한 법칙의 예는 중력이다. 법칙이라고 불리는 대부분의 진술들은 구체적인 현실에서 측정되거나 밝혀질 수 있고, 많은 과학자들은 법칙이 개념들 사이의 인과관계를 밝혀야 한다고 주장한다. 그러므로 별개의, 그러나 서로 연관이 되어 있는 법칙들의 합이 이론이다. **법칙이론의 집합**이 유용한 것은 자연과학에서 기본적인 목표를 달성하는 데에 도움을 준다는 것인데, 연구 중인 현상에 대해서 논리적인 설명과 믿을 만한 예측을 가능하게 해주는데 이론을 사용하게 된다.

이론에 대한 이 개념의 단점은, 과학의 기본 목적 대부분을 달성했을지라도, 현상에 대한 '이해력'을 이끌어낼 수 없다는 것이다. '왜?' 그리고 '어떻게?' 라는 질문은 법칙에서 고려하지 않는다.

공리 이론(Axiomatic theory)

또 다른 이론의 개념은 **공리 이론**이다. 이 이론은 처음에는 서로 독립되어 있는 진술들(공리나 자명한 사실들)로 구성되는데, 이로부터 모든 다른 진술들(명제들)을 논리적으로 이끌어낼 수 있다. 법칙 이론과는 달리, 처음의 진술들(공리)이 반드시 '법칙'이어야 하거나 경험적 증거로 뒷받침되어야 할 필요가 없다. 사실, 이 이론의 가장 친숙한 형태는 피타고라스 기하학에서 볼 수 있는데, 공리는 추상적이고 '현실 세계'와는 큰 관련이 없다.

법칙 이론과 유사하게 공리 이론도 현상을 분류하고 조직화해서 설명과 예측을 논리적으로 추론해낼 수 있게 한다. 마찬가지로, 진술들이 인과관계 형식으로 제시되지 않는다면, 현상에 대한 '이해력'을 제공해주지는 못한다.

인과과정 이론(Causal process theory)

이전의 두 개념과는 다르게, **인과과정 이론**은 연구대상인 사건들에 대한 이해를 증진시키기 위한 이론이다. 이는 상호 관련된 정의들과 진술들의 모음으로 이루어져 있는데, 이론을 정의할 뿐 아니라 독립변수와 종속변수를 밝힘으로써 인과적 과정을 설명하고, 그 과정이 언제, 그리고 어디에서 일어날지를 예측하고 있다. 진술에 (공리와 명제라는) 두 개의 범주가 있던 공리이론과는 다르게 모든 진술은 똑같이 중요하게 여겨지며, 인과적으로 표현이 된다. 이 형식에서는 공리 이론과 마찬가지로 측정될 수 없는 개념들도 사용할 수 있으며, 그 이론과 관련이 있을 적용 범위의 극한값(limit)을 도출해내야 한다.

인과과정 이론은 현상을 분류하고 조직화하고, 논리적으로 설명하고 예측하려는 점에서는 다른 두 개의 유형과 같다. 이 이론의 장점은 현상이 어떻게, 그리고 왜 일어나는지에 대한 설명을 제시한다는 것이다. 인과과정 이론의 중요한 장점은 어떻게, 그리고 왜 일어나는지 질문을 던짐으로써, 특히 사회과학에서, 분석하고 생각을 발전시키는 흔한 방법으로부터 자연스럽게 발전했다는 것이다.

사회과학과 직접적인 연관이 있는 이론을 하나 더 소개하려고 한다. 인문학이나 사회학에서는 관찰가능하고 측정 가능한 현상들에 근거하여 '사실'을 입증하는 것이 쉽지 않기 때문에, 이론에 대한 실증주의적인 접근이 어렵다. 만약 관찰이 이론적으로 완전히 중립적인 행위라는 믿음에 반기를 든다면, 관찰자 역시 그 지식을 구성하는 한 부분이라고 생각할 수도 있다.

- 이러한 관점에서는, 과학적인 이론은 외부세계의 사실에 의한 이론의 실정성을 수동적으로 기다리지 않고, 어떤 실제를 적극적으로 창출하는 창안물 같은 것이 된다 (Hughes, 1990, p.64).

개념도식 이론(Conceptual schemes theory)

사회이론에 도전하기 위해, 사회적 '사실'을 '반증'하는 실험은 불가능하기 때문에, 그런 이론들은 이러한 사실의 특징을 구성하는 **개념도식**의 설계 또는 처방으로 보는 게 더 낫다. 이론은 '살아있는 실체'로써 연구의 추동력을 제공해준다.

이론적 진술(Theoretical statements)

앞의 단락들에서 이론적 진술에 대해 많은 것을 설명했다. 이 시점에서 이론적 진술에 사용되는 용어들-일종의 계층적 구조를 갖고 있는데, 아래로 갈수록 확증되지 않거나 실험되지 않은 것이고, 위로 갈수록 일반적인 사실로 받아들여지는 개념이다-을 소개하는 것이 유용할 것이다.

연구의 초기 단계에서는 연구문제의 산물인 불확정적인 이론적 진술이 종종 나온다. 문제에 대한 초기의 연구는 그 이면에 있는 원인 또는 요소들 간의 관계를 형성하거나 영향을 주는 것에 대해 보여줄 수 있다. 어떤 때에는, 특히 사회과학에서는, 자료의 질적인 특성 때문에 치밀하게 입증될 수 있는 이론적인 진술을 하는 것이 불가능하다. 그럼에도 불구하고, 진술은 그 연구가 필요한 이유에 대해 확실한 방향을 제시해줄 수도 있다. 이 경우에, 이론적 진술을 **연구문제** 또는 **명제**로 구성하는 것이 가능하다.

그러나 만약 이론적 진술에서 이유나 관계가 구체적 상황에서 수집된 자료에 의해서 검증되지 않았으나 검증될 가능성이 있다면, 그 진술을 **가설(hypothesis)**이라고 한다. 가설의 출처는 법칙의 변동이나 공리이론의 발달 또는 과학자의 추측일 수 있다. 그렇지만 가설의 중요한 특징은 현실 세계에서 얻은 실험 혹은 관찰 자료와 비교할 수 있어야 한다는 점이다. 가설을 지지하거나 폐기할 수 있도록 명백한 근거를 제공하는 검증의 고안이 가능해야 한다.

만약 연구가 진행되면서 수많은 실증적 연구에서 일정한 유형이 나타난다면, 그 유형을 **경험적 일반화(empirical generalization)** - 여러 개의 경험적 연구에 바탕을 둔 일반화 - 로 요약하게 된다. 당연히, 실증적 연구에서의 패턴을 요약하기 때문에, 경험적 일반화의 모든 개념들은 직접적으로 측정이 가능해야 한다.

과학자들은 경험적 일반화보다 **법칙**에 더 확신을 갖는다. 위에서도 얘기했지만, 법칙은 관계를 설명하는 진술이다. 법칙은 근거가 확실하고 신뢰도가 높기 때문에, 현실의 상황들에 적용했을 때, '진실'을 드러내줄 것이라고 여겨진다.

패러다임(paradigm)은 어떤 특정한 이론적 진술이라기보다는, 어떠한 일반화된 이론적 접근의 수용이 현상 설명에 전체적인 영향을 주는 것(특히, 법칙이나 이론으로 표현되는)을 보여주기 위해 사용되는 용어이다. 예를 들어, 뉴턴의 운동법칙이나 중력의 법칙, 아인슈타인의 상대성원리 등이다. 그리고 이것이 과학자의 세계관에 미치는 영향을 의미하기도 한다. 쿤은 Box 3.5에서와 같이 두 가지 특성을 공유한 과학적 업적에 '패러다임'이라는 용어를 사용했다.

Box 3.5 패러다임의 중요한 특성

패러다임이란…

1. 경쟁적인 과학 분야에서 이전의 방식을 고수하는 사람들을 매료시키기에는 전례가 충분치 않고...
2. 만족하지 못한 연구자들이 모든 종류의 문제들을 다시 풀어볼 수 있는 가능성이 충분히 열려있는 것(Kuhn, 1970, p.10).

결과적으로, 이러한 과학적 법칙과 이론을 수용하고, 적용한 이후에 실제의 과학적 연구는 특정한 연구의 전통을 만들어갈 수 있는 모델을 제시하게 한다. 기본적인 혁신적 작업은 완성되었으며, 과학자들의 집단에서 이런 이론들이 미래의 연구를 위한 확고한 토대를 대변한다는 여론의 일체감이 형성되어 왔다. 이러한 '정상적인' 과학 연구는 이론이 적용되는 현실 세계에서 증거를 찾고, 그 이론을 보다 치밀하게 계산하고 측정하는 연구와 관련분야에서 그 이론의 타당성을 밝혀주는 연구에 관심을 둔다.

이러한 논의에 대한 요약은 Box 3.6에서 다루고 있다.

Box 3.6 진술, 가설, 경험적 일반화, 법칙, 그리고 패러다임

- 가장 잠정적인 측면에서, 이론적 진술은 연구방향을 정하기 위해서 연구 질문이나 명제로 공식화시킬 수 있다.
- 만약 아직까지 이론적 진술을 뒷받침하거나 반박하는 경험적인 증거가 없다면, 그것은 가설이라고 불린다.
- 적당한 지지 증거가 있다면, 그것은 경험적 일반화라고 불린다.
- 만약에 확실한 증거가 있다면 그것은 법칙이다. 과학자들이 이론적 진술을 평가할 때, 서로 다른 기준을 사용하고 있기 때문에, 한 사람의 법칙이 다른 사람의 가설일 수도 있다는 것을 명심해야 한다.
- 법칙의 체계가 일반적으로 받아들여질 때, 특정한 사고방식과 조사 방법의 승인이 뒤따르는데, 이를 패러다임이라 부른다.

언어와 논증

구어이든 문어이든 언어라는 매개체는 지금까지 인간이 사용한 가장 흔한 의사소통 수단이다. 모든 철학적 논증들은 언어와 의미 해석에 의한 것이고, 거의 모든 종류의 연구 역시 마찬가지다. 우리 생각의 대부분은 언어로 구성된다. 어떤 생각이 실제로 무엇인지, 다른 생각과 어떻게 연결되는지, 사실인지 혹은 다른 생각과 비교할 때 가치가 있는지를 평가할 수 있는 것은 바로 우리가 그 생각을 문장으로 표현했을 때만 가능한 일이다. 우리가 마주하는 대부분의 문제들은 언어로 표현되고, 이 문제들을 해결하기 위해 사용하는 정보도 언어로 우리에게 다가온다.

논증은 연구의 핵심이다. 어떤 상황에 대한 증거는 분석되고 해석되는 자료의 형태로 축적되며, 독자에게 결론의 신뢰성을 납득시키기 위해 논거를 사용한다. 우리가 언어를 다루는 기술을 향상시키지 않는다면 비판적 기술을 향상시킬 수

없다: 의미를 연구하고 정의하면서, 문법적 형식의 효과를 평가하고 텍스트의 확장된 조각을 통해 논증의 실마리를 이해할 수 있다. 예를 들어, 문헌 연구를 하는 것은 분석적 독서에 큰 도움이 된다. 모든 책, 논문, 웹사이트 등등 여러분이 읽는 모든 것들은 독자인 여러분을 납득시키기 위한 논증을 담고 있을 것이다. 하지만 모든 논증들이 주장을 정당화시키기에 충분하지는 않을 것이다. 그 결점과 모순을 찾아내는 것은 바로 여러분의 몫이다.

진술: 존재적 그리고 관계적

레이놀즈(1971, pp. 67-76)에 따르면, 진술은 두 집단으로 분류될 수 있다: 개념의 존재를 진술하는 것들과 두 개념간의 관계를 서술하는 것이 있다.

존재진술은 개념의 존재, 그리고 유형학 혹은 서술을 제공하며, 실제 세계에서 어떤 개념의 사례가 있다고 주장한다. 예를 들어, 존재를 구성하는 몇 개의 진술들이 나와 있다:

- 저 물체는 암소이다.
- 저 암소는 갈색과 검은 색이다.
- 저 물체는 인간이다.
- 저 인간은 지능이 높다.
- 저것(사건)은 교통 체증이다.

이 진술들 각각은 동일한 기본 양식을 따르는데, 개념을 전달하고, 용어로 그 개념을 확인하고, 대상 혹은 사건에 적용한다. 위 진술들은 가장 간단한 형태의 존재진술의 예들이다. 그러나 존재진술은 그 기본 형태를 유지한 채로 더욱 복잡해질 수 있다. 예를 들면:

만약

(a) 집단 X에 40명 혹은 그 이상의 사람들이 있고,
(b) 각 개인은 관현악 악기를 연주한다, 그리고
(c) 각 개인은 X안에서 교향악곡을 연주하기 위해 협력한다,

그렇다면 집단 X는 교향악단이다.

존재진술은 상황에 따라 '옳거나' 혹은 '틀릴' 수 있다. 조금 더 추상적인 '지금 여기는 5시 정각이다'라는 말을 예로 들어 보자. 이것은 어떤 장소, 어느 날에는 옳은 것으로 볼 수 있다. 그러나 만약, 더 구체적인 형태로서 '11월 15일 런던 5시 정각' 이라고 진술한다면, 이것은 오직 한 장소에서 한 번만 옳게 된다. 따라서 진술의 추상적인 정도에 따라 그 정확성 또한 달라진다. 예를 들어 진술이 더 추상적일수록, 옳을 가능성이 더 커지고, 반대로 더 구체적인 진술일수록, 그것이 틀릴 가능성이 더 커진다.

관계적 진술(relational statements)은 두 개념 사이의 관계에 대한 정보를 전해준다. 한 개념의 예를 언급함으로써, 또 다른 개념이 존재하고 그것은 처음 개념과 연결된다는 것을 말해준다. 예를 들면 :

- 만약 어떤 사람이 곡예사라면, 그는 몸이 날렵할 것이다.

관계적 진술은 과학적 지식의 기반을 형성한다. 존재 진술은 우리 주변 세계에 정의를 적용함으로써 오직 유형학 혹은 사물의 분류 혹은 현상을 제공해줄뿐이다; 우리는 설명, 예측 그리고 우리 주변 환경에 대한 이해를 제공하기 위해서는 관계적 진술에 의존해야 한다.

그림 3.5 관계적 진술은 과학적 지식의 기반을 형성한다.

관계적 진술은 두 가지로 분류되는데, 첫 번째는 두 개념 사이의 관련성을 보여주고, 두 번째는 두 개념 간의 인과 관계를 설명해준다. 다음에 제시된 관계적 진술은 관련 진술의 한 사례로 들 수 있다:

- 만약 어떤 사람이 곡예사라면, 그는 몸이 날렵할 것이다.

우리는 이 문장의 단어를 약간 바꿈으로써 인과적 진술로 변형시킬 수 있다.

- 곡예사가 되는 것은 어떤 사람을 더 날렵하게 만들어 줄 것이다.

즉, 곡예사가 되는 것은 그 사람이 더 날렵하게 되는 원인이 될 것이다.

관련 진술(associational statements)은 등간 혹은 비율 양화수준의 연관성 측정에 쓰이는데, '상관관계(correlation)'란 단어는 종종 관련 정도를 언급하는데 사용된다.

두 개념간의 세 가지 상관관계 유형을 살펴보자:

- **정적(*positive*) 관계**, 예를 들어 힘이 강한 사람들은 근육이 있다(그리고 반대로), 즉 한 개념에 높은 값이 두 번째 개념의 높은 값과 관련되거나, 혹은 낮은 값은 낮은 값과 관련된다.
- **부적(*negative*) 관계**, 예를 들어 낮은 고도의 풀은 더 길게 자란다, 즉 한 개념의 낮은 값은 두 번째 개념의 높은 값과 관련된다.
- **아무관계 없음**, 예를 들어 남자들과 여자들은 민주주의에서 평등한 권리를 갖는다, 즉 각 개념들에 높거나 낮은 값과 관련된 정보가 없다.

관련 정도는 종종 측정가능하고, 대개 정적 상관관계의 최대치는 +1.0, 관계없음은 0.0, 그리고 부적 상관관계는 -1.0으로 표현된다.

인과적 진술(causal statements). 종종 '원인과 결과' 관계라고 불리는, 인과적 진술에서는 원인이 되는 그 개념 혹은 변수가 '독립 변수', (왜냐하면 그것은 독립적으로 변하기 때문이다), 그리고 영향을 받는 변수는 종속 변수라고 한다(왜냐하면 그것은 독립 변수에 의존하고 있기 때문이다). '담배를 많이 피우는 것은 사람을 병들게 한다'에서 '담배를 많이 피우는 것'은 독립변수이고, '병듬'은 종속변수가 되는 것이 한 예이다.

만약 양화가 가능하다면, 두 개 혹은 그 이상의 개념 간의 인과관계를 연구하는 것이 가능할 수 있다. 종속 변수의 변화 측정은 세 가지 방법들을 고려해야 한다:

- 각 변수의 직접적인 변이 효과
- 변수들의 변이에 대한 상호 작용
- 측정의 실패와 오류에 의한 변이들

인과적 진술은, 예를 들면 '당신이 사과 하나를 떨어뜨린다면, 그것은 낙하할 것이다'와 같이 특정한 조건 하에서 한 사건이 불가피하게 따라오는 것을 의미한다는 의미에서 결정론적이다. 그러나 그것은 결과가 항상 확실하지 않을 수 있고, 그래서 예를 들면 '만약 부모님들이 머리가 좋다면, 그들의 아이들도 역시 머리가 좋을 것이다'와 같은 개연적인 진술이 더 적절할지도 모른다. '0.7의 가능성으로'이라는 사례와 같이 확률적 상태에 대한 수량화가 가능할 수 있다.

진술의 분류에 대한 설명은 도표 3.1 에 요약되어 있다. 진술은 세 가지 **추상성 수준**으로 이루어질 수 있다.

1. 이론적 진술. 이론적 개념에 근거한 요약적 진술로, 예를 들어 '신체의 안락함은 환경적 조건에 달려있다'와 같은 것이 있다.
2. 조작적 진술. 측정 가능한 이론적 진술의 정의에 근거하여 덜 추상적인 것으로, 예를 들면 '심장 박동은 주변의 기온, 그리고 활동 정도와 관련이 있다'와 같은 것이 있다.
3. 구체적 진술. 특정한 연구결과에 근거하는데, 즉, 진술의 측정 예를 들어 '섭씨 32도의 기온에서 1분에 102번의 심장 박동은 시간당 42 킬로칼로리의 에너지 소비 정도이다'와 같은 것이 있다.

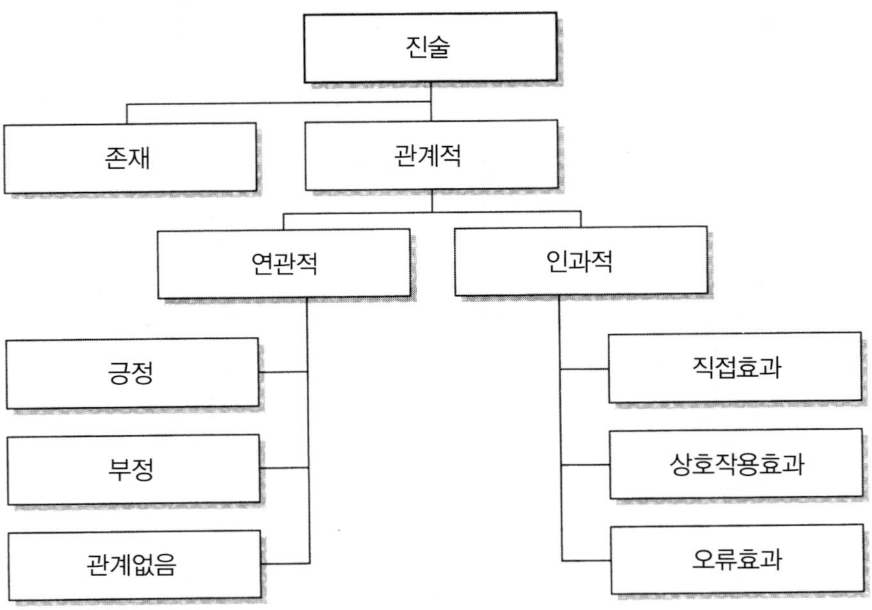

도표 3.1 진술

담론과 논증(Discourse and argument)

진술은 스스로 각각의 단위에 대한 정보를 제공한다. 그 진술들이 더 큰 구조를 형성하기 위해 모여 있을 때, 종종 **담론**이라고 불린다. 어떠한 언어가 쓰이느냐에 따라 담론의 여러 형태가 존재한다. 일부 담론에서, 진술은 단순히 주어진 정보(혹은 경우에 따라서는 오보)가 아니라, 구체적이고 논리적인 방식으로 연결되어 있다. 이런 진술들은 다른 진술의 이유를 제공해주는 역할을 하기도 하는데. 이런 유형의 것을 **논증**이라 한다. 이것은 어떤 주장을 하면서 또한 그 주장들 중 일부는 다른 주장의 이유가 되는 그런 담론을 가리킨다.

보통의 연설에서 '논증'이라는 용어는 종종 논쟁, 혹은 서로 다른 관점을 가지고 있는 사람들이 어떤 논란이 되는 주제에 대하여 상대방을 자신의 생각대로 설득하고자 시도하는 상황을 말한다. 그러나 논리학 용어로 논증은, 특정 진술들이 참이라면 하나 혹은 그 이상의 구체적 진술들은 참이거나 아마 참일 것으로 받아들여져야 한다는 주장이 성립되는 특별한 담론을 지칭한다. 다른 방법을 적용해보자: 논리를 사용한 추론 과정을 통해, 결론은 주어진 진술로부터 추론된다. 논증은 이런 추론의 언어적 기록으로 간주된다. 여러분은 Box 3.7을 통해 최소한의 논증 구성요건을 확인할 수 있다.

Box 3.7 최소한의 논증 구성요건

1. 적어도 사리에 맞는 하나의 진술(이것은 논증의 결론이다).
2. 적어도 그것을 지지할 주장있는 하나의 진술(이것은 논증의 전제가 된다).
3. 논증이 진행 중임을 알려주는 어떤 신호 혹은 제안(하나의 단어 혹은 구, 우리는 그것을 논리적 지시어라 부른다).

영어에는 논리적 지시어로 사용되는 다소 포괄적이고 완곡한 수많은 표현들이 있기 때문에 유심히 살펴봐야 한다. 아마 여러분 스스로 몇 가지를 더 찾아낼 수도 있겠지만, 비어즐리(Beardsley, 1975, p. 14)는 가장 흔한 것들의 목록을 제시해준다. Box 3.8에 있는 단어들이나 문구들 각각은 보통 그 뒤에 나오는 진술이 결론임을 나타내준다. 비어즐리의 주장은 여러분 스스로 그 단어를 다양한 문장에 집어넣어보면 쉽게 시험해볼 수 있다. 이런 표현들을 결론 지표(conclusion indicator)라 부른다.

Box 3.8 결론 지시어

그러므로...
따라서...
그래서...
...을 의미한다
...을 수반한다
...을 보여주는
...을 입증한다
...을 나타낸다
결과적으로...
우리가 ... 라고 결론짓게 한다
우리는 ...라고 추론할지 모른다
매우 강하게 ...을 암시한다
내가 ...을 믿게 만든다
...라는 내 요점을 증명해준다
...에 따르면

Box 3.9에 있는 단어 혹은 구들은 뒤이어 나오는 진술이 이유라는 것을 보여준다. 이런 표현들을 전제 지표(premise indicator)라 부른다.

Box 3.9 전제 지시어

...한 것을 보니
...때문에
...때문에
...는 이유 때문에
...는 사실의 관점에서
...가 올바른 추측이라 할 때
우리가...을 가정해보면
...는 사실로부터 유추해보면
...에서 추론될지도 모른다
...에서 보다시피
...에서 나타나듯이
...에 의해 입증되듯이

논리적 지표들에 관한 이 목록들을 사용하면서도, 이야기가 논증인지 아닌지 결정하는 것은 때때로 어렵다: 특히 복잡한 지문 속에서 논증의 최소한의 구성요소가 있는지 확인해 보는 것이 불가능할 때가 사실적으론 존재한다. 보통, 논리적 지표가 있다면 의심할 여지가 없는 것이다 - 그러나 여기에서조차도 논리적 지표가 다른 무엇보다도 논리적 판단에 의해 사용되도록 확립하는 것이 중요하다.

연습문제 3.5 여러분이 논증을 본다면 그것을 논증으로 인식할 수 있습니까?

다음에 나오는 문장들 중 어느 것이 진술이고 어느 것이 논증입니까? 만약 그것들이 진술이라면, 그리고 만약 연관적이라면 그것들은 어떤 종류의 상관관계를 진술하고 있습니까? 만약 논증이라면, 전제 혹은 전제들은 무엇이고, 결론 그리고 논리적 지표(전제와 결론 지시어)는 각각 무엇입니까?

1. 국회가 석유와 관련된 세금을 증가시켰기 때문에, 도로 위의 교통량이 상당히 줄어들었다.
2. 범죄자들이 한 행동을 탓해서는 안 된다. 불우한 유년기에 의해서 사회적 책임감에 대한 이해가 감소된 것이다.
3. 투표의 결과가 뇌물의 결과인 것은 사실이다, 그렇다면 그 선거는 다시 해야 한다.
4. 왜 내가 런던이 여전히 세계에서 가장 살기 좋은 장소라고 주장하는가? 다양한 드라마, 음악, 예술 그리고 교육의 기회를 봐라.
5. 기차 기관사들이 파업에 참여했다. 왜냐하면 철도 회사가 그들에게 충분한 임금 인상을 제공하지 않았기 때문이다.
6. 사무실 환경에서 비공식적인 분위기는 종업원들의 낮은 스트레스와 관련이 있다.
7. 철도 회사는 기관사들에게 충분한 임금 인상을 해줄 수 없다, 왜냐하면 그들은 파업의 위협을 받고 있기 때문이다.
8. 서구의 결혼식에서는 부부의 연령과 결혼식의 규모와 관련이 있다; 부부의 나이가 많을수록 결혼식은 작아지는 경향이 있고, 반면에 더 젊은 부부들에 의해 더욱 크게 치러진다.
9. 나는 국회를 신뢰할 수 있다고 여기지 않는다. 그 이유는 그곳의 구성원들은 우리를 너무 자주 호도해왔기 때문이다.

10. 바닷가재 낚시는 계속 금지되었다. 그래서 당연히 바닷가재는 곧 구하기 어렵게 되었다.
11. 대구는 곧 희귀해질 것이다. 넙치도 역시 희귀해질 것이다.

논증의 사용

논증은 연구의 기본 요소 중 하나이다. 다음의 사항들에 사용된 논증의 특성은 전반적인 연구 프로젝트의 질을 결정하는데 큰 영향을 미친다.

- 연구문제의 소개
- 문제의 탐구와 분석
- 결과물 제시
- 분석과 결론

그러므로 연구자들은 논증의 다양한 유형, 훌륭한 논증의 요소 그리고 그 속에 포함된 논리, 그리고 부주의로 인한 함정에 대해 명확하게 이해해야 한다.

따라서 아래에서 우리는 우선적으로 논증의 올바름 혹은 옳지 않음, 즉 그 추론이 좋은지 아닌지, 아니면 얼마나 잘 추론을 했는지를 바탕으로 논증의 분석에 전념할 것이다. 추론이 매우 잘되었을 때, 하나의 논증은 증거와 같다고 말할 수 있다. 그러나 모든 상황에서 이런 높은 수준을 얻기란 쉽지 않다. 실제로는 종종 더 낮은 수준의 추론에서 중요한 문제를 다뤄야만 한다. 이러한 상황에서는 논증의 확실성 정도를 평가할 수 있는 것이 필요하다.

일단 우리가 논증의 존재를 인식한다면, 다음 단계는 그것이 무엇을 주장하고 있는지, 그리고, 논증이 어떻게 구성되었는지를 연구하는 것이다. 첫 번째로 확인 할 것은 논증의 요점이 무엇인지, 즉 결론이 무엇인지에 대해서다. 만약 논증이 순환논리가 아니라면, 최소한 하나의 주장(아마 더 많이)이 추론에 의해 입증되고 있을 것이다, 그러나 그 문장 자체가 다른 주장을 입증하기 위한 추론으로 쓰이지는 않는다. 이 주장은 논증의 최종 결론이다. 만약 그러한 주장이 여러 가지가 있다면 그 논증은 여러 가지 결론을 갖는다. 두 번째로 관찰해야 할 것은, 다른 어떤 주장에서 나온 추론에 근거하지도 않고, 그 자체로 결론이 아닌 최소한 하나의 주장이 있을 것이라는 점이다. 논증에서 그러한 주장은 전제이면서 논증의 근거를 제공해주는 것이다.

그림 3.6 가장 간단한 종류의 논증은 전제와 결론, 각각 하나만으로 구성된다.

논증의 가장 간단한 형태는 하나의 전제와 그 전제로부터 나와 주장되는 혹은 전제에 내포되어 있는 하나의 결론으로 구성된다. 각 문장에서 전제와 결론이 각각 진술되어 있는 예는 다음과 같다:

- 가장 중요한 정치적 쟁점들은 언론에서 가장 많이 다루고 있는 것들이다. 그러므로 기자들은 공공토론회에서 중점적으로 다루는 정치적 문제의 선택에 큰 영향력을 행사한다.

논증을 분석할 때, 논리적 구조의 실마리를 찾기 위해 가장 먼저 봐야할 것은 논리적 지시어들이다. 여러분이 논증을 공식화하는데 있어서의 주된 문제는, 언어적 구성 요소-통사, 단어와 주제의 순서, 연결사-들이 논증의 논리적 관계를 확실히 드러내게 만드는 것이다. 비어즐리(1975, p.19)는 Box 3.10에 논리적 진술에서 명심해야할 두 가지 핵심 규칙을 제시해 놓았다.

Box 3.10 논리적 진술의 규칙

1. 집단화(grouping)의 규칙: 가능하면, 같은 결론을 위한 이유들은 한데 묶어두어야 한다. 그러면 그것들의 유사한 논리적 상태가 독자의 주의를 끌게 된다.
2. 방향의 규칙: 일련의 주장이 있을 때, 각각은 다음 주장의 근거가 되면서, 논증은 한 방향으로 나아가야 하며, 그 결과 단어들의 순서는 우리가 사고의 순서를 떠올리는 것을 도와주게 된다.

연습문제 3.6 다음 논증의 결론은 무엇인가? 만약 결론이 명백히 진술되지 않았다면, 여러분 자신의 말로 직접 완성하라.

1. 우리는 스미스 부인에게 그녀가 요구한 피임약 대신에 진정제를 준 약사의 실수를 받아들여야 한다. 그러나 그녀는 어떻게 그 약사에게 손해배상을 청구할 수 있는가? 그녀가 겪고 있는 어떤 불편한 점들이 매우 건강한 여덟 번째 아이보다 가치 있게 되는 것은 언제인가?
2. 사람들은 도시의 교통량에 대해 항상 불평한다. 그들은 교통량을 줄이는 것에 막대한 비용이 드는 것을 깨닫지 못한다. 우리는 교통을 가로질러 막는 장벽을 설치하고, 순환도로를 만들고, 대중교통을 향상시키고, 상점들의 배달을 제한하고, 새로운 자동차 주차장을 짓고, 새로운 법령을 시행하기 위해 교통 감시원을 고용할 필요가 있다. 도시 교통을 줄이기 위한 비용을 감당하기 위해 모든 비용이 올라갈 것이다.
3. 자전거는 자동차보다 훨씬 적은 소음을 낸다; 그것들은 일산화탄소를 배출하지 않는다; 그것들은 교통 법규 위반 없이 쉽게 도시 교통을 통과할 수 있다; 그것들은 어느 곳이든지 주차할 수 있다; 그것들은 혼잡한 도심에서 자동차만큼 빠르다; 그것들은 석유가 필요하지 않다; 그리고 대부분의 자동차만큼의 승객을 운반한다. 비록 자전거는 단점이 있긴 해도, 이 사실들은 관계당국들에게 도심 중앙에서 자전거를 타는 사람들을 위한 특별한 시설과 전용도로를 제공하도록 설득할 수 있다.
4. 장기적인 관점에서 가장 큰 의학적 위험은 가난한 사람들의 유아 사망률을 줄이는 데 있다. 증가하는 아기들의 생명을 구하는 것은 혜택 받지 못하는 인구의 증가를 야기하고, 이들의 증가는 매우 빨라, 만연된 기아와 인구과잉으로 귀결된다.
5. 방사성 폐기물 처리의 어려움, 폐기물 운반의 위험성, 그리고 방사성 물질 처리의 문제 때문에 원자력이 우리 에너지 문제의 해답은 아니다 라는 환경 전문가들의 의견에 동의하지 않는 것은 어렵다; 정치인들조차 이러한 관점에 주목하기 시작했다.

생각해보기

위 논증에서 집단화와 방향의 규칙이 어떤지 아는 것은 가치가 있다. 만약 그것을 따른다면, 논증을 즉시 이해하고 읽기 쉽게 하는데 있어 도움이 될 것이다. 여러분 스스로 논증을 연습할 때, 생각들은 절대로 정돈된 형태로 떠오르지 않는다. 논증의 구성 요소에 대한 통찰의 번득임, 반복되는 실수, 그리고 끝없는 논증의 구성요소들의 섞임은 논증의 발전적인 과정에 속한다. 그러나 다른 사람들과 의사소통을 할 시간이 왔을 때, 가능한 가장 간단하고 명료한 방법으로 발표를 구성하는데 시간을 보내는 것은 매우 가치가 있다.

연역적 그리고 귀납적 논증

논증은 전통적으로 두 개의 다른 유형인, 연역적 그리고 귀납적으로 분류된다. 연역적 그리고 귀납적 논증은 서로 반대 방향에서 진리를 찾으려는 것으로 보일 수 있다. 연역적 논증을 통해 우리는 일반적인 것으로부터 구체적인 것을 추론할 수 있고, 반면에, 귀납적 논증을 통해 우리는 구체적인 것에서 일반적일 진리를 추론한다. 이것은 잘 알려진 연역적 논증의 고전적 예를 인용함으로써 더 쉽게 설명된다:

- 모든 인간은 죽는다. – 대전제
- 소크라테스는 인간이다. – 소전제
- 따라서 소크라테스는 죽는다. – 결론

구체적인 결론(소크라테스는 죽는다)은 전제로부터(타당하게) 추론된다. 첫 번째 문장(모든 인간은 죽는다)은 일반적 혹은 보편적 진술이고, 반면 두 번째는 (소크라테스에 관한) 특정 명제다.

이것을 또 다른 귀납적 논증의 고전적 예와 비교해 보라:

- 소크라테스는 인간이고 죽는다. – 전제의 첫 번째 짝
- 크산티페는 인간이고 죽는다. – 전제의 두 번째 짝
- 사포는 인간이고 죽는다. – 전제의 세 번째 짝
- 그러므로 아마 모든 인간은 죽는다. – 결론

여기 일반적 혹은 보편적 결론(아마 모든 인간은 죽는다)은 구체적 진술(예를 들어 사포는 인간이고 죽는다)로 이루어진 전제로부터 추론된다. 논증 증거의 타당성에 관한 중요한 조건 –'아마'– 에 주목하라. 이것은 연역법과 귀납법을 구분하는 간단한 방법이지만, 모든 경우에 적절한 것은 아니다.

비록 모든 논증에는, 그 논증의 명제들이 결론이 참이라는 근거를 제공해준다는 주장이 있긴 하지만, 오직 연역적인 논증에서만 그 전제들이 결정적인 근거를 제공해준다는 주장을 포함한다. 우리는 '옳은'과 '올바르지 않은' 대신에 전문적인 용어인 '타당한' 그리고 '근거 없는'을 쓴다.

연역적 논증은 그것의 전제가 만약 사실이라면, 그 결론에 결정적인 근거를 제공하고 타당하다고 말한다; 그리고 반대로, 전제와 결론들이 논리적으로 연결되어 있을 때, 결론이 참이 아니라면 아마 전제는 참이 될 수 없을 것이다. 연역적 논증은 타당하거나 근거 없거나 둘 중 하나여야만 한다. 짧고 간결한 논증에서 그것이 타당한지 아닌지를 결정하는 것은 쉬울지 모른다, 그러나 종종 논증이 길어지고 복잡해질 때 더 많은 문제가 발생한다.

연역적 논증과 비교해 볼 때, 귀납적 논증에서 그 전제는 논증이 참인가에 대한 결정적 근거라기보다는 단지 결론을 일부 뒷받침할 뿐이다. 이는 귀납적 논증이 연역적 논증에 쓰였던 '흑백'논리에 의해 '타당'한 것도 아니고, '근거 없는' 것도 아닌, 둘 다 아닐 수도 있다는 사실을 초래하게 된다. 그러나 귀납적 논증들은 그 전제를 통해 결론에 제공해주는 근거의 정도에 따라 평가될 수도 있다. 더 설득력 있게 뒷받침하면 할수록, 그 결론은 진실에 더 가까워지는 경향을 가진다.

연역적 논증과 귀납적 논증을 구분하는 더 좋은, 그리고 더 보편적인 방법은 다음과 같다. 만약 우리가 타당한 연역적 논증을 취한다면, 그 결론은 전제에 무엇이 더 붙여지더라도 명확하다는 것을 알게 된다. '모든 인간은 죽는다' 그리고 '소크라테스는 사람이다'라는 두 전제로부터, '소크라테스는 죽는다'라는 결론은 그 밖의 무엇이 참인지 아닌지와 상관없이 나오게 되는 결론이다. 그 논증은 원래의 전제에 어떤 추가적인 전제가 덧붙여질지라도 타당하게 된다. 우리는 소크라테스에 관해 모든 종류의 정보를 덧붙일 수 있고, 혹은 그 문제에 관한 어떤 다른 주제, 예를 들어 소크라테스는 늙었다 혹은 하늘은 파랗다를 덧붙일 수 있다: 확대된 전제들의 묶음은 논증의 타당성에 영향을 미치지 못할 것이다. 왜냐하면 결론은 여전히 두 개의 원래 전제만을 따르기 때문이다. 만약 논증이 타당하면, 아무것도 그것을 더 타당하게 할 수 없다: 전제를 덧붙인다고 그것의 논리 혹은 타당성을 향상시킬 수는 없다.

그러나 귀납적 논증은 그렇지 않다. 다음에 나오는 귀납적 논증을 살펴보자:

- 대부분의 부자들은 큰 차를 운전한다.
- 존 스미스는 큰 차를 운전한다.
- 따라서 존 스미스는 아마 부자일 것이다.

이것은 꽤 훌륭한 귀납적 논증이다: 만약 그것의 전제가 참이라면, 그것의 결론은 거짓보다는 참일 가능성이 더 높다. 그러나 원래의 전제에 새로운 전제를 덧붙임으로써 우리는 논증의 결과를 강화 혹은 약화시킬 수 있다. 다른 한편으로는, 예를 들어, 아래와 같이 덧붙임으로써 전제를 확장할 수도 있다:

- 존 스미스는 백만장자 클럽에 속해 있다.
- 오직 부자들만이 백만장자 클럽에 속할 수 있다.

그러면 결론은 강력하게 강화된다, 즉 추가적인 전제를 비슷하게 덧붙이면 결론은 참이다. 반면에 우리는 전제의 기존 형태에 다음의 추가적인 전제를 대신 덧붙임으로써 확장 시킬 수 있다.

- 존 스미스는 파산한 적이 있다.
- 파산한 사람들은 돈의 부족으로 고통을 겪는다.

그러면 존 스미스가 부자라는 기존 결론은 완전히 바뀌게 된다. 우리는 정확하게 그 반대를 추론해냈다!

연습문제 3.7 위의 테스트들을 사용해서, 다음 논증들이 연역적인지 귀납적인지 결정하라.

1. 나는 16살에 프로 축구 선수가 된 소년에 대해 읽었다. 그는 훌륭한 젊은 선수임에 틀림없다.
2. 그 차는 5000파운드였고, 나는 500파운드를 계좌에서 지불했다; 내 계산에 따라 나는 아직 4500파운드를 빚졌다.
3. 산업부 장관은 노동조합과의 회의에서 빠져나올 때 창백해 보였다; 그들이 그에게 최후통첩을 보낸 것처럼 보였다.

4. 그녀는 아마 곧 죽을 것이다; 그녀는 확실히 내내 약해져가고 있다.
5. 그의 혈액 안에 허가되지 않은 화학 물질의 흔적이 있다. 그는 분명이 흥분제를 복용해왔다.
6. 자동차는 탈것이다. 그래서 차의 바퀴는 탈것의 바퀴이다.
7. 한 사람의 머리에 있는 머리카락보다 많은 수의 사람들이 세상에 있다; 그것은 최소한 그들의 머리에 같은 수의 머리카락을 갖고 있는 두 명의 사람이 있음에 틀림없다는 결론이 된다.
8. 파충류는 냉혈동물이다; 그래서 도마뱀은 냉혈동물임에 틀림없다.
9. 이 꽃병은 고대의 것이다. 나일강가의 무덤에서 발견되었고, 상형문자로 덮여 있었다; 그것은 고대 이집트의 유물임에 틀림없다.
10. 주심은 그가 규칙을 어겼다고 말했다; 고로 그는 규칙을 어겼다.

연역과 귀납 논증은 서로 반대 방향에서 진리를 추구하는 것으로 볼 수 있다. 우리는 연역적 논증을 통해 일반적인 것에서 구체적인 것을 추론하고, 반면 귀납적 논증을 통해서는 구체적인 것들로부터 일반적인 것을 추론해낸다.

논증에서의 논리

우리는 그 논증이 타당한지 혹은 그렇지 않은지를 결정하기 위해 논증에서 올바른 논리적 구조를 발견할 수 있어야 한다. 그러면 논증의 구조를 결정하는 논리의 특징들은 무엇인가?

호지스(Hodges, 1997, p. 13)는 논리를 일관된 신념의 집합에 대한 연구라고 정의했다. 그는 어떤 사람들은 논리를 논증의 타당함 혹은 올바름에 관한 연구라고 정의하는 것을 더 좋아한다고 덧붙였다. 이러한 관점들에 아무런 이견이 없다는 것은 다음의 논의가 증명해줄 수 있다.

논리 원칙의 주요한 관심사는 **일관성(consistency)**이다. 그러나 일관성에는 많은 종류가 있고, 논리는 그것들 중 오직 하나와 관련이 있다 - 믿음의 공존가능성. 이것은 어떤 사람이 평생 같은 축구팀을 응원하거나, 어떤 경주마가 참가한 모든 경기에서 우승하는 것과 같은 일관성과는 매우 다르다. 우리가 고려해야할 일관성의 유형은 충성, 충실함 혹은 기준의 유지와 같은 것들과 관련이 없고, 차라리 일련의 믿음들이 어떻게 서로와 일관된 것으로 보일 수 있는가와 관계가 있다. 호지스는 이런 식으로 요약한다:

- 만약 이러한 일련의 믿음들이 어떠한 가능한 상황에 모두 함께 참이라면, 그 일련의 믿음들은 일관된 것으로 불린다. 만약 모든 믿음들이 모두 참일 수 없는 상황이 있다면, 그 일련의 믿음들은 모순된다고 불린다(1977, p. 13).

여러분이 믿음의 일관성과 모순을 구별할 수 있는지를 평가하는 좋은 방법 한 가지는 다음의 연습문제를 풀어보는 것이다.

연습문제 3.8 다음에 나오는 믿음의 세트들 중 어떤 것이 일관된 것이라고 생각하는가?

1. 나는 내 평생 말 위에 앉아본 적이 없다. 그러나 내가 지금 탄다면, 전문 기수가 되기 위해 단지 2분정도 걸릴 것이고, 도약 대회에서 우승할 수 있을 것이다.
2. 나는 내가 결코 아프지 않을 것이라는 것을 알았다. 그러나 어쩌다가 나는 병에 걸렸다.
3. 오늘날 영국에는 재정적 위기가 없다 - 그것은 단지 급속하게 증가하는 국가 부채를 갚기 위해 증세를 원한 정치인들에 의해 생긴 소문일 뿐이다.
4. 피터는 3년 전에 스포츠클럽에 가입했고, 그곳의 가장 관대한 회원이 되었다. 지난해 그는 모든 팀들의 여행 경비를 지불했다.
5. 매우 많은 사람들이 휴일에 외국을 여행한다. 영국의 해변 리조트들은 예전만큼 인기가 있지 않다.
6. 나는 동물을 죽이는 것은 비도덕적이고 중단되어야만 한다고 생각한다. 그러므로 우리는 도살자들을 위해 살아있는 동물들을 수출해서는 안 된다.

우리가 연역적 그리고 귀납적 논증의 차이에 대해 논의할 때, 우리는 간단히 타당성과 진리의 개념들 간의 차이만 언급했다. 논리적 진실성과 타당성이라는 개념들은 논증의 역사에서 가장 중요한 두 관념들이고, 그래서 우리는 그것들을 더 면밀히 살펴볼 것이다. 사실, 이 관념들의 요소는 논증의 과정에 대한 어떤 논의가 있기 전에 확실히 이해하고 넘어가야 하는 부분이다.

여러분은 담론에서 참인 진술의 두 가지 주요한 유형을 발견할 수 있다. 한 종류는 **경험적 진실(empirical truth)**, 즉, 경험으로부터 끌어내는 것이다. 이것은 사람들이 매일 무엇이 진실이다 혹은 그것은 사실이다를 말할 때 만드는 진술의 종류이다. 이러한 종류의 참인 진술은 또한, 예를 들어 '그 박쥐는 날아다니는 설치류의 한 종류이다', '증기는 물이 끓을 때 방출된다', 그리고 '앙리8세는 6명의 아내가 있었다'와 같은 모든 과학적 관찰과 역사적 주장에 근거를 둔다. 그러나 이 부분에서 우리는 참인 문장의 다른 유형에 대해 좀 더 자세히 알아볼 것이다. 이 두 번째 유형은 **논리적 진실(logical truth)**에 근거한 것이다.

논리적으로 참인 문장은 다시 세 가지로 분류할 수 있다. 첫 번째 유형은 평범한 것이라 불려진다, 왜냐하면 진실이 너무 명백히 드러나서, 결국 새로운 아무것도 배울 수 없기 때문이다: 예를 들어, '오늘은 일요일이다, 따라서 토요일이 아니다', 혹은 '만약 그녀가 딸이라면, 그녀는 여성임에 틀림없다.' 이런 것들은 동어반복(tautology)으로 알려져 있다: 이런 '진리들'은 분명 언어의 의미 속에 내재하는 것이고, 그 용어에 관한 우리의 지식을 늘려주지도 않는다. 그러나 더 복잡하거나 추상적인 진술들에서, 그런 것들은 사실 앞에서 분명하지 않았던 단어들 간의 관계를 명확하게 해주는데 매우 유용할 수 있다.

산술에서는 숫자와 연산 개념 간의 관계에 대한 진술이 이루어진다. 이런 수학적 진술은 계산적 규칙들을 정의하고 필요에 의한 참(true by necessity)이라고 말한다. 예를 들어, 2+2가 4가 아니라는 것은 상상하기 힘들 것이고, 그렇지 않다고 주장하는 것은 분별없는 짓일 것이다.

그림 3.7 필요에 의한 참

논리학자들이 자주 말하는 참인 진술의 세 번째는 정의에 의한 참(true by definition)인 진술들이다. 모든 종류의 정의가 있지만, 논리학자들이 생각하는 정의가 모두 참은 아니고, 그것은 좀 더 논리적인 논증의 형식이다. 논리는 전제 혹은 결론의 참과 관련된 것이 아니라, 오히려 논증의 정확함에 관한 것임을 기억해야 한다. 따라서 우리는 귀납적 논증이 참, 옳지 않음 혹은 거짓이다 라고 말하지 않는다; 우리는 그것들이 타당한 연역, 올바른 귀납, 혹은 정반대로, 잡다한 오류를 포함하고 있는지에 대해 말한다.

따라서 연역적 논증의 **타당성(validity)**을 따르는 것은 그들의 논리적 형식에 의해 결정되는 것이지, 그들이 포함하고 있는 진술의 내용에 의한 것이 아니다. 앞에서 언급했듯이, 전제 혹은 논증의 전제들은, 만약 전제가 참이라면 결론이 참이 되어야만 하는 그러한 방식으로 결론과 연결되어 있다. 그렇지 않은 것은 어떤 논증이든 타당하지 않다고 말한다. (즉 만약 전제가 참일 수 있고 결론이 거짓일 수 있는 가능성이 있다면) 더 자세한 설명을 원한다면 새먼(Salmon, 1984, pp. 19-20)을 살펴보라.

새먼은 다음에 나오는 세 가지 조합들이 각각 연역적 논증에 타당하다고 지적한다:

1. 참인 전제와 참인 결론	예를 들면:
• 모든 다이아몬드는 딱딱하다.	참
• 어떤 다이아몬드는 보석이다.	참
• 따라서 어떤 보석은 딱딱하다.	참

2. 어떤 혹은 모든 전제가 거짓, 그리고 참인 결론	예를 들면:
• 모든 고양이는 날개가 있다.	거짓
• 모든 새는 고양이다.	거짓
• 따라서 모든 새는 날개가 있다.	참

3. 어떤 혹은 모든 전제가 거짓, 그리고 거짓 결론	예를 들면:
• 모든 고양이는 날개가 있다.	거짓
• 모든 개는 고양이다.	거짓
• 따라서 모든 개는 날개가 있다.	거짓

비록 위 논증에서 전제 중 몇몇은 거짓이다. 만약 그것들이 사실이라면 결론은 참일 것이다. 그러나 이것은 반대로는 성립될 수 없다: 연역적 논증은 참인 전제를 가졌더라도 거짓 결론을 가지면 타당할 수 없다.

논증의 오류

논리는 이유에 근거한 논증을 다루며, 속임수와 조잡한 생각으로부터 우리를 보호한다. 실수가 있을 수 있으며, 그것은 논리적 논증 형식을 적용할 때에 빈번하게 일어난다. 이러한 실수를 오류라고 한다. 그러나 논증에 있어서의 모든 실수가 진짜 실수는 아니다: 경솔함을 개선시키거나 납득시키기 위해 계획된 유사 논증을 사용한 수많은 사례들이 있다.

오류에 대한 인식은 새로운 것이 아니다. 이미 많은 오류들이 아리스토텔레스까지 거슬러 올라가는 오래전부터 언급되어 왔다. 여러분은 아마도 전적으로 논리적이고, 그 전제로부터 도출된 결론으로 명확하게 타당성을 논증할 수 있는 삼단논법의 규칙을 완벽하게 따르고 있는 논증을 스스로 고안해낼 수 있을 것이다. 하지만 그것은 거짓되고, 속임수를 쓰고, 현혹하는 전제에 기초한 것이다. 여기, 사람들이 모든 종류의 거짓 전제들을 참으로 믿게 하고, 이러한 논증의 속임수가 너무나 일상적이어서 사람들이 속았다고 깨달았을 때조차 그들이 그것을 그냥 넘어가도록 하게 하는 훌륭한 속임수가 있다.

Fearnside와 Holther(1959, p.2)는 논증은 매우 복잡한 인간의 활동으로서, 마치 언어가 그 스스로 말을 하고 답하는 것과 같이, 일종의 진공상태 안에서는 성공적으로 연구할 수 없다고 주장하였다. 어느 한 쪽에서는 논증을 제시하고 다른 한쪽에서는 그것을 수용하는 것 사이에는 아무관계가 없다. 심지어 매우 이국적인 텔레비전 상업광고에도 늘 어떠한 종류의 논증이 담겨 있다. 이유를 말하고 결론을 말한다. 예를 들어 '당신은 이것이 매우 로맨틱하기 때문에 이것을 구입해야만 한다.' 는 것이다. 심지어 당신이 논리학 책을 읽을 때에도 그 예시를 제외하고는 논증들이 자세히 나와 있는 것을 찾아내기란 매우 어려울 것이다. 결국, 이러한 유형의 논증에서 사람들은 언급되지 않는 전제를 인식하게 되는 것을 당연한 것으로 생각하게 된다: '이 사람은 높은 곳에 있을 수 없기 때문에, 공중 곡예사가 될 수 없다.' 논증은 진행된다:

- 공중곡예사는 반드시 높은 곳을 견딜 수 있어야 한다(언급되지 않음).
- 이 사람은 높은 곳에 있을 수 없다.
- 그러므로 이 사람은 공중곡예사가 아니다.

'오류'라는 단어는 종종 두 가지 의미로 사용된다: 때때로 사기와 기만과 같은 태도를 기술하는데 사용되고, 또한 추리, 교활, 간사함과 같은 결함 있는 설득태도를 나타내는 편협한 인식을 기술하는데 사용된다. 이어지는 오류의 분석에서는 두 번째 의미 즉, 건전한 논증의 규칙을 지키려 하지만, 사실 그렇게 하지 못하는 논증이라는 의미를 택한다.

피리(Pirie, 1985, p.183)는 넓은 의미에서 오류가 속하는 다섯 개의 범주가 있다고 하였다. 비록 다양한 유형의 비형식적인 오류들을 구별하는 것도 중요하지만, 가장 중요한 구분은 형식적인 오류와 비형식적인 오류의 구분이다.

형식적 오류는 논리의 구조 안에 어떠한 오류가 있는 것이다. 비록 그것이 타당한 논증의 형태와 유사하다고 하더라도, 그 논리적인 방법은 우리를 A에서 B로 인도할 뿐이고, 갈라지고 잃어버린 오솔길은 그냥 지나쳐 버리게 된다. 요약하면, 이러한 추론의 연쇄, 그 자체에 결함이 있기 때문에 오류가 발생한다.

반면 **비형식적 오류**는 때때로 우수한 논법에 필요한 충분한 특성을 지니지 못한 용어에 타당한 논증을 사용한다. 이들은 언어적이고, 오류를 수용하기 위해서 모호한 언어를 사용하고, 논증을 유지시키는데 필요한 것들을 누락시킨다; 결론에 대한 검토를 위해 부적절한 요소를 받아들이고; 또는 도출된 결론을 바꾸기 위해 부당한 억측을 용인한다.

여기 Box 3.11에는 다섯 가지 오류의 범주들이 나와 있다.

Box 3.11 오류의 범주

1. 형식적
2. 비형식적, 언어적
3. 비형식적, 관련성 누락
4. 비형식적, 관련성 침해
5. 비형식적, 관련성 추정

이 책에서 모든 상이한 유형의 오류를 다루는 것은 불가능하다. 따라서 학술적 조사연구에 있어서 매우 적절하다고 생각되는 몇몇 범주들만을 선택하여 기재하였다. 많은 유형의 오류들은 그 명칭, 또는 기술적 이름을 갖고 있고, 논리학자들에게 잘 알려져 있다. 만약 여러분이 논증 속에서 결점을 지적하면서, 그 오류 유형의 이름을 말함으로써 사람들에게 깊은 인상을 준다 할지라도, 그 이름들을 모두 기억할 필요는 없다. 다음에 나오는 연습문제는 위의 다섯 범주의 유형에 따라 오류의 유형을 발견하는 여러분의 능력을 시험할 것이다.

연습문제 3.9 다음 각각의 지문은 오류를 포함하고 있다. 여러분은 그것이 무엇인지, 위의 범주 중 어느 것에 적합한지를 발견하고 그 오류의 본질이 무엇인지 설명할 수 있는가? 여러분이 그 답을 찾아낼 때, 그 범주와 기술적 이름이 주어질 것이고, 당신이 만약 다양한 유형의 오류 특징을 분별할 수 있게 된다면, 그것을 보고 비교할 수 있게 될 것이다.

1. 만일 내가 춤을 너무 많이 춘다면, 나는 지칠 것이다. 나는 춤을 많이 추지 않았기 때문에, 지치지 않을 것이다.
2. 공작부인은 멋진 배를 갖고 있다. 그러나 배 밑바닥에 따개비가 붙어있다.
3. 정부라는 배는, 다른 배들과 마찬가지로 그것을 담당하는 강력한 선장이 있을 때, 가장 훌륭히 일한다. 이것이 독재 정권이 가장 효율적인 이유이다.
4. 봐, 너는 강사야. 너의 대학은 그것이 강의에 좋다는 것을 알았기 때문에, 너의 강의 시간을 늘리기로 결정했어. 이것은 분명 너에게 좋을 일이 될 거야.
5. 네스호의 괴물 이야기는 말도 안 되는 이야기다. 그것을 찾기 위한 모든 개별적인 시도들이 순전히 실패했기 때문에 우리는 그것이 말도 안 되는 이야기라는 것을 안다.
6. 난 일자리를 찾지 않을 것이다. 내 자유를 잃게 되는 것은 말할 것도 없고, 추가적인 책임이 있을 것이다. 일을 하러 움직이는 것이나, 적당한 옷을 사는데 들어가는 비용을 생각할 때, 지위에 대한 걱정이 늘게 된다.
7. 모든 음악가들은 매우 감성적인 사람들이다. 몇몇 정말로 감성적인 사람들은 적당히 감상하지 않는다. 따라서 몇몇 음악가들은 적당히 감상하지 않는다.
8. 작고, 길들여진 네 발 달린 육식동물은 스스로 거칠고 급하게 짜인 수평적 구조의 우월한 관계 속에서 안주한다.
9. 미국이 좋은 통상관계를 원한다면, 다른 나라에서의 전문적인 상품 생산을 촉진해야 한다. 이러한 유형의 생산을 지원함으로써, 우리는 그들이 좋은 통상관계를 유지하기를 원한다는 것을 알 수 있다.
10. 나는 우리가 Smith 씨를 고용해야 한다고 생각하지 않는다. 나는 그의 골프실력이 별로라고 들었다. 조심성 없는 사람들이 골프를 잘 못하기 때문에 나는 그것이 좋은 징조라고 생각하지 않는다.

생각해보기

분명히, 여러분이 사람들의 논증을 읽거나 들을 때, 오류를 인식하는 것은 매우 중요하다. 글쓰기에 있어서 오류를 피하는 것 또한 매우 중요하다(만약 여러분이 속일 마음이 있다면 오류를 사용하는 것은 최고의 효과를 거둘 것이다). 위의 예들은 단지 일부의 오류 유형일 뿐이다 : 모든 책은 주제에 맞게 쓰여진다. 그러므로 만약 여러분이 더 많은 숨겨진 오류에 대해 더 읽고자 한다면, Pirie(1985), 그리고 Fearnside와 Holther(1959)를 추천하겠다.

논증의 분류와 유추

분류(class)에 대한 관념은 우리의 사고 안에서 연역적이든 귀납적이든 매우 기초적인 역할을 한다. 우리는 경험한 것을 제대로 이해하기 위해, 본능적으로 그 경험의 상당 부분을 분류한다. 가령, 이것은 위험하다, 저것은 위험하지 않다. 두 가지 형태의 분류가 있다; 모음(collection)과 구분(division). 모음에 의해서 우리는 공통의 특성을 분류한다(또는 특성들), 예를 들어, '네 개의 다리를 갖고 있다'. 구분을 통하여, 우리는 이러한 모음을 하위분류로 더 나누어 볼 수 있다. 예를 들어, '갈색의 사지동물', '붉은 사지동물', '회색 사지동물' 등등. 분류는 전통적인 분류에서 새로운 분류를 창조할 뿐만 아니라, 새로운 분류 및 전통적인 것과 연관되어 있다. 즉, 이것들은 종속적인 것이다. 분류는 집합 상호간의 한 가지 방법으로만 관계되어 있다. 우리는 또한 포섭과 통합에 의해 각각의 집합을 관련시킬 수 있다.

포섭(Subsumption)은 분류와는 반대의 방향으로 나아간다. 우리는 분류로부터 시작하고, 가령 버려진 깡통을 말하고, 질문한다; 이것을 하위분류로 간주하기 위해서는 어떠한 큰 집합을 고려해야 하는가? 우리는 금속물질, 폐기, 포장의 사용, 원통형의 물질 등등과 같은 것들로부터 고를 수 있는 다양한 선택지를 갖는다. 우리가 집합을 하위집합으로 분류할 때, 하위집합은 그들 스스로 같은 종류의 지위를 갖는다; 그들은 등위집합이다. 우리가 어떠한 것의 아래에 있는 집합을 포함할 때, 포함된 집합은 적어도 다른 집합과는 내재적으로 대조되어, 그것에 통합적으로 포함될 수 있다. 예를 들어, 간단한 분류인 도표 3.2를 살펴보자. '남성'에 포함되는 집합, 예를 들어 '우체부' 그리고 '경찰관'은 '여성'에 포함되는 집합, 예를 들어 '비행기 여 승무원', '여성 사업가'와는 대조적이 된다.

이 도표는 분류를 나타내는데, 이 속에서 이름 붙여진 집합은 범주라 불리고, 가장 일반적이고 특수한 것으로부터, 다양한 수준에서 규정되어지고, 분류되는 것이다. 각각의 분류에서 통합된 범주는 분할에 근거한 특정한 특성의 기준에 의해 구별되어진다. 예를 들어, 도표 속에서 첫 번째 분류는 성별에 근거한 것이고, 두 번째 분류는 직업에 근거한 것이다.

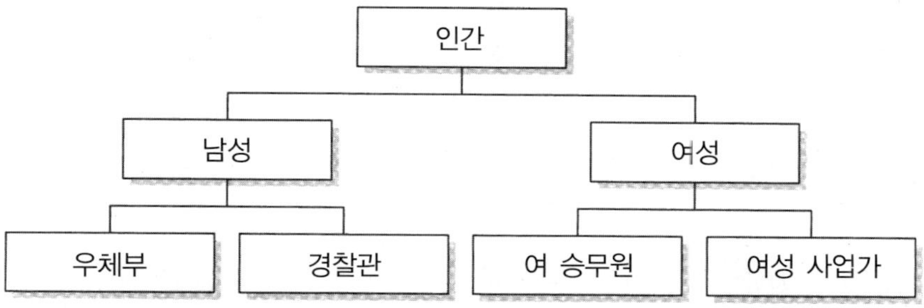

도표 3.2 분류 나무

혼란을 막아줄 규칙은 이러하다. 각각의 분류에서 범주는 단 하나의 분할에 근거한 것에 따라 구별되어 진다. 예를 들어, '검정; 하양; 초록; 빨강; 파랑; 질감있는'에서 마지막 범주는 분명 색깔에 대해 언급하지 않고 있다. 분류에서 또 다른 심각한 결점을 발견할 수 있다. 때때로 주어진 분류 안에서의 범주가, 서로 배타적이지 못해서, 같은 것이 두 개 혹은 그 이상의 교차되는 범주 안에 속할 수가 있게 된다. 예를 들어 도표 3.2의 세 번째 분류의 범주에, 기술자, 디자이너, 강사, 건축가(남자도 될 수 있고, 여자도 될 수 있는)를 말한다면, 때때로 주어진 분류가 철저하지 못해서 우리가 분류하고자 하는 것들의 범주가 없음을 발견하게 된다. 예를 들어. 만약 우리가 도표 3.2를 통해 분류하고자 했던 여성들 중에 항공기승무원에도 속하지 않고, 여 사업가에도 속하지 않는 여성이 있다면 어떻게 될 것인가?

연습문제 3.10 다음의 집단에 대한 분류를 통해 여러분의 숙련도를 알아보라. : (a) 기술적으로 참이다. (b)한 개 이상의 분할에 근거하고 있다. (c)교차되는 범주를 만든다. (d) 격차를 남기다.

1. 책: 종이표지의 책, 그리고 딱딱한 표지의 책.
2. 롤빵: 부드러운 롤빵, 그리고 딱딱한 롤빵.
3. 파이: 껍질이 하나인 파이, 껍질이 두 개인 파이, 껍질이 없는 파이.
4. 학교 건물: 가장 중요한 학교 건물, 부차적인 학교 건물.

5. 주요 장관: 구별되는 주요 장관, 평범한 주요 장관, 하찮은 주요 장관.
6. 날: 맑은 날, 비오는 날, 안개 낀 날, 추운 날, 눈 오는 날.
7. 펜: 만년필, 볼펜, 펠트펜.
8. 에너지 자원: 원자력 또는 핵분열, 화석 연료, 물.
9. 행성: 지구와 태양 사이의 궤도에 있는 것, 지구 밖의 궤도에 있는 것.
10. 자동차: 디젤차, 순찰차, 문 4개 달린 차, 전기 차, 문 2개 달린 차.

생각해보기

사건과 대상을 분류하는 방법에는 여러 가지가 있다. 상황에 따라 하나의 방법은 다른 것보다 보다 쓸모 있고, 보다 잘 나타낼 것이다. 우리의 집합에 대한 지식이 늘어감에 따라, 새로운 범주를 더하거나, 또는 다른 것의 평판 안에서의 분할에 기초한 것들을 거부하기 위하여 우리는 우리의 분류안을 반복적으로 교정해야 한다. 분류를 시작하기 전에, 스스로 질문하는 것은 매우 가치가 있다: 어떤 목적에서 분류를 하는가, 그리고 이 분류가 그와 관련된 어떠한 새로운 정보를 제공하는가?

때때로 두 개의 매우 다른 범주를 비교하는 것은 널리 유용한데 이러한 작업을 **유비(analogy)**라고 부른다. 이러한 형태의 비교는 새로운 관점에서 대상이나 생각을 접할 수 있게 해 주고, 다른 면에서, 우리가 예상하지 못했던 가설이나 일반화에 대한 힌트를 떠올리게 한다. 유비는 광범위한 귀납적인 논증을 사용하며, 이것이 유비가 작용하는 방식이다.

우리가 두 가지 범주의 대상을 비교할 때, 우리는 때때로 하나의 범주 대상이 다른 범주의 대상과 어떠한 점에서 유사하다는 것을 보게 된다. 만약 우리가 첫 번째 범주의 대상이 다른 특성을 갖고 있다는 것을 알지만, 이것들이 두 번째 범주 속에 있다는 것을 모른다면, 우리는 두 범주의 대상이 몇몇 요소들 속에서 유사하기 때문에, 그들이 다른 점에서도 유사할 것이라는 것을 유추에 의하여 추정할 수 있다. 그러므로 두 번째 범주의 대상 또한 첫 번째 범주에서 관찰되는 특별한 특성을 갖는다.

동물에 대한 의학실험을 수행하는 것은, 사람과 동물사이의 유사성에 의하여 동물에 대한 약품의 효과에 따라 인간에 투여되는 약품의 효과를 인정할 수 있다고 주장하는 점에서 이 논증에서의 공통적인 발현이다. 연구자들은 동물이 인간과 동일하다고 주장해서는 안 된다(만약 그렇다면, 인간과 동물을 같은 집합에 넣어야 할 것이다). 하지만, 검사의 목적을 위해 연구자들은 그 차이점들이 크지 않다는 생각을 유지한다.

그림 3.8 유비 논증은 강하거나 약하다.

다른 귀납적인 논증과 마찬가지로 유비 논증도 강하거나 약하다이다. 유추의 강점은 원칙적으로 비교되는 두 유형의 대상 사이의 유사성에 달려있다. 어떠한 두 종류의 대상은 많은 점에서 유사할 수도 있고, 그렇지 않을 수도 있다. 새먼은 다음과 같이 지적하였다.

- 유비 논증의 핵심 질문은 이것이다: 논증에 관련된 면에서 유사하게 비교되는 대상이 ... 현재보다 더 유사하게 관련되는가, 더 강력한 논증인가, 그리고 그 반대로도 말할 수 있는가(1984, p. 108).

특수한 상황 속에서, 집합들의 대상 사이의 유사점과 차이점에 대하여 어떤 것을 관련된 것으로 혹은 관련되지 않은 것으로 정확하게 판단하는 것은 언제나 쉬운 일이 아니다. 반드시 문제를 제기해야 하는 것은 이런 것이다: 어떠한 종류의 유사성과 차이점이 연구된 현상의 결과에 심각한 영향을 미칠 것 같은가? 예를 들어, 토끼에게 약물실험을 수행할 때, 사람이 기다란 귀를 갖고 있지 않다는 사실은 관련 있는 차이점이 아니라고 생각된다. 토끼와 사람이 모두 포유류라는 사실은 관련된 유사성일 것이다.

유비 논증은 단지 과학적인 이야기만을 나타내지는 않고, 일반적으로 철학적 문헌도 사용한다(예를 들어, 국가와 개인에 대하여 비교했던 플라톤의 사회). 이것은 분명 다른 귀납적 논증의 유형과 함께, 유비로부터 이끌어진 논증과 관계된 것으로 기억될 것이다. 논증이 모든 사례에서 정확하거나, 그 범위가 신뢰성이 있는지를 말해줄 수는 없다.

결론

이 입문서에서는 과학적 탐구의 본질과 지식 획득을 둘러싼 쟁점들에 대한 어떤 논의도 아주 간단하게 요약되어야만 했다. 연구는 스스로를 광범위한 주제와 원칙들에 결부시킬 수 있다는 사실을 인지하면서, 나는 여러분의 연구문제의 유형이 어떤 것이든지, 여러분 자신의 접근방법에 대한 의문들을 키워줄 것이라고 희망하며, 관련된 주요 관점들을 포함시키려했다.

지식과 어떻게 우리가 그것을 얻을 수 있는가에 대한 논의는 끊임없는 것이고, 어떤 연구를 하든지 그 논의는 어떠한 연구에서든 연구노력의 핵심이 된다. 나는 여러분의 연구프로젝트 전반에 걸쳐, 또한 여러분의 다음 연구에 관해서도, 단지 여러분의 삶에 대한 태도에만 그치는 것이 아니라, 우리의 모든 일상적인 행동들에 이 같은 요소들이 얼마나 연관이 되어 있는지, 얼마나 영향을 미칠지에 대해 두터운 인식을 갖는 것이 중요하다고 생각한다.

담론은 지적인 생활의 핵심이며, 논증과 언어 사용에서의 훌륭한 기술은 여러분을 강하고 효율적인 존재로 만드는 유익한 자산이 될 것이다. 또한 여러분은 다른 이들의 일을 분석하고, 그들 논증의 타당성을 검사하고, 오류에 의해 나타나는 함정을 피할 수 있는 좋은 위치를 점할 수 있다.

다음단계 : 여러분의 주제에 맞는 연구 유형은?

이 부분의 목적은,

- 주제에 사용된 중요 개념과 적당한 차원과 방향을 정하고,
- 연관된 기존의 이론들, 가설, 또는 논쟁들 중에 어떤 것이 주제와 관련되어 있는가를 연구하고,
- 적당한 유형의 연구방법을 결정하고,
- 수집된 정보와 과정에 적당한 연구 활동을 하는 것이다.

여러분 연구의 진척을 위한 점검사항

Step 1 : 개념의 나열

개념은 사고와 의사소통의 근본이 된다. 당신의 연구 영역에서 주요한 개념을 나열하고 정의하라. 여기에서 가장 중요한 것은, 당신이 여러 개를 나열한다고 해도 당신의 주제 제목에 나타나게 된다는 것이다.

Step 2 : 서술한다.

당신 연구의 초점을 묘사하는 이런 개념들을 이용해서 연구에 대한 서술을 할 수 있다.

Step 3 : 조작화한다.

추상적인 개념들은 복잡한 현상이나 생각들을 표현하는 데는 유용하나, 조작적 정의를 하지 않고 연구에 활용하기는 어렵다. 당신이 수집하고 분석하려는 정보에 대한 올바른 방향을 제시하기 위해 당신이 연구하려는 주요 개념에 대한 조작적 정의가 필요하다. 이것은 당신의 연구에서 가능한 규모의 방향을 제시할 것이다. 이 단계에서 당신은 관리해야 할 것이 너무 많아 보이고, 당신의 전문 분야 밖이라고 생각된다면, 연구의 범위를 축소할 수 있다.

Step 4 : 양화한다.

서로 다른 개념들에 대한 가능한 양화는 분석의 알맞은 유형을 제시한다. 조작적 정의를 내린 후에 주요 개념에 대한 양화가 필요하다. 이는 어떤 분석 방법이 적당한 지를 알려준다.

Step 5 : 이론화한다.

당신의 배경 지식은 당신이 선택한 주제와 관련된 이론을 선택하는 데 좋은 방향을 제시할 것이다. 당신의 연구문제에 관련된 가설, 이론, 중요한 법칙들을 명확하게 표현하고, 그들의 관계를 당신의 연구에서 명확하게 밝혀라.

당신이 밝혀내려는 문제점의 해결책을 찾는데 어떤 이론이 관련되어 있고, 어떤 이론이 가장 도움을 주는지에 대한 논쟁이 있을 수 있다. 당신이 읽은 이론적 방향을 따라가고, 논쟁들을 조사하고, 당신이 그 논쟁의 어디에 서 있는가를 물어보라. 이것은 당신이 연구 제안서를 쓸 때 당신의 연구 배경에 대한 필수적인 논의가 될 것이다.

Step 6 : 범주화한다.

당신이 다양한 연구접근방법을 통해 알고 있는 것을 이용하여 당신의 연구 영역을 보고, 가장 알맞은 조사 방법을 결정하라. 그리고 왜 그런지도 의논하라. 당신의 연구에 사용되는 연구의 범위가 명백할 수도 있고, 당신의 연구 분야들이 모두 다른 유형일 가능성도 있다. 하지만 어떤 문제에 대해 다른 시각으로 접근한다고 해서 나쁜 것은 아니다. 위의 내용에 초점을 맞춰 당신이 연구를 행할 때, 어떤 유형의 연구를 행할지 고려하라.

Step 7 : 범위의 확인

연구 유형은 적절한 연구 방법을 제시할 것이다. 당신은 시작하게 될 연구 행위를 찾아낼 수 있고, 그것은 질문에 답하는데 도움이 될 것이다. '연구에 있어서 어떤 행동들을 할 것인가?' 너무 상세하게 할 필요도 없고, 단지 필요한 일의 규모만 확인하는 정도면 된다(질문서의 질문을 고안해내지 않아도 된다. 다만 어떤, 그리고 얼마나 많은 사람에게 질문할 것인지, 어떤 종류의 주제를 다룰 것인지, 결과들을 어떻게 분석할 것인지를 생각하라). 이는 연구의 가능한 규모를 알려줄 것이고, 당신은 그 연구의 실행 가능성 정도를 확인할 수 있다.

Step 8 : 초고를 다시 쓴다.

이제 당신은 연구의 기초가 되는 주요 개념들이 어떤 배경 지식을 통해 나온 것인지, 연구에 관한 문제를 어떻게 형성하고 어떻게 연구할 것인지에 대해 설명해야 한다. 당신은 선택한 연구의 유형과 연구 방법의 일반적 특징, 예상되는 연구의 범위에 대해 정의할 수 있다.

당신 계획의 또 다른 초안(혹은 그렇게 많이 진행되지 않았다면 첫 번째 초안)을 써라. 최대한 논리적인 순서에 따라 연구의 모든 결과들을 합치고, 당신의 연구와 관련된 주요 생각들과 이론들을 설명하고, 이러한 것들로부터 어떻게 당신의 연구 주제가 나타났는지 보여주어야 한다. 가장 좋은 방법은 당신이 사용하려 했던 지식들 안에 연구의 여지가 있다는 것을 증명하는 것이다. 다시 말해 당신의 동의할 수 없는 이론과 신념들이 있고, 이를 실험해보고 싶은 의지를 나타내는 것이다. 또 거기에는 당신이 참여하고 싶은 논쟁이 있고, 거기에서 새로운 무언가를 추가하거나 새로운 결론을 찾아 내고자하는 것이다. 일단 당신이 한번 이것을 설명하고 나면, 당신은 당신의 연구에서 중요한 주요 개념을 설명할 수 있고, 연구 유형을 찾아내며, 적당한 연구 방법을 알아낼 것이다.

정리와 평가

다 준비가 되면, 지도교수와 함께 지도서를 작성하라. 여러분 연구 영역의 토대가 되는 개념들을 설명하고, 이러한 개념들이 당신의 연구주제를 어떻게 사용되고 있는지 설명하라. 관련 이론들과 개념들이 어떻게 연관되어 있는지 이해시켜야 한다.

주요 개념들이 그들의 조작적 정의를 통해 어떻게 정의되었는지 논의하고, 개념을 측정하고 결정하는데 사용된 차원과 방향을 보여주어라. 그리고 이것이 여러분의 연구수행에 어떻게 영향을 미쳤는지 설명하라. 이것은 실제적인 문제와 관련이 있으므로 이 개념들을 탐구하기 위해 여러분이 실제로 무엇을 할 것인지 의논하도록 노력해야 한다. 이것은 제안된 연구의 접근 방법들의 연관성을 설명하고 그것들과 관련된 연구 활동의 유형을 설명함으로써 할 수 있다.

비록 여러분이 아직 자신의 연구에 있어서 매우 실험적인 단계에 있을지라도, 이러한 논의는 자신이 선택한 연구 분야의 특징이 되는 전문용어와 주제의 종류를 의식적으로 조사하도록 한다. 이것들에 대한 지식은 종종 그 분야의 전문가들에 의해 당연한 것으로 여겨졌다. 왜냐하면 그들은 매일같이 많은 부분을 그 지식들을 생각하면서 보내기 때문이다. 그러므로 여러분은 자신의 주제의 주요 부분의 특징이 되는 개념들과 이론들을 잘 이해할 수 있어야 한다.

다른 유형의 연구에 대한 지식은 여러분에게 열려있는 항목들의 범위 속에서 연구에 기울이는 노력에 맥락에 맞도록 해줄 것이다. 여러분은 자신이 선택한 연구 유형이 본인이 추구하는 연구 활동에 중요한 영향을 주는 것에 감사하게 될 것이다.

더 읽을거리

개념, 이론과 같은 연구의 주춧돌은 연구철학에 관한 전문 서적에 훨씬 더 자세히 논의되어 있을 것이다. 여러분은 논쟁과 사고라는 주제에 관한 깊은 바다에 매우 빠르게 잠기게 될 것이다. Brink-Budgend이나 Bonnettd와 함께 시작할 것을 추천한다. 만약 여러분이 구체적인 이슈에 대해 더욱 자세히 알아가고 싶다면 다음의 참고문헌을 따라서 독서를 하기 바란다. 내가 제시한 목록 이외의 것들은 약간의 끈기를 요구한다.

Brink-Budgen, R. (2009) *Critical Thinking for Students : Learn the Skills of Critica Assessment and Effective Argument*, 4th edn. Oxford: How To Books.

Bonnett, A. (2001) How to Argue. Harlow:Pearson Educational.

만약 당신이 논리와 논쟁에 관해 더욱 많은 것을 얻기 원한다면 다음의 책들이 적절할 것이다. 쉬운 책부터 목록을 구성하였다.

Hodges, W. (2001) *Logic: an Introduction to Elementary Logic*, 2nd edn. London: Penguin.

Salmon, M. H. (2007) *Introduction to Logic and Critical Thinking*, 5th edn.

Belmont, CA: Wardworth.

Gensler, H. J. (1989) *Logic: Analyzing and Appraising Arguments.* London: Prentice-Hall.

Fisher, A. (1998) *The Logic of Real Arguments.* Cambridge: Cambridge University Press.

Pearson, R. A. (1993) *Academic Vocabulary and Argument: an Introductory Guide.* Sheffield: PAVIC, Sheffield Hallam University.

Kuhn, D. (1991) *The Skills of Argument.* Cambridge: Cambridge University Press.

다음은 여러분을 흥미롭게 해줄 오류에 관한 책 두 권이다.

Pirie, M. (2007) *How to Win Every Argument: the Use and Abuse of Logic.* London: The Continuum.

잘 쓰여 있고 재미있다.

Thouless, R. H. (1974) Straight and Crooked Thinking, rev. edn. London: Pan.

오래됐지만 여전히 재미있고 자극적이다.

개념과 이론에 좀 더 치중한 고전으로는 다음을 추천한다.

Reynolds, P. D. (1971) *A Primer in Theory Construction.* Indianapolis : Bobbs-Merrill

3장과 5장을 먼저 본다면 나머지를 읽는데 도움을 줄 것이다. 이 책은 2006년에 A&B Classic(Allyn and Bacon, Boston, MA)으로 재출간되었다.

CHAPTER

04 정보, 그리고 그 처리방법

- 목적
- 머리말
- 문헌 찾기
- 정보의 처리
- 문헌연구
- 결론
- 다음 단계 : 자신만의 정보체계 구축과 문헌연구 기록
- 더 읽을거리

목적

상이한 이차 자료 수집 방법에 관한 것을 설명하고, 각기 다른 정보 기록 체계에 대해 기술하는 것

- ✔ 읽고, 필기하는 기술의 개발을 돕는 것
- ✔ 여러분이 수집한 자료를 저장하고, 복구하는데 효과적인 기술을 소개
- ✔ 문헌 연구 방법에 대한 실용적인 조언을 제공하는 것

머리말

연구의 초기단계에서 여러분이 맡아야 할 중요한 임무 중 하나는 문헌을 검토하는 것이다. 이 단계에서 주의 깊은 고찰은 매우 중요하다. 여러분이 기록과 정보저장을 조직하는 방법은 시간 관리와 결과물의 품질이라는 측면에서, 그리고 연구 과정의 다음 단계인 보고서 작성이라는 모든 면에서 영향을 미치고 있기 때문이다.

많은 양의 관련 문헌을 이용할 수 있기 때문에, 문헌의 재검토는 예리한 독해와 세심한 주의를 기울여야 하고, 특히 연구과제와 관련하여 체계적이고 세심하게 설계된 과정을 따라야 한다. 독해는, 다른 사람들이 여러분의 연구 주제 속에 들어있는 쟁점을 어떻게 다루는지, 그리고 그들이 얻은 지식이 무엇인지, 또 어떻게 여러분의 연구문제에 알맞은 데이터를 모으는지를 알게 하는데 도움을 줄 것이다.

비어스마(Wiersma, 1986, pp. 47-8)에 따르면, 그 과정은 Box 4.1에 나와 있는 세 가지 질문에 초점을 맞춰야 한다. 이 질문들에 대한 답변은 여러분에게 연구의 배포뿐만 아니라, 검색, 분석과 결론도출의 방법을 사용하도록 할 것이다.

Box 4.1 문헌 연구에 관한 질문

1. 정보를 어디에서 찾을 것인가?
2. 그 정보로 무엇을 해야 할 것인가?
3. 그 정보를 어떤 용도로 사용할 것인가?

이번 장은 이 질문들 중 앞의 두 개의 질문: 어떻게 정보를 찾고, 일단 찾게 되면 어떻게 처리할 것인가?와 관련되어 있다. 문헌연구를 어떻게 쓸 것인지에 대한 안내를 제공하기 때문에 이 장은 세 번째 질문과도 관련이 있다.

문헌 찾기

문헌 찾기는 연구문제와 관련된 출판물을 찾는 것인데, 이는 연구 과정의 초기에서부터 이루어져야 한다. 그리고 프로젝트 내내 계속되어야 한다. 문헌 검토는 일련의 특별한 활동들을 포함하고 있는데, 유용한 정보의 중요성 때문에 여러분은 그 과정을 체계적으로 따라야 한다. 게다가 검토의 각 단계에서 여러분은 될 수 있는 한 완전하고 정확한 작업을 해야 한다. 이는 세세한 것에 신경을 써 정보의 원천으로 회귀하는 불필요성을 줄여줄 것이고, 나중에 시간과 노력을 절약할 수 있을 것이다. 학생들은 자신들의 졸업논문을 쓰는 마지막 단계에서 때때로 그들이 앞서 1~2년 동안 모았던 중요한 참고문헌의 세부 항목(예를 들어 페이지 수나 저자 이름, 논문의 제목 등)을 되새기면서 굉장히 소중한 시간을 낭비한다.

연구 주제에 대한 배경지식을 제공해 주고, 특히 연구문제를 한정시켜 주고, 확인시켜주는 것뿐만이 아니라, 대안이 될 만한 이론적 관점과 적절한 연구방법 같은 연구의 다음 과정에 필요한 중요한 정보를 갖추는데 문헌 검토는 반드시 필요하다(Wiersma, 1986, p. 48; Leedy, 1989, p. 69).

정보의 출처

대학교 도서관이나 특정한 전문 도서관은 정보를 찾는데 가장 좋은 출발점일 것이다. 이는 그 도서관에서나 또는 다른 도서관에서 배경 정보를 포함하는 책, 조사연구의 리포트, 정기간행물, 기술리포트, 그리고 학위 논문을 포함하는 광범위한 유용한 자료에 접근하는 방법을 알려준다.

다른 기관들에 있는 도서관들이 소장 자료를 분류하는 체계는 상이하지만, 동시에 유사하기도 하다. 그러므로 초기에 필수적으로 해야 하는 일은 도서관을 이용하는 시스템과 도서관의 자료가 어디 있는지를 찾고 이해하는 것이다. 이것은 필요한 내용을 얻기 위해서 도서관의 책장과 컴퓨터 단말기를 여러분의 방법으로 찾을 수 있도록, 가능한 빨리 이루어져야 한다. 사서는 각 학기 초반에 여러분과 다른 새 학생들이 도서관의 시스템과 필요한 내용을 어떻게 찾는지 이해하는 것을 돕기 위해 동원된다. 만약 여러분이 신입생이라면, 일반적으로 학기초에 도서관 직원이 실시하는 도서관 투어뿐만 아니라 종종 학생들을 위해 특별히 조직된 정보 출처 세미나에도 참석하기를 권한다.

정보 출처에는 Box 4.2에 있는 것처럼 본질적으로 여러분이 알아야 할 두 개의 주요 형태가 있다.

Box 4.2 정보 출처의 주요 유형

1. 도서목록과 색인. 여러분이 필요로 하는 이차 자료 검색을 가능하게 하는 색인(index), 목록(catalogue), 그리고 다른 서지학(bibliographic) 도구들이다.
2. 이차 자료. 여러분과 같은 주제의 '문헌'으로, 즉, 책, 잡지의 기사, 보고서와 논문 등 자신의 연구를 위해서 정보를 찾을 필요가 있는 것으로 구성되어 있다.

이 장은 도서 목록과 색인에 초점을 맞추고, 여러분이 유용하다고 생각할만한 다양한 형태에 대해서도 서술할 것이다.

도서관 목록(Library catalogues)은 도서관 소장품 중 항목의 도서목록 세목과 도서관 책장에서 번호를 매기는 것에 국한된다. 대부분의 도서관 목록은 이제 컴퓨터로 제공된다. 그리고 종종 도서관의 이용자 단말기(online public acess Catalogues: OPACs)에서 조회가 가능하다. 보통 작가, 제목, 주제를 입력하여 참고문헌에 접근하는 방법이고, 대부분의 도서관이 비슷한 원리로 작동된다. 그러나 거기엔 어쩌면 중요한 차이점이 있을수도 있다. 목록을 찾는 가장 좋은 방법을 배우는 것은 중요하다. 그리고 도서관 직원은 여러분을 볼 때마다 행복해할 것이다. 인터넷을 통해 전 세계의 다른 도서관의 OPAC를 찾는 것 또한 가능하다. 만약 여러분의 주제를 전문으로 하는 도서관이 있다면 (예를 들어 독일문학), 또는 대영 도서관 같이 특정한 나라에서 출간된 모든 새 책을 기증받는 (국립)납본도서관(copyright library)이 있다면 여러분은 아마 이를 이용하길 원할 것이다. 도서관-상호 대출은 여러분 지역 내 도서관에 없는 출판물을 합리적인 가격에 복사할 수 있게 해줄 것이다.

서지학 데이터베이스(Bibliographic database)는 이제 온라인상에 존재하기 때문에 멀리 떨어진 지역에 있어도 도서관을 통해 접근이 가능하다. 가령, 과학, 의학, 인문학 등등 특정 분야의 전문지식에 대한 수많은 데이터베이스가 있는데,

알파벳 순서든 주제 검색이든 일단 여러분이 적절한 데이터베이스를 찾게 되면, 키워드 검색으로 원하는 주제에 대한 문헌 목록을 열람할 수 있을 것이다. 여러분이 해야 할 그 다음 일은 도서관 서고에서든 온라인에서든 구체적인 논문, 저서 또는 출판물을 찾아내는 것이다.

도서목록과 색인은 비록 이것들이 특정한 주제에 국한된다 해도 비교할만한 대상이 거의 없다는 점을 명심하는 게 좋다. 예를 들어 Architectural Periodicals Index(건축 정기 간행물 색인)는 전부는 아니지만, 많은 건축논문집에서 건축학 논문들에 대한 참고서들의 내용을 담고 있다. 생산자로서의 영국 왕립 건축학회의 도서관은 구매한 간행물 이용에 제약을 둔다. 이것은 여러분이 연구문제를 다루는 가장 알맞은 출처를 통해서 추가적으로 문헌연구를 할 필요가 있다는 것을 의미한다. 여러분의 주제로 구성된 안내를 제공하는 교육과정이 있는지 알아보라.

비록 문헌목록의 자료는 아니더라도, **조직의 명부(Directories of organizations)** 역시 특정한 분야의 조직 그리고 그 분야의 주요 인사들에 대한 세부사항(details)을 추적하는데 유용하다.

전자책(E-books)의 이용이 점차 늘어나고 있고, 무료로 다운받을 수 있는 것도 많다. 일반적인 주제뿐만 아니라, 역사적 혹은 기업의 소장품 같은 것들을 제공해 주는데, 구글이나 인터넷 기록보관소(Internet Archive)를 통해 미국과 영국 내 대형 도서관들의 도서 수백만 권을 검색해주는 일이 실시간으로 진행된다.

전자논문(E-journals) 역시 도서관을 통해 이용가능한데, 논문은 알파벳 순이나 모음집 형식으로 정리되어 있다. 어떤 논문을 찾기 위해서는 찾고자 하는 제목, 주제와 번호 같은 자료와 논문의 세부사항을 알아야 한다. 좀 덜 구체적인 검색으로 관련 논문 목록을 살펴볼 수도 있다.

전 세계에서 발행되는 전자신문(E-newspapers) 또한 쉽게 접근이 가능하다. 그리고 기사들은 키워드 검색 혹은 특정 날짜로 검색이 가능하며, 도서관에서도 열람할 수 있을 것이다.

전자편람(e-reference desk)은 전자적으로 접근하는 사전과 백과사전인데, 지도, 통계, 박물관, 유의어, 번역자, 지역정보, 정부, 사회뿐만 아니라 여러 참고정보에 대한 접근도 가능하게 해준다.

일단 여러분이 자신의 주제에 적합하다고 생각되는 책이나 논문의 복사본을 얻었다면, 그 자료의 뒷부분에 있는 **참고문헌 목록(lists of references)**을 잊지 말아라. 이런 목록들이 여러분을 더 많은 관련 문헌으로 인도해 줄지도 모른다.

마지막으로, **사람들**을 활용해야 한다. 물론 참고목록 소스는 아니지만, 종종 어디를 봐야 하는지 그들과 상담할 수 있다. 사서는 사람이다 – 그들을 이용하라! 특히, 여러분의 연구주제 담당 사서가 연구하는 주제에 관해 아는지 확인하라.

연습문제 4.1 이것은 서면으로 된 연습이 아니라 실질적인 임무이다. 대학교나 대학의 도서관에 가서, 위에서 언급한 정보의 소스에 여러분 자신이 친숙해지도록 만들어라. 신입생을 위해서 도서관 스텝이 정리한 도서관견학에 관해서 숙지하라. 어디에 정보의 소스가 있고, 어떻게 여러분이 그것을 이용할 수 있는지 찾아내라. 문서에 그리고 컴퓨터에 기반한 색인 모두를 시험해봐라. 예를 들어 키워드에 속하는 항목을 검색하면서. 여러분은 각 소스가 제시하는 정보의 유형을 비교할 수 있다. 이 연습은 시간이 좀 걸릴 것이다. 그러므로 모든 도서관 시설의 연구를 완성하는 동안에 이 책에서 이 장을 공부하는 것을 여러분은 오랫동안 중단하면 안 된다. 여러분은 정보기술이 빨리 성장하는 분야라는 것을 알게 될 것이고, 그러므로 최근에 제공된 최신의 시설에 정통해야 한다.

특별한 도서관의 존재를 간과해선 안 된다. 많은 전문적 단체, 협회 그리고 여타의 조직들은 그들 고유의 특별한 문헌들을 소유하고 있다. 그곳에서 소유한 정보는 아마 얻기 어렵기 때문에 주제에 적합한 도서관 방문은 필수적일 것이다. 비전문적이나 확실히 특별한 도서관, 예를 들어 옥스퍼드의 Bodleian과 런던의 British Library에 접근할 수 있다. 예를 들어, 가치 있는 출판본과 원고를 발견할 수 있는 프랑스의 Bibliothèque Nationale de France 또는 워싱턴의 의회도서관과 같은 다른 나라의 국립도서관도 마찬가지이다.

전국에 흩어져 존재하는 개인 소장품과 역사적 기록은, 만약 여러분이 역사적 연구를 한다면 특히 흥미가 있을 것이다.

인터넷

매일 수천 페이지가 추가되는 월드와이드웹(World Web Web: WWW)은 세계에서 가장 큰 단일의 정보소스이다. 그러나 그 내용의 품질은 매우 다양하기 때문에, 사용할 때의 가장 큰 문제는 양질의 자료를 철저히 연구하는 것이다. 여러분은 좋은 대상을 검색하면서 쓰레기만 건지기 쉬우며 시간을 낭비할 수 있다. 검색어의 주의 깊은 사용은 쓰레기의 제거를 돕는다. 일반적으로 더 정확한 검색 파라미터는 검색결과를 더 다루기 쉽게 한다. 모든 웹상의 정보가 공짜는 아니다.

매체의 힘은 그것의 국제적 내용물과 일반적으로 좋은 자료 유포와 자료의 양이다. 정보의 막대한 양은 시간 낭비와 좌절을 야기하는 결과를 낼 수 있다. 그리고 정보의 신뢰도는 종종 의심스럽기 때문에 정확성이 중요하다면, 다른 소스로 확인해봐야 한다. 관련되고 신뢰할 수 있는 정보를 철저히 연구하는 문제는 좋은 검색엔진(키워드에 응하여 자료를 선택하는 프로그램)을 사용하면서 어느 정도 해결되었다. 개인용 컴퓨터에서 접속은 편리하고, 데이터는 쉽게 저장되며 복사가 가능하다(저작권 제한과 표절의 문제가 있긴 하지만). 일부 정보는 요금이 청구된다. 그러나 대금 청구는 접속이 이루어지기 전에 명시되므로, 통제할 수 있는 것이다.

다른 곳에서는 이용 가능하지 않은 연구 정보를 포함하여, 인터넷에는 더 많은 자료가 끊임없이 게시된다(현재, 500억이 넘는 웹페이지가 있는 것으로 추정된다). 학교 도서관의 논문, 초록, 회의록 등의 광범위한 데이터 범주에 쉽게 무료접속하는 정보서비스에 관한 정보는 조언을 구해야 한다.

웹 자료의 평가(Evaluating web sources)

누구나 월드와이드웹에 페이지를 추가할 수 있다. 그렇게 발견한 정보가 신뢰할 만한지에 대해서는 어떻게 판단할 것인가? Box 4.3은 내용의 질에 대해 평가할 수 있게 하는 7개의 다른 검사 방법을 제공한다.

Box 4.3 웹사이트 평가 검사

- 웹사이트가 정확한가? 자료가 기초한 정보소스가 무엇인지 말하나? 자료를 다른 정보원과 비교하라. 그들이 크게 다르다면, 이에 대한 설명이 있는가?
- 어떤 권위에 기초하는가? 누가 그 글을 썼는지 알아내라 - 그들이 인정된 전문가인지 아니면 훌륭한 조직의 부분인지, 만약 다른 출판물들이 인용되었는지 또는 그들이 다른 기사, 리포트 또는 책의 도서목록을 제공하는지 체크하라. 자세한 것을 얻기 위해선 홈페이지를 연구하는 것이 필요할 것이다. 도 만약 조직의 실체를 증명하는 우편 주소와 전화번호가 있다면 보라. 끝이 'ac(학교를 의미)'인 웹 주소는 대학교나 대학의 주소일 것이다. 따라서 지적인 진실성을 암시한다. - 질에 대한 보장은 없지만 그럼에도 불구하고 유용한 지표이다.
- 정보가 왜곡되었는가? 많은 압력 단체와 상업 조직은 웹을 그들의 아이디어와 상품의 보급을 촉진하고, 한 쪽의 정보를 제공하는데 사용한다. 여러분은 작가와 관련된

부분에서 그 주제에 관련된 기득권적인 이익을 찾을 수 있는가를 탐지하라. 작가에 관한 많은 것을 찾아라. 예를 들어 동물실험에 관한 정보가 생체 동물실험 반대 동맹, 화장품 회사, 또는 독립적인 연구 협회 중 어디에서 나온 것인지 알아보라.

- 정보가 얼마나 자세한가? 정보가 너무 일반적이어서 조금 사용되거나 너무 자세하고 특정하여 이해하기 어렵지 않은가? 그것이 너무 단편적이거나 주제의 중요한 이슈를 놓치지 않는지 연구하라. 그리고 증거가 적절한 자료에 의해 뒷받침되는지도. 더 나은 정보, 웹사이트, 인쇄된 출판물로의 유용한 링크가 있을 수도 있다.
- 시대에 뒤처졌는가? 웹상의 페이지는 그들이 지우기 전까지 남아있다. 어떤 것은 분명히 잊혀진 것이고 절망적일만큼 시대에 뒤졌다. 게시 또는 업데이트된 날짜(아마 여러분의 웹 브라우저의 뷰/페이지 정보 옵션에 있다)를 확인하라. 어떤 업데이트는 모든 내용을 업데이트하지 않음을 주의하라. 만약 볼 수 있도록 제공되는 링크가 작동된다면 확인하라.
- 다른 방법에 의한 확인을 했는가? 예를 들어 책, 기사, 공식적 통계치, 그리고 다른 웹사이트의 다른 정보 소스와 내용을 비교하라. 정보가 이들과 일치하거나 또는 대조되는가? 만약 후자라면 왜인지 알겠는가?
- '주제 게이트웨이(subject gateways)'에서 미리 평가했는가? 이 사이트들의 정보는 관련된 주제의 전문가에 의해 연구되었는지, 그리고 높은 질을 가졌다고 신뢰할 수 있는지 연구되어야 한다. BUBL Link(www.bubl.ac.uk/link/)를 시도해 보라.

온라인 카탈로그, 데이터베이스와 인터넷 검색 방법

어떻게 정보의 효과적인 검색을 하느냐에 관한 몇 가지 기초적 힌트가 있다. 원하는 것을 찾기 위해선 먼저 무엇을 찾는지가 명확해야 한다. 검색은 한 단어나 몇몇 단어의 조합에 달려있다. 매 주제는 다른 주제와 구별되는 몇몇의 필수적인 용어를 포함한다. 그래서 특징적인 용어들을 선택해야 한다. 만약 여러분이 주제에 익숙하지 않다면, 무슨 용어가 사용되는지 보기위해 전문사전 또는 백과사전을 연구하라. 그 결과 여러분의 자신만의 키워드 목록을 만들 수 있다. 세상의 다른 지역에서는 organisation/organization 의 예와 같이 다른 단어와 철자법이 사용된다는 것을 기억하라.

데이터베이스는 일반적으로 무료 텍스트 검색, 또는 키워드, 주제 또는 목차 검색 옵션을 제공한다. 전자는 선택한 단어를 데이터베이스 안에 포함된 모든 텍스트에서 찾는다. 반면에 후자는 오직 키워드, 주제목록, 또는 저자가 그들의 책이나 논문에서 제공한 색인목록만을 검색한다. 이 목록들은 출판물의 제재, 주제에 초점을 맞춘다. 그리고 또 내용에 대한 더 믿을만한 도움도 준다. 많은 데이터베이스는 시소러스(thesaurus) -개념별 분류어휘집 목록- 을 포함한다. 이것은 여러분이 표준의 용어를 사용하는 것을 도와줄 것이다. 때때로 용어(term)는 할당된 논문의 수가 주어진다.

일반적으로 이들이 관련된 장소와 시간을 지정해 줌으로써 검색을 구체화시키는 것이 가능하다. 출판 날짜는 도서목록 자료의 기본적인 부분이다.

* 표시를 단어나, 단어의 일부분에 더하는 것은 자동적으로 검색범위를 미지의 요소로 형태를 확장하게 한다. 예를 들어 'automa*'는 automation, automatic, automaton 등의 automa-를 어간으로 시작하는 모든 단어를 찾을 것이다. 기호*를 단어 안에 삽입하는 것은 다른 철자의 변형을 처리한다. 예를 들어 'labo*r'은 labour와 labor를 찾을 것이다.

볼린 논리(Boolean Logic)는 'and', 'or' 그리고 'not' 등의 접속사를 사용하는 기술로 가상의 단어이다. 이들은 무엇이 포함되고, 포함되지 않는지 여러분이 원하는 것에 더 가까이 정의내리는 것을 통해 검색을 정교하게 한다. 예를 들어,

- Schools and Finance: 이것은 여러분의 검색을 두 단어가 모두 포함된 기록만을 선택하는 것으로 범위를 좁힌다.
- (Lift or Elevators): 이것은 두 용어중 하나 또는 둘 모두를 선택하는 것으로 검색범위를 넓힌다. 'or' 문장은 반드시 괄호 속에 있음을 주의하라.
- Nurseries and playschools not schools: 이것은 여러분이 고려하길 원치 않는 단어를 제거한다. 그러나 유용한 기록까지 제거하지 않게 주의하라.

만약, 검색용어를 단순화하고, 다른 변화와 용어를 사용해 여러 번 검색한다면, 그것이 가장 좋은 방법이다.

웹정보검색의 일반적 방법은 Lycos, AltaVista, Excite, Infoseek, Google 등의 검색 서비스(검색 엔진)를 사용하는 것이다. 여러분은 추천되는 검색 방법의 설명서를 주의 깊게 읽어야 한다. 가장 일반적인 방법은 볼린 논리와 함께 키워드 형태로 개념을 사용하는 것이다.

연습문제 4.2 만약 여러분이 인터넷과 친숙하지 않다면, 이것은 여러분의 인터넷 사용을 실습하게 하는 또 하나의 과제이다.

1. Netscape Navigator, Mozilla 또는 Microsoft Internet Explorer를 실행시

켜라. 그리고 검색서비스(위에서 예를 들었던)를 선택하라. 그리고 불린 논리를 사용하여 연구 주제와 관련한 개념의 검색을 시작하라. 선택된 사이트의 개수를 기록하고, 만약 그 수가 다루기 힘들 정도로 크다면 선택의 범위를 좁히며, 만약 선택된 것이 없거나 매우 적다면 그 범위를 넓히도록 노력하라. 만약 잠재적으로 유용한 것이 있는지 나타난 결과를 면밀히 점검하라.

2. 도서관에 가서 만약 인터넷 입문서가 있다면 그것을 살펴보라. 그중 가장 유용하다고 생각되는 하나를 선택하라. 그러면 여러분은 미래에도 활용할 수 있는 풍부한 정보를 갖게 될 것이다. 만약 적합한 책을 찾을 수 없거나, 또는 학교의 도서관에 접근하기 쉽지 않다면, 더 많은 정보와 인터넷 기술을 훈련시켜주는 아래의 사이트에 접속해 보라.

- http://www.netskills.ac.uk/TONIC
- http://www.gateway.lib.ohio-state.edu/tutor/
- http://www.december.com/web/text/index.html

생각해보기

인터넷에서 어떻게 최선의 것을 얻는지를 배우는 가장 좋은 방법은 그것을 사용하는 것이다. 스스로 시도해보는 것은 이 매체 어떤 가능성이 여러분과 여러분의 프로젝트를 도울지 연구하는 유일한 방법이다. 그러나 내가 이곳에 웹의 특징과 그것을 연구하는 도구에 관해서 포함할 수 있는 것보다 더 많은 정보를 제공하는 가이드〈guide〉를 참고로 하는 것이 유용하다.

정보의 처리

문헌연구에서 참고도서와 자료를 찾아낸 후, 여러분은 아마 이것들로 무엇을 할까라고 생각할 것이다. 뿐만 아니라, 만약 많은 참고문헌이 있다면 아마 걱정이 되어 '이 논문을 어떻게 모두 읽어?'라 말할 것이다. 여러분이 해야 할 첫 번째 단계는 문서, 책 또는 다른 출처에 포함된 자료를 여러분의 연구문제로 삼을 것인지 아닌지를 판단하는 것이다. 만약 아니라면 그 출처는 버려야 한다. 만약 그 출처를 연구문제와 연관된 정보에 포함시키기로 결정했다면 여러분이 그것을 필요로 할 때 쉽게 찾기 위해 정보를 처리하는 체계적이고, 일관된 접근방법을 따라야 한다.

비록 정보를 저장하고, 검색하는 접근방법 몇 가지가 나와 있다고 해도, 여러분은 자신에게 가장 적합한, 또는 자신만의 방법을 발전시키는 체계를 정해야 한다. 이는 반드시 스스로에게 도움이 되는 것이어야 한다. 그러나 이는 또한 아래에서 설명할 정보를 다루는 것과 관련된 안내지침을 따르는 것이 좋다.

읽기(Reading)

다수의 출처자료를 다뤄야 할 것 같다면, 여러분은 제한된 시간 내에 그 내용을 읽는 적절한 기술이 있어야 한다. 그것은 뉴먼(Newman, 1989, p. 12)의 서술에 의하면, '어떻게 책의 심장을 잡아 뜯는가.' 또는 '어떻게 그들을 효율적이고, 빨리 약탈하는가.'를 배우는 기술을 얻는 것을 의미한다. 이는 방대하고 많은 정보를 자신의 방식대로 움직이게 하는 것을 가능하게 한다.

페어베언과 윈치(Fairbairn and Winch, 1991, pp. 7-14)에 따르면, 읽기는 '(1) 쓰인 문서의 의미를 발견함. (2) 텍스트의 문자, 추리, 평가 상의 이해. 그리고 (3) 다른 방식으로 읽기.'를 포함한다. 게다가 크란츠와 키멜만(Krantz and Kimmelman, 1992, pp. 12-105)은 읽기의 목표는 Box 4.4에 나와 있는 것이라고 주장한다. 여기 나와 있는 것들은 이런 유형의 읽기가 단지 주제만이 아니라 그 주제가 표현된 방식까지 여러분이 적극적으로 참여하는 것이지 수동적인 활동이 아니라는 점을 잘 보여주고 있다.

Box 4.4 읽기의 목적

1. 지문의 검토.
2. 문맥 단서와 사전을 이용한 새 단어의 이해.
3. 그 장의 중요한 생각을 확인하고 표시.
4. 어떻게 저자가 생각을 조직·발전시켰는지 알기.
5. 생각을 조직하고 발전시키는 방법 또는 패턴을 기술하는 새 단어와 구를 확인.
6. 단어와 문서 내용을 이해하는 기술을 적용.

만약 여러분에게 적절한 기술이 없다면, 지문을 빨리 읽기는 쉽지 않다. 교재 한 권을 완전히 이해하는 체계적인 읽기는 많은 노력을 필요로 하고, 어쩌면 시간을 잡아먹는, 그리고 꼭 필요한 일이 아닐지도 모른다. 여러분은 아마 여러분의 관심에 관련 있는 문서의 부분이나 문맥이 있는 곳에 손쉽게 찾는 방법을 발견할 수 있을 것이다. 그리고 이는 여러분의 독해시간 사용방법을 더 효과적으로 발전 가능하게 할 것이다. 사실 읽고 이해하는 속도를 높이는 데에는 많은 출판물에 담겨 있는 몇 가지 유용한 기술이 있다(Fairbairn and Winch, 1991, pp. 14–21; Krantz and Kimmelman, 1992, pp. 12–103; Freeman and Meed, 1993, pp. 41; Smith and Smith, 1994, pp. 53-89; Newman, 1989, pp. 12–14).

그림 4.1 만약 여러분에게 적절한 기술이 없다면, 지문을 빨리 읽기는 쉽지 않다.

위에 언급한 각각의 글들은 독해 방법을 제안해주고 있다. 그러나 시간, 노력, 이해의 면에서 여러분에게 더 잘 맞는 자신만의 독해기술을 개발해야 함을 잊지 말아라. 예를 들어 프리만과 미드(Freeman and Meed, 1993, pp. 31–41)는 Box 4.5의 기법들을 제안했는데, 이 기술들은 여러분이 지문에 쏟을 상이한 참여 수준을 보여준다. 이 목록의 순서는 여러분의 읽기가 빨리 훑어보는 것부터, 문헌의 관련성을 연구하고 여러분의 연구와 관련된 흥미로운 부분들을 찾아 더 적극적으로 몰두하는 데까지 진행될 것이라는 점을 보여주고 있다. 5번 항목은 여러분의 여가 시간을 위해 남겨두어라!

Box 4.5 읽기 기술

1. 훑어보기(Skimming). 이것은 빨리 책을 훑어보고 오직 목차, 제목, 도입, 결론만 읽는

것과 관련 있다. 이것은 여러분을 출판물과 친숙하게 해주는 빠르고 효과적인 방법이다. 그리고 쓰인 보고서가 관련되었는지 확인하고 또는 특정한 정보나 아이디어를 빨리 발견하는데 유용하다.

2. 스캐닝(Scanning). 이것은 매우 빠르게 몇몇 중요 포인트를 검색한다. 그것은 쪽수, 제목, 또는 키워드일 것이다. 필수적인 것은 여러분이 훑어보는 하나의 항목을 제외한 모든 것을 계획적으로 무시하는 것이다. 이는 전화번호부에서 전화번호를 찾을 때 사용한다.
3. 읽어서 이해하기(Reading to understand). 이것은 모든 주요 사실과 아이디어를 흡수하기 위한 챕터, 부분, 또는 논문의 자세한 연구와 관련 있다. 여러분은 이를 한번 이상 읽을 것이다. 그리고 읽은 것을 요약하기 위해 기록할 것이다.
4. 정독하기(word-by-word reading). 아주 가끔, 모든 단어를 극도로 주의해서 읽는 것이 정말 필요하다. 예를 들어 시험 문제를 읽거나 또는 지시들을 따를 때.
5. 즐기는 독서(Reading for pleasure). 이것은 소설과 같이 휴식과 즐거움을 위한 읽기이다.

스미스와 스미스(Smith and Smith, 1994, pp. 54-89)는 대안적 관점에서 다음이 포함된 독해기술의 기법을 제안했다. (1) 키워드와 핵심 용어의 사용을 효율적으로 훑어보기. (2) 제목을 사용하여 읽은 부분의 내용을 예측하기. (3) 각 문단의 첫 문장을 보고, 문서의 내용을 찾아내기.

적당한 독해속도에 관해서 뉴먼(Newman, 1989, pp. 12-14)은 독해 기술은 네 단계의 기본 패턴으로 분류된다고 주장하였다.

- Stage 1. 책이 무엇에 관한 것인지에 대한 인상을 빠르게 얻고자 노력하라, 작가가 무슨 질문에 대답하려고 노력하는지, 어떻게 책이 구성되었는지; 그리고 사실 그 질문들이 맞붙든지 대답이 나오든지 간에 이는 여러분의 필요와 관련이 있다. 커버나 표지, 서문(가령 있다면), 목차 그리고 인덱스를 훑어보는 것을 통해 이를 할 수 있다. 책과 그 구조의 종합적인 인상을 얻기 위해 시도해 보라.
- Stage 2. 만약 그 책이 연구주제와 관련 있다고 결정하였다면 여러분은 책에서 대답할 것으로 예상한 질문(들)을 명확하게 해야 한다. 이는 목적 없이 책을 읽을 여유가 없을 때 필요한 정보를 찾아내고, 시간과 노력을 절약하는데 유용하다. 게다가 이 단계에서 활동적이고 분석적인 태도를 택해야 한다.
- Stage 3. 주 질문(들)을 명확히 한 후에 여러분은 책이 대답할 것을 예상한다. 여러분은 반드시 질문에 대한 대답을 찾기 위해 책을 검토해야 한다.

이것은 여러분의 질문이 다루고 있는 책의 부분을 연구하는 것과 관련 있다. 여러분은 반드시 답 또는 저자가 끌어낸 결론을 찾아야 한다. 그리고 또 어떻게 저자가 그것에 도달했는지도 찾아내야 한다. 여러분은 표현된 관점을 지지하는 제시된 논의나 증거에 주목할 것이다. 그리고 증거와 그 증거를 이용한 논의 구조의 타당성을 평가하는 시도를 해야 할 것이다. 그러나 결론이 지지받지 못하고, 논의 또는 증거가 존재하지 않는, 또는 때때로 결론이 전혀 없을 때의 경우도 있다.

- Stage 4. 보고서에서 적절한 정보를 끌어냈다고 가정하면, 여러분 자신의 데이터를 기록 형태로 나타내야 한다. 그렇게 해야지만 나중에 여러분은 그것을 복구할 수 있고, 적당한 단계에서 그것을 쉽게 사용할 수 있다. 이를 하는 다른 방법은 이 장의 뒤에서 설명된다.

연습문제 4.3 다른 방법으로 논문을 읽음으로써 읽기기술을 테스트해 보라. 자신의 주제와 관련하여 여러분이 모은 정보로부터 아직 읽지 않은, 그러나 유용한 정보가 포함되어 있다고 생각되는 논문이나 연구 보고서를 선택하라. 그리고 그것을 다음의 방법으로 읽어라.

1. 먼저 문서를 훑어보고, 제공되는 정보의 중요한 점을 간단하게 적어라. 내용의 첫 번째 체크, 또는 개괄, 주 제목, 그리고 어쩌면 결론에 관한 마지막 문단의 부분을 기억하라. 20단어 이상으로 적지 말라. 그러나 정확하고 일관성 있게 정리해서 여러분이 훗날에도 여러분의 기록을 쉽게 이해할 수 있을지를 확인하라.
2. 그 다음 자신이 관심 있고, 논문에서 두드러지게 중요한 역할을 하는 것 같은 두 개의 주요 개념을 선택하라(어쩌면 제목에서 언급된다). 문서를 훑어보고, 이 두 개념에 관해서 뭐라고 씌어졌는지 기록하라.
3. 이제 부제가 달린 한 부분을 택하고, 모든 주요 이슈와 사실이 담긴 세세한 기록을 만들면서 주의 깊게 읽어라. 여러분은 정확하게 정보를 포함하는 10개 정도의 짧은 기록을 가질 것이다.
4. 마지막으로 마지막 문단(들)을 정말 매우 주의 깊게 읽어라. 주요 주제가 무엇이고 왜 그들이 중요한가, 또는 중요하지 않은가? 그들이 가진 무슨 효과가 연구 주제에 관한 자신의 생각에 도움이 되는가? 여러분은 자신이 수행하는 연구작업의 어떤 측면에서, 이 논문의 의의를 상기시키는 개인적인 기록으로 이것을 표현할 수 있다.

5. 다른 형태의 읽기 - 즐기는 독서 - 이것은 연습 대상으로 할 필요 없이 실행할 수 있다.

생각해보기

시작하기 전에 어떻게 책을 읽을 것인지 알고 있는 것이 좋다. 여러분의 독해방법은 자신이 텍스트에서 요구하는 정보의 유형과 세부항목에 의해 결정된다. 읽기 또는 훑어보기 전의 신중한 결정은 너무 많거나 너무 적은 정보를 추출하는 부적절한 경우를 피하여 시간을 절약할 수 있다.

기록(Note-taking)

여러분은 여러분의 연구주제와 관련되었다고 판단된 정보만을 기록해야 한다. 기록할 때 인용을 제외하고는 작가의 것이 아닌 여러분 자신의 어휘를 사용해야 한다는 점은 일반적으로 합의 된 것이다. 뉴먼(Newman, 1989, p. 15)은 기록할 때 자신의 어휘를 사용하는 것은 중요하다고 말한다. 왜냐하면 이것은 관련된 정보의 의미를 사려깊게 이해하고 있음을 확실하게 하는 것을 돕는다; 이것은 머릿속에 더 나은 기억심상(흔적)이 세워지는 것을 돕는다; 그리고 마침내 노트를 다시 읽고 종합할 때 개인적 능동어휘는 더 쉽게 이해할 수 있고 인식할 수 있다.

기록의 이유(Reasons for taking notes)

여러분은 가끔 왜 기록을 해야 하나 궁금할 것이다. 프리먼과 미드(1993, p. 43)는 몇 가지 이유를 규정하였다. 여러분은 기록된 보고서에 제한되지 않고, 강의, 회의, 인터뷰 등에서도 메모할 수 있음을 기억해야 한다. 기록의 이유는 Box 4.6의 것들을 포함한다.

Box 4.6 기록의 이유

- 기억을 돕는다. 모든 강의, 책, 또는 토론을 영원히 머릿속에 보존하는 것은 불가능하다. 그러므로 대신에 대부분의 중요한 것은 기록하고, 개정과 참고를 위해 기록을 사용하라.

- 영구적 기록. 만약 연구 과정의 한 부분으로 강의에 참석하거나 어딘가를 방문한다면 자신의 기록은 무엇이 일어났는지에 대한 기록이 될 것이다.
- 계획을 돕는다. 기록은 프로젝트나 작문에 착수하는 좋은 방법이 될 수 있다; 여러분은 해야 할 중요한 것, 읽어야 할 책 등을 메모할 수 있다.
- 논거를 재정비한다. 고쳐 쓸 수 있는 기록은 논거를 스스로에게 가장 편리한 형태로 어느 것이든 내용을 재배열하는 가장 유용한 방법 중 하나이다.
- 배운 것을 이해하는 데 도움이 된다. 스스로 무언가를 쓰는 것은 숙고해보게 하고 이는 그것들을 기억하는 가장 좋은 방법 중 하나이다.
- 집중하는 것을 돕는다. 만약 누군가가 말하는 것을 들었다면 마음은 쉽게 산란해질 것이다; 메모하는 여러분의 활동을 유지하고 계속 참여할 수 있게 돕는다.
- 다른 사람에게 보여 준다. 여러분이 만든 노트가 다른 학습자에게 도움이 되길 원할지도 모른다.

기록할 때 무슨 정보가 자신에게 유용할 것인지에 관해 항상 판단해야 한다. 이 판단들은 자신의 연구 주제에 관한 스스로의 지식과 연구문제 그 자체에 달려 있다. 연구하는 동안, 여러분은 아마 참고문헌에서 날짜, 장소, 이름, 통계치, 공식(기본원칙), 정의 또는 논의, 질문, 설명, 일러스트레이션, 또는 서술을 요약하는 것 등 많은 특정한 사실들을 복사하길 원할 것이다(van Dalen, 1979, p. 92). 게다가 참고문헌 자료(reference material)와 공식적 관계에 관한 여러분의 반응, 결론 또는 자신의 작업을 생각하는 동안 떠오른 해석에 관해 논평을 써두는 것이 유용하다는 것을 알게 될 것이다. 여러분은 또 추가 확인이 필요한 항목을 메모하길 원할 것이다.

보고서를 쓸 때 다양한 이유로, 예를 들어 특정한 입장을 지지하거나 어떠한 관점을 설명하기 위해, 여러분은 기록해 놓은 것에 기초하여 작업하기를 원할 것이다. 여러분은 비교하고, 논리적 증거를 조직하고, 또는 저명한 권위자와의 논쟁에서 버티기를 원할 것이다. 판별을 통해 수집한 기록의 집합체는 여러분의 기록 범위가 충분히 폭 넓게 다루었다는 것을 전제로, 이들 모두를 기초 초석으로 쓰게된다. 그러나 아무렇게나 수집한 기록은 별 성과 없이 여러분을 떠날 것이다. 그리고 그것은 여러분의 연구를 무너지게 할 것이다(van Dalen, 1979, pp. 92-3).

기록 기술(Note-taking techniques)

스미스와 스미스(Smith and Smith, 1994, pp. 93-103)는 성공적인 기록을 돕

는 Box 4.7의 내용을 제안했는데, 그들은 이것을 '황금률(golden rules)'이라 부른다. 비록 종이에 기록하는 것을 말하고는 있지만, 여러분이 워드프로세서나 ProCite, EndNote 등등의 소프트웨어를 사용할 때도 똑같이 적용시켜 사용할 수 있을 것이다.

Box 4.7 기록의 황금률

1. 목적을 명백히 하라.
2. 모든 기록을 같은 크기의 종이나 카드에 하라.
3. 착수에서 부터 정확하게 기록을 정리하라. 쓰고 있는 기록의 종합 도서목록 기록을 만든다면 작가(또는 화자), 출판 또는 행사(예를 들어 강의나 인터뷰) 날짜, 책, 기사, 회의, 웹페이지 강의 등의 이름(어디서 출판되었는지 또는 열렸는지, 독특한 점과 의견, 기록한 자료가 속하는 자세한 페이지 수), 그리고 도서관 카탈로그 숫자 또는 책, 기사, 웹 페이지 등등을 나중에 빨리찾을 수 있는 다른 정보가 포함되어야 한다.
4. 문서의 주제를 예상하는 것을 돕기 위해 챕터 또는 강의의 제목을 사용하라.
5. 문서 속에 있는 것들과 구별되는 자신의 생각, 논평, 비평을 적어라.
6. 마무리 할 때 쓴 것들을 종합하라.

연구프로젝트의 마지막 단계의 글쓰기를 돕기 위해 기록하고 있음을 잊지 말아라. 이를 위해 간결하고 명확하게 기록해야 한다. 만약 너무 길면, 검토하다가, 특정한 지점을 찾다가, 또는 기억을 떠올리다가 지루함을 느낄 것이다. 같은 이유로 그것들은 읽고 이해하기에 쉬워야 한다. 만약 여러분이 자신의 기억을 떠올리며 읽을 수 없다면, 그 기록들은 본연의 목적 달성에 실패한 것이다. 여러분은 자신이 배운 방식과 배우는 이유에 맞게 조직해야 한다. 만약 여러분과 관련이 없다면, 여러분은 다시는 그것들을 보지 않을 것이다(Freemans and Meed, 1993. p. 44).

비어스마(Wiersma, 1986, pp. 70-1)는 특히 연구 보고서를 기록할 때 여러분의 기록 형태 요약과 관련된, Box 4.8에서 볼 수 있는 정보의 목록을 포함하는, 이론적인 형식을 사용해야 한다고 주장하였다. 이는 모든 상황에 적용할 때, 유용한 검사항목이 될 수 있는데, 여러분이 보고서의 어떤 부분도 잊지 않게 해 줄 것이고, 다양한 연구 계획들을 서로 비교하기도 편하게 할 것이다.

Box 4.8 연구보고서에 필요한 정보

- 도서목록 기입사항(Bibliography entry): 정확하고 완전한 도서목록 기입사항은 기록을 이끈다.
- 문제(problem): 이것은 검토된 보고서의 연구문제에 대한 진술이다. 이것은 가설의 진술을 포함한다.
- 주제: 연구수행에 관련된 개별제목들은 종종 연구의 '주제'라 불린다.
- 진행(Procedure): 이 부분에는 연구가 어떻게 행해졌는지 기술한다. 이것은 사용된 측정(법) 그리고 행해진 분석과 같은 내용이 포함된다. '방법론'이라고도 불린다.
- 결과와 결론(results and conclusions): 이 부분은 적절한 연구의 결과와 결론을 확인한다. 결과와 결론을 구별해보면, 결과는 무엇이든 발생된 것(어떤 통계치와 같은) 그리고 결론은 연구자가 결과라고 생각하는 것이다. 많은 결과와 결론이 있는 긴 보고서에서는 이 둘을 같은 것으로 보는 것이 좋다.

논문 초록과 요약의 유형에 대해 비어스마가 추천하는 더 자세한 사항은 논문 초록의 몇 가지 샘플을 포함하여, 여러분은 원본을 알아볼 것이다.

기록하는 데는 많은 다른 방법이 있다. 그리고 여러분은 자신을 위해 도움이 되는 체계를 발견해야 한다. 그러나 명심해야 할 중요한 점이 있다. 절대 원문에 기록하지 마라. 이는 자료를 망친다(그리고 사서의 분노를 불러온다!). 여러분이 접근하기 쉬운 공간에 분리된 노트 또는 빈 메모지를 보유하라. 언제 무엇인가를 기록하고 싶을지 전혀 알 수 없고, 엽서 뒤의 기록은 항상 잃어버리기 때문이다.

그림 4.2 기록하는 데는 많은 다른 방법이 있다.

연구 프로젝트와 관련된다고 생각하는 절을 발견했을 때는 기록하기 전에 먼저 읽어라. 그렇게 하면 여러분은 제대로 선택할 수 있을 것이다. 여러분의 단어로 쓰인 기록은 완전히 논리정연하게 정리된 문장의 형태일 필요는 없다. 그러나 나중에, 여러분이 그 맥락을 잊어버렸을 단계에서 사용할 때 충분히 명확하게 이해 할 수 있게 기록해야 한다. 여러분이 나중에 그것들을 사용하고 싶다고 생각할 때는 텍스트에서 주의 깊게 인용할 부분을 직접 복사하라. 그러나 이들은 명확하게 참조문헌으로 기록되어야 한다.

다른 글에서 여러분의 글을 어떻게 향상시킬지 배울 준비를 하라. 여러분은 자신의 글쓰기에 유익할 수 있는 문장구조, 단어, 비유법이 훌륭한 스타일 등에 대한 예들을 접할수 있게 될 것이다(Fairbairn and Winch, 1991, pp. 21-2).

기록의 수집과 정리(Collecting and ordering your notes)

기록을 저장하고 검색하는 데는 두 가지 기본 형식이 있다.

- 종이에 기초한(paper based)
- 컴퓨터에 기초한(computer based)

종이에 기초한 형태는 전기적 장치가 필요 없다. 비록 몇 가지 액세서리가 삶을 편하게 하지만. 이 시스템의 원리는 종이나 카드 한 장에 여러분의 기록을 쓰는 것, 그리고 여러분이 나중에 그들이 필요할 때 기록을 발견할 수 있는 방법으로 종이에 정리하는 것이다. 여러분은 기록을 모으기 위해 원하는 방법을 생각할 필요가 있을 것이다. 많은 다른 형태가 추천되지만, 다른 것보다 여러분에게 더 잘 맞는 자신만의 행동 계획을 디자인할 수 있다. 그러나 가장 중요한 점은 각 카드, 종이 또는 기록의 다른 형태가 반드시 하나의 생각, 또는 사실, 항목, 질문을 담아야 한다는 것이다. 왜 그러냐 하면 아직 이 단계에서는 여러분의 연구 프로젝트 체계의 어느 부분에 그것이 잘 맞는지 모르기 때문이고, 만약 잘 맞아 떨어지면 그것은 나중에 잘 활용할 것이다.

여러분은 A4종이를 사용하고 그들을 링 폴더에 모을 수 있다. 또 대신에 인덱스카드(큰 사이즈가 더 유용하다)를 사용하고, 목적에 따라 디자인된 상자에 이들을 보관할 수 있다. 아이디어는 특정한 항목에 따라서 여러분의 기록으로 보관된다. 그러므로 여러분은 그 주제로 수집한 것을 찾을 수 있다. 여러분의 주제와 어떻게 그것에 접근할 것인지에 따라 항목은 다양해질 수 있다. 여러분은 자신의 최선의 방법으로 작업해야만 할 것이다. 일반적으로 사용되는 항목은 다음의 것들이다:

- 키워드
- 저자 이름
- 출판물 제목
- 날짜(특히 역사적 연구에 유용)
- 주제 - 또는 주요 주제의 측면들.

효율적인 기록 체계는 항목들을 변경 비교, 그룹화, 그리고 정리를 용이하게 하는 형태로 가장 중요한 아이디어를 보관한다(Newman, 1989, pp. 15-16; van Dalen, 1979, p. 88). 리디(1989, pp. 68-70, 131-3)는 예를 들어 유사한 작가, 장소, 날짜, 주제 등의 파일들을 만들며 분리된 복사본을 다른 항목에 정리하고, 특색 있는 복제된 기록 카드와 도서목록 카드를 사용하는 유용한 제안을 했다.

이 방법은 여러분이 자료를 찾을 수 있게 해준다. 예를 들어 여러분은 특정한 작가의 글, 또는 특정한 주제와 날짜에 관련한 정보를 찾을 수 있다. 즉, 한 화제나 주제의 측면에 집중하는 것은 기록을 짧게 하는 가장 좋은 방법이다. 여러분의 기록하는 주제가 바뀔 때마다 또 다른 페이지나 카드에서 시작하라. 이는 여러분이 한 화제에서 모든 자신의 기록을 검색해보길 원하기 때문이다. 그러면 여러분은 그 화제 항목에 속하는 모든 페이지나 카드를 뽑을 수 있을 것이다.

이런 방법의 가장 큰 이점은 종이나 카드, 그리고 펜 이외에 다른 도구 없이 어디서나 기록할 자세를 갖추고 기록할 수 있다는 것이다. 주요 단점은 여러분이 그것을 사용할 때 손으로 작성한 노트에서 워드로 다시 써야 할 필요가 있다는 것이다.

컴퓨터에 기반한 형태는 다양한 데이터베이스 프로그램에 의존한다. 이들은 많은 정보의 조각을 처리하여 그것들을 쉽게 저장하고 복구시킬 수 있다. 가장 흔히 쓰는 비전문적 데이터베이스 프로그램은 Microsoft Access와 같은 표준화된 프로그램 패키지(standard program packages)이다. 참고문헌 관리 소프트웨어로 불리는 더 전문화된 프로그램은 기록과 참조사항에 관한 업무에 더 정확하게 맞춰져 있다. 많은 것들이 있지만 최근의 주요 프로그램은 End Note, Pro Cite와 Citation 등으로 대부분 무료로 이용할 수 있다(http://en.wikipedia.prg/wiki/Comparison_of_reference_management_software for a list of dlifferent software compared를 참고). 여러분의 대학 네트워크에서 이런 것들이 사용가능한지 확인하라. 심지어 여러분은 일반적 워드프로세싱 패키지를 사용하는 간단한 시스템을 고안할 수 있다.

컴퓨터 형식을 사용하는 시스템에서 기본적으로 요구되는 것은 종이에 기초한 형태의 그것과 유사하다. 기록은 짧고, 단일의 항목이어야 한다. 그들은 철저하게 참조사항이 있어야 하고, 그들은 항목에 할당되어 저장되어야 한다. 컴퓨터 기반 시스템의 주 장점은 더 강력한 검색 수단을 갖는다는 것이다; 그리고 참고문헌 정보를 다시 쓸 필요가 없으며(많은 복잡한 체제와 구두점), 목록 등을 위해 그냥 그것을 복사하면 된다는 것 등등이다. 여러분은 간단한 플로피 디스크에 모든 기록을 저장할 수 있다. 주 단점은 전부 베끼기를 피하기 위해 여러분은 기록하기를 필요로 하는 곳 어디든지 본인 소유의 컴퓨터를 가져가야 할 필요가 있다. 만약 여러분이 노트북을 가지고 있다면 문제가 되지 않지만, 그렇지 않은 경우에 여러분은 프로그램을 어떻게 사용하는지 배우는데 시간을 할애해야만 한다.

더 나아가 적절한 정보와 어떻게 그것을 사용하는가에 관한 정보는 여러분 대학의 컴퓨터 센터에서 얻을 수 있다. Microsoft Access와 같은 표준 데이터베이스프로그램은 여러분의 정보를 저장하기 위해 사용되는 영역의 범위와 형태에 제한이 있다. 그렇기에 만약 여러분이 원하는 모든 정보를 여러분이 원하는 방식으로 다 담을 수 있다면 읽은 책의 독특한 기록형태를 만들어라. 만약 여러분이 활용할 수 있다면, 전문가의 도서목록 데이터베이스프로그램을 사용하는 것도 권할만하다.

여러분이 사용하는 형식에 상관없이, Box 4.9에 보이는 것처럼 여러분이 만든 기록이 어느 것이든 반드시 기록되어야 할 몇 가지 정보들이 존재한다.

Box 4.9 어디든 기록해야 하는 필수 정보

- 문서의 저자 – 성과 이름, 어쩌면 책에 있는 이름은 여러 작가의 글이나 챕터들의 시리즈를 편집한 그 책의 편집자들 일수 있다. 이 경우 또한 관련된 문서의 작가의 모든 이름이 필요하다.
- 책의 제목 – 부제를 포함해서, 만약 그것이 저널 또는 신문이라면 여러분은 저널 또는 신문의 모든 이름을 기록해야 할 것이다.
- 만약 그것이 편집된 책, 저널, 또는 신문의 다른 챕터나 페이퍼마다 다른 작가의 논문 또는 페이퍼라면 관련된 챕터와 페이퍼의 제목 역시 요구된다.
- 만약 그것이 웹사이트라면 URL(웹 주소)을 써라.
- 출판 날짜(이를 위해선 책 속의 표제지의 뒷면을 봐라).
- 출판된 장소(위와 같음).

- 출판인 이름(위와 같음).
- 기록을 한 정보가 존재하는 곳의 페이지.
- 정보를 발견한, 예를 들어 어느 도서관 그리고 책 코드넘버와 같은 참고 목록 또한 여러분이 다시 찾기 쉽게 하기 위해서 유용하다.
- 여러분은 또 강의나 회의의 내용을 사용할 수 있다. 이 경우 화자, 이야기 제목, 회의 타이틀, 개최지, 날짜를 포함한 자세한 것을 제공해야 한다.

모든 기록에 첨부되는 이 정보는 여러분이 풍부한 참조문헌 목록을 작성할 때, 그리고 필요할 때 원래 정보를 다시 찾는데 유용할 것이다.

분명 여러분은 각 형식의 최상의 특징을 사용하여 자신만의 체계를 고안할 수 있다. 여러분이 사용하기 원하는 형태가 어떤 것이든 여러분은 그것을 어떻게 할 것인지 정확하게 결정해야 한다. 그리고 사용하기 전에 시험해봐야 한다. 컴퓨터 시스템에 의존하는 것에는, 종이기반 시스템과 비교했을 때 Box 4.10에 나온 것처럼 몇 가지 장·단점이 있다.

Box 4.10 컴퓨터 기반 기록 체계 사용의 장점과 단점

장점들은 다음과 같다:

- 기록을 하는 것은 오직 한번 필요하다. 여러분은 그것을 사용하고 싶을 때 모든 것을 다시 쓰는 일 없이 그 텍스트를 복사할 수 있다. 그리고 편집할 수 있다. 이것은 정확함과 시간절약을 촉진한다(이 방법의 사용은 위험도 있다; 아래에 따라오는 단점을 보라).
- 키워드, 작가, 개념 등으로 여러분의 노트를 쉽게 검색할 수 있다.
- 각 기록의 도서목록 정보 버튼을 누름으로서 반복할 수 있다.
- 기록을 개요, 주제, 작가, 날짜, 그리고 여러분이 선택한 다른 범주에 연결할 수 있다.
- 여러분의 모든 기록을 고도의 휴대 전자화일에 보관할 수 있다
- 복사 수단을 통해 도서목록 리스트를 쉽게 고안할 수 있다. 그러므로 여러분은 도서목록의 세목을 오직 한번만 쓰면 된다. 이것은 아무리 수차례 참고문헌을 복사해야 한다 해도 여러분의 정보가 맞다고 확신할 수 있음을 의미한다.

단점들은 다음과 같다:

- 데이터베이스프로그램을 효율적으로 사용하는 방법을 배우는데 시간이 걸린다.
- 빈번하게(또는 끊임없이) 컴퓨터에 접속해야 한다.
- 기록할 수 있는 곳은 바꿔 말하면, 컴퓨터를 사용할 수 있는 곳으로 제한된다. 노트

북을 소유하고 있다면 이 부분에는 도움이 될 것이다.
- 에세이나 페이퍼 등을 사용하여 여러분의 기록을 컴퓨터에 의해 복사·정리하는 초안단계를 빠뜨리고 싶어질 수 있다. 글쓰기를 끝내기 위해, 여러분의 기록의 몇 개 항목에서 여러분이 목록화하고 출력한 생각과 인용을 고려하는 것은 위험하다. 사실, 기초적인 기록의 목록을 명확하고 간결한 논의로 변하게 하는 데에는 상당한 노력이 필요할 것이다. 물리적으로 문서 다시쓰기를 하는 것은 언제나 여러분이 쓴 것에 관해 분석적으로 생각하도록 여러분을 자극한다.

마지막으로 여러분이 받아들일 수 있고, 연구 프로젝트에 잘 맞는 기록의 형태가 무엇인지 결정해야 한다는 것을 잊지 마라. 기록은 목적 달성의 수단이지, 그 자체가 목적이 아니다. 그렇지만, 중요한 것은 기록되고 저장되어서 유용하고 필요한 정보가 포함되어 필요할 때 추적할 수 있다는 것이다(Wiersma, 1986, p. 74).

연습문제 4.4

이 연습문제는 읽을 자료의 형식과 내용에 대한 분석적인 접근을 포함하는 기록(note-taking)과 관련된 몇몇 기술을 연습한다. 여러분이 검토해 보고 싶은 자료를 사용하여 연구의 시간을 빼앗지 않을 것이지만, 문헌으로부터 기록하는 과정을 한 단계씩 보여주는 안내 역할을 해줄 것이다.
여러분의 관심 분야 연구에 관한 보고서나 소논문을 선택하라.

1. 텍스트가 무엇에 관한 것인지에 대한 전반적인 이해를 하기 위해 이 텍스트를 빠르게 훑어본다.
2. 여러분은 논문의 내용에 대해 깊은 이해를 해야 한다. 다음 임무는 여러분이 읽은 것을 기록하고 분석하는 것이다. 여러분은 이 장의 처음에서 설명되었던 기록(note-taking)기법(예를 들어 카드, 서류 또는 컴퓨터 데이터베이스를 정리하는 것) 중의 하나를 사용해야 한다. 각각의 질문에 대한 응답으로 간단한 기록을 하면서, 기록(note-taking)에 대한 안내 역할을 할 다음 질문을 사용하라.

a. 언제, 어디서 연구가 수행되었는가?
b. 이 사회연구의 주된 목적은 무엇인가?
c. 주요 개념들은 어떻게 정의했는가?
d. 자료수집의 주요 방법들은 무엇이었는가? 그 방법의 주요 특징과 요구 자료수집의 난제들을 극복하는 것에 대해 흥미로운 점을 기술하라.

e. 어떤 종류의 자료들이 수집되었고, 어떻게 정리되었는가?
f. 자료분석에 사용한 주요 방법은 무엇인가?
g. 그 분석 결과는 무엇인가?
h. 보고서에서 어떤 결론이 도출되었는가?

3. 이제 여러분은 논문의 내용에 관한 포괄적인 기록을 가지게 되었다. 후에 기록을 검색하기 위해서, 하나 또는 몇 개의 키워드나 주제 항목에 따라 각각의 기록을 정리하는 것이 중요하다. 이 연구에서 여러분에게 관심이 가는 주요 특징을 지시해 주는 일련의 핵심어들을 정리하라. 이것들은 주제, 개념, 방법, 결과 등일 수 있다. 만일 여러분이 키워드나 항목별로 기록에 대한 수집 목록을 보유하고 싶다면, 다량의 복사본을 만들 필요가 있으며, 최소한 상호참조 체계를 쓸 필요가 있다. 만약 여러분이 데이터베이스 프로그램을 사용하고, 프로그램에서 키워드에 의한 쉬운 검색을 위해 각각의 기록에 키워드를 매길 수 있는데, 이런 경우에는 중복을 피할 수 있다.
4. 핵심어 하나를 선정하여 그 단어를 가지고 여러분이 얼마나 쉽게 기록을 떠올릴 수 있는지를 알아봄으로써 회상 체계를 점검하라. 그 과정은 다수의 자료로부터 기록을 분류한 후에도 동일하게 쉽게 진행되어야 한다.

생각해보기

이것은 상당히 긴 연습문제이다. 그러나 텍스트를 이해하고, 분석하고, 기록하는 것과 관련된 개념을 여러분에게 주었을 것이다. 기록은 정확하게 수행되어야 하는 세심한 과정이다. 만일 여러분이 효율적인 기록과 정리 시스템을 고안하고 유지하고자 한다면 그 시스템이 많은 시간을 절약해 주고, 연구의 후반부에 생기는 장애를 없애준다는 것을 기억하라.

개별적 서지목록(Personalized bibliographies)

기록물을 편집하는 것뿐만 아니라, 여러분은 사용했던 혹은 유용하다고 생각하는 모든 참고문헌의 분리된 목록을 만들 필요가 있다. - 개별적 서지목록. 참고도서 목록에서 정보의 형식은 확립된 체계와 일치해야 한다. 하버드 체계는 (저자, 날짜) 오늘날 가장 흔하게 사용되는 것이다. 특히 과학과 사회과학 분야에서 흔하게 사용된다. 그 형식의 세부사항은 7장에서 논의되었다. 그러나 이 책의 참고문헌 표에서 쉽게 참고문헌을 작성하는 방법의 모델을 찾아볼 수 있다. 여러분의 참고문헌표가 Box 4.11의 내용을 갖추었는지 확인하라.

Box 4.11 참고문헌에 필요한 정보의 점검사항

1. 저자 또는 저자들.
2. 출판 날짜.
3. 책, 논문 혹은 강의, 테이프, 영상자료와 같은 것의 제목.
4. 출판된 것이라면 출판 장소와 출판사.
5. 만약 신문에 실린 기사나 저널의 평론이라면 저널이나 신문의 이름, 권 발행 호, 실린 페이지.
6. 만약 편집된 책의 한 챕터라면 편집된 책의 이름, 편집인의 이름, 챕터의 페이지.

여러분이 이전에 적었던 관련 있는 출판물과 학위 논문, 기사 등을 추가하는 것을 잊지 마라.

참고문헌을 기입하는 전통적인 방식은 개인카드에 적는 것이었다. 그러나 요즘은 컴퓨터 데이터베이스에 보관하는 것이 훨씬 더 편리하다. 이것은 문서-실수의 공통된 근원-에서 참고문헌이 필요할 때 언제든지 문헌을 다시 적는 어려움을 없애준다. 데이터베이스는 또한 이름, 주제, 키워드, 또는 출판사나 날짜 등으로 찾는 것이 훨씬 편리하다. 분명히 여러분은 컴퓨터를 가지고 있지 않을 수도 있다. 그래서 도서관에서 발견한 흥미로운 책의 세부사항에 대한 기록을 만들고 나중에 여러분의 개인 목록에 그 책을 추가하는 것을 기억하라. 기록에 따른 목록표로 만들고, 그 목록을 일반적인 참고문헌 형식으로 변환시키기 위해 설계된 컴퓨터 프로그램이 있다(예를 들어 ProCite 또는 EndNote).

전자검색의 결과를 디스크로 저장함으로써 출판물의 거대한 목록을 집계하는 것은 쉽다. 도서관이 아닌 여가 시간에도 이러한 목록을 검색하는 것은 편리하다. 그러나 검색은 선택적으로 하고 적절하지 않은 참고문헌은 버려라. 여러분이 레포트나 학위논문에 대한 참고도서를 종합하고 있을 때, 연관 있는 참고문헌만이 포함되었는지 확인하라. 즉, 글에서 언급된 출판물만을 포함시켜라. 여러분이 얼마나 잘 읽었는가를 보여주기 위해 참고문헌을 부풀리는 것은 독자에게 어떤 인상도 남겨주지 않는다.

문헌 검토하기

논문 검토를 하는 것에 대해 종종 반복되는 지침은 이 작업의 복잡함에 대해 잘못 전하고 있다. 무엇이 논문 평가인가, 그리고 왜 우리는 그것을 할 필요가 있는가? 다음을 보라. 여러분이 졸업논문을 마치고, 정말로 유용한 결론을 이끌어냈을 때, 사람들이 여러분이 쓴 주제에 대해 흥미를 느끼기를 원하지 않는가? 그 주제에 대한 지식에 공헌하는 다른 저작물들과 마찬가지로 여러분의 논문은 그 존재를 인정받아야 한다. 그래서 현재 '인문학의 상태' 를 이해하기 위해서는 다른 사람들이 쓴 것을 읽고, 여러분의 연구가 연구의 경향과 어울리는지에 대한 평가를 할 필요가 있다.

스웰즈와 픽(Swales and Feak, 2000, p. 115)은 논문 검토가 두 가지 기본적인 유형-'연구 논문'(특정한 주제에 대한 전문가들의 일반적인 현재 논문 평가), 그리고 연구 보고서, 제안서, 졸업논문이나 학위논문의 일부를 구성하는 검토- 으로 분류된다고 설명한다. 우리는 분명히 후자와 더 관련이 있다. 이런 유형의 검토는 연구 프로젝트에 대한 중요한 소개를 구성하고, 그 프로젝트가 왜 수행할 가치가 있는가를 입증한다. 그러므로 그것은 연구 제안의 초기에 분명히 인지할 수 있는 부분을 구성하고, 연구 활동이 좀 더 구체적이고 실용적으로 나아가게 한다.

여러분이 읽은 모든 주제가 여러분의 관심과 연관된 것은 아니다. 그리고 연관이 있다 하더라도 제안된 모든 아이디어가 적합한 것은 아니다. 논문 검토를 하는 것은 모든 관련된 정보를 연구하는 것뿐만 아니라 거기에 포함된 생각에 대한 비판적인 관점을 가지고, 연구의 문제점을 폭로하는 논쟁을 만들어내는 것을 의미한다.

비판적 독서기술

비판적 읽기는 발전된 기술을 필요로 한다. 언어와 문학을 공부하거나, 중요한 문학작품을 분석하는 어느 누구라도 연구할 필요가 있는 생각과 쟁점을 가질 것이다. 학문적인 글을 비판적으로 읽는 것은 아래에 논의되어지는 것과 유사한 어려움을 겪게 된다.

우선 비평의 다른 관점을 보기 전에, 비평을 통해 실제로 의도하는 것은 무엇인가? 아마도 이 글의 맥락상 더 적절한 말은 분석(analysis)일 것이다. 왜냐하면 연습의 주안점은 글의 양식이나 개념을 손상시키거나 결점을 찾는데 있지 않고,

비평, 정밀한 연구, 분석, 또는 개념이나 글의 양식에 대한 설명에 있기 때문이다. 단순한 해설은 충분하지 않다. 여러분의 일은 질문에 맞게 내용과 글의 질에 대한 개인적이고 전문적인 평가를 내리는 것이다. 이것을 하기 위해서 여러분은 논문에 대한 다차원의 관점을 드러내는 다른 관점에서 글을 보아야만 할 것이다. 그렇다면 이러한 관점은 무엇인가?

1. **논쟁의 구조** 여러분은 결론을 맺는 방식이나 결론을 정확히 나타내기 위해 쓰이는 결론 지시어에 의해 이러한 분석을 할 수 있다. (예를 들어 '그러므로(therefore)', '다음과 같은 결과가 일어난다(it follows that)', '결과적으로'(as a result)와 같은 유사한 단어나 어구) 글 전체에 중간 결론이 있을지라도 주요한 결론은 정상적으로 글의 끝부분에 나타나야 한다.

   a. 결론을 입증하기 위해 어떤 근거들이 주어졌나?
   b. 그 근거들은 믿을만한가? 즉 출처가 믿을만한가?
   c. 논증의 논리는 옳은가? 다시 말해, 근거에서 결론에 이르는 논쟁의 단계가 무엇인가?

   여러분은 사건을 담당하는 변호사의 논증을 평가하는 판사처럼 이런 종류의 분석을 냉정하게 할 필요가 있다. 유용한 기술은 논증의 순서에 따라 결론과 논거를 배열하면서 짧은 글의 형태로 그것을 이끌어 내는 것이다. 이것은 주변적인 글에 의해 혼란스러워지는 일 없이 여러분이 논리적인 형식을 점검하게 한다. 이 과정은 실제로 논증이 뒤엉켜지고 불완전해질 수 있는 것임에도 불구하고 훨씬 간단하게 들린다. 그러나 판사처럼 여러분은 비평의 관점을 요약하는 것을 기록해야만 한다. 3장에서 논증의 특징에 대해 더 세부적으로 나아갈 것이다.

2. **글쓰기와 논증이 기본적으로 근거하는 가정** 모든 글쓰기는 이론에 근거를 두고 있고, 가치에 근거하며, 가정(assumption)과의 관계 속에서 평가되어야 한다. 때때로 이러한 것들은 글의 첫 부분에서 꽤 분명하게 언급된다. 또는 때때로 이런 것들은 숨겨지거나 언급되지 않는다. 여러분은 가정이 무엇을 내포하고 있는지를 알기 위해서, 혹은 가정을 알아차리기 위해서, 주제에 있는 다른 이론적 입장들에 대한 지식을 가질 필요가 있다. 가정에 대한 일반적인 예로는 사회과학에서의 여성적인 접근, 경제학에서 케인즈적 접근, 건축학에서의 현대적인 접근, 그리고 심리학에서 프로이드적인 접근 등이 있

다. 각 주제에서 고유의 경쟁적인 관점이 있다. 이러한 기본적인 가정들을 앎으로써, 여러분은 논문에 대한 신중한 평가를 내릴 수 있다.

3. **논문의 더 넓은 맥락** 지적인 작업은 권력, 정치, 유행, 경제, 정통성 다툼 그리고 다른 요소들이 영향력 있는 역할을 하는 복합적인 장소에서 수행된다. 이러한 것들은 특정 관점을 형성하는 결정적인 요소가 될 수 있고, 그러한 요소 뒤의 숨은 힘을 이해하기 위해서 밝혀낼 필요가 있다. 예를 들어, 산업혁명 이면에 놓인 힘은, 오늘날 전자혁명에서와 마찬가지로 그 당시 사고방식 속에서 형성된 것이다.

4. **다른 논문과의 비교** 평가를 하기 위해 여러분이 의존할 절대적인 가치는 없다. 무엇이 옳고 그른 지에 대한 명확한 규칙은 없다. '연구에서 글쓰기는 논쟁적인 영역이다. 그 영역 안에서 대안적인 관점과 입장이 다뤄질지 모른다'(Blaxter et al., 1996, p. 106). 그러나 비판적 읽기는 다른 접근 방식, 숙달의 정도, 모순, 논증의 강도, 이론적 입장과 받아들여진 가치의 함의, 결론의 종류 등을 강조하기 위한 논문들 간의 비교로 사용될 수 있다. 프로젝트의 배경을 형성하는 더 큰 그림을 기획하기 위해서, 다른 논문과의 비교는 논문 안에서 그룹을 짓거나, 여러 갈래로 나누는 것을 가능하게 한다.

검토하기

검토는 단지 여러분의 특정 주제영역 뿐만 아니라 크게 네 가지 방향에서 수행될 필요가 있다. Box 4.12에는 여러분 연구주제의 성격에 근거한 상대적인 중요성에 따라 일반적인 것에서부터 특정한 것에 이르는 검토의 방향이 제시되어 있다.

Box 4.12 문헌 검토를 위한 연구 지침

1. 연구 이론과 철학: 여러분의 주제와 관련이 있는 연구의 지적인 배경을 확립하기 위해서.
2. 주제의 발달사: 현재의 사조 배경을 추적하기 위해서.
3. 여러분의 주제에 대한 최근 연구와 발전: 연구되고 있는 현재 쟁점과 최근의 사조와 관행에 대해 알려주기 위해서. 갈등상태에 있는 쟁점을 논의하고, 지식 간의 간극을 인식하기 위해서.
4. 연구 방법: 여러분의 프로젝트와 부분적으로 관련이 있을지 모르는 이미 사용된 실용적인 기술을 탐구하기 위해서.

문헌 검토를 하는 것은 일차원적인 과정이 아니다. 읽고 쓰고, 비평하는 것은 반복적인 과정을 형성한다. 더 많이 읽고 배울수록 여러 의견, 갈등, 불확실함에 대한 폭넓은 이해를 할 수 있다. 여러분이 연구 주제에 대한 것을 많이 읽었다는 인상을 주는 것도 중요하지만, 여러분이 사용하는 참고문헌에 대해 선택적이어야 한다. 여러분은 비평을 쓸 충분한 여유가 없다. 만약 관련된 논문의 양이 많다면, 여러분은 검토된 출판물의 수를 줄임으로써 프로젝트의 범위를 제한할 필요가 있다. 많은 문제에서 경제학, 정치학, 철학, 사회적 조건, 입법, 정부 등이 관련되어 있다고 보는 것은 쉽다. 그러나 이 모든 것을 다룰 수는 없다. 가장 흥미 있는 것을 중심으로 주제를 나눠라. 그리고 가능한 전문적인 분야에 한정해서 주제를 다루어라. 반대로 만약 논문의 양이 충분하지 않은 것 같다면, 그 이유는 여러분이 다루고자 하는 주제에 관해 많은 연구가 되지 않았거나, 혹은 여러분이 충분한 탐색을 하지 않았기 때문일 것이다. 만약 정말로 많은 연구가 이뤄지지 않았다면 여러분은 연구를 수행하는 훌륭한 사유를 가진 것이 된다.

연습문제 4.5 논문 검토가 모두 같은 구조를 따르는 것은 아니다. 그래서 비평이 가져야 할 형식을 규정하는 것은 어렵다. 그러나 다음은 Swales와 Feak(2000, p. 143)가 사용한 연구 주제와 논쟁에 적합한 방식으로 검토를 조직화하기 위해 사용할 수 있는 유용한 기술들이다. 관련 있는 논문들에 의해 입증이 되는 좋은 논쟁을 만드는 인과적 경로(Sequence)를 수립하기 위해서는 몇가지의 시도가 필요하다. 또한 그러한 인과적 경로는 논리적으로 연구문제로 이어진다.

1. 여러분의 프로젝트와 가장 관련이 있는 문헌에 대한 기록(notes)을 선택하라. 다양한 저자들의 입장, 생각 또는 평가를 요약하는 기록들만을 선택하라. 또한 여러분이 처음 관련 문헌들을 읽었을 때 그 텍스트에 대해 형성된 의견들을 검토하라. 이때 간결하게 정리된 것이 좋은 것으로 간주된다. 만약 기록이 너무 길면 대안으로 각각의 기록을 필수적인 요소만을 언급하는 한 문단으로 요약하라. 그리고 쉽게 훑어보기 위해 이것들을 인쇄하라. 여러분은 아마 10에서 20개 정도의 이러한 기록문을 가지게 된다. 20 이상의 기록문은 처리하기가 쉽지 않다.
2. 그 기록문에 순서를 매겨라.
3. 한번에 4개에서 5개 쌍의 인과적 과정을 이끌어내라. 이것은 논의의 단계에 맞게 문헌검토를 기획하는 것에 도움이 될 것이다: 논쟁의 단계에 대한 윤곽을 설명하는 인과적 고리 상자와 각 단계에서 근거가 되는 논문

기록을 기입하는 짝지어진 박스(boxes)는 도표 4.1에 제시되어 있다.

도표 4.1 문헌검토 상자들

4. 만약 여러분이 이미 그에 대한 생각을 가지고 있다면, 논증의 단계를 추적하기 위해서 차례로 각 상자 안에 짧은 진술의 형식으로 논쟁에 대한 개요를 삽입할 수 있다. 만약 그렇지 않다면 상자를 비운 채로 놔두어라.
5. 만약 여러분이 이런 방식으로 논증을 형식화해 했다면, 바로 옆의 상자에 각 단계를 입증하는 기록의 숫자를 적어 넣어라.
6. 만약 여러분이 이전에 논증을 주장해 오지 않았다면 다른 상자에 그 기록의 숫자를 적어 넣어라. 같은 주제를 포괄하는 것들은 같은 상자에 넣어 그룹을 만들어라. 그리고 그 그룹을 일반적인 것에서 특수한 것으로 이끄

는 과정에 넣어라. 예를 들어, 여러분은 한 주제에 대한 일반적인 이론 배경에 관한 기록, 문제를 일으키는 주제의 측면에 대한 관점의 기록, 그러한 문제들에 대한 해결책과 이미 시도된 해결책의 평가에 대한 기록 등을 가지고 있을 수 있다.

7. 이제 한 쌍으로 이뤄진 논쟁의 단계를 가지고 작업을 해보자.
8. 마지막 상자는 어떠한 문헌 기록 숫자도 가지지 않아야 한다. 왜냐하면 논쟁의 마지막 단계는 결론을 언급하는, 사실상의 연구문제를 언급하는 단계이다.
9. 요구되는 것에 따라 상자를 더하거나 빼라. 다른 논증들은 다른 단계의 번호를 필요로 한다.
10. 여러분이 설계한 것을 평가하라. 교정하고, 보충하며, 내용과 인과적 과정을 변화시켜라. 또는 여러분이 결과에 만족할 때까지 새로운 형식을 탐색하라.

만약 여러분이 박사과정에 있다면 문헌검토가 주제와 관련한 여러분이 출판된 논문(또는 출간되지 않은 것도)을 포함하고 있는지를 확인하라. 여러분이 선택한 연구 주제에 대해 예비적인 석사단계와 동등한 전문 지식을 가지고 있는 것을 독자에게 인식시킬 필요가 있다.

문헌검토의 양식과 내용

일단 여러분이 검토할 내용을 결정하면 검토과정은 여러분의 논증을 뒷받침할 필요가 있다. 여러분의 프로젝트에 대한 확실한 도입부로서 문헌검토를 제시하는 방법을 고려해야 할 것이다.

독자가 여러분의 관심 주제에 대해 아는 것이 전혀 없다고 가정하라. 석사, 박사 학위를 심사하는 대학의 연구심사 위원회는 다양한 분야의 학자로 구성된다. 그러나 펀드를 받는 연구는 심사위원회에 여러분의 관심주제 영역의 전문가가 포함될 가능성이 많다. 그러므로 여러분은 문헌범위를 완벽하게 다루었는가, 즉 귀중하고 영향력있는 교재를 제외하지 않았는가를 확실히 해야한다. 여러분의 연구제안서는 제안하고자 하는 연구의 핵심사항을 짧고 명확한 진술로 시작하는 것이 최선이다. 이것이 문헌검토의 일부는 아니지만 연구주제를 시작하는 것이 된다. 문헌검토는 관련 논문의 특성들에 대한 일반적 약술로 시작해야 한다.

예를 들면:

- 극 탐험 원정대의 이야기는 새로운 현상이 아니다. 이전 시기의 서술 경향은 쿡이나 아문센과 같이 새로운 항로를 개척한 고무적인 인물에 대한 영웅주의를 기리는 것이었다. 최근의 서술은 인간의 힘과 인내심에 관하여 탐험가들의 육체적 정신적 성과를 분석하는 것이다. 가장 최근에는 탐험의 역사가 사회적 정치적 권력의 갈등, 기술적인 진보와 과학적 연구의 맥락에서 검증되어 왔다.

이것은 서론을 입증하는 문헌을 소개하기 위한 좋은 근거를 제공해 준다. 여러분은 세부적으로 다른 수준의 문헌들을 어떻게 언급해야 할지 선택해야 한다. Hyland(1999, p. 350)는 Box 4.13에 제시한 것처럼 네 가지 수준의 인용을 확인하였다(다음의 인용은 단지 설명을 위한 것이다). 저자는 여기에 이런 것들이 어떻게 적용되는지를 보여주기 위해 그것의 다른 상이한 형식들을 덧붙였다.

Box 4.13 인용 수준

1. 구획인용과 의도된 인용(Block and indented quotations)

레인저는 좋은 질적 디자인에 대한 필요성을 주장했다:

> 복잡한 설계문제를 해결하기 위한 충분한 고려가 되지 않으면 건물은 제대로 기능하지 못할 것이다. 나쁜 설계는 불편한 계획, 나쁜 질의 공간, 높은 유지비용, 빈번한 고장 등의 결과를 낳을 수 있다. 우리는 발전 프로젝트에 관한 활동에 전념하기 위해 충분한 자원을 포함시키라고 고객들에게 주장할 의무가 있다(Ranger, 2004, p. 36).

2. 문장 내 인용(Within-sentence quotations)

레인저에 따르면, '복잡한 디자인 문제의 해결을 위한 고려가 충분히 주어지지 않는다면 건물들은 제대로 기능하지 않을 것이다'라고 말한다.'(2004, p.36)

3. 부연설명/요약

레인저(2004)는 설계의 쟁점에 대한 결정을 무시하는 것은 나쁜 질의 건물이라는 결과를 낳는다고 주장했다.

4. 일반화(몇 가지 근거를 결합)

건물의 디자인 문제를 해결하기 위한 충분한 시간과 자원의 부족은 나쁜 질의 개발로 이어진다는 데 광범위한 합의가 존재한다(Hendry, 1998; Waldren, 1999; Smith, 2002; Ranger, 2004).

여러분은 구획인용을 사용할 충분한 공간이 없을 것이다. 그리고 만약 인용이 여러분의 논증에 절대적인 중심사항이라면, 여러분은 문장 내 인용을 사용해야만 한다. 문헌 검토의 목적은 많은 근거를 제공하는 것이다. 그래서 영향력 있는 저자의 중요한 관점에 대한 세 번째 선택지를 떠나 여러 소스를 결합한 네 번째 선택지로 구성되어야 한다.

인용체계에 관해서, 나는 위에서 예로 사용된 하버드 체계(작가-연도)보다 7장에서 기술된 영국표준(번호방식)을 추천한다. 이것은 수고스럽게 이름 목록을 열거하지 않고 많은 참고문헌을 쉽게 포함시킬 수 있게 한다.

인용을 할 때, 모호함을 피해야 하는 것에 주의하라. 인용된 저자가 실제로 그러한 발견을 했는지 또는 그러한 개념들을 형성했는지, 그것에 관한 논평을 했는지, 또는 그것에 관한 정보를 종합했는지를 분명히 해야 한다. 예를 들어:

> 많은 사람들이 빈곤의 효과에 대해서 저술해 왔다(Kraus, 2003).

또는:

> 빈곤과 건강 간의 관계는 최근 몇 년 동안 광범위하게 연구되었다(Kraus, 2003).

이것은 Kraus 자신이 그것에 관해 연구하고 썼는지, 또는 그가 기존의 글에 대한 분석을 했는지, 또는 그가 관련 논문을 편집했는지를 의미하는가? 더 많은 정교함이 이러한 모호함을 분명하게 해줄 것이다.

살펴봐야 할 다른 쟁점은 개념에 대한 요약의 정확성과 다른 학자들의 글에 대한 평가의 공정함이다. 여러분은 원문에 대한 정확한 인상을 제공하기 위해, 그리고 논문이 잘못 표현되거나 오해되는 일 없이 다른 말로 설명하기 위해서 주어진 정보의 양에 관해 판단할 필요가 있다.

Box 4.14는 Swales와 Feak(2000, p. 149)가 작성한 것으로 학계에서 축적된 평가물들을 근거로 해서 여러분들이 하는 문헌검토의 내용과 형식을 살펴보는 데 손쉬운 점검사항을 보여준다.

Box 4.14 문헌검토의 점검사항

1. 여러분의 검토가 논문의 상대적인 중요성과 상호작용에 대한 평가가 결여된 이전의 연구논문 또는 다른 문헌에 관한 단순한 목록은 아닌지 확인하라. 풍부한 상호작용을 모색하고 여러분의 관심주제에 대한 연구개발의 주요단계를 선도하기 위해서 관련문헌들에 대한 개괄적인 검토를 시도하라.
2. 여러분의 연구문제에 대한 중요한 쟁점들은 논문의 분석을 통해서 소개된다는 것을 숙지하라. 이전 논문에 대한 단순한 연대기적인 설명은 왜 여러분의 연구문제가 중요하고, 어떻게 그것이 연구하는 노력으로 이어질 수 있는가에 대한 충분한 취지를 전달하지 못할 것이다.
3. 일반적인 이론적 배경은 여러분의 연구 프로젝트로 유도하는 특정한 연구와 개념들에 대해 보다 구체적으로 쓴 저서들에 대한 여러분의 탐색에 본질적으로 연계되어 왔다는 것을 확실히 하라. 이론은 평가된 논문의 기저에 깔린 태도와 여러분 자신의 철학적 입장을 독자들이 이해하도록 도움이 되어야 한다.
4. 학제간에 검토를 시행할 때, 각각을 분리하여 차례로 조사하기 보다는 학문 경계를 가로지르는 연계고리를 만들어라. 많은 연구 주제들은 어쨌든 하나의 원리 안에 연금술처럼 봉인이 될 수 없으므로 드러내야 할 연계고리가 있게 된다. 여러분은 어쩌면 연구될 필요가 있는 새로운 연계를 제시할지도 모른다.
5. 이전의 연구가 어떻게 이뤄졌는가에 대한 설명을 하고, 그래서 방법론에 대해 여러분 자신의 접근 방식에 대한 선례가 있다는 것을 확실히 하라.

얼마나 많은 참고문헌이 있어야만 하는가? 이것은 주제에 달려있다. 그러나 연구 제안서에 문헌검토의 부분은 매우 적어야만 하고, 공간의 제약 때문에 압축되어야 한다. 여러분은 20-30명 이상의 저자를 인용하고 싶지는 않을 것이고, 좁게 한정된 범위에서는 5-10명 정도가 충분할지도 모른다. 중요한 것은 여러분의 작업에서 정말로 유의미한 저자를 선택하는 것이다. 통상적으로 이전의 성공적인 사례를 보기 위해서 여러분의 주제에 관한 이전의 제안서를 살펴보는 것은 좋은 생각이다.

결론

여러분은 연구노트를 어떻게 정리하고, 그것들을 어떻게 관심문제로 엮을 것인가? 여러분 연구의 질은 이것에 달려있다. 여러분 논문주제의 많은 부분은 광범위한 자료소스에서 여러 달 동안 수집한 정보의 분석에 직접적으로 근거한다. 수집한 연구노트가 풍부하면 할수록, 그리고 기록물의 서류화와 검색 체계가 더 좋아질수록, 여러분의 분석적 검토를 위한 배열에서 더 많은 자료근거를 갖는 것이 될 것이다.

나중에 시스템을 변화시키거나 향상시키는 것은 대우 어렵다. 그래서 지금 여러분의 필요에 따라 만들어진 현재 시스템을 고안하는 데 쓰인 시간은 아까울 것이 없다.

다음 단계 : 자신만의 정보체계 구축과 문헌검토의 기록

이 부분의 목적은:

- 여러분의 표준화된 기록, 참고, 저장과 검색 시스템을 고안하기
- 여러분의 문헌검토에 대한 초안 만들기

여러분 연구의 진척을 위한 점검사항

Step 1 : 도서관을 이용하라.

대부분의 대학 도서관을 활용하라. 이용하는 테크닉에 근거가 되는 모든 다른 정보를 사용하는데 정통하라. 여러분은 전자 검색을 어떻게 하는지, 그리고 모든 다른 데이터베이스와 다른 정보의 출처에 대해 배우기 위해서 교육시설에 등록할 필요가 있다. 웹에 기반한 정보 서비스를 찾아라(예를 들어 Web of Science, Janet, Copac, Gabriel, Zetoc 등등). 여러분은 사서로부터 정보 출처와 데이터베이스와 관련한 주제 목록을 얻을 수도 있다.

Step 2 : 온라인에 접속하라.

여러분은 이런 정보를 위해서 항상 도서관에 갈 필요는 없다. 컴퓨터에 접속할 수 있는 웹 기반 데이터베이스와 도서관 목록이 어느 곳에서나 많이 있다. 여러분은 아마

컴퓨터 웹사이트에 접속하기 위해 패스워드가 필요할지 모른다. 이것을 얻기 위해서 대학 도서관 사서와 상의하라.

Step 3 : 민감해져라.

여러분은 어떤 데이터베이스의 새로운 정보에 대한 변화를 알려주는 데 등록할 수 있다. 이것은 여러분이 즉각적으로 새로운 검색을 하는 수고를 없애준다.

Step 4 : 새로운 것을 추적하라.

인용 항목들을 상담하면서 더 많은 출처에 대해 추적하라. 그 안에 여러분이 지금 읽고 있는 내용을 가진 다른 저서들이 언급되었는가?

Step 5 : 거슬러 올라가 추적하라.

또한 상관있는 지난 문헌들에 대해 여러분이 일고 있는 것의 참고와 서지를 확인하라.

Step 6 : 계속해서 추적하라.

웹은 매력적이고, 때로는 절망적인 정보의 출처이다. 관련 없는 주제와 학문적인 신뢰도가 거의 없는 질이 나쁜 사이트에 빠지는 것을 피하라. 길을 잃지 않기 위해서 작업시간에 대해 제한을 두는 것은 좋은 생각이다. 앞으로의 작업시간에 좀 더 상세하게 탐색할 유용할 사이트에 대해서는 표시를 해두어라.

Step 7 : 읽어라.

여러분이 각각의 환경에서 사용할 필요가 있는 자료의 수준에 대해 의식하고 있어라. 여러분은 정보를 이끌어내기 위해 대충 훑어보고 있는가, 아니면 세세하게 텍스트를 분석하고 있는가? 여러분이 만드는 기록의 유형은 경우에 따라 다르다.

Step 8 : 기록하라.

여러분의 기록 절차를 분석하는데 얼마간의 시간을 써라. 요점정리 하는 것과 논평을 하는 것에 차이를 두어라. 둘 다 가치가 있지만 혼동하지 말아야 한다. 또한 주제와 개념을 분류하는 것뿐만 아니라, 의견과 사실에 입각한 정보, 이론, 방법, 결과, 해석, 예시들 간에 차이를 두어라.

Step 9 : 분류하라.

노트를 기록하고, 그것들을 저장하고 검색하는 체계는 여러분 프로젝트의 가장 중요한 것 중의 하나이다. 지금은 그것들은 분류할 시기이다! 비록 내가 직접 쓰는 시스템과 컴퓨터를 이용하는 시스템에 대한 균형 잡힌 평가를 내렸을지라도, 지금은 여러분의 기록을 저장하기 위해서 EndNote나 Procite와 같은 강력하게 전문화된 컴퓨터 서지 데이터 프로그램을 사용하는 것을 추천한다.

여러분의 주제와 관련된 논문을 읽어서 만든 일련의 기록을 사용하는 것은 여러분이 1, 2년(심지어는 3, 4년) 넘게 수집했을 모든 정보를 수집하고, 참고하고, 저장하고 검색하기 위해 사용할 여러분의 프로그램 체계를 결정하게 한다.

정보를 수집하고, 기록을 만들 조건, 예를 들어 대학 도서관, 집, 근처의 도서관, 인터뷰 장소 등등에 대해 주의 깊게 생각하라. 이것은 여러분이 최초의 기록을 하는 매체에 영향을 줄 것이다. 그것은, 카드, 종이, 사진 복사, 테이프 녹음 등등이 있다. 여러분은 그 때 모든 기록을 하나의 매체에 베껴 적을 것인가? 예를 들어 카드 또는 컴퓨터 데이터베이스, 또는 그 기록들을 여러매체에 저장할 것인가? 파편화된 조각정보들을 참조할 수 있는 표준형을 결정하라. 서지 목록을 가지고 기록에 대한 앞뒤 참조를 어떻게 할 것인지를 고려하라. 얼마나 많은 항목과 키워드로 여러분의 정보를 어떻게 조직할 수 있을까?

Step 10 : 시험해 보라.

어떻게 여러분의 정보를 검색할 것인가는 그것이 어떻게 언급되고 저장되는가에 달려있다. 텍스트와 참고문헌에 대해 다시 쓰는 분량을 감소시키는 시스템을 발전시키려고 노력하라. 이것은 오류의 양을 감소시킬 것이다. 컴퓨터는 여기에서 유용할 수 있다.

여러분이 무슨 시스템을 선택하든 간에, 여러분의 노트표본 몇개로 테스트함으로써 다음의 사항을 확인하라.

- 여러분이 만든 기록의 출처에 대한 정확한 위치와 그와 더불어 그것을 어디서 발견했는지, 도서관 분류 코드, 만약 관련이 있다면 출판에 대한 세부사항, 페이지까지 추적하라.
- 특별한 주제, 개념 또는 키워드에 대한 모든 여러분의 기록물을 쉽게 뽑아 내도록 하라.
- 특별한 저자의 저작물에 관한 기록을 모두 추적하라.
- 인용, 요약, 그리고 논평들을 구별하라.

Step 11 : 저장하라.

분실되거나 손상되었을 경우에 대비해 기록을 저장하거나 복사본을 만들어라. 이것은 전자적인 매체가 손상입기 쉽기 때문에 전자적 매체에서 특히 중요하다.

Step 12 : 여러분의 문헌검토를 시작하라.

도표 4.1의 구조를 사용함으로써 여러분의 문헌검토의 구조를 설계하라. 논증에서 단계를 저장하기 위해 지금까지 수집되어진 기록들을 사용하라. 여러분은 아마 이 단계에서 그것을 완성하지는 못할 것이다. 그러나 여러분은 최소한 시작할 수는 있을 것이다. - 언제나 시작은 업무의 가장 도전적인 부분이다! 여러분이 더 많이 읽고 개념을 발전시킬수록, 구조가 견고하다고 만족할 수 있을 때까지 여러분은 더 쉽게 적응하

고 구조상자들을 추가할 수 있다. 그러고 나면 여러분은 연구 제안서를 위한 부분으로서 충분하게 구조상자를 꽉차게 채워 적을 수 있을 것이다.

정리와 평가

여러분이 준비되었을 때, 교수나 감독자에게 개별 지도시간 약속을 잡아야 한다. 관련된 정보 출처와 검색 방법에 대한 여러분의 결정에 대해 그들과 논의하라.

여러분은 그들에게 어떻게 수집된 정보들을 기록하고, 참고하고, 저장과 수정 과정을 제안할 것인지 여러분 기록의 실제적 예를 가지고 보여줄 수 있어야 한다.

이번 연습은 여러분에게 적절하게 대상화된 정보의 수집, 잘 고려된 기록 시스템의 발견, 정보를 저장하고 수정하는 방법을 알게 해 줄 것이다. 이것은 여러분의 효율성을 강화하고 후에 여러분의 연구에서 중요한 시간 절약을 가져다 주므로 여러분의 연구 프로그램에서 초기 단계에 적절할 것이다.

다음에는 여러분이 도표 4.1의 도움으로 어떻게 여러분의 연구 보고서 검토를 조직화하고, 논증을 요약했는지 설명하라. 여러분은 또한 논증의 중요한 단계를 백업하기 위해 사용할 기록들 중의 하나 또는 두 개의 예들을 제공할지도 모른다. 이번 논의의 주요 결론은 여러분의 논증이 논리적으로 건전한 것이 되는지, 그리고 그것이 여러분이 탐구하는 공부과정에서 모색 가능한 연구문제를 드러낼 것인지 아닌지에 대한 것이어야 한다.

더 읽을거리

논문을 찾고 검토를 시작하면서 다음의 책들에서 여러분이 발견할지도 모를 유용한 것들에 대한 짧은 해설을 적어놓았다.

Hart, C. (2001) *Doing a Literature Search*. London: Sage.

Ridley, D.(2008) *The Literature Review: a Step-by-Step Guide for Students*. London: Sage.

Machi, L.(2009) The *Literature Review: Six Steps to Success*. London: Cowin/Sage.

위의 세 권의 책들은 사회과학에서 문헌 검색 방법의 안내서이다. 효율적인 독서, 연구 수행, 정보 조직, 검토의 기록 등을 위한 효과적인 전략이 적혀 있다. 실제 문헌검토에서 나온 최고와 최악의 사례를 소개한 안내 내용을 실천에 옮기는 방법을 보여줄 것이다.

Fink, A.(2005) *Conducting Research Literature Review*, 2nd edn. Thousand Oaks, CA: Sage.

여러분이 발견한 정보를 다룰 수 있는 방법에 대한 기술을 이용한 다차원적 논문을 통한 지침서

옥스퍼드 브룩스 대학의 도서관 목록에는 정보 가이드로서 2350여 개의 참고 문헌이 있다. 이들의 상당수가 특정 주제에 도움이 되는 저서 목록이다! 여러분은 여러분의 주제와 관련된 여러분의 대학 목록에서 연구할 수 있다. 여기에 세 개의 예가 있다. 첫 번째 것은 매우 일반적이며, 두 번째 것도 덜하기는 하나 일반적이며, 세 번째 것은 매우 초점을 좁혀 잡고 있다.

Hurt, C, D.(1998) *Information Sources in Sciences in Technology*, 3rd edn. Englewood Cliffs, NJ: Libraries Unlimited.

Amico, E. B. (ed.)(1998) *Reader's Guide to Women's Studies*. London: Fitzroy Dearborn

United Kingdom Sports Council(1998) *Women and sport:from Brighton to Windhoek; facing the challenge*. London: English Sports Council.

그리고 여기에 여러분이 인터넷을 이용할 수 있도록 도와줄 약간 많은 책이 있다. 항상 자료가 빨리 나올수록 최신판을 얻도록 노력하라. 제목이 말하듯, 첫 번째 저서는 특히 학생들을 목표로 한 것이며, 정말 유용한다고 생각한다.

Winship, I. and McNab, A. (2002) *The Student's Guide to the Internet*. London: Library Association.

Ó Dochartaigh, N. (2007) *The Internet Research Skills: How to Do Your Literature Search and Find Research Information Online*, 2nd edn. London: Sage

Ó Dochartaigh, N. (2002) *The Internet Research Handbook: a Pratical Guide for students and Researchers in the Social sciences*. London: Sage

Ackermann, E. (1999) *The Information Specialist's guide to Searching and Researching on the Internet*. Wilsonville, OR: Franklin, Beedle.

Sherman, C. (2001) The Invisible Web: Uncovering Information Sources Search Engines Can't See. Medford, NJ: CyberAge.

다음은 여러분의 정보를 조직하고 기록하는 것에 관한 몇몇의 책들이다. 어떻게 연구하는가에 관한 대부분의 책들은 이것에 대한 섹션을 가지고 있을 것이지만, 여러분은 이 장에서 주어진 것들을 가지고 조언과 접근 방법을 비교하기를 원할지도 모른다. 처음 두 책은 이들의 예다.

Blaxter, L.,hughes, C. and Tight, M. (1996). *How to Research*. Buckingham: Open University Press.

4장은 컴퓨터 기반 서지목록 데이터베이스가 없음에도 불구하고, 읽기와 기록을 상당히 철저하게 다루고 있다.

Leedy, Paul D. (1989 and later editions) *Practical Research: Planning and design*. New York: Macmillan

4장은 카드를 사용하여 정리하고 기록하는 것에 관한 미국식 조언을 준다.

여기에는 좀 더 세밀하게 기록하고 조직하는 것에 관한 몇 권의 책들이 있다. 두 권의 Fry 책들은 매우 상호보완적이다.

Krantz, H and Kimmelman, J. (1992) *Keys to Reading and Study Skills*, 4th edn. Fort Worth, TX: Harcourt Brace Jovanovich.

Fry, Ronald W. (1997) *Take Notes*. London: Kogan Page

Fry, Ronald W. (2000) *Get Organized*, 2nd. Franklin Lakes, NJ: Career Press.

아래는 서지목록 데이터베이스 프로그램(bibliographic database program)에 관한 정보이다. 여러분이 프로그램을 구입하기 위해서 값비싼 결정을 내리기 전에 어떤 프로그램이 여러분의 학교 네트워크에서 사용 가능한지 확인하라.

EndNote. Institute For Scientific Information. http://www.endnote.com

ProCite. ISI Research Software. http://www.procite.com/pchome.html

Citation. Oberon Development Ltd. http://www.citationline.net. Nice Website with free down load demo version.

만약 여러분이 속독에 관심이 있다면, 여기에 몇 가지 책이 있다. 그러나 주의하라. 이러한 기술들이 완벽해지려면 시간이 걸리고, 연습해야 한다. 정말로 지금 시간이 있나?

Buzan. Tony (2003) *The Speed Reading Book*, rev. edn. London :BBC.
Scheele, Paul R (1999) *The Photo Reading Whole Mind System*. Wayzata, MN: Learning Strategies.
Dudley, G. (1998) *Speed Reading: The Foolproof way to Rapid Reading and Improved Learning Power*. London: Thorsons.

CHAPTER

05 연구방법

- 목적
- 서론
- 자료수집과 분석
- 이차 자료의 수집
- 이차 자료의 분석
- 일차 자료의 수집
- 결합자료의 생성과 분석
- 자료분석
- 결론
- 다음단계: 어떤 연구방법을 사용할 것인가?
- 더 읽을거리

목적

- ✔ 연구자에게 이용 가능한 연구방법들의 영역을 보여주기.
  연구자는 연구에 제안한 연구계획에 적절한 연구방법을 순차적으로 선택한다.
- ✔ 양적 및 질적자료 수집에 사용된 연구방법들의 다양한 속성들을 서술하기.
- ✔ 적합한 자료분석의 기법을 제시하기.

서론

이 장은 매우 길다. 그러나 실제로는 처음부터 끝까지 모두 정독할 필요는 없다. 이 장이 의도하는 바는 연구방법들에서 활용되는 공통적인 연구범위를 아주 간결하게 서술하여 소개하는 것이다. 이러한 요점 소개는 연구자가 연구를 기획하고자 할 때 연구 방법의 선택이 가능하도록 기본적인 아이디어를 제공한다. 연구제안(research proposal)의 한 핵심요소는 적합한 연구방법들을 제시하는 것이다. 연구란 합당한 연구방법들로 수행된다. 그러므로 연구방법들에 대한 선행적인 이해는 선택한 연구형식에 타당한 방법을 결정하는데 도움이 된다. 자연과학, 사회과학, 그리고 인문학의 연구를 위한 활용 가능한 방법론의 범위가 무수히 많을지라도, 이 단원에서 그럴듯하게 설명할 수 있는 연구방법들은 제한되어 있다. 그래서 여기서는 몇 개의 핵심적인 방법들에 대한 보편적인 지표만 제시할 것이다. 먼저 자료수집과 분석에 관한 첫 번째 부분을 읽고, 다음에 연구기획에 적합한 이런 저런 방법들을 두루두루 살펴 얻은 정보를 연구제안에 사용하라. 차후에 연구를 수행하게 될 때 연구방법들에 관하여 보다 전문적으로 서술한 다양한 저서들을 참고하여 자료수집과 자료분석을 위해서 선택한 방법들을 보다 심도있고 꼼꼼하게 탐구해야 할 것이다.

한눈에 보기에는 주제를 두 개의 제목, 즉 자료수집의 방법과 자료분석의 방법으로 분류하는 것이 산뜻해 보인다. 첫부분의 자료수집 방법들은 자료출처의 상이함과 그에 따른 수집방법이 어떻게 달라야 하는가를 직설적으로 요약할 것이다. 그리고 두 번째의 자료분석 방법들은 양적, 질적분석의 기법에 대해 서술하게 될 것이다. 그렇지만 자료수집과 자료분석의 노력들은 역사적인 것, 설문조사, 사례연구 등과 같은 연구전략들과 뒤엉켜서 엮어져 있으므로 이것들에 대한 고려없이 논의되기란 어렵다. 그리고 또 자료수집의 유형과 수집된 자료에 대한 분석의 유형 간에는 분명하게 밀접한 연계관계가 있다. 자료수집, 대조와 분석이 병행되는 경우, 자료수집과 자료분석 간의 명확한 구별은 문제를 일으킬 수 있다. 그리고 여타의 경우에는 분석과정에서 보다 유용한 자료들을 만들어낼 수 있다.

그러므로 서론으로 먼저 연구자가 연구방법들을 고려하고, 연구방법들을 구별할 수 있는 특성들을 살펴보고, 그리고 그것들이 서로 어떻게 상호 연관되는가를 알아보는 세가지 관점을 간결하게 살필 것이다. 그 세가지 관점들이란 자료수집과 분석, 양적 연구와 질적연구 그리고 연구전략이다.

자료수집과 분석

일단 연구문제가 형성되었다면 그것을 탐구하기 위해 무슨 종류의 자료를 확보하고 그 자료를 분석하는데 어떤 종류의 분석이 적절한지를 판단해야 한다. 특정한 자료의 수집과 분석의 방법들을 선정하는 사유는 언제나 연구문제의 독특성과 정보의 구체적 출처를 밝혀내는 탐구의 속성으로 결정된다. 실제상 그것은 먼저 연구문제를 검증하는데 요구되는 양적 또는 질적인 분석유형인가를 결정하는 것이 적절한 수순이다. 그런 다음 그런 분석을 할 수 있는 필요한 자료를 수집하는 자료의 유형을 선정해야 한다.

그렇지만 자료수집과 자료분석의 범주들이 처음에 나타난 것과 같이 항상 그렇게 확실히 구분되지 않는다는 것을 주목하라. 그것들은 특정의 연구목적에 의존되어 밀접하게 연계되어 있다. 어떤 한 측면으로 보면, 탐색연구의 사례에서와 같이 자료는 수집되면서 지속적으로 분석되고, 그 분석이 보다 더 진전된 풍성한 자료수집과 후속의 자료분석을 위한 실마리를 제공할 수도 있게 한다. 다른 한 측면으로 보면, 사전에 결정된 어떤 구체적인 방법론에 따르는 특정 현상이 검증될 때, 모든 적절한 자료수집이 완료되기 전까지는 자료분석을 시작하는 것이 가능하지 않을 수도 있다.

무슨 자료를 확보해야 하는지를 고려할 때는 자료수집의 출처, 이용가능성, 그리고 그것의 수집기법들을 고려하라. 그리고 자료분석을 숙고함에 있어서는 갖추어야 할 도구와 기법, 그리고 자료원천에 대해서 생각하라. 서로 상이한 연구전략은 종종 자료수집과 자료분석에 분명히 다른 방법을 채택한다.

양적연구와 질적연구

일반적으로 양적연구와 질적연구 간의 구별은 아주 뚜렷하다. 그들 간에는 적절한 자료수집의 성격이 다를뿐 아니라 분석의 방법도 다르다. 자연과학은 전통적으로 엄정한 양적(실증주의자) 분석에 치중해 왔는데, 사회과학도 그것의 약점이 분명해질 때까지 양적 분석을 채택하였다. 그런데 연구자들이 인간의 주관적 감정과 정세에 대한 양화가 어렵거나 불가능하다는 것이 점차적으로 명확해짐에 따라 질적(반 실증주의)인 분석방법들이 대두되었다. 이 질적인 분석은 사적인 자료를 보다 유연하게 설명한다(양적 및 질적 분석에 대한 논의는 Cohen and Manion, 1994, pp. 6-12 and 22-40 참조). 그렇지만 연구자의 연구는 두 가지 방법 중 어느 것을 선택하도록 강요받지는 않는다. 적절한 경우에는 양적 및 질적 연구의 혼합도 무방하다(두 방법의 혼용에 대해선 Bryman and Burgess, 1994, chapter 5 참조). 모든 유형의 연구 전략은 어떤 한계는 있지만, 양적 및 질적연구에 잘 어울린다.

그림 5.1 어떤 연구자들에겐 주관적인 인간의 감정이나 정서는 양화하는 것이 힘들거나 불가능하다는 것이 점증적으로 명확해졌다.

연구전략들

연구전략 또는 방법론이라는 용어로 불려지는 다양한 연구형태들은 보통 실험, 연구, 문헌분석, 역사 및 사례연구 등의 다섯 범주로 표현된다(저자는 1장에서 이러한 범주를 확장하여 몇 개 더 추가하였다). 어떤 연구는 한 개 이상의 방법 예를 들어 역사적인 사례연구가 활용될 수 있다. 각각의 방법은 그 자체의 논리로 경험적 논거를 수집하고 분석하는 나름의 선택적인 방식을 제공한다. 각각의 방법들은 장단점이 있지만, 그 모두가 관습적인 세 개의 연구 목표인, 탐색,

서술, 그리고 설명하는데 활용된다고 할 수 있다. 여러 연구전략들의 상이한 특성이 박스 5.1에 명확하게 제시해 놓았다. 이 표는 연구문제가 현상의 통제를 탐구하거나 현재적 사건에 초점을 맞추느냐에 상관없이 적절하게 답 할 수 있는 연구문제의 형식을 지칭한다.

Box 5.1 연구전략들

전략	연구문제 형식	행위나 사건에 대한 통제를 필요로 하는가?	현재 사건에 집중하는가?
실험	어떻게, 왜 만약이라면	예	예
설문조사	누가, 무엇, 어데, 얼마나 많이, 얼마나 많은 양인가?	아니요	예
기록문서 분석	누가, 무엇, 어데, 얼마나 많이, 얼마나 많은 양인가?	아니요	예/아니요
역사적	어떻게, 왜?	아니요	아니요
사례연구	어떻게, 왜?	아니요	예
행동, 매개, 변화	어떻게, 왜, 무슨 결과로	예	예

Source: Based on Yin, 1994, p. 6

관점의 연결

이제 어느 관점에서 연구방법을 고려할 것인가를 염두에 두고 다른 두 관점들을 생각하고 설명해야 하는 것이 분명해 진다. 그들의 상호연계성은 그림 5.1과 같이 삼차원 매트릭스(matrix) 도식으로 간결하게 제시할 수 있다.

이 매트릭스 내에 있는 방법들에 대한 명쾌한 요약정리를 어떻게 제공하는 문제가 남았다. 그것은 여러분에게 제 각각의 방법에 관한 근거를 이해할 수 있도록 하고, 어느 방법이 여러분의 연구프로젝트에 적합한 것인지를 결정하는데 도움을 줄 수 있는가의 문제이다.

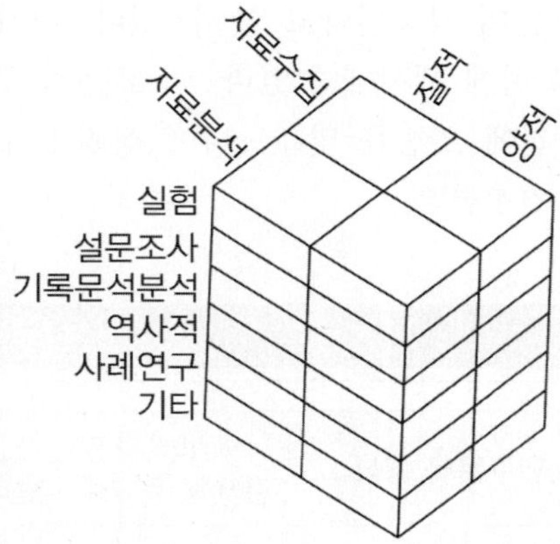

도표 5.1 관점들간의 연계도식

우리는 먼저 문예연구(literary serches; 이차자료)와 문헌 및 역사연구(이차와 일차자료)에서 활용되는 순수한 자료수집 방법들을 살펴볼 것이다. 그런 다음 그것들이 조사연구전략과 사례연구와 관련된 **일차적인 자료**의 출처를 찾아볼 것이다. 모든 경우에서 양적 및 질적인 선택사항들을 논의하고, 표본의 중요성을 좀 길게 다루고자 한다.

실험연구와 실험연구 관련 모델들은 그들의 활용과 자료분석의 산물 간에 일반적으로 상호작용한다. 그러므로 이들에 대해선 차후에 고려한다. 순수실험과 유사실험의 영역에 대한 특성들을 서술하였고, 양적 및 질적분석에 적절한 모델의 다양한 범위도 함께 기술되었다.

그 다음에는 양적 자료의 분석을 고려했는바, 특별히 양적자료분석에 널리 사용되는 통계적 기술들을 염두에 두고 확실한 분석방법을 논의하였다. 통계는 대부분의 연구전략에서 적절한 상황에서 활용되는 바, 특히 그것은 대량의 질적자료가 있거나 변수들 간의 관계를 확인하는데 필수적이다.

양적 자료분석의 방법에 개입되는 주요행위란 결과적으로 이 방법들의 특징이 되는 자료관리와 이론 간의 중요한 상호작용을 설명하는 방식으로 서술된다.

이차자료의 수집

조사연구는 모두 연구의 배경 때문에 **이차적인 자료** 출처를 필요로 한다. 연구자는 불가피하게 연구문제나 연구질문이 무엇인지를 확인하는 것이 필요하며, 또한 관련이론들과 관념들에 대한 아이디어를 프착해야 한다. 어떤 순수예술의 작업에서조차 공백상태에서 행해지는 연구기획물은 없다. 그렇지만 학생수준의 연구에서는 실제 상의 조사연구를 하는데 새로운 일차자료를 현장에서 생성하기보다는 이차적인 자료에 의존하는 경향이 더 흔하다. 정보가 기록된 본체가 존재하는 곳에서는 어느 곳이나 연구주제가 있다. 역사연구(어떤 과거의 사상, 아이디어, 또는 대상, 아주 최근의 것들이라도)를 수행하고자 할 때 기존의 자료원천을 활용하는 것을 상상할 수 있으며, 전국적인 규모의 연구나 어떤 지역연구를 하는 경우에는 공식적인 통계를 기본자료로 사용하는 것을 연상할 수 있다.

이차자료를 활용하는 이점은 그것들이 한 학도의 수단으로서는 획득할 수 없는 대규모의 예산으로 확장된 자료원천을 갖춘 전문적인 연구진들이 생산해낸 것이라는 점이다. 그러므로 그러한 자료들은 시간이 많이 소요되는 현장작업의 필요성을 생략한다. 장기간에 걸쳐 수집된 자료들은 장기적인 연구(시간에 따른 발전상황을 추적하는)를 할 수 있는 기회를 제공한다. 단기간의 연구기획물로 수집된 자료들은 그러한 작업을 한다는 것이 불가능하다. 이차적인 자료들은 연구자가 수집한 일차자료들과 비교해 보는데 활용될 수도 있으며, 그러한 비교는 연구발견을 삼각측량으로 검증해 보는 것이고, 연구자의 자료를 보다 확장된 맥락으로 정치하는 것이기도 하다. 공공영역의 자료들은 다른 연구자들의 검증이 가능한 개방성 자료로서 이러한 이차자료의 약점은 연구자가 실제의 생활양상에서 일차자료를 창출하면서 획득한 경험이나 기법들을 획득 할 수 없다는 것이다. 그 자료들은 또한 연구자의 의도에 맞는 연구 필요성에 쉽사리 조화되지 않는 것으로 어떤 목적을 갖고 수집된 것이라는 점이다. 그러한 자료들은 많은 경우 개방되어 있지만 어떤 경우는 이용 비용이 들어가며 접근하기가 어려울 수도 있다. 여러 가지 원천을 가진 자료라면 용어상의 혼선이 있기 쉬우며, 자료수집과 분석의 방법이 자료의 통합을 어렵게 하거나 난해하게 할 수도 있다.

연구자로서 귀하는 이전에 기록된 역사자료를 모색하고가 할 때 여러 가지 문제점들에 봉착할 수 있다. 그런 문제점은 주로 다음과 같은 것들이다:

- 자료의 위치와 접근성
- 자료원천의 인증성
- 신뢰의 평가성
- 자료 대표성의 표준성
- 자료해석 방법의 선택성

이차자료가 어디 있는가 하는 것은 거창한 주제가 될 수 있다. 이차자료를 찾는 활동은 컴컴한 도서관의 먼지 낀 책장을 더듬는 것에서 인터넷에서 최근의 정부통계를 내려받는 것, 또는 사막에서 파괴된 지하도시를 탐사하는 것과 같은 어떤 행위들이 관계될 수 있다. 심한 경우 현재의 최근 자료들은 확보하기 어려울 수도 있다. 예를 들어 수 많은 최근의 경제자료들은 통제되어 있고 구매하려 해도 비싸다. 실제로 유용한 것이 되려면 자료집들은 모든 변인들과 변인들의 코드에 대한 서술뿐 아니라 사용된 자료 기록의 방법들이 포함된 좋은 서류여야 한다.

이차자료의 유형과 원천

이차자료의 유형은 다양한데, 그 주종은 문서 또는 비문서의 형태로 된 원천이 서류로 된 것과 통계정보의 형식으로 된 연구자료들이다.

- 문서자료들 – 내부보고서, 연례보고서, 생산기록, 사적자료, 회의록과 같은 조직화된 기록물; 이-메일, 편지, 메모같은 사무회계록과 소통물; 책, 잡지, 신문, 광고물, 온갖 종류의 정부 출간물 같은 출판물들.
- 비문서 자료들 – TV 프로그램, 라디오 프로그램, 녹음물, 비데오물, 다큐멘터리, 현장중계, 면접등을 기록한 모든 종류의 필름 영상물.
- 연구자료 – 정부의 인구센서스, 고용, 가구연구, 경제자료 등 조직차원의 시장, 판매, 경제 전망, 고용자 태도 등에 대한 연구자료로 이러한 것들은 규칙적인 빈도 또는 지속성, 또는 일회성 등의 주기성으로 시행된다. 이들은 또한 부서, 시간, 그리고 영역에 따라 제한성을 갖기도 한다.

자료들이 일차자료인지 이차자료인지 하는 것은 연구자가 그 자료들을 어떻게 활용하는가에 달려있다. 예를 들어 회화의 형식에 대한 예술작업을 분석한다면 특정의 그 그림 또는 개별 작가가 사용한 주제, 재료, 화법과 구도 등을 탐구하는 것은 그 그림을 일차자료로 사용하는 것이다. 그 대신 그 회화에 대한 미학적 성향을 파악하거나, 미술사의 발전 증거로 보거나 또는 사회적 시간의 변화에 따른 해석물로 검증한다면 그 그림은 이차자료로 사용된 것이다. 음악, 영화, 또는 TV 프로그램 등에서도 같은 말을 할 수 있다.

이차자료의 모든 원천들을 충분히 기술하는 것은 불가능하다. 이는 마치 연구주제의 성격을 구체적 사항으로 결정해 놓는 것과 같으며, 그것은 또한 주제에 대한 가능한 연구범위가 무한하다는 것과 같다. 그렇지만 여기에서는 자료에 대한 주요형태와 그것들을 찾을 수 있는 어느 정도의 원천이 있다.

연구기획에 적합한 자료

연구자료의 특성들이 연구목적을 충족시키고 연구자의 의문에 답을 주는 자료 확실히 하기 위해서 이차자료의 활용에 대해 명확한 태도를 정하기 전에 몇 가지 사항을 점검해 보는 것은 가치있는 작업이다:

- 측정이 필요로 하는 것들 예를 들어 경제적, 인구학적, 사회통계적 등에 적합한가?
- 적용범위 – 필수유형에 대한 자료가 충분히 존재하는가, 그리고 원치 않는 자료를 배제할 수 있는가?
- 모집단 – 자료가 선택한 연구에 필요한 것과 똑같은 것인가?
- 무슨 변수들이 망라되어 있는가 – 이런 것들에 대한 정확한 성격은 서술연구에서는 그렇게 중요하지 않을 수 있지만 통계적 검증이나 설명형의 연구에서는 아주 중요할 수 있다.
- 들어가는 비용보다 이점이 더 많을 것인가?
- 연구자의 접근이 가능한 것인가?

확실성과 신빙성

자료수집이 통제되지 않고 출처가 확실치 않은 자료를 사용하는 경우 연구자는 그 자료가 신뢰할 수 있고, 충분히 포괄적인 것이며, 연구의 욕구를 충족시키는 것인가를 확실하게 해야 할 것이다. 이것이 **확실성**의 과정이다. 신뢰성에 관련하면 자료를 제공하는 조직이 무엇인가, 즉 자료의 원천에 대한 검증으로 빠르게 평가해 볼 수 있다. 정부의 통계치나 자료들은 대규모이고 잘 알려진 조직이 제공하는 것이므로 권위가 있으며, 그 조직들의 지속적인 존립감이 신빙성을 유지해 준다. 소규모 조직들이나 회사들이 갖고 있는 기록들은 신뢰성을 점검하기가 쉽지 않다. 이러한 경우에는 자료를 책임지는 특정 개인이나 부서를 점검하는 것, 그리고 그 자료에 보다 신빙성을 부여할 수 있는 연구관련 출간물이 있는지 없는지를 알아보는 것이 중요하다. 통계자료를 영리적으로 제공하는 경우, 그 자료의 활용이 가능하지 않다 할지라도 연구자는 다른 사례로 자료를 만드는데 사용한 자료수집과 분석방법에 대한 어떤 평가를 할 수 있도록 노력해야 한다. 인터넷에 근거한 자료집들은 이러한 정보를 하이퍼링크(hyperlinks)를 통하여 제공할 수 있으며, 보통 보고서들은 사용한 연구방법에 해당하는 어떤 부분을 갖고 있다. 평가되는 쟁점들이란 사용된 표집방법, 연구의 응답율, 자료가 수집되고 기록된 문맥, 그리고 자료처리과정의 분석방법 등에 관한 것이다.

이차자료의 분석

이차자료의 분석은 시간에 따른 진행경로를 추적하거나, 하나의 특정 사례를 설정하기 위한 어떤 결과들의 반복을 모색하기 위하여 그 결과에 이르는 유형들이나 성향들을 찾아내는 것을 목표로 할 수 있다. 이차자료를 분석하는 많은 기법들 중에서 그것들은 뒷장에서 설명하는 일차자료의 분석들과 별반 다르지 않다. 그렇지만 이차자료의 재료 근거에 적합한 세가지 방법들인 내용분석, 자료제련, 그리고 메타분석은 살펴 볼만한 가치가 있다.

내용분석

내용분석은 양적형식의 분석으로 논문, 광고, 뉴스 아이템들과 같은 어떤 형식의 텍스트 또는 그림, TV 또는 라디오 프로그램이나 영화 같은 매체, 그리고 면접, 연극, 콘서트와 같은 실제상황에서 헤아릴 수 있는 것이 무엇인가를 검토하는 것으로 구성된다. 그 방법은 꼭 필요한 것은 아닐지라도 자주 이차자료를 활용하여 수행된다. 이 방법은 20세기 중엽부터 미국에서 개발되었으며, 문화적 의미에 대한 주관적 계승을 적용하기 위한 하나의 실증적 시도이다. 그것은 한 사례 내에서의 현상 빈도를 다른 사례들과 비교하여 그 사례의 중요성을 가늠하기 위한 계산으로 수행된다. 한 예를 들면, 인종평등에 관한 연구에서 연구자는 다양한 유럽국가들의 의류잡지의 예시에서 인종이 다른 빈도를 비교할 수 있었다. 이 연구에서 객관성, 신뢰성, 일반성 그리고 이론의 개발수준을 달성하기 위해선 사려깊은 표본화, 엄격한 범주화 및 분류 기호화에 신경을 많이 쓰는 것이 중요하다. 이 방법에는 다섯가지 기본 단계가 있다:

- 연구문제 즉, 무엇을 왜 계산하는가를 언급하는 것은 연구주제와 문서출처에 관한 적절한 내용에 관련될 것이다.
- 대표적인 연구발견을 도출하기 위해 표본표집의 방법을 적용하라. 이것은 간행물과 다른 매체의 선택, 선택한 사례, 그리고 연구한 사례 내에서의 부분들과 관계될 것이다.
- 부호화된 분류 부분들을 재건하라. 이것은 수동으로 할 수 있다. 그러나 텍스트가 디지털화되어 있을 때는 컴퓨터 탐색체계가 더 많이 활용된다.
- 해석에서 질감을 점검하라. 이는 다음의 쟁점들을 다룬다:
  - 분석 단위들(선택한 줄거리나 주제를 실제로 텍스트로부터 나눌 수 있는가?)
  - 분류(단위들이 실제로 모두 유사한 것으로 계산되는가?)
  - 자료의 배합과 100 퍼센트 구성(단위들이 길이/세부항/권위성 등에 어떻게 계상되며 요소들의 총합은 어떻게 계산하는가?)
- 자료의 분석(어떤 해석방법을 사용할 것인가?)

내용의 틀과 부호화

이것은 한 내용틀에서의 내용분석에 대한 초기결과들을 도표화하는 예비적인 분석방법이다. 하나의 단일 간행물, 프로그램, 또는 영상물은 계산되는 단위들의 근거로 사용될 수 있는 부호로 설정되도록 분석된다. 어떤 별도의 내용틀이 각각의 일반적 질문들을 연구하도록 고안되며, 틀내에 있는 매 컬럼은 어떤 일반적 질문에 관한 한 요소가 되는 하위질문을 지향한다. 이들 하위질문에 대한 응답들은 적합한 측정단위를 나타내는 부호를 제공한다. 그런 다음 부호화 지침은 설명목록과 모든 부호의 코드숫자들을 찾고 기록될 수 있도록 한다. 그 부호들은 하나의 단어 또는 구절로 구성될 수 있다. 도표 5.2는 이에 대한 한 예시이다.

뉴스항목
1 교통사고
2 강도
3 폭력범죄
4 시민소요
5 약물사고
6 테러사고
7 기물파괴
8 정치스토리
9 건강/질병스토리
10 실업
11 취업
12 사업뉴스
13 유쾌한 스토리
14 교육스토리
15 교통스토리
16 날씨 뉴스
17 일기예보

지역
1 지방에서
2 영국내 어느곳
3 외국

보도양식
1 슈트디오 내에서
2 슈트디오에서 소개하고 외부에서 보고하기

외부보도
1 기자만 보도
2 증인/희생자만 보도
3 증인/희생자만 보도
4 전문가만 보도
5 전문가와의 인터뷰만
6 기자와 증인/희생자의 보도 혼합
7 기자 보고와 희생자의 면담보도 혼합
8 기자 보고와 전문가 면담 혼합

영상
1 슈트디오만
2 법정
3 병원
4 구급자
5 사고현자
6 집안
7 정원
8 거리장면
9 다른 장소

음향
1 이야기만
2 음악만
3 말과 음악
4. 효과음 첨부

도표 5.2 내용틀

결과의 도표화

내용분석의 결과를 형성하는 숫자화된 자료는 도표형식으로 제시하는 것이 가장 편리하다. 측정의 단위들이 나열되고 숫자가 목록화된 기록은 퍼센티지 비율로 종합해서 총합이 된다(도표 5.3참조).

내용분석 그 자체가 할 수 없는 것은 간행물, 프로그램 및 영상물이 그것의 독자들에게 미치는 영향력을 확인할 수 없다는 점이다. 이러한 유형의 정보를 얻으려면 설문서와 면접 등과 같은 다른 연구방법을 활용해야 한다. 그렇지만 내용분석이 밝힐 수 있는 것은 의사소통이 어떻게 구축되고 어느 유형과 양식의 소통이 특정의 효과를 보이는지를 저자는 밝힐 수 있다. 이러한 형식의 분석은 대량의 양적자료를 분석하여 일반화를 도출하는데 유용하다.

프로그램 날짜	뉴스 항목	분단위의 지속성	위치	보도양식	보도사이드	영상	음향
15 Mar	2	3	1	2	6	5	1
	9	2	1	2	4	3	1
	7	2	1	1		1	1
	13	2	1	2	3	7	3
	17	1	1	1		1	1

도표 5.3 내용분석 결과의 도표화

자료제련

자료제련은 현대 기업경영에서 전자기법으로 양산되는 거대한 자료를 기반으로 의미있는 정보를 추출하기 위한 기업경영에서 크게 활용된다. 보통 의사결정 연구의 출발점은 자료의 제련이다. 회사의 자료는 자료저장소 또는 자료마트라고 불리는 데이터베이스(data bases)에 저장된다. 거기에는 전 세계에 걸쳐 있는 국제기업들에 대한 자료가 집대성되어 있다.

자료제련은 통계적 도구들을 활용하여 자료에서 시장 간의 차이를 찾아내거나 수요가 증가하는 지역을 포착하는 것과 같은 기업경영의 유용한 연관성을 탐색한다.

자료 영상화의 기술은 분석자가 그림의 형식으로 자료를 나타내어 그것에 대한 확실한 이해를 얻도록 한다. 이러한 것들은 자료의 제시를 덩어리화, 네트워크화나 나무모형, 또는 일련의 분류정리화(예를 들면 신용부여 고객의 특성들) 같은 형식으로 나타내는 것이다. 자료가 가진 중요한 유형은 보통 시장분석의 근거가 되는 관련성의 형식으로 제시될 수도 있다. 이런 유형은 시간요소를 보다 복잡한 제련의 기법들로 나타낸다면 퍼지논리(fuzzy logic), 유전자 알고리즘(genetic algorithms), 그리고 프랙탈기반변형(fractal-based transformations) 등이다.

메타분석(Meta-analysis)

메타분석은 여러 개의 이전연구의 결과들에 대한 분석을 행함으로 이뤄진다. 이는 분석결과들을 수집한 것을 다시 분석하기 때문에 메타분석이라 한다. 이는 선행연구의 검토가 아니고, 기존의 연구기획물이나 그 연구결과물에 대한 평가나 비평물이라기보다는 이전의 연구결과에서 나온 축적된 자료를 통계적으로 분석하는 것이다.

이런 형식의 분석은 다음의 단계를 거친다:

1. 탐색되는 쟁점을 규정하라 –예, 학생의 학습에 대한 학급규모의 효과.
2. 설정에 규정한 쟁점에 따른 연구물을 수집하라. 이것들은 출간되거나 비출간 연구물이 될 수 있다. 양질의 유사한 연구물을 수집하여 연구유형이나 자료의 질이 현격하게 차이나는 것을 피하도록 신경을 써라.
3. 유사한 관련성을 탐지할 수 있도록 사용된 변수들의 측정방법들이 공통적인지를 확인하라.
4. 결과물 자료에 대한 분석의 목적을 선택하라. 이는 연구의 결과들이 얼마나 다양하게 변이되어 있는가를 탐색하거나, 어떤 특정 변수가 모든 연구에서 연관되고 축적되어 그 결과들이 그것의 중요성을 지칭하는 것 중의 하나이다.
5. 비교가 되도록 통계분석을 하고 유의수준을 계산하라. 한 변인의 다른 변인에 대한 영향력의 크기에 대한 추정은 밝혀야 할 또 다른 작업이 된다. 때로는 결과를 확실히 하기 위하여 연구를 하위집단으로 나누는 것이 유용할 수 있다.
6. 결과를 보고하고 연구의 한계를 논의한 다음 주제에 대한 후행연구를 추천하라.

메타분석에 관계된 많은 문제점들이 있다. 주요 문제점들은 아마 다양한 연구물이 사용한 통계기법이나 광범위한 방법들이 비교나 조합에 대한 정당화를 난해하게 한다는 것이다. 또 다른 문제는 출간된 연구물들은 단지 통계적으로 유의미한 성공적인 결과만을 기록하고 여타의 검증 결과들은 기록하지 않는다는데 있다. 이것은 메타분석의 결과를 과도한 낙관주의로 흐르게 한다. 그럼에도 불구하고 베타분석은 수많은 연구의 결과들을 한 쟁점으로 결집시키는데 기여하는 유용한 한 방법이다.

일차자료의 수집

조사연구는 표본화의 과정과 질문서, 면접 또는 관찰 등의 설문을 청하는 것에 크게 의존한다. 연구자는 이러한 것을 적절히 행하기 위해서 그것에 관한 기술을 갖춰야 한다.

- '누구나' 잘못된 연구를 할 수 있다... 연구를 잘 하기 위해선 연구의 각 단계인 디자인, 표본화, 설문서 개발, 면접, 분석과 보고서 등이 광범위한 이론적인 형식틀에 기초하고 실제의 방법론적인 고찰에 근거하는 숙련된 전문주의가 요구된다(Morton-Willams, 1993, p. 2).

세상이란 잠재적인 자료들로 꽉 채워져 있다. 그렇지만 연구자는 오직 연구의 목적에 적합하고 특별히 연구문제를 탐색하는데 필요한 자료를 수집하는데 관심을 갖는다. 그럴지라도 연구자가 특정주제에 관해 수집할 정보의 양은 매우 많을 수 있다. 그러므로 연구자의 목표를 성취하려면 자료의 양을 한정하는 어떤 방법을 사용해야 한다. 자료수집의 영역을 축소하는 주된 기술은 연구주제에 관한 소규모 부분이 되는 어떤 표본을 결정하는 것이 된다. 표본을 선택하는데 있어 고려되는 몇가지 기법이 존재한다. 자료수집의 상이한 방법들을 논의하기 전에 먼저 표본화의 쟁점을 다루어 본다.

표집(Sampling)

정보수집을 위하여 어떤 종류의 연구를 시행할 때, 또는 구체적인 연구를 위한 몇 개의 특정사례들을 선정하고자 할 때 불가피하게 떠오르는 의문이란 수집된 정보가 전체 모집단을 어떻게 대표하는가이다.

연구에서 **모집단**을 말하는 경우 그것이 사람들의 수라는 것을 의미할 필요는 없다. '모집단'은 연구의 주제 형태의 양적사례 전체를 서술하는데 사용되는 집합용어이다. 그러므로 어떤 모집단이란 대상들, 사람들, 또는 학교, 광부, 혁명등과 같은 사건들로 구성될 수도 있다. 한 **표본**은 모집단에서의 선택된 사례수이다.

여러분이 한 소규모의 클럽 구성원들의 의견을 연구하고자 한다면 각각의 성원들에 대한 정보를 수집하는 것은 어렵지 않고, 그 연구의 결과들은 그 클럽 전체 성원들을 대변하는 것이 될 것이다. 그렇지만 여러분이 국민투표를 조직화하는 것과는 다르게 어떤 규모가 큰 노동조합 구성원들의 견해에 대해 알기 원한다면, 여러분은 조합원들 중 누가 질문에 응답할 수 있고, 모든 조합원을 공정하게 대표할 수 있는 사람들이 누구인지를 알기 위해 그 구성원들에 대한 한 표본을 선택할 수 있는 몇가지의 방법을 고안해야 할 것이다. 표본화는 연구자가 정보를 수집하고자 할때 언제나 탐구하고자 하는 현상 또는 집단의 모집단에 대한 유일한 어떤 부분에서 행해져야 한다. 이상적으로는 편의가 없는 표본을 선택해야 한다. 선택한 표본의 유형이 후속 작업인 여러분의 일반화에 관한 신뢰성에 크게 영향을 미친다는 것을 알게 될 것이다.

기본적으로 표본화 과정에는 무작위와 비 무작위라는 두 가지 형식이 있다. 무작위 표집 기법은 전체 모집단에 대해 가장 신뢰할만한 대표성을 주는 표집기술이다. 비무작위 기법은 연구자의 판단이나 우연성에 의존하는 것으로 일반적으로는 전체 모집단에 대한 보편성을 확립하는 데는 사용되지 않는다.

무작위 표집(Random Sampling)

무작위 표집의 가장 단순한 형태는 모집단에서 모든 단위들(때로는 요소들이나 사례들로 불리는)을 낱개의 조각으로 대표하게 하는 것으로, 그것들을 모자에 넣고 무작위 양식으로 그 조각을 추첨하는 방법이다. 모든 표본들이 있는 것으로 표본의 크기가 많을수록 더 좋다. 그러나 연구자의 어떤 특정의 연구상황에서 연구자에게 이 방법은 실질성에서 그렇게 유용하지 않으므로 몇가지 지침들이 필요하다.

첫째, 한 질문은 모집단 성격에 대한 것이어야 한다: 표본이 동질적인 것인가? 또는 표본에 분명하게 다른 계급의 사례가 있는가? 이 경우 다른 표집기법이 적용된다. 다음의 질문은 무작위에 대한 어떤 과정을 사용할 것인가?를 묻는 것이다. 다음의 것은 모집단이 다른 특성에 어떤 기법이 적절한 것인가에 관한 안내가 될 것이다.

- 단순 무작위 표집: **단순 무작위 표집**은 모집단이 단일형태이거나 모든 경우들이 유사한 특성을 지닐 때 사용한다. 예를 들어 특정 모델의 차를 배출하는 경우 그 차종의 질을 점검하기 위해서 무작위 표집을 활용한다.

  모집단이 어떤 차의 특정모델로서 단일형태가 아니거나 일차원적이지 않을 때는 단순 무작위 표집은 생각처럼 단순하지 않다. 그 절차는 각각의 요소(사람, 집단, 계급, 형식 등등)가 선택될 기회가 같다는 것에 대한 보장을 목표로 해야 한다. 그리고 그것은 또한 요소들의 모든 가능한 조합에서 선택될 기회가 동일해야 한다. 실행상 이것이 실질적으로 가능하지 않을 경우 무작위로 도출된 수들을 활용하는 몇가지 방법들이 각각의 조합이 나타내는 기회가 동일하도록 공정한 추첨의 형식을 갖도록 고안된다.
- 단순 층화표집: **단순 층화표집**은 모집단의 사례들이 명확하게 다른 범주(계층)에 속할 경우에 활용된다. 예를 들어 어떤 사업에서 노동력이 생산, 연구 및 관리의 세 범주로 분리된 경우와 같이 단순 무적위 표집을 성취하려면 한 모집단에서 확연하게 다른 계층이 있어 각 계층에서 확보한 동일 규

모의 무작위 표본이 각각 동일하게 그 계층을 대변하도록 보장해야 한다. 그런 다음 그 표본들은 전체모집단에서 완결된 표본이 되도록 결합한다.

- 비율 층화표집: **비율 층화표집**은 모집단의 사례들이 명확하게 구분되는 범주(계층)들이 그 모집단의 이미 알려진 비율로 되었을 때 활용된다. 예를 들면 예술과 과학을 공부하는 학생의 비율이 61%와 39%인 어떤 대학의 경우는 이런 표집방법에 적합하다. 모집단에서 다른 계층의 비율이 알려져 있을 때, 각 계층의 비율은 전체 표본에서의 대표비율과 같아야 한다. 층화 비율적 표집을 성취하기 위해서는 무작위의 한 표본이 각 계층을 별개의 것으로 전체 모집단에서 알려진 각 층의 비율에 따른 비율의 크기로 확보되어야 한다. 그런 다음 그 표본을 앞에서와 같이 전체 모집단에서 완결된 표본이 되도록 결합한다.
- 집락 표집: **집락 표집**에서는 모집단의 사례들이 하나 또는 몇 특성들을 공유하지만 다른 특성들은 전혀 이질적인 것들로 집락을 형성하는 것으로, 주요 기차정류장을 이용하는 승객들이 한 예가 된다. 승객들은 모두 기차 탑승자들로서 이들은 정류장을 명확히 공유하지만 개별적으로는 연령, 성, 국적, 부, 사회지위 등등이 다양하다. 집락표집은 지역표집으로 알려져 있기도 한데, 이 방법은 모집단이 대규모이고 어떤 큰 영역에 걸쳐 분산되어 있는 경우 활용된다. 그것은 전체 모집단을 헤아리기보다는 부분들로 나누고, 그런 다음 몇 개의 부분들이 무작위로 선택된다. 표본들은 결과적으로 이들 부분들에서 앞에서 살펴본 표집방법 중 하나를 이용하여 추출된다.
- 체계적 표집: **체계적 표집**은 한 도시의 인구처럼 대규모이고 특성이 알려지지 않은 모집단에 사용된다. 체계적 표집과정은 일련의 목록에서 사전에 결정한 체계에 따라 단위를 선택하는 것과 관련된다. 체계적 방법은 많을 수 있다. 아마도 가장 단순한 방법은 목록에서 매 n번째 사례를 선택하는 것이다. 예로 전화번호부 또는 선거인 명부에서 매 10번째 사람을 뽑는 것과 같다. 이 체계를 사용할 때는 첫 사례를 무작위로 뽑는 것이 중요하다. 즉 목록상의 첫 경우는 선택할 필요가 없다. 목록의 형식 역시 중요하다: 타운의 모든 사람이 전화를 갖고 있지는 않으며, 선거인 명부에 모든 사람이 포함되진 않는다. 도표 5.4는 이 표집 기술을 예시한다.

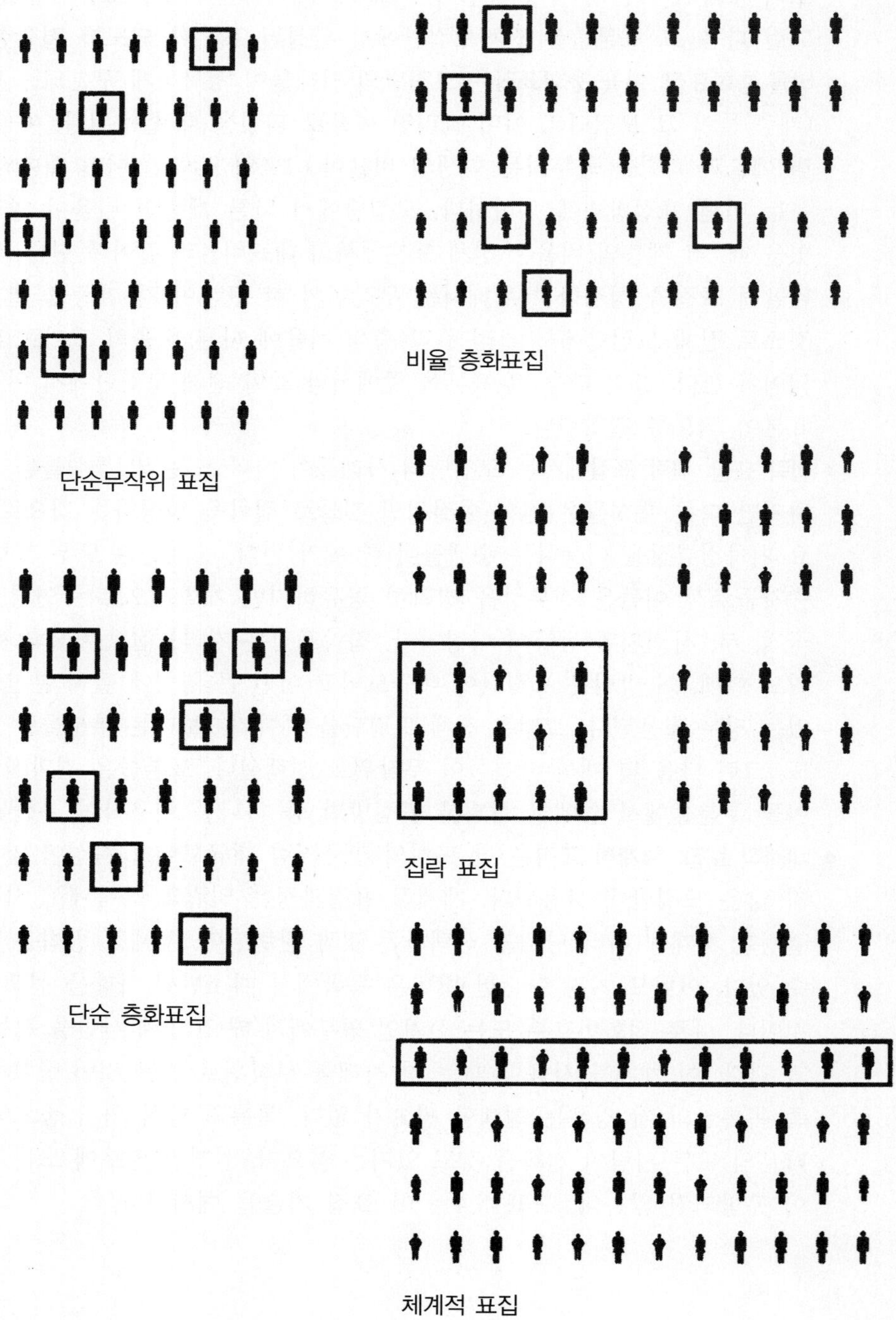

도표 5.4 무작위 표집방법의 예시

비 무작위 표집(Non-Random Sampling)

어떤 연구에서는 비 무작위 표집이 유용하지만, 그것은 일반화를 하기 위해선 그 근거가 취약하다.

- 우연 표집: **우연 표집**(또는 편의표집)은 우연히 들어간 건물을 연구하는 것과 같으며, 근무하는 회사의 작업설비를 검증하는 것처럼 같이 즉각적으로 이용할 수 있는 무엇인가를 활용하는 것이다. 이런 종류의 표본이 어떻든 간에 그것이 다른 종류를 대변하는지 아닌지를 검증할 방법이 없다. 그러므로 그 연구의 결과들은 단지 그 표본에만 적용될수 있다.
- 할당표집: **할당표집**은 정당이 다른 동일한 수의 사람들과 같이 서로 다른 응답자들에 대한 같은 수량의 사람들에게서 선별적 반응을 접하는 어떤 표본을 표본이 균형을 이루도록 시도하는 것으로, 리포터들이 도로에서 정기적으로 면접하는 방법이다. 이것은 응답자들이 그들의 정치정당에 대한 전형성이 있는지 없는지 알지 못하는 것과 같이 규정화하지 않는 형식의 표집이다. 예를 들면 노동자 반응은 극좌파의 집회에서만 나올지도 모른다.
- 이론적 표집: **이론적 표집**은 어떤 주제에 대해서 가장 잘 안다고 생각하는 모집단의 표본에서 정보를 얻는 방법에 유용하다. 집 없는 사람들에 대한 연구는 거리에서 살고 있는 사람들에게 설문함으로 연구에 집중할수 있다. 이 접근법은 통계적 추론을 요구하지 않는 질적인 연구에 흔하다.

세 가지 다른 방법들을 간략하게 언급할 수 있다: 목적표집, 이는 연구자가 어떤 '전형적'인 표본이라고 생각하는 곳에서 표집하는 것이다; 체계적 조화표집, 이는 두 개의 크기가 다른 집단에서 보다 작은 집단의 크기와 특성에 균형을 맞추기 위해 보다 큰 집단의 수를 선택하여 비교하는 것이다; 그리고 눈덩이 기법은 어떤 비밀사회의 구성원에서처럼 표적 모집단의 몇 구성원들을 접촉하여 그들에게 다른 성원을 소개해 주도록 하는 기술이다.

그림 5.2 목적표집, 연구자가 어떤 '전형적'인 표본이라고 생각하는 것을 선택

적합한 표집방법을 선택한 이후 나머지 문제는 표본 크기를 정하는 것이다. 이 문제에 답하기는 쉽지 않다. 만약 모집단이 아주 동질적이라면 그 연구는 세부적인 것이 아닐수 있으며, 어떤 소규모의 표본이 전체에 대한 전망을 잘 대변할 수 있다. 그렇지 않다면 연구자는 다음의 것을 고려해야 한다.

모집단에 대한 진정한 대표성을 요구하는 정확성을 크게 하려면 표본이 커야 한다. 표본의 크기는 또한 묻고자 하는 질문의 수, 자료분석에 필요한 상세사항의 양, 그리고 소개되는 통제의 수 등에 직접 관계되어야 한다. 일반적으로 표본이 큰 연구에서 얻은 결과들은 표본이 작은 것에서 얻은 것들보다 더 많은 확신감을 갖는다. 그렇지만 규모가 큰 표본에 대한 선호성은 연구자원인 비용, 시간 및 노력 등의 실제성에 균형을 맞춰야 한다.

모집단 내에서의 변이의 양(기법상 표준편차로 알려진)은 적절한 표본크기를 결정하는 또 다른 중요한 요소이다. 모집단이 보다 동질적이라면 다양한 모집단의 모든 측면을 적절히 대표하기 위해서는 어떤 큰 표본이 요구된다. 자료를 분석하기 위해 통계적 검증을 한다면, 어떤 의미있는 결과를 충족시키기 위하여 보통 최소한의 표본크기를 구체화한다. 이 장의 후반부는 통계적 방법을 간략히 다룬다.

한 모집단을 정확하게 대표하는 표본은 없다. 동일한 방법들을 적용하여 같은 모집단에서 다른 표본을 취득했다면 다른 개체를 선택할 우연성 때문에 각각의 표본에 대한 평균값이 다르게 된다. 표본과 모집단에 대한 평균값 간의 평균치 측정차이는 **표본오차**라고 한다.

연습문제 5.1 다음의 질문에 답하시오.

1. 왜 연구자들은 표집절차를 활용하는가?
2. 왜 연구자는 하나의 사례에 대한 관찰로 어떤 집단에 관한 일반화를 하지 않는가?
   이렇게 한 경우에 대한 사례들이 있는가? 예시해 보아라.
3. (a) 표집과정에 관한 두 개의 기본유형은 무엇인가? 그리고 그것들의 차이는?
   (b) 언제 그들을 활용하는 것이 적절한가?
4. 적절한 무작위 표집방법을 결정하고자 할 때 검토해야 할 요소들은 무엇인가?
5. 적합한 표본의 크기를 결정하는데 중요한 쟁점들은 무엇인가?

생각해보기

여러분의 연구 프로젝트에 표본을 선정할 필요가 없을지도 모른다. 그렇지만 여러분이 단지 표집 방법을 활용할 필요성을 갖지 못했다고 주장한다고 해도 표본선택의 필요성에 대한 보편성 때문에 여러분은 그것에 연관된 원리들을 이해하는 것이 중요하다. 특정 사례들에서 일반화하는 어느 형식은 그 사례들이 보다 폭 넓은 전체를 대표한다는 점을 기억하라.

질문서와 일지

설문하기는 사람들에게서 양적 및 질적 정보를 수집하는 확실한 방법이다. 질문서를 사용하는 것은 설문을 구조화할 수 있게 하고, 실질적으로 대화를 하지 않고도 모든 응답자의 대답을 수용하게 한다. 자료수집의 한 방식으로 질문서법은 매우 융통성 있는 도구이지만 특정연구의 요구사항을 충족시키기 위해서는 주의 깊게 사용해야 한다. 질문서와 설문의 기예에 대해선 책 전체에서 다뤄야 하지만 질문지법을 사용하기 전에 고려할 수 있는 중요한 요소들을 추려내는 것은 가능하다.

질문지법의 형식과 내용을 검토하기 전에 우리는 자료수집에서 이 방법을 선택하는지 간략하게 살펴보고, 설문지를 배포하는 방식에 대해 짧게 살펴보고자 한다.

질문지법에 관한 주된 특성은 그것의 비인격성이다. 설문들은 고정되어 있다, 즉 질문들은 응답이 어떻게 개진되는가에 따른 변화가 없다. 그리고 그 질문들은 모든 응답자에게 동일하며 질문에 접하는 사람에게 국한된다. 응답들은 철저히 익명성일 수 있어 잠재적으로 묻는 질문이 당황스러운 것들에도 진정한 응답 회신을 받을 개연성이 꽤 높다. 또 다른 특징은 응답자들의 지역에 지정학적 한계가 없다는 것이다: 우편이 미칠수 있는 곳이라면 세계 어느 곳에서나 할 수 있다. 응답자들이 사실들을 확인하고 설문을 숙고할 수 있는 시간이 있으며, 그것은 보다 정확한 정보를 갖도록 한다.

설문서를 교부하는 방법은 기본적으로 인적교부와 우편, 이 두 가지 방법이 있다. 개별적인 인적교부의 장점은 응답자들의 설문에 대한 어려움을 도와줄 수 있으며 연구자가 사적으로 설득하고 주의를 환기시킴으로 응답률을 높일수 있다는 것이다. 왜 어떤 사람은 설문 응답을 거부하는지에 대한 사유들이 정리될 수 있는데, 이상하고 미완성인 그러한 설문들의 경우 응답하는 과정에서 점검할 수 있다는 장점이 있다. 연구자의 이러한 인적개입은 보다 정교한 질문서를 고안할 수 있게 한다. 이러한 인적교부의 방법이 사용될 수 있는 범위나 내용을 제한하는 것은 분명 시간과 지정학적인 위치에 문제가 된다.

우편 설문은 이러한 두 가지 제한점이 주는 고통은 없다. 그렇지만 가장 심각한 문제는 응답률을 예측하거나 통제할 수 없다는 것이다. 특히나 후속조치를 할수 있는 장치가 없는 경우에는 더욱 그렇다. 무응답의 유형은 수집자료에 편견을 심어 표본의 타당성에 심각한 영향을 줄 수 있다. 우편물 배송을 선택하는 한 결정적인 요소는 비용이다. 면접에 비교하여 우편은 저렴하다. 또한 우편배송은 상대적으로 접근하기 어려운 지역 또는 넓은 지역에 흩어져 있는 사람들에게 설문할 수 있는 유일한 방법이다.

질문서를 작성하는데 언제나 완벽하게 잘 만드는 것은 쉽지 않지만 설문의 고안에는 단순한 법칙들이 있다. Box 5.2에 그 법칙들이 제시되어 있다. 설문서는 사전 연구(pilot study)라고 불리는 것으로, 소수의 사람들에게 사전에 적용해 봐야 한다. 사전연구는 질문서에 대한 이해의 문제, 또는 여타의 혼란문제를 일으키는 원천들을 예측할 수 있도록 의도한 표본과 유사한 유형의 사람들에게 적용하는게 제일 좋다. 질문서를 보낼 때 연구자는 설문을 작성하는 수용자에게 예의를 갖추어 응대해야 한다. 그리고 여러분은 그들에게 연구의 목적을 밝히고 그 결과가 어떤 혜택을 줄 수 있고, 완성하는데 시간이 조금밖에 걸리지 않는다는 점들을 설명해 줘야 한다. 마무리에는 응답자들의 수고에 보은하고 감사하다는 것을 어떤 형식으로든 표현해야 한다. 연구자가 만약 특정한 사람들의 응답이 필요하다면 그 사람들이 질문서를 작성할 의향이 있는지를 파악하기 위하여 질문서를 보내기 전에 회신료가 지불된 응답우편물로 사전에 준비한 편지를 보내야 한다(Leedy, 1989, pp. 145-8; see also Moser and Kalton 1971, chapter 13; Hague, 1993; Oppenheim, 1992).

Box 5.2 질문서 작성의 법칙들

1. 자료에 대한 수집에서 정확하게 원하는 변수가 무엇인가를 설정해야 하고 어떻게 그 변수들을 평가할 것인가를 정한다. 이것이 물어야 할 설문의 항목을 나열할 수 있게 한다(그리고 그것들이 필요한 응답을 정확하게 하기 위한 질문을 구성한다).
2. 언어는 잘못되지 않게 분명해야 하고 모호하지 않아야 하며, 부적절한 가정을 하지 않도록 한다. 리디(Leedy)는 아주 모호하나 그럴듯한 단순질문의 한 사례를 잘 예시하고 있다: "귀하는 하루에 담배를 몇 개나 피우십니까?: 25개 이상, 25-16, 15-11, 10-6, 5-1, 안핀다?" 귀하가 담배를 정규적으로 피는 사람이라면 이 질문

에 대답하는데 아무 문제가 없다. 그러나 응답자가 주말, 파티, 또는 휴일에만 끽연을 하는 사람이라면 어떻게 하겠는가?
3. 응답율을 향상시키려면 일반적으로 질문은 간단해야 하고 질문서는 가능하면 짧아야 한다. 이것은 응답의 노력을 최소화한다.
4. 명쾌하고 전문적인 설문제시는 좋은 반응을 야기하는 또 다른 중요 요소이다.
5. 정보를 완결된 형식으로 배열하는 것을 고려하라. 이것은 공간, 코드 및 점수화를 포함하는 것으로 설문을 배열 구성하는 것에 영향을 준다.

여러분은 연구에서 스스로 관장할 수 있는 질문서에 일종의 일지(diary)를 활용하는 것을 생각해 볼 수 있다. 텍스트의 형식은 전적으로 비구조화하거나 또는 일련의 설문에 응답하게 할 수 있다. 일지는 연구자가 별반 노력을 들이지 않고 많은 자료를 제시할 수 있지만 그 내용은 응답자의 과제에 대한 해석에 의존하는 것으로 아주 비체계적인 것이 될 수 있다. 응답자가 만약 어떤 행위를 내용의 결과로 받아들인다면 특별한 편견으로 기울기 쉽다. 그렇기 때문에 그들에게 유익한 방식으로 일어나는 사건을 기록할 수 있다. 그러므로 응답자들이 무엇을 언제 왜 해야 하는가를 확실하게 하고 그들이 충분히 협조하도록 동의하게 하는 것을 명확하게 하는 것이 중요하다. 비밀성은 분명 중요한 쟁점이다.

일지 메모의 방법은 친밀하거나 사적인 상황의 예와 같이 작접관찰이 어렵고 불가능한 곳을 관찰하는 대체물로 사용될 수 있다. 그것은 또한 면접을 예비하는 것으로 유용하게 활용할 수 있다: 이 방법으로 얻은 정보는 면접에서 물어볼 질문들에 대한 적절한 목록의 지침을 제공한다.

면접: 구조화, 반구조화 및 개방

질문서 연구법은 상대적으로 저렴하고 면접자의 개성이 결과에 영향을 주는 것을 방지하는 이점이 있지만 약점은 있다. 그것들은 단순한 첫단계의 질문만 내포하고 있어 적합한 정보를 취득하는가를 입증해야 하는 점에서 문제가 있다. 또한 거래에는 완전표본에서 응답을 얻는 것에 문제가 있는데, 특별히 모집단을 글로 서술하는 설문에서는 더욱 그렇다. 면접이 양적 자료수집에 적합하지만, 면접이 특히 유용한 것은 질적인 자료수집이 필요한 때이다.

귀하가 표본의 사람들에게 질문하고자 할 때 면접기법은 적용할 범위가 넓은 매우 유용한 도구가 된다. 면접을 시행하는 방법어는 면대면(face to face) 면접과 전화면접 두 가지가 있다.

면대면 면접은 가정, 일터, 야외, 여행에서와 같이 다양한 상황에서 수행될 수 있다. 그리고 그것은 일반 청중, 전문가 또는 지도자, 노인 또는 장애인과 같은 사회의 특수층, 그리고 개인이든 집단으로든 인종소수자들과 같이 다양한 사람들에게 설문할 수 있다. 면접의 주제들은 그 성격이 보편적인 것이든 특수한 것이든, 심지어 확실히 예비한다면 아주 예민한 토픽들까지도 활용될 수 있다. 그것들은 일회성일 수도 있고, 장기적 연구라면 일정기간의 궤도진전에 따른 여러 번 반복하는 것이 될 수도 있다. 면접자는 주제의 반응에 대한 질감을 가늠할 수 있는 좋은 자리에 위치하여, 만약 질문을 잘못 이해하면 알려주고, 응답자가 충분히 반응할 수 있도록 확인시켜 주면서 격려할 수 있다. 고개를 끄덕이거나 미소를 짓는 등의 가시적 표시는 응답의 완결을 진작시키는 유용한 도구가 된다.

전화면접은 응답자를 찾아가는 수고와 개인적으로 사람을 만나는 것에 관련된 시간과 문제점들을 해소해 준다. 선진국에서와 같이 널리 보급된 전화 소유자들은 전화면접의 방법으로 목표하는 바의 모집단의 적절한 표본을 얻는 것이 가능하다. 특별히 설문서가 짧다면(20-30분이 최대치이다) 이 방법의 연구는 면 대 면의 면접보다 더 빠르게 수행될 수 있다. 그렇지만 가시적인 보조물을 설문 설명에 사용할 수 없으며 눈맞춤, 미소, 의아해하는 모습 등과 같은 면접자와 피 면접자 간의 시각적인 단초는 부재한다. 전화연구에서의 무응답은 같은 설문이 면 대 면 방법보다 5-10% 정도 더 높다(Morton-Williams, 1993, p. 156). 흥미로운 점은 전화 면접의 성공은 음성의 질이 아주 중요한 요소이다. 성공률이 높은 면접자는 표준발음으로 자신감과 확신을 가지고 경쟁하듯이 빠르고 크게 말한다(1993, p. 169).

면접의 구성은 연구자가 원하는 정보유형과 관련된다. 양적인 것으로 통계적 분석에 사용할 정밀한 질문에 아주 정교한 응답을 받으려면 설문서법의 질문서와 유사한 방식으로 아주 짜임새 있게 구조화된 면접을 해야 하며, 폐쇄적 질문으로 한다. 아주 다른 면접으로 어떤 상황을 나타내고 예측할 수 없는 정보를 얻으려면 개방적이고 비구조화된 면접이 적절하다. 반구조화된 면접은 앞의 두 방법의 중간형이다. 이 방법의 면접은 규정적인 질문에 규정된 응답을 확인 후 그 응답에 대한 더 진척된 정보를 추구하는 보다 개방폐쇄적 질문들(open-ended questions)을 사용한다. 면접을 행할 때 가장 중요한 쟁점은 면접으로 얻고자 하는 것이 무엇인가, 그리고 그 정보로 하고자 하는 것이 무엇인가를 확실하게 아는 것이고, 그것에 적합한 면접의 구조를 선택하는 것이다.

면접법은 그것의 융통성 때문에 연구기획의 초기단계에 전문가로부터 정보와 견해를 획득하는 유용한 방법이다. 연구에서 추구하는 것에 선행하는 것으로 면접에 논의된 것들을 기록하는 효과적인 방법을 고안하고 수집된 자료를 정리할 수 있는 어떤 간단한 구조를 만들어 보는 것이 필요하다. 이러한 초기의 면접들은 아주 중요한 것으로 나중에 연구의 방향을 지시하고, 쟁점을 확인하고, 어떤 것을 선행해야 할지를 가늠하는데 도움이 된다. 연구자는 쟁점을 나타내는 개방설문과 그것에 따른 응답으로 얻은 것들을 쉽사리 검색하고 비교할 수 있도록 어떤 균형점을 성취하는 것에 목표를 두어야 한다.

일반 공중을 대상으로 하는 냉정한 면접과 약속을 하여 수행하는 공직자와 전문가들을 대상으로 한 면접기술에는 큰 차이가 있다. 이 두 경우는 면접의 인성과 자세가 매우 중요하다. 다양한 면접상황에 요구되는 상이한 면접기법에 대해 상세한 설명이 어려우므로 모톤 윌리암스(Morton-Williams, 1993)의 상세한 설명을 검토해 보는게 좋다. 하지만 강조되어야 할 것은 면접자의 측면에서 이 양자 모두 현장토대의 작업 약속(편지 보내기와 면접의도 설명하기)이라는 것을 감안하여 사전준비가 필요하다는 것이다. 그리고 면접을 시행하기, 자신감과 친근감과 좋은 인상 등을 갖기 위한 사전 준비, 그리고 응답을 기록(녹음기, 메모, 형식 등등)하기 위한 적합한 방법을 선택하는 사전준비도 강조해야 될 사항들이다.

그림 5.3 면-대-면 면접(face-to-face interviews)은 다양한 상황에서 수행될 수 있다.

표준화된 척도와 테스트

이것들은 여러 가지의 구조화된 면접 또는 자기 기입식 설문지에서 볼 수 있는 것들이다. 사회과학자와 심리학자들은 인간의 능력, 태도, 적응력 및 견해에 대한 설정물을 고안한 것들이 많이 있다. 이러한 것들에 대한 잘 알려진 예는 지적능력검증이다. 이런 테스트물의 목적은 보통 어떤 방식으로 쉽게 비교 할 수 있도록 표준화된 척도에 따라 주제물에 대한 능력을 측정하는 것이다. 연구자가 직면하는 중요한 문제 중의 하나는 학교급식, 군복무, 사형제도 등에 대한 것과 같은 추상적 개념에 보다 엄밀하게 측정할 수 있는 적절한 척도를 선택하거나 고안하는 것이다.

응답에 관한 과잉 단순화를 지양하는 공통적인 사전유의는 똑같은 토픽에 대해 다양하게 상이한 시각으로 많은 질문을 하는 것이다. 이러한 삼각측량의 형식은 복잡한 쟁점에 보다 완벽한 그림을 그리는데 도움이 된다. 인위적인 척도는 피해야 한다. 목표로 한 결과에 따라 상이한 접근방법을 취한 것들이 몇 개 있다면 그 중 많이 시도되고 검증이 된 표준화 척도를 사용하는 것이 안전하다. 몇 개를 언급하자면, 가장 흔한 것으로 리커트 척도(Likert Scale)는 모든 것을 합하여 등급화하는 접근법이고 서스톤 척도(Thurstone Scale)는 균등출현의 서열척도로 측정하는 것을 목표한다. 거트만 척도(Guttman Scale)는 단일차원 척도로 항목들이 누적적인 속성을 갖는다. 그리고 어휘차이 척도는 응답개념에 대한 응답자의 태도보다는 그것에 대한 주관적인 의미의 차이가 측정된다. 이 단계에서는 그것이 여러분의 연구에서 핵심사항이 아닌 것이라면 앞에서의 검증방법에 관하여 상세하게 알 필요가 없다. 보다 더 많은 것을 읽으려면 로보손(Robson, 1993, pp. 255-68)의 아주 유익하고 간결한 소개와 보다 많은 참고물들을 활용할 수 있다.

해설(Accounts)

해설은 질적 자료수집의 한 방법으로 주로 사회학적 연구에서 사용된다. 이것은 사람들이 경험한 것에 대한 자신들의 해석과 설명에 대한 질문으로 인간의 행위와 정서에 대한 정보를 찾아내고자 한다. 이런 형식의 연구는 "인종적(ethnogenic)"인 것으로 칭하는데, 이것은 인간이 목적을 알고 목적을 성취하는 최선의 방법을 의도적으로 고려하는 존재로서 계획을 세우고 스스로 점검하는 존재라는 믿음을 근거로 한다(Cohen and Manion, 1994, p. 205; 인종지적 접근법에 대한 보다 포괄적인 설명이 필요하다면 Harre, 1977을 보아라). 해설(Accounts)은 다양한 자료원천을 구성하는데 한 개인의 구술적 해설들, 행위(몸짓 같은), 체험과 대화에 관한 개인 기록들, 편지, 일기 등과 같은 것을 예시할 수 있다. 해설들이 근거가 있는 한 사람의 행동에 대해 쟁의적인 해석으로 사용할수 없다는 토를 달수는 없다.

정보는 응답자로부터 직접 나오는 것이기 때문에 응답자들을 유도하는 질문,

지나친 안내 등 왜곡의 원인이 되는 여타의 요소들은 회피하도록 응답자들을 돌봐 주어야 한다. 해설에 대한 실제성을 점검하는 것은 이런 형식의 자료수집에서 중요한 요소가 된다. 이것은 그 건에 대한 물리적 기록물(논문이나 서류 등)을 조사하고 설명과정을 결합하는 동안 응답자들을 점검하면서 그 건에 관계되었던 다른 사람들을 교차점검 함으로서 수행된다.

수집된 해설들을 코드화하고 분석할 수 있도록 활용서류로 전환하는 작업은 다음 단계에서 고려되는 절차이다. 이 단계에선 실제성에 관한 추가적 점검이 전환작업의 신뢰성과 더불어 행해진다. 그런 다음 문서들은 질적으로 또는 양적으로 분석될 수 있다. 그런데 이는 연구문제의 유형과 탐구의 성격으로 결정된다. 이 과정에 대한 보다 구체적인 사항은 브라운과 씨메(Brown and Sime, 1981)에서 찾아볼 수 있다.

관찰과 물리적 흔적 연구(Observations and Physical Surveys)

관찰은 연구자가 비공식적으로 개입하여 조건, 사건과 행위들을 기록하는 한 방법이다. 비참여적 관찰자는 현상에서 한발 떨어진 자세를 취하고 사실이나 효과에 영향을 주지 않도록(즉 무관심으로) '보이지 않게' 하는 것을 겨냥한다. 참여적 관찰자는 과정이나 활동에 관계함으로 눈에 띈다. 관찰은 또한 건물과 같이 대상물의 특성이나 상태 등을 기록하는데 사용된다. 이런 유형의 관찰은 종종 일종의 연구로 언급되고, 그것은 예비적인 시각적 연구에서 측정을 위해 일련의 도구를 사용하는 구체적 연구에 이르는 범위를 갖는다. 어떤 방법에 반대되는 활동으로서의 관찰이란 물론 수많은 연구상황에서 필요로 하는 것이다. 실험의 결과, 모델의 행위, 그리고 심지어 면접에서 질문에 대한 사람들의 반응을 관찰하기 같은 것들이 그런 예이다. 관찰은 양적 및 질적 자료를 기록하는데 사용된다.

관찰은 사람들이 말하거나 의도한 것과 다르게 행위하는지 아닌지를 기록할 수 있다. 사람들은 가끔 어떤 과정에 대한 이해를 말로 설명하는 것보다 행동으로 더 잘 표현할 수 있다. 예를 들면 기계조작자는 아마도 말로 설명하는 것보다 기계를 조작해 보임으로 기계의 작동기술에 대한 이해를 보다 명확하게 과시할 수 있을 것이다.

관찰은 시각적 감각에 국한되지 않는 냄새, 촉감, 청각과 같은 어떤 감각으로 관찰될 수 있다. 이것들은 인간의 감각영역에 한정될 필요가 없다. 마치 습도기가 습도의 느낌에 대한 감각도를 향상시키는 것처럼 시각의 영역을 확장하기 위해 현미경이나 망원경을 활용할 수 있다. 여러분은 인간의 감각에 대한 관찰의 한계를 확장하는 온갖 원리로 개발된 도구들을 아마도 생각할 수 있을 것이다.

한편 대상물에 대한 관찰은 예비지식을 습득하거나 그것의 상태나 조건에 대한 예비적 평가를 할 수 있는 신속하고 효과적인 방법이다. 예를 들어 지진이 발생한 후 건물 파괴의 양과 유형에 대한 신속한 시각적 평가는 상세한 연구가 착수되기 전에 행해질 수 있다.

다른 한편으로 관찰은 관찰되는 활동이 일정하지 않을 때 시간 소요가 많고 어려울 수 있다(즉 건수가 발생할 때를 기다리는 시간이 많이 들 수 있거나 그건을 모두 관찰하거나 기록하기 불가능 할 정도로 일시에 많은 건들이 일어날 수 있다). 종종 자동카메라와 다른 감각측정기 같은 도구가 비규칙적이고 폭발적 활동의 문제를 극복하기 위해 고안되기도 한다.

관찰을 어떻게 수행할 것인가에 대한 기본이 되는 힌트는 Box 5.3에 제시되어 있다.

Box 5.3 관찰을 어떻게 할 것인가에 대한 힌트들

1. 무엇을 찾고자 하는지를 확실하게 하라. 사건들과 대상물이 보통 복잡하여 연구하기에 적절하게 보일 가능성이 많다. 연구할 필요가 있는 변수들을 확인하고 그것들에 집중하라.
2. 정보를 정확하게 기록할 수 있는 단순하고 효과적인 방법을 고안하라. 가능하면 굵은 선의 도표나 동그라미 친 숫자표기를 이용하라. 특히 빠르게 변하는 사건을 기록할 필요가 있을 때는 더욱 그렇다. 분명하게 여러분이 정적인 대상을 관찰할 때 필요한 자료를 표시하거나 묘사하는 데 보다 많은 시간을 할애해야 한다. 발생한 상태로 관찰한 것을 기록하라. 구체적으로 관찰한 것은 빨리 망각된다.
3. 필요하고 적절할 때 도구를 사용하라. 측정을 자동 기록하는 도구는 많은 상황에서 선호되는 것이다.
4. 가능하다면 관찰을 진행하면서 정보를 기록하라. 이것은 탐구가 필요한 중요 문제들을 구체적으로 확인할 수 있고, 여타의 것들은 불필요한 것이라는 것을 구별하는데 도움이 된다.
5. 관찰하는 것이라면 존재가 노출되었을 때 어떻게 할 것인가를 선행하여 계획해 두어야 한다. 이는 황당한 상황이나 또는 위험할 수도 있는 잠정적인 상황을 피할 수 있게 한다.

일차적 탐구의 인터넷 활용하기

이차자료를 찾기 위한 인터넷의 활용은 이 장의 초반부에서 논의했다. 그러나 그것이 일차자료를 얻는데 사용될 수 있을까? 그렇다. 휴슨 외(Hewson et. al., 2003, p.78)에 따르면 연구와 질문서는 웹 기반의 방법으로 가장 폭 넓게 보완된다고 지적한다. 전형적인 웹 기반의 연구는 구조화된 질문서에 관계될지라도 그러한 것들은 질문지에서 비구조적 면접 그리고 심지어는 관찰연구와 실험연구에 이르기까지 인터넷이 연구의 모든 영역에서 활용될 수 있다는 입장을 유지한다. 그렇지만 아직까지 응답률, 오류, 비 응답, 성실성 그리고 완성율 등과 같은 중요한 요인들에 관한 공인된 연구는 거의 없다. 하지만 시장연구의 분야에서는 응답률을 극대화하는 주제에 대한 논의는 풍부하다. 웹에 근거한 연구를 이용하는 매력 점은 잠재적인 것으로 세계 도처에 있는 수많은 응답자들에 접촉할 수 있으며, 질문서의 배포와 수집에 드는 비용과 시간을 최소화할 수 있고, 이미 전자화된 형식으로 된 자료의 분석이 용이하다는 점이다. 또한 연구자와 응답자의 익명성을 높이고, 그것이 국적, 성별, 연령 등에 의한 편견의 위험성을 극복하고 솔직한 반응을 진작시켜 응답률을 높이는데 도움이 된다.

그러나 거기에는 또한 피할 수 없는 특정한 문제점들이 존재한다. 즉, 웹 형식의 연구는 응답의 질적인 수준에서 연구자의 통제력 결여는 자료의 타당성과 신뢰성에 의문을 제기할 수 있게 한다. 거기다 또한 표본의 쟁점이 제기된다. 가장 흔한 접근방법은 비무작위 기법을 사용하는 것인데, 이것은 자발적 참여자를 충원하기 위해 웹사이트나 뉴스집단에 알리는 방법이다. 이는 모집단이나 접한 표본에 관한 지식이 전혀 없는 것으로 결과의 일반화 관련된 문제를 제기하게 된다. 보다 개서된 통제와 신뢰할 만한 표본화의 기법은 연구매개물로 이메일(e-mail)을 이용하는 적용기법이다. 여기에서 제기되는 문제는 적절한 이메일 주소목록을 어떻게 편찬하는가이다.

이메일과, 더 나은, '대화방(chatrooms)'들은 웹에서 면접수행을 허용한다. 이런 형식의 커뮤니케이션은 대화 이외의 신호는 결여되지만, 토의에 참여하는 사람에 대한 익명성 덕분에 이점을 가질 수 있다. 관찰연구에서와 같이 웹의 문서매개는 주로 인터넷 커뮤니케이션이 초점을 두는 언어적 투사라는 점에 한계가 있다. 보다 전형적인 관찰기법의 연구들과 비교하여 관찰 차 노출에 편견이 없으며, 연구자는 프로젝트에 적절한 것을 넓은 지역에서 접근할 수 있다. 비언어적 행위 관찰의 연구는 상황유추(simulation), 게이밍(gaming) 또는 역할연극(role-play) 기법으로 고안될 수 있다. 직접 관찰하기 위한 웹 카메라(webcams)

는 아직 기술적인 문제로 제약이 있다. 인쇄물, 그림(video), 음성(sound) 또는 상호작용 또는 게임 등을 활용하는 웹기반의 실험들은 연구자가 종속변인에 대한 독립변인들의 효과를 측정할 수 있도록 고안된다면 가능한 일이다.

여기에서 이러한 연구매개물에 대해 상세하게 논의할 공간이 충분치 않다. 주요 기술적인 쟁점들은 연구의 질 자체수준에 도전할 수 있는 상황에 맞춰야 할 것이다. Hewson과 동료들(Hewson et. al., 2003)은 이러한 모든 것들을 포괄적으로 설명한다. 인터넷 서베이를 개발할 수 있는 열 개의 일반적인 원리들이 Box 5.4에 제시되어 있다.

Box 5.4 인터넷 서베이를 개발하는 10가지 원리들

1. 참여자의 인구학적 정보를 수집하라(성, 교육, 수입, 국적, 직업, 인터넷 사용횟수)
2. 표집들과 응답율을 측정하는 표집 과정을 목표로 하라.
3. 조사에 접근할 수 있는 통제력을 가져라(예를 들어 패스워드 passwords)를 확보한다.
4. 설문을 보내기 전에 참여를 권하는 사전요청서를 보내라.
5. 연구를 소개하라. 이는 상세함에 친숙감을 주고 전문성을 제공한다.
6. 문건과 내용시현에는 단순 명쾌함을 목표로 하라.
7. 연구의 성격에 맞춰 가능하면 손쉬운 기술을 적용하는 소프트웨어 프로그램과 절차를 유지하라.
8. 여러 가지의 다른 창구를 활용하여 사전연구를 확장 시행하라.
9. 참여자의 신원을 확보하는 것이 연구의 핵심에 지장이 없다면 참여자의 익명성을 유지하라.
10. 자료원(resources)이 허용되면 자료수집에 제공자 측의 설명서(server-side scripting)을 사용하라('Mailto': Command에 반대되는 것으로). (Hewson et. al., p. 85)

연습문제 5.2

1. 질문서의 한 부분으로 다음의 설문은 무엇이 잘못되었는가?
   a. 어느 곳 출신입니까?
   b. 자녀는 몇 명입니까? 0, 1, 2, 3, 4에서 하나에 원으로 표시하세요.
   c. 현대 건축물을 좋아하십니까? 0에서 100 사이의 숫자로 좋아하는 정도를 표현하세요: 0 아주 싫어함 100 아주 좋아함.

d. 지난번에 샴페인 한 병을 드신 것이 언제입니까? 어제, 지난주, 지난달, 작년.

e. 전쟁, 사회, 공중관계, 혁명, 교육 등의 개념 중 어느 것이 다음의 문맥을 서술하는 것입니까? "사회의 장에서 차이나는 무한한 역할을 제한하고 의미 불확정의 원리에 상응하는 상징의 잠재적 무한성을 내재화하고, 무한한 어떤 질서 내에서 그것을 감쌀 수 있는 현재 시도하는 결과"

2. 구조화 면접, 반 구조화 및 개방면접과 설명 간의 주된 차이는 무엇입니까?

3. 사용자 태도 연구를 할 때와 같은 예로, 사람을 구성하는 모집단에서 대표성을 갖는 정보획득을 목표로 하는 표집 기술은 무엇입니까?

생각해보기

연구결과에서 일반화를 도출하고자 할 때 연구자는 가능한 모든 사례들 중 단지 소수의 사례에서 얻어낸 것에 근거하여 결론을 도출하기 쉽다. 어떤 현상에 대한 모든 사례를 검증하는 것은 당연히 불가능하다. 그래서 이런저런 형식의 샘플링(sampling)은 연구에서 가장 많이 쓰이는 특징 중의 하나이다.

결합자료의 생성과 분석

현상을 분석하고 그것들에 대한 정보를 수집하는 한 방법으로 중요한 요소들이 포함되어 있는 실제 세상에 관한 어떤 축약된 세계를 인위적으로 창출하는 것이 때로는 가능한 작업이다. 그래서 그것으로 변인들을 직접 조작함으로써 이러한 것들을 상세하게 연구할 수 있게 된다. 실험을 수행할 수 있는 다른 많은 곳이 있다. 그러나 실험실은 통제가 최대한으로 가능한 곳이다. 모델의 활용은 통제된 상황에서 실제 세계에 대한 정보를 얻을 수 있는 또 다른 방법이다. 이러한 방법들에는 자료의 수집과 분석이 불가결하게 연결되어 있다. 실험과 모델을 근거로 하는 예비 자료들은 새로운 자료를 생성하는데 사용되고, 그것들은 나중에 더 분석할 수 있는 자료가 된다. Box 5.5는 실험과 모델 간의 차이를 요약해 놓은 것이다.

Box 5.5 실험과 모델 간의 차이

- 실험은 실제적인 현상을 검증하기 위하여 이용하는데, 실험에서는 범위와 규모를 통제한다.
- 모델은 연구하고자 하는 현상에 대한 하나의 인위적인 대체물을 제시한다. 모델은 축소하거나 그림 또는 수학적으로 추상화하는 방법으로 연구하고자 하는 현상을 모방한다(모델의 수학적 추상화는 종종 컴퓨터 기법을 사용한다).

실험은 다음 부분에서 언급되는 분석적 기능에 충실하도록 기획될 수 있는 강력하고 용이한 기법이다.

그림 5.4 실험은 강력하고 용이한 기술이다.

일반적으로 실험은 원인과 결과(종속변수와 독립변수를 연구하는 것)를 검증하기 위해 계획되고 수행된다. 그리고 실험은 만약 ~이라면 무엇이 발생하고 왜 그런가? 라는 것과 같이 원인과 결과에 대한 설명을 찾아 내기 위해 활용된다. 실험의 설계는 얻고자 하는 자료유형, 자료의 신뢰수준, 그리고 연구문제에 관련된 실천적 상황문제에 달려있다.

실험과 모델은 가정들이 타당하게 구성되었는지 아닌지를 검증하는 점검이 수행되어야 한다. 실험에서 하나의 통제집단은 실험처치의 효과가 평가되는지에 대한 어떤 기준선을 제공하는 것으로 사용된다. 통제집단은 실험집단과 동일한

(가능한 유사한) 것이지만 실험처치를 받지 않는다(예, 의학실험에서 통제집단은 처방약 대신 플라시보(placebo pills: 가짜 약)약을 제공한다).

실험실과 현장실험

설계된 실험장치와 실제적 삶의 현실에서 행해지는 실험 간에 발생하는 의미있는 차이는 무엇일까요? 사회과학은 실제의 세계에서 발생하는 것에 관심을 두는 탓에 실험실에서 사회적 실험을 한다는 것은 잘못된 건가?

실험실에서의 실험은 환경에 대한 바람직한 환경 통제와 관련주제에 대한 효력을 탐구하는데 바람직한 통제를 할 수 있다는 이점을 갖는다. 주제들은 약간 위장된 도움을 받아 무엇이 연구받았는지조차 알아차리지 못할 수 있다. 인위적인 장치일지라도 실험실의 실험은 실제적 세계에서 일반화될 수 있는 신뢰할만한 자료를 제공할 수 있다. 그렇지만 로브슨(Robson 1993, pp. 80-7)이 언급하는 논증에 따르면 실험실 실험이 불리한 점들은 다음의 것들이다;

- **실험적 사실주의의 결여** - 조건들이 인위적이며 주제의 개입이 실제의 장치와 같은 방식으로 되지 않는다.
- **세속적 사실주의의 결여** - 실제적 삶의 장치들은 그것들보다 언제나 훨씬 더 복잡하며 모호한 상황이다.
- **공급되는 성격에 따르는 편견을 유도** - 어떤 일들이 기대되며 요구되는 주제에 대한 예측감 그리고 그것들이 관찰될 수 있는 지식에 대한 반응.
- **실험자의 기대에 따르는 편견을 유도** - 검증가설을 지원하는 발견에 대한 편견적인 견해를 유도하는 일이 종종 일어나는 실험자의 무의식적인 효과.

실험실과 현장실험을 구분하는 것이 쉬운 것은 아니다. 실험실의 실험적 모의실험 또는 실험목적을 위한 실험실의 정상적인 장치를 어느 곳에 실제로 설치할 것인지를 결정하는 것도 쉽지 않다. 자연스런 상태에서는 실험목적으로 사람들을 조직할 때 조작성을 알아차릴 수 있거나 그들이 연구대상이라는 것을 알 수도 있다.

현장실험에서는 기획된 조정과 개혁이 자연스러운 실험을 위한 최적의 전략이다. 왜냐면 기획된 조정과 개혁은 상대적으로 신뢰할 만한 실험 안을 공급하고, 관계된 통제집단, 조정 이전의 정보를 획득할 수 있는 가능성을 제공하기 때문이다. 외적 타당도(실제세계에 대한 일반화)는 실험이 정상적인 실생활에서 행해질 때보다 쉽게 성취된다. 주체들은 인위적인 조건에 영향을 받기보다는 정상적으로 행위하고 반응하는 것이 더 자연스럽다. 대부분의 경우 주체들은 어느 특정 시간과 장소에 참여시키도록 노력할 필요 없이 자연상태에서 연구에 참여된 주체들을 선정하는 것이 더 자연스럽다. 그러나 실험실에서와 같은 제약과 통제가 되지 않는 것은 몇 가지 아래와 같은 문제점들을 야기한다.

- 무작위 오류
- 타당성 결여
- 윤리적 쟁점
- 통제 결여

실험 유형

캠벨과 스탠리(Campbell and Stanley, 1966, pp.171-246)는 Box 5.6에서와 같이 실험을 다섯 가지의 일반유형으로 분류한다. 이들 유형은 연구유형의 다른 특성들, 그것들의 엄밀성 수준, 그리고 그것들의 결과물에 대한 신뢰성을 비교할 수 있게 한다.

Box 5.6 실험유형

① 사전 실험(Pre-experimental)
② 사실 실험(True experimental)
③ 유사 실험(Quasi experimental)
④ 상관 실험(Corelational)
⑤ 사후 사실 실험(Ex post facto)

이런 제목의 서로 다른 디자인들이 어떻게 작용하는지를 설명하는 요약문들이 있는데, 그들 각각은 똑 같은 표본 현상을 연구하는 사례로 예시되었다(한 집단의 시험결과에 관한 개량수업의 효과).

사전 실험 디자인(Pre-experimental designs)

사후처치연구(One-shot case study: after only) 이것은 오직 실험 후 관찰이 행해지는 가장 원형이 되는 디자인으로 통제와 점검이 취약하다.

사례: 한 집단이 재 학습 과정에서 시험결과를 점검하였다. 결과가 좋다면 그 실험이 효과적이었다는 것일까?

한집단사전사후테스트디자인(One group, pre-test-post test: before-after design) 여기서는 주제(집단)가 실험 전에 점검된다는 것이다.

사례: 그 집단이 과정이 시행되기 전에 시험을 봤고 과정 후에 결과도 검사했다. 그 집단은 과정도 거쳤고 나중에 시험도 치뤘다. 이들 시험의 결과는 사전의 것과 비교되었다. 두 번째 시험에서의 더 좋은 결과는 그 과정이 효과적이었다는 결론에 이르게 한다.

정적집단비교디자인(Static group comparison - before-after design) 이전의 것과 유사하지만 통제집단이 등장한다는 것만 다르다.

사례: 두 개의 집단이 무작위로 선정된다. 실험집단은 코스를 밟고 통제집단은 코스를 밟지 않는다. 두 집단 모두 시험을 치르고 그 결과가 비교된다. 만약 통제집단의 결과가 떨어진다면 그 코스가 성적을 향상시키는데 기여했다는 결론이다.

이러한 디자인들이 갖는 난점은 변인에 대한 통제의 결여인데, 이는 결과에 심각한 영향을 줄 수 있다. 예를 들어 몇 집단들이 시험에 대비하여 준비를 잘했다지만 학습에 관심이 없다면 시험결과는 어떻게 될 것인가!

진실 실험 디자인(True experimental designs)

사전 사후 통제 집단 디자인(Pre-test-post-test control group before-after design) 이는 가장 흔하게 사용하는 진실 실험 디자인이다.

사례: 두 개의 집단이 똑같은 무작위 과정으로 선정되었다. 두 집단 모두 사전사후 시험(테스트)를 실시하였다; 한 집단은 학습과정을 수행했고, 다른 집단은 과정을 하지 않았다. 두 집단을 또 다시 검사하였다; 시험 결과가 비교되었다. 만약 양쪽 표본이 사전사후시험에서 동일한 결과가 나왔다면 최상의 결과를 얻은 것이다.

솔로몬 네 집단(사전-사후) 디자인(Solomon four-group before-after design) 이것은 앞의 디자인으로 네 집단을 이용하여 부가적인 집단에 사전 테스트를 함으로 더 정교하게 다듬은 것이다.

사례: 네 집단이 똑 같은 무작위 과정으로 선정되었다. 두 집단 사전 사후 시험을 치뤘다; 한 집단은 그 다음에 학습과정을 밟았다. 다른 두 집단 중 하나는 과정을 밟았다; 그런 다음 네 집단 모두 시험을 봤다; 결과들이 비교되었다. 만약 사전 사후 시험을 사전 사후 테스트 시험을 보지 않았던 집단들과 비교하여

사전 사후 시험이 그들의 결과적인 수행에 영향을 주었는지 어떤지를 감지하는 것이다.

사후검사로만 행하는 통제집단 디자인(post-test only-control group design after only design) 이 방법은 사전테스트가 가능하지 않을 때 사용된다. 예, 지진 같은 어떤 일회성의 상황, 또는 어떤 지속적인 발전이 진행되는 경우, 또는 사전테스트가 물질을 파괴하는 경우, 이러한 경우들은 단지 한가지 장치의 시험문제만 허용된다고 가정한다.

사례: 두 집단이 똑같은 무작위 과정으로 선정되었다; 한 집단은 학습과정을 밟지만, 다른 집단은 과정이 없다; 두 집단 다 시험을 본다 ; 결과가 비교된다. 이 방법의 타당도는 결정적으로 표본의 무작위성에 의존된다.

유사실험 디자인(Quasi-experimental designs)

비무작위 사전 사후 디자인(Non-randomized control group, pre-test-post-test design).

무작위 선택이 달성될 수 없을 때 통제와 실험집단은 가능하면 유사하게 짝을 이뤄야 한다.

사례: 두 세 개의 건물 앞면 장식의 페인트 칠하지 않은 유사의 나무 판넬의 수분흡수를 테스트하였다; 한 세트는 페인트를 칠했고, 다른 것은 칠하지 않았다; 두 집단 다 수분 흡수를 다시 테스트하였고 그 결과들을 비교했다.

시간 연속실험(Time-series experiment). 반복되는 동일한 실험들이 행하여 지고 난 다음, 한 변인이 새로운 결과를 야기하도록 변경되었다. 그리고 만약 그 변인이 변화된 결과를 지속적으로 창출하는지 어떤지 알기 위하여 그 새로운 실험을 반복한다.

사례: 페인트를 칠하지 않은 나무의 수분흡수를 반복적으로 테스트한다; 똑같은 표본에 페인트를 칠한다; 페인트 칠한 표본의 수분흡수력을 반복적으로 테스트한다. 이 디자인의 위험부담은 시간이 지나면서 다른 알 수 없는 요인이 결과에 영향을 줄지도 모른다는 것이다(예, 이 실험의 경우 사용한 물이 나무를 파괴하고 그것이 나무의 수분흡수력을 떨어뜨릴 수 있다).

통제집단시간연속(control group, time-series). 앞의 것과 같지만, 변인을 바꾸지 않은 평행적인 어떤 통제집단을 갖는다.

사례: 앞에서와 같지만 평행이 되는 표본인데 페인트를 칠하지 않고 결과를 비교하는데 사용된다.

상관적인 것과 사후사실 확인(Corelational and ex post facto)

상호관계가 있다는 것은 오용되기 쉬운 디자인이다. 두 요소들이 통계적으로 상관관계를 입증한 후 한 요소가 다른 요소의 원인이라는 주장을 한다. 삶이란 그렇게 단순하지 않다! 연구에서 인식할 수 없는 수많은 다른 요소들이 있을 수 있다. 하나 또는 몇 가지의 것들이 원인이 될 수도 있고, 다른 원인에 기여할 수도 있다.

사후사실 확인(Ex post facto)은 검사는 시작했지만 건수가 발생하기까지 실제로 실험적 접근이라 할 수 없는 것으로 발생하는 건에 대한 통제가 불가능한 것을 말한다. 비행기 충돌 또는 알 수 없는 질병의 발생 등과 사건의 원인을 찾는 것은 적절한 자료와 그 자료의 발견과 관계가 많다. 모든 가능한 사유들 중 가장 그럴듯한 사유를 찾아야 한다. 그렇기 때문에 잘못된 영역에서 사유를 찾을 개연성이 많다. 이런 것이 과학적 연구의 가장 흔한 연구형식으로 과학자들의 과학적 방법 외의 방법으로 사유를 찾는 기술을 찾아내야 할 것이다.

타당성(Validity)

내적 타당성(internal validity)과 **외적 타당성**(external validity) : 진실실험디자인에서 얻어진 자료의 질은 순수하게 통제된 변수들의 영향을 반영해야 한다(내적 타당성). 그리고 그것이 당장의 실험상황을 능가하는 것으로 형성되는 일반화를 가능하게 해야 한다(외적 타당성). 코헨과 매니온(Cohen and Manion, 1994, pp. 170-2)은 타당성에 위협이 되는 원인 요소들의 목록을 제시했는데, 여기에 간략히 언급할 만한 가치가 있다. 예를 들어, 결과에 영향을 주는 사전 사후 테스트를 관찰하는 것들 간에 눈에 띠지 않는 방해물들, 또는 시간이 흐를수록 표본이 쇠락하는 것과 같은 실험의 주체가 변할지 모르는 것 등이다. 잘못되거나 부적절한 측정도구들과 사람이 관찰하는 약점은 부정확한 자료수집으로 인도하여 잘못되거나 부적합한 표집 방법 탓에 표본의 편견을 불러올 수 있다. 장기적으로 운영되는 실험에서의 실험주체의 탈락(꼭 죽음일 필요는 없다)은 나머지 표본에 편견을 야기할 수 있다. 또한 호손효과(The Hawthorne effect)와 같이 사람들이 신들이 실험대상이라는 것을 알게 되면 다르게 반응할 수 있거나 실험 동안의 학습효과로 결과를 조작할 수도 있다. 독립변인들에 대한 애매한 확인은 후속연구자들에게 그 실험을 반복할 수 있는 것을 불가능하게 한다.

모델(Models)

모델은 조작화의 효과에 대한 자료를 획득하기 위하여 조작될 수 있는 형식으로 실제를 선택적으로 모방하는 한 방법이다. 브로드벤트(Broadbent, 1988, p. 91)는 모델의 세가지 기본 기능을 서술적(descriptive), 개념구조화(concept structuring) 그리고 탐색적(exploratory)인 것으로 서술한다. 그는 이 기능들을 보다 상세하게 나누는 바, 그것은 다음부분에서 다룰 분석을 하는 사유의 전 목록들을 거의 다 포함한다. Box 5.7은 브로드벤트의 유형을 보여준다.

Box 5.7 모델의 기능

1. 서술적. 동형적(Isomorphic), 즉 대상에 대해 모든 것을 상세하게 진실치로 재구성하는 것 (예, 선 도형(a wiring diagram); 축소동형적(homomorphic). 즉 선택적 특징을 보여주는 어떤 단순화된 재구성(예, 관광지도)).
2. 개념 구조화. 자료개념규정; 자료수집; 자료 배치; 자료 예측.
3. 탐색적. 가설검증; 가설 참조.

모델을 만들기 위해서는 실체적 현상 이면에 있는 체제를 이해하고, 그것이 중요한 변수들이고 그것들이 어떻게 상호작용하는지를 아는 것이 필요하다. 실제적인 모델형태는 그림(diagrammatic), 물리적(physical) 또는 수학적(Mathematical)인 것일 수 있다. '질적 모델은 양화하지 않고 실체들 간의 관계를 강조하는데 비해 양적 모델은 관계를 서술할 뿐 아니라, 그들 관계의 크기를 정확히 측정한다. 그 모델을 설정하기 위해서는 모델에서 만들어진 가정들의 타당성 유무를 테스트할 수 있도록 모델의 점검이 필요하다. 모델을 활용하여 얻어진 결과들 또한 모델에 사용된 실제사례에서 획득한 자료로 검사해야 한다.

그림 모델(Diagrammatic Models)

체계를 재현하는 단순한 한 방법은 그림모형이다. 어떤 체계의 다양한 측면을 그리는데 사용될 수 있는 기술은 많다; 그들 중 대부분은 질적인 것이다. 여기에 그 성격을 간략히 설명한 포괄적인 목록이 있다.

- 다변원인모형(Multiple Cause diagram). 한 체계에서의 변인간의 인과적 관계성을 보여준다. 이들 간의 연결은 순차적이거나 루프형 도형일 수 있다.

- 체계도(systems map). 한 체계요소들을 보여주고 그것의 환경, 하위체계와 의미 있는 중복된 것을 보여주는 하나의 일람표.
- 영향도형(Influence diagram). 이는 한 상황의 주된 구조적 성격들과 그들 사이에 존재하는 중요한 관계들(인과적일 필요는 없다)을 나타내는 그림도형.
- 표지도형(Sign-graph diagram). 복합적인 인과도형의 개진도; 긍정 또는 부정의 인과적 연결과 긍정적 상황과 부정적 환향효과(feedback)를 기록한다.
- 인지지도(Cognitive mapping). 특정한 쟁점이나 상황에 대한 개인의 생각을 그림으로 기록하는 것으로, 그들의 생각과 태도의 구조와 관련성을 보여준다.
- 조직도(Organization chart). 조직에서의 명령과 권위의 흐름을 보여준다.
- 중요회로도형(Critical path diagram). 한 과정에서의 건수와 활동의 맥락을 나타내면서 핵심요소들을 알게 한다. 이것들은 예측, 기획, 및 통제를 하는데 유용하다.
- 선형책임도형(Linear Responsibility diagram). 참여자들 간의 책임과 관계를 보여주는 핵심적인 회로도의 개진도.
- 기술도 또는 기술지도(Technical drawing or map). 실제 대상 또는 체계(예, 런던 지하지도)를 단순화하고 2차원으로 축소한 것.
- 흐름도(flow chart). 한 체계에 대한 단계별 법칙을 계산하고 지시하기 위해 그렇게 많은 그림으로 제시하지 않은 도형.

물리적 모델(Physical models)

이들은 한 대상물에 대한 삼차원적 재현물이거나 축소건축물이다. 화려한 건축학적 과시물로서의 모델은 개발자의 거실에 있는 친숙한 광경이지만 연구목적을 위한 유용한 형태의 모델은 아니다. 연구목적으로 고안된 모델은 연구할 문제를 중심으로 변인들을 검증할 수 있도록 특별하게 디자인되어야 한다. 그러므로 콘서트 홀의 음향을 측정하도록 만들어진 모델은 무대의 요소들을 올리고 내리는 기계적인 방식으로 조정하도록 설계된 것들과는 전혀 다른 것이어야 한다. 그것들은 속성에서 질적이거나 양적이어야 한다.

양적인 자료를 산출하는 물리공간적 모델을 활용하고자 할 때의 주요 문제 중의 하나는 규모의 문제이다. 그것은 다음의 문제를 제기한다: 모델의 형식과 재료들이 어떤 척도와 동일시 할 수 있는가? 보통 이 문제에 대한 해답은 '아니다' 이다. 음악당의 음향을 검증하려는 모델에서 음향원천의 음향출력과 음량은 재질의 조합과 밀도에 맞추어 척도를 낮추어야 할지도 모른다. 수학적 모델에서는 소규모의 척도에서 상이한 재질들은 상호보완 되어야 한다. 스케일의 문제를 극복하려면 할 수 있는 한 완결된 규모의 프로토 타입(full-scale prototype)이 사용되어야 한다.

수학적 모델(Mathematical Models)

이들은 불변의 양적 모델이며 두 개의 주요범주인 결정론적 모델과 확률론적 모델로 양분된다. 이러한 범주들은 투입물의 예측성과 관계가 있다: 결정론적인 모델은 사전에 결정된 투입물을 다루고, 확률론적 모델은 만족할만한 결과를 산출하기 위한 예측되지 않은 투입물을 필요로 한다(종종 무작위 창조 숫자를 사용하여 산출된다). 이것을 보다 명쾌하게 하기 위해 여기 두 가지 사례를 든다. 재료가 다르고 구조가 상이한 벽체의 열 손실을 계산하는 어떤 수학적 모델은 결정론적 모델로 보인다: 재료에 관한 질적 단열의 투입비가 파악되고, 벽체 안쪽과 바깥쪽의 온도가 알려질 것이다 등등. 이런 형식의 또 다른 유형은 **알고리즘**(algorithm)이다. 한 도심에 있는 교통통제 신호의 효과를 연구하는 어떤 모델은 확률적 모델로 디자인하여 예측할 수 없는 아주 다른 조건에서 무작위적으로 각각의 방향에서 진입되는 교통유입량을 결정할 것이다.

수학적 모델의 구성에는 컴퓨터가 아주 유용한 도구이다. 스프레드시트 프로그램(Spreadsheet Programs)은 모델 기안에 어떤 체계적인 이차원의 틀을 제공하고, 교차계산 무작위 추출 숫자의 생성 등을 편하게 하며, 변화 값을 조정하는 일련의 공식(formulae)을 설정하게 할 것이다.

모델의 범위와 한계

어떤 모델의 핵심적인 질감은 그 모델이 특정목적을 위한 구성이어야 한다는 것과 어떤 형태로든 실제 상황의 복합성을 줄여야 한다는 것이다. 모델의 목적과 그것이 설정된 가정을 분명하게 밝히는 것은 중요하다. 적용의 범위 또한 서술되어야 한다. 그리고 같은 대상이나 건수들이 여러 가지 다른 방식으로 모델화 될 수 있다는 것도 주목해야 한다. 그렇지만 각각의 모델은 어떤 특정한 목적을 위하여 고안된 것이기 때문에 그것을 관계가 없는 다른 목적으로 사용하는 것은 잠정적인 위험이 있다. 그 모델을 고안한 적용범위나 영역을 넘어서 활용한다면 그릇된 정보를 만들 수 있다. 모델이란 연구자에게 수많은 난제를 부여하기 때문에 결코 완전한 것이 아니다.

그림 5.5 모델의 중요한 자질은 그것이 어떤 특정 목적을 위한 고안이라는 것이다.

실제를 정확하게 모방하는 모델의 능력을 한정하는 주요 요소들은 다음과 같은 것들이다:

- **자료 제한점들**: 어떤 적정변수의 값을 정확하게 측정하지 못한다면 그 변수를 양적 모델로 통합시킨다는 것이 불가능하다. 만약 불완전하거나 단지 대략의 값만 안다고 하면 그 정보를 완벽하게 하는데 추측을 해야 할 것이다. 더구나 변인들의 서로 상호작용하는 방식을 모른다면 여러분 모델은 그것을 완결시키기 위하여 많은 상상이 요구될 것이다.
- **구조적인 제한점들**: 만약 변인들의 적절성이나 변인들의 상호작용하는 방식에 대하여 잘못된 가정을 한다면 그때 그 모델은 조만간 실체를 정확하게 반영하는데 실패한다. 예를 들어, 지구가 중심이라는데 기반하여 고안된 초기의 태양계 모델은 전개될 위성의 운동을 정확하게 나타내는데 실패하였다. 그러므로 그 모델은 실제에 얼마나 근사하게 반영했는가를 가정하는 것은 잘못된 것이고, 그것은 '바로 그것'이어야 한다.
- **혼란**: 하나의 체계가 정확하게 모델화 되었다면 그 모델의 행위는 밀접하게 실제를 반영한다고 오랫동안 가정해 왔다. 모델의 선행 장치에서의 자그마한 오류(1%)가 실제에 비교한 결과에서 상응하는 소규모의 일탈(1-2%)을 낳을 수도 있다고 생각했다. 지금의 많은 체계는 이런 방식으로 적용되지 않고, 변수들의 값에서 작은 변화가 극적인 결과의 변화를 야기할 수 있다고 알려져 있다. 혼동체계는 의당 장기적인 예측 모델을 만드는 것을 불가능하게 한다(일기예보나 주식투자가 쉽게 말해 준다).

연습문제 5.3

1. 다음 각각의 상황에서 무슨 유형의 실험이 실행 가능하다고 생각하는가? 여러분이 생각하는 실험의 시행단계를 서술하라.

   a. 여러분은 인문학 강의자이고 강의 동안에 학생들에게 이름을 붙인 예술가들의 그림을 보여주고 그들이 얼마나 많은 예술가들의 이름을 기억하는지를 연구하고자 한다.
   b. 여러분은 세계의 곳곳에서 획득한 상이한 유형의 수집물을 갖고 있다. 여러분은 그 벽돌들을 물에 담근 후에 어느 벽돌이 서리에 영향을 받는지를 파악하고자 한다. 여러분에게 주어진 설비는 물탱크와 크고 깊은 냉각 캐비닛이다. 어떤 벽돌은 구워진 것이고 다른 것들은 그렇지 않다.
   c. 여러분은 새로운 침대를 디자인해 왔다. 그 침대로 사람들이 다른 침대보다 더 숙면을 취하게 한다. 여러분은 이것을 과학적인 실험으로 과시하고자 한다.

2. 다음의 체계들에 관해서 운영을 과시하려면 여러분은 어떤 모델을 사용하겠는가?

   a. 태양계
   b. 중앙정부
   c. 한 건물
   d. 한 가정의 인적관계
   e. 한 사업계약

3. 다음의 실험과 모델에서 무슨 자료가 필요하고 무슨 종류의 자료가 산출될까. 그 자료가 실험이나 모델의 정확도를 높이기 위하여 실험이나 모델에 산출된 자료를 다시 투입하여 사용하는 것이 가능할까.

   a. 서로 다른 크기의 신선한 계란을 단단하게 삶는 것을 테스트하는 실험.
   b. 표준가구의 모델장치가 있는 침실의 주어진 공간에 얼마나 많은 가구를 놓을 수 있는가를 연구하기 위한 물리적 모델.
   c. 세 사람이 버스 루트로 버스여행을 하는데 그들이 언제, 그리고 왜 버스 정류장에 도착하고자 하는지를 연구하는 한 컴퓨터 모델.
   d. 충격 시 유리창의 강도에 영향을 주는 창들의 구조를 테스트 하는 실험.

생각해보기

상기 사례의 모델이나 실험의 어떤 것들은 해답관리에 보다 단순하다. 그렇지만 실제의 연구상황에서 주요 문제 중의 하나는 모델이나 실험을 위해 관리 가능한 형식으로 복잡한 상황이나 현상을 축약하려고 노력하는 것이다. 여러분은 물론 논의를 잘 살필 것이고 가끔은 중요하거나 적절한 변수를 선택하는 절정에 곤란하기도 할 것이다. 여러분이 항상 연구할 필요가 있는 또 다른 측면은 기술이나 재정측면에 대한 이용 가능한 자원이다. 여러분은 필요한 소프트웨어나 장비를 준비하거나 차용할 필요가 있다는 것을 발견하게 된다.

자료분석

거대한 자료의 수집만으로는 아무것도 말해 줄 수 없다; 그렇기 때문에 연구의 핵심은 자료의 분석이다. 이런 자료의 분석은 연구문제에 관련해서 수행되어야 한다. 연구의 목적에 부적절한 자료분석을 수행한다면 연구작업에 관한 독자들에게 그 직업은 시간의 낭비에 불과하다. 자료가 너무 많아 분석할 수 없을 정도로 뒤죽박죽되거나 또는 자료분석의 기법이나 방법이 불충분하거나 부적절하여 자료가 엉켜버린다면 아마도 그것은 시간낭비일 것이다. '아마도'라는 표현을 했는데 그 이유는 연구란 직선의 선형과정이 아니고, 그래서 얼마나 많은 자료가 충분한지 예측하기가 쉽지 않기 때문이다. 필요한 자료에 대한 판단유형이나 자료의 양은 자료분석의 방법으로 결정된다. 그래서 분석방법의 적합성에 대한 결정은 연구문제의 성격과 연구기획의 구체적 목표에 관련하여 수립되어야 한다.

왜 자료를 분석해야 하는지에 대한 몇 가지 이유가 있다. 그것들 중 어떤 것들은 연구를 하는 사유들과 같은 것들이다. 이들은 박스 5.8에 제시되어 있다.

Box 5.8 자료분석의 주요사유들

- 측정하기 위하여
- 관계성의 검증
- 개념과 이론의 구성
- 가설검증
- 비교하기
- 예측하기 위하여
- 밝히기 위하여
- 통제하기
- 설명하기

이러한 과정들을 행하기 위해 수많은 다양한 방법들을 활용한다. 보기에 사용하는 것들을 아래에 요약해 놓았는데, 그것들이 앞에서 언급한 과정들과 더불어 적절하게 여겨질지도 모르겠다. 어떤 방법들은 한 과정 이상에 적용될 수 있다는 것도 여러분은 알 수 있을 것이다.

하나의 강력한 차별화는 보통 양적인 것과 질적인 분석의 구분이다: 조사연구에 관한 많은 교재들이 각각의 분석에 차별화된 장으로 나누어 설명하고, 책 전체가 각각의 접근법에 관계된 기법에 대한 내용으로 쓰여져 있다. 그래서 아래의 서술들은 분석기법의 어떤 것들은 양적 및 질적 분석 등 양자의 방법으로 다 사용되지만 여기서는 양적 분석과 질적 분석으로 나누어 기술해 놓았다.

양적 분석

양적 분석은 자료의 성질을 파악하는 수리적 작용의 구문을 활용한다.

- 우리는 어휘로 진술할 수 없는 것을 숫자로 표현한다. 말은 쌓을 수 없고 평균을 낼 수도 없다. 문장의 제곱근을 취할 수는 없다. 어휘나 구문 또는 문단을 제곱하지도 못한다(Leedy, 1989, p. 173).

분명 이런 양식으로 분석할 수 있는 자료는 성격상 양적이어야 한다. 자료수집에 사용된 측정수준들 즉 명목, 서열, 등간 그리고 비율 측정은 관련된 사례들의 수로서 적용하는 분석의 유형을 선택하는데 어떤 중요한 요인이 된다.

통계

'통계'란 어휘는 두 가지 의미가 있다. 첫째 것은:

- 수리적 자료를 수집하고 분석하는 과학, 특히 대량의 자료에서 그리고 그것을 위해, 그리고 보통 대표적 표본에서의 비율로부터 전체의 비율을 추론하는 것. (Oxford Encyclopedic Dictionary)

두 번째의 것은 어떤 체계적인 수집이나 그런 사실들의 표현을 의미한다: 예를 들면 인구통계는 인구의 수와 그것의 구성 기록물이다. 통계적 방법은 순수하게 양적 자료나 수리적 용어로 표현된 질적 자료를 다룬다.

여러분이 지금까지 잘 알고 있듯이, 과학적 연구의 일차적인 목적들 중의 하나는 설명, 예측을 위한 현상들 간의 관계를 찾아내거나 그것들의 출현을 가능한 통제하기 위한 것이다. 통계적 방법들이 가치 있는 도구라는 것은 이들의 관계에 대한 발견과 수량화에 있다. 여기서는 인과성보다는 상관관계성들에 대하여 말하고자 한다.

상관관계의 기술은 일반적으로 두 변수 또는 두 개의 자료세트에 관한 세가지 의문에 답하는 것을 목표로 한다. 두 변인 또는 두 세트의 자료 간에 어떤 관계가 존재하는가? 그렇다면, 그 관계의 방향은 무엇인가? 그리고 그 관계의 크기는? 폭 넓은 기술의 범위가 사용될 수 있는데, 그것은 분석되는 변인의 성격에 의존하며, 그것들은 크루스칼의 감마(Kruskal's gamma), 켄달의 일치계수(Kendall's co-efficient of concordance), 커트만의 람다(Guttman's lambda), 그리고 카이스퀘어(Chi-square)와 콜모그로브-스미로프 테스트(Kolmogrov-Smirov tests) 등과 같은 이국적인 명칭을 갖는다. 리디(Leedy)가 통계에 대한 단순한 정의로 규정하듯이 이런 명칭에 신경 쓸 이유는 없다;

- 그 자체의 특정 상징과 문법으로 삶에 대한 알 수 없는 사실들을 취하고 그것들을 포괄적인 의미로 번역하는 어떤 언어 (1989, p.179)

귀하가 이 특별한 언어를 사용하기 위하여 수학자가 될 필요는 없다. 사용자 친화적인 컴퓨터 팩키지(SPSS같은)가 모든 계산을 해줄 것이다. 그러나 여러분은 여러분 자신의 자료에 행하는 다양한 검증의 기능과 적용성을 이해 할 수 있어야 한다. 여기에서 프리스(Preece)는 충고한다:

- 어느 연구자든 통계에 대한 첫 번째 법칙은 '언제나 자격 있는 통계학자와 상의하는 것'이고, 두 번째 법칙은 '그 충고를 비판적으로 검토할 수 있도록 통계에 대해서 충분히 알아야 한다'(1994, p.159).

이 교재에서는 테스트의 범위와 사용법에 대하여 상세하게 설명한 여유는 없다. 그렇지만 통계영역에 대한 서술이 제공되면 이해에 도움이 될 것이다. 그래서 이런 원리의 다양한 부문에 대해 개략적으로 서술하였다. 도표 5.5는 통계의 주요 계보와 그것들의 특색을 묘사하며, 그것에 대해 설명하는 안내가 뒤따른다.

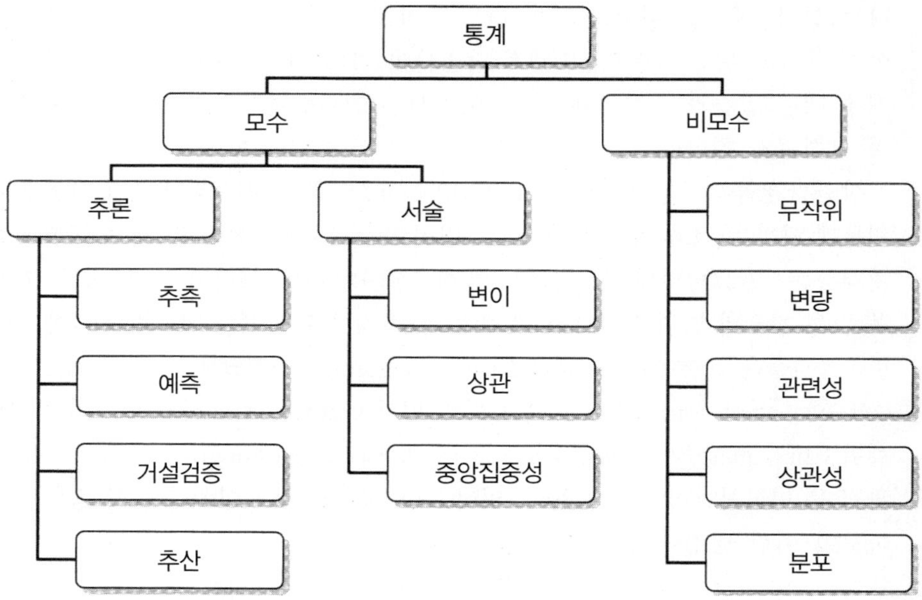

도표 5.5 통계 유형(Types of statistics)

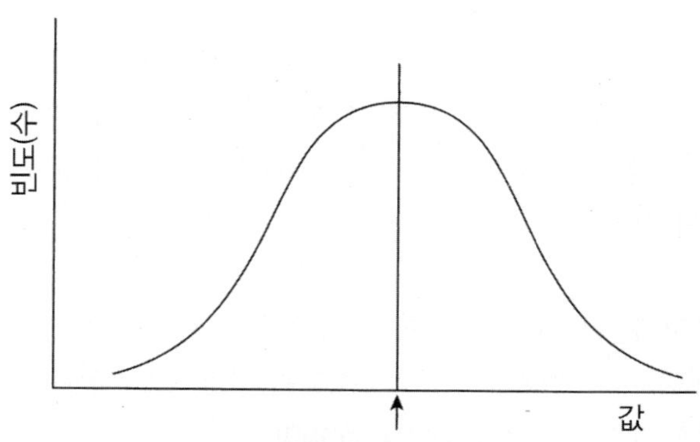

도표 5.6 가우시안 곡선(Gaussian Curve)

모수 통계(Parametric Statistics)

통계의 주요 두 계급은 모수와 비모수 통계이다. 여기서의 맥락으로는 모집단의 기능을 말하는 모수치의 의미에 대한 이해는 모수와 비모수의 차이를 이해하는 핵심이다. 모수의 어떤 모수치는 다른 모집단과 공유하는 상수적인 한 특성이

다: 공통적인 것은 정상빈도분포의 종모양 곡선(Bell curve)이다. 대부분의 모집단들은 각각의 끝부분에 극단 사례가 꼬리로 마감되는 어느 정도 '평균(average)' 사례들로 제시되는 큰 수의 경우들을 나타낸다. 예를 들어, 대다수의 사람들은 어떤 뚜렷한 소수자가 되는 극단적으로 큰 사람들과 작은 사람들이 갖는 평균 키의 사람들이다. 사람들의 키의 분포는 그래프상으로는 정상분포의 형상 또는 가우시안 커브(Gaussian Curve)를 취한다(그림 도표 5.6). 값들은 사례별로 다양할지라도 모집단들에게서 이런 곡선의 **일반성**은 아주 강력하여 통계학자들은 그것을 하나의 상수-기본적인 모수치-로 취하고, 그것에 근거하여 모수치 통계계산의 근거로 삼는다. 이런 모수치가 결여된 사례를 위해선 비모수 통계를 적용할 수 있다.

모수통계의 두 계급은 서술통계와 추론통계이다.

서술통계(descriptive Statistics): 서술통계는 자료의 성격을 양화하는 방법들을 제공한다. 중심이 되는 방식은 자료들이 얼마나 넓게 퍼져 있는가와 자료의 한 측면이 다른 측면과 어떻게 관계되는가 하는 점이다. 자료의 중심집중화와 중심화의 지점은 '최빈값(mode)' 또는 중앙값(median)' 그리고 몇 개의 '평균값' 중의 하나를 찾아냄으로 결정된다. 이러한 측정들은 그들 자체의 성격과 적용성이 있으며, 그것들은 분석될 자료에 연계하여 선택되어야 한다.

자료의 분포에 대한 측정은, 가우시안 곡선이 얼마나 평평한지와 가파른지를 나타내는, 얼마나 많은 자료가 평균에 근접하게 밀집되는가를 나타내는 것이다. 그 곡선이 평평할수록 평균에서 멀어진 자료의 양이 더 많다는 것이며, 그것이 적을수록 평균에 더 가깝다는 것이다. 곡선의 수평적 길이는 또한 값의 확산에 관한 자료를 주는 바, 그것은 자료에서 대변하는 극단치의 정도이며, 반면 어떤 비대칭곡선의 출현은 자료의 값이 치우쳐 있다는 것을 지칭한다.

어떤 단일의 자료세트에 대한 질을 점검하는 이외에도, 통계적 분석의 주목적은 변수들 간의 관계를 확인하고 양화하는 것이다. 이 연구유형은 상관관계 연구라 한다. 그러나 단순한 상관관계의 발견과 측정이 그 자체로 연구문제의 해답을 제시하는데 충분한 것은 아니다. 연구의지에 해답을 줄 수 있는 가치 있는 지식은 이러한 발견들의 해석이다.

상관관계의 측정을 위한 기술적 용어는 **상관계수**(Coefficient of correlation)이다. 이들은 많은 유형이 있는데 가장 흔하게 쓰이는 것이 피어슨의 알(Pearson's R)이다. 적절한 테스트를 활용하면 두 변수 이상 간의 상관관계를 측정하는 것도 가능하다. 그러나 변수들 간의 통계적 상관관계가 아주 강한 것으로 나타나기 때문에 변수들 간에 인과적 결속이 필연이라는 가정에 대해서 아주 신중해야 한다.

범죄율이 높은 도시에서 고밀도의 개발지역이 되는 것은 순전히 우연이거나 다른 요인들의 영향일 수가 있는 것이다. 연구자는 그러한 어떤 인과적 주장에 관한 전제는 신중하게 의문시해야 하며, 그러한 인과성을 다른 방식으로 증명할 수 있다면 검증할 수 있는 사실들을 검토해야 한다.

추론 통계: 추론 통계는 자료의 성격과 변수 간의 상관관계 검증을 서술하는 영역을 넘어간다. 명칭이 의미하는 것처럼 이것은 자료분석을 근거로 추론을 통하여 예측을 한다. 이 명칭이 그렇게 명확하지 않은 것은 추론통계는 가설에 근거하는 통계적 검증을 사용하기 때문이다.

예측적 역할은 표본의 통계로부터 모집단의 모수치를 추론하는데 제한되어 있다. 이것은 첫인상처럼 그렇게 이해하기 어려운 것은 아니다. 단순하게 진술하면 이것은 한 표본의 질에 근거해서 전체의 모집단의 질에 대한 예측을 하는 원인을 제공한다. 이는 한 표본의 산물이 전체 생산물의 질을 평가하기 위해 테스트 하는 생산과정에서의 질적 통제를 흔하게 수행하는 한 투사이다. 세 가지의 파라미터(모수치의 질감들)들이 보통 추론된다: 중앙 집중치(허용된 크기에 대한 참을성의 범위 내에 있는 것과 같은 규범에 가까운 생산물의 비중); 변이성(variability: 예 발생하는 크기의 범위); 그리고 개연성(예, 수용 가능한 생산물의 비중). 모든 예측들이 표본들로부터 형성되는 까닭에 표본의 질은 정확성의 핵심이 된다.

그림 5.6 산물의 한 표본은 전체 산물의 질을 추론 평가하는 테스트이다.

표본의 통계로부터 모집단의 모수치에 대한 두 유형의 추론을 형성할 수 있다. 포인트(point) 추론은 표본의 통계값을 통해 모집단의 모수치를 잡아내려 한다(예, 제조된 요소들이 한 표본의 크기와 평균편차는 똑같은 요소로 운영하는 전체 생산의 표준편차와 평균크기를 추산할 수 있도록 한다) 이것이 모집단의 모수치를 정확하게 추정하도록 해준다는 것은 모집단의 그 값들이 진정으로는 표본의 질을 대표하는 것에 의존하게 됨을 말한다.

모수치의 간격추산은 거의 모든(전형적으로 95% 또는 99%) 값이 놓여져 있는 영역을 예측하기 위하여 표본 통계치를 활용한다. 모집단의 통계값에 대한 예상범위가 설정되는 바, 만약 어떤 값이 이 영역밖에 어떤 의미있는 빈도(5% 또는 1% 이상)에 떨어진다면 그때 이 변이성은 단순히 우연이라기보다는 뭔가에 의해서 원인이 되는 것으로 간주하게 될 것이다. 예를 들면, 어떤 제조 구성물의 크기의 범위는 정상적으로는 어떤 인내범위, 예, 생산기계가 정확하게 가동될 때 ±1mm가 된다. 만약 생산물의 5%가 이 크기를 벗어나서 확인된다면 그때는 그 생산물은 우연(예, 생산기계의 어떤 결함)이라기보다는 평상시와 다른 어떤 영향으로 변하게 되었다는 것이다. 분명히 표본의 통계값이 취해진 표본보다 크고 대표가 잘 될수록 그 예측이 정확할 가능성이 더 많다.

통계적으로 근거하는 가설은 보통 **영가설**(Null hypothesis)로 언급한다. 추론통계는 이런 형식의 가설을 검증하는데 사용된다. 상기 생산물 사례를 활용하여 관련된 원리에 대해 매우 단순한 예를 제시하면, 생산기계를 디자인한 엔지니어는 자신의 기획에 따라 그 생산물은 크기의 허용성 수준이 ±1mm 범위 내에서 제조할 것이라고 가설화 할 수 있다. 그 기계가 적절하게 건설되고 올바르게 작동한다고 가정하면, 그 제조물에서 취한 표본들 중 95%의 생산물이 크기가 허용된 범위 내에 떨어질 것이고(즉, 예측되고 관찰된 모수치 간에는 의미 있는 차이가 없다: 이것은 그 영(The Null)이 나타난 곳이다), 그때 그의 가설은 지지되는 것으로 볼 수 있게 된다. 만약 보다 많은 표본이 같은 결과로 나타나면 그때는 그 지지가 더 많아진다. 그러나 만약 그 표본이 생산물의 5% 이상 허용된 크기를 초과한다면 이는 단순한 우연을 능가하는 뭔가의 원인이 있다는 것이다. 그 엔지니어의 가설은 부인되게 될 것이다. 무슨 사유로 그의 가설이 잘못된 것으로 판명되었는지에 관한 것은 또 다른 문제이다; 아마도 그 엔지니어의 디자인이 부정확했거나 그의 계산이 틀렸을 것이다.

비모수 통계

모든 자료가 모수치는 아니다. 즉 표본과 모집단은 때로는 가우시안 곡선 형식으로 행동하지 않는다. 명목과 서열적 방법으로 측정된 자료는 곡선형식으로 조직화되지 않을 것이다. 명목적 자료는 둘 중의 하나 또는 (예를 들어, 이것은 소이거나 양이거나 또는 아무것도 아니다) 두 개로 나눠지는 형태로 되는 경향이 있으며, 서열적인 자료는 일련의 단계형태(예, 승자 시상대의 1위석, 2위석, 그리고 3위석)로 나타낼 수 있는 것이다. 가우시안 곡선의 전형적인 특성들인 평균, 표준편차 등을 찾아내는 값의 언저리에서 성립되는 통계적 검정은 분명 이런 유형의 자료를 분석하는데 적합하지 않다. 비모수적 통계검증은 비곡선 자료의 특정성격을 납득하기 위하여, 그리고 구체적인 방법으로 이들의 단일 특성을 알 수 있도록 만들어져 왔다. 일반적으로 이러한 테스트 유형들은 모수 검증 방법보다 덜 예민하고 그렇게 강력하지 않다; 똑같은 수준의 유의미성을 만들어 내기 위해서는 표본이 커야 한다.

테스트들은 두개 이상의 집단과 표본들의 질을 비교하기 위해 사용될 수 있다(예, 윌콕슨의 조화된 짝집단에 적용하는 위계 테스트, 서명 테스트, 쿠르츠갈왈리스〈Kruskal-Wallis〉 테스트), 또는 서로 다른 판단(켄달의 일치계수, 스페어만의 서열순서 상관계수)으로 생성되는 서열을 분석하는 것, 또는 관찰된 자료와 이론적인 자료(카이스퀘어 테스트)를 비교하는 것이다. 특정 자료세트를 사용하는 테스트에 관한 구체적인 정보는 특화된 전공서적 또는 통계책, 그리고 여러분의 통계전문가인 충고자들로부터 구할 수 있다. 여기에서 컴퓨터 통계엮음 프로그램(예, SPSS)은 모수와 비모수 자료의 차이를 구분할 수 없다는 것을 말할 수 있는 좋은 기회이다. 의미는 없지만 분석적 결과를 인상적으로 보이게 하는 것은 그 테스트들이 가진 자료유형에 적합하다고 확신감을 갖게하는 연구자에게 달려있다.

질적 분석

양적인 자료를 분석하는 잘 설정된 통계적 방법과는 다르게 질적인 자료분석은 아직 초기단계에 있다. 수학적 공식의 확실성과 확률적인 결정수준은 질적 자료의 지식특성에 아직 적용하지 못하고 있으며, 그것은 어쩔 수 없이 복잡한 인간의 감정과 태도, 그리고 판단과 얽혀져 있다. 양적 분석에 흔히 수집되는 대량의 자료는 쉽게 컴퓨터 패키지로 편리하게 이용가능하도록 표준화된 통계적 절차로 관리할 수 있는 것과는 다르게, 질적 자료의 분석과 부호화에는 그러한 표준화된 절차가 없다. 터너(Turner, 1994, pp. 208-13)에 따르면 질적 자료에서는 아마도 동질성이라든가 질적 분석의 계급분류적인 유형조차도 바람직스럽지 않다; 연구자들은 자신들이 만나는 자료의 특성에 맞추기 위하여 그들 자신의 분석적 접근방식을 구조화해야 한다.

그렇지만 모든 질적인 자료분석에서는 수행되어야 하는 공통의 단계가 있다.

브리만과 버제스(Bryman and Burgess, 1994, pp. 6-8)는 두 개의 일반적 과정을 확인하였다; 그것은 유형과 분류의 틀 설정과 개념, 이론의 형성이다. 로브슨(Robson, 1993, p. 401)은 더 나아가 질적 자료에서 결론을 도출하는 전략에 대한 한 목록을 제시한다. 이것들 역시 상기의 두 과정에 내포된다; 계산하기, 유형화하기, 모으기, 그리고 사실화하기의 첫 번째 범주, 그리고 두 번째 범주로 변인들을 관계시키기, 인과적 네트워크를 설정하기, 그리고 발견물을 이론적인 틀로 연결하는 작업들이다. 마일스와 휴버만(Miles and Huberman, 1994, pp. 10-12)은 분석요소들에 대한 그들의 규정에 제 3의 요소를 추가하였는데, 그것들은 동시에 일어나는 세가지 흐름의 활동으로, 자료의 축소환원, 자료제시, 그리고 결론의 도출과 증명이다.

자료 제시의 포함은 중요한 것이다. 분석을 위한 근거로 코드를 하고, 집단화하고, 요약하는 등의 경우에서 흔히 하는 정돈되지 않은 대량정보는 확장된 테스트로 제시되었을 때 쉽게 이해될 수 없다. 텍스트에서의 정보는 분산되고, 동시적이기보다는 순차적이고 정보의 구조는 얽혀 있어 어렵다. 마음의 상태는 대량의 정보를 과정 처리하는데 전문적이지 않지만 복잡한 정보를 유형으로 그리고 쉽사리 이해할 수 있는 형상으로 단순화하는 것을 더 선호한다. 자료를 제시하는(매트릭스나 그래프, 그리고 관계도의 형태로) 적절한 방법을 사용하는 것은 자료를 축소하고 질서화하는데 도움을 줄 뿐만 아니라 그것의 분석에도 유익하다. 마일스와 휴버만은 '보다 체계적이고 강력한 자료제시를 천명하고 보다 창의적이고, 자의식적이고, 반복적인 자세로 그들의 일반화와 활용'을 주장한다(1994, p. 11).

자료수집기간에서의 예비적 분석

확장된 현장연구를 시행할 때 수집되는 자료의 유형과 양에 대한 어떤 분석적인 태도를 유지하는 것이 중요하다, 그리고 여러분을 이 단계의 연구로 이끈 가정들과 가설들을 인정하는 것도 중요하다. 구체적인 사항들을 마음에 새롭게 새겨 정보를 구조화하고 여러분의 가정들과 편견에 도전하는 새로운 아이디어들이나 가설을 허용하고 그들간의 간격을 확인하는 것이 보다 쉽게 하는 것이다. 현지의 현장기록, 종종 구겨지고 약어투성인 자료, 그리고 인터뷰 테이프와 사건기록 테이프 등을 유용하게 사용하기 위해서는 과정을 밟아 정리한다. 이러한 작업이 몇 주 또는 몇 달 지연되면 많은 정보를 상실하게 될 것이다.

자료 축소와 자료분석의 과정은 자료수집의 초기단계에서는 단순하며, 프로젝트가 진행되면서 보다 복잡해지는 것으로 어떤 순차적이고 지속적인 과정이 되어야 한다.

시작부터 접촉의 결과에 대하여 전화대화, 방문기록과 같은 한 쪽짜리 요약문을 만들 수 있다. 어떤 표준화된 양식의 제목은 정보의 순서를 일별할 수 있게 한다: 구체상황접촉, 주된 쟁점들, 획득정보의 요약, 제기된 관심 있는 이슈들, 그리고 야기되는 새로운 의문점들, 유사한 한 쪽짜리 형식은 서류의 내용을 요약하는데 유용하게 사용할 수 있다.

유형, 분류, 그리고 코딩(Typologies, taxanomies and Coding)

자료가 축적되어 감에 따라 모양이 없는 대량자료를 유형과 분류, 즉 자료들의 차이를 확인하고 일반범주 내의 하위집단을 형성하여 조직화하는 것은 가치 있는 단계가 된다. 이러한 새로운 유형들을 활용하는 것은 개념들 간의 관계를 명확히 하는데 도움을 준다.

코딩시스템의 발전은 유형론을 구성하는 중요한 한 측면으로, 그것은 수많은 자료(노트, 관찰, 진술, 서류 등)를 조직화하는데 편의를 주고, 개념화의 첫 걸음을 제공한다. 코드들은 의미의 단위들을 수집된 자료에 할당하는데 사용되는 명칭이나 지시표이다. 이는 산처럼 쌓인 과정화되지 않은 자료가 애매모호한 용어 형식으로 만들어지는 '자료과잉'을 방지하는데 기여한다.

마일스와 휴버만(Miles and Huberman, 1994, p. 57)은 코드에 관한 네 가지 일반적인 범주들을 구성하였다: 서술적(descriptive), 해석적(interpretive), 설명적(explanatory), 그리고 엄밀한(astringent). 보다 구체적으로 로프랜드(Lofland, 1971, pp. 14-15)는 '사회현상'에 관한 하나의 분류도를 고안하여 그것을 코딩기획(coding scheme)에 설정이 가능하도록 하였다. 그의 여섯 가지 계급들은:

- 행위(acts)
- 활동(activities)
- 의미(meanings)
- 참여(participation)
- 관계(relationships)
- 장치(settings) 등이다.

그 과정은 분석적이고, 정보를 왜곡하지 않고, 그것을 검토하고, 선택하고, 해석하고, 요약할 것을 필요로 한다. 현장작업을 하기 전에 배경연구에 근거하여 한 세트의 코드들을 축적해 놓는 것이 보통이며, 그런 다음 자료수집을 하는 동안 그것을 규정해 놓는 것이 정상이다.

코딩은 연구자에 따라서 똑같지 않고 사뭇 다른 것으로 간주된다. 그렇지만 기본적으로 다른 두 코딩유형은 구별될 수 있는데, 하나는 텍스트 순차성을 정리하는데 사용하고, 다른 것은 일반화 이론을 고안하는데 활용한다. 전자는 여러 제목으로 원고와 노트를 잘라내는 과정과 교재의 부분으로 정리하는 작업을 말한다. 후자는 보다 개방된 코딩체계로 단순히 텍스트의 한 부분이라기 보다 반응을 주는 노트나 메모로 아이디어를 위한 어떤 지표로 사용된다. 제목을 붙여가며 순서대로 복사하고 서류화하는 파편화된 기록물들을 확인하는 과정은 지겹고, 싫증나는 것으로 기본적으로 그것은 서기적 작업들로 간주될 수 있다. 리차드와 리차드(Richards and Richards, 1994)는 실제로 이러한 판단은 사소한 코딩관련의 많은 활동이 어떤 이론화 과정이라는 사실을 호도한다는 입장을 견지한다. 특정한 코드를 창안하는 분석적인 결정이란 정리된 자료에서 발견하고자 하는 것을 규정하는 영향력을 갖는다: '자료통제의 방법은 단순히 자료를 버리는 과정이 아니라 분석과정이 되어야 한다'(Richards and Richards, 1994, p. 149).

코딩은 많은 질적연구의 중요한 부분이다. 코딩의 개발과 적요에 관한 상세한 것은 전문가의 교재를 참고하여야 한다(Miles and Huberman, 1994, pp. 55-72, Strauss and Corbin, 1990; Strauss, 1987 등을 참고). 질적 자료를 분석하는데 사용되는 몇 컴퓨터 프로그램들(Ethanograph and NUDIST와 같은)은 서류화나 코드 정보를 복원하는데 편의를 제공한다. 그것들은 수치화된 노트기록물 또는 면접원고, 그리고 기록된 정보나 의견의 원천자료에 첨부되는 코드를 허용한다. 이런 것은 대량의 수집물에서 선택된 정보를 재빠르게 복원할 수 있도록 해 준다.

유형코딩, 기록과 중간요약(Pattern Coding, Memoing and interim Summary)

다음단계의 분석은 유형과 주제 그리고 왜 그리고 어떻게 이것들이 발생했는가에 대한 설명에 대해 시작할 것을 요구한다. 이 작업은 코드화된 정보를 보다 단정하고 의미있는 집단으로 함께 모으는 방법을 필요로 한다. 유형화 코드(Pattern coding)는 자료들을 주제, 인과/설명, 사람과 출현 개념 간의 관계들과 같은 보다 소규모의 단위들로 축소하여 연구자로 하여금 탐구될 상황에 대하여 보다 통합된 이해를 개진시키도록 허용함으로써 이것을 할 수 있게 한다. 이 작업은 일반적으로 차후의 현장연구에 집중하도록, 그리고 복합적인 사례연구에서 공통의 주제나 과정을 확인함으로써 교차사례 분석의 토대를 깔아 놓는데 도움이 될 것이다.

마일스와 휴버만(Miles and Huberman, 1994, pp. 70-1)은 유형코드가 활용되는 세개의 계승적 방법을 아래와 같이 서술한다:

- 새롭게 개발된 코드들은 앞으로 기존의 코드 리스트에 부연되며 그것들이 적합한지 어떤지를 볼 수 있도록 다음의 현장기록에서 점검해야 한다.
- 가장 바람직한 코드들은 그것이 다른 자료와 사례에 관련 지을 수 있는 개념을 명확히 하고 설명하는 메모형식(아래에 설명)으로 쓰여져야 한다.
- 새로운 유형코드는 다음의 자료수집에서 점검된다.

유형코드의 창출은 마치 그것이 관습적으로 행하는 정보화 과정인 것과 같은 방법으로 놀랄 정도로 쉽다. 그러나 그것은 무비판적으로 애초에 개발된 유형에 집착하지 않고 검증하고 개발하는 것이 중요하다. 그리고 필요하다면 기존의 것들을 거절하고 그것들을 여러분이 이해하는 방식의 데이터로 개발하고 자료의 새로운 흐름을 산출해 낸다.

건수에 대해 보다 크게 이해를 증진시키기 위해서는 그리고 코드간의 관계에 관한 이해를 증진시키기 위한 짤막한 분석적 기술은 자료와 코드와 유형코드의 개발에 반응하는 연구자의 생각이 진화하는 것에 근거하여 축적될 수 있다. **메모**의 축적은 자료간의 연계를 밝히고 직관과 아이디어를 기록하고 개발하는 좋은 방법이다. 이는 어느 때나 할 수 있지만 자료가 생생할 때가 제일 좋은 때이다. 그 메모는 여러분을 위한 스스로 작성하는 것이므로 메모의 길이나 스타일은 중요하지 않지만 쉽게 분류하고 복원할 수 있도록 라벨(label)을 붙여 놓는 것은 필요하다. 메모를 하는 활동은 연구프로젝트를 수행하는 동안 지속적으로 해야 한다; 여러분은 아이디어들이 포화점(saturation point)에 이를 때까지 점점 더 성숙해지는 것을 알게 될 것이다, 즉 자료에 대한 이해와 설명이 만족스러운 지점을 알게된다.

질적 연구에서의 자료수집은 본질적으로 양적 연구보다 유연하지만 예측적이지 못하다. 그렇기 때문에 자료수집을 통하여 삼분의 일쯤의 길목에서 지금까지 발견한 양적인 것과 질적인 것을 점검하여 자기자신과 감독자/지원자를 다시 확인시키고, 자료의 신뢰감에 대한 연구자의 확신을 다잡으며 나타난 어떤 격차와 난점의 성격과 출현을 확인하고, 연구자의 이용 가능한 시간과의 관계를 고려하여 아직 수정해야 할 것이 무엇인지를 검토하는 것이 중요하다. 이러한 연습은 일종의 잠정보고서(10-25쪽이면 보통 충분하다)가 되는 어떤 **중간요약정리**(interim summary)의 산물로 결론지을 수 있다.

이 보고서가 어떤 사례에 대해 알려진 모든 것이 요약되어 있고, 그리고 다양한 사례연구에서 교차사례분석을 가능하게 하며 나타나는 설명 변인들을 검토하는 첫 번째의 기회가 될 것이다. 그것은 동료들과 감리자들과 토의하고, 후차적인 자료수집과정 및 코딩이 필요할 지도 모를 어느 지시나 변화에 대비하여 행해진 작업을 반영하는 한 유용한 도구로 보여져야 한다. 각각의 연구문제에 대하여 수집한 자료의 양을 점검하기 위해서는 어떤 자료계산용지를 사용하여 그것을 유용하게 축적할 수 있다. 이것은 상이한 정보와 장치, 상황 등등에서 수집된 자료의 양과 연구문제를 정돈하는 어떤 계획표가 되고, 그것으로 잘못된 점들을 쉽게 확인할 수 있다.

자료수집에서의 더 나아간 기술

자료를 수집하는 동안 유용한 분석기술은 마일스와 휴버만(Miles and Huberman, 1994, pp. 81-9)이 세 방법을 서술하는 바, 그것들을 비네트(Vignetles), 사전구조화(pre-structured) 사례연구 그리고 순차분석(sequential analysis)이다. 이들에 대한 짤막한 설명은 유용할 것이다.

비네트는 특정한 사건이나 태도를 단도직입적으로 평가, 사용하는 짧지만 문맥적으로 풍부한 이야기 진술이다. 그것은 원래 사건에 대한 재현이라기보다는 한 사건에 대한 의도적으로 설득적 해석을 하는 어떤 생생한 것으로 하나의 추상화이다. 그것은 중요한 주제를 강조하기 위해 핵심 쟁점을 공식화하거나 보다 긴 사례보고서를 준비하는 자체적 중간보고에 사용될 수 있다.

사전구조화 사례분석; 사전구조화 사례분석은 자료수집을 합리화하고 자료수집의 과정을 나누어 다른 사례로부터 자료세트들 간의 좋은 비교를 만들어 내기 위해 분석과 보고작성을 하나의 전개과정으로 생산하 내는데 사용된다. 문제들이 충분히 구체화되고 개념적 준거들이 잘 발달되어 있다는 가정을 한다. 방법은 어떤 표준화 사례의 보고를 개략적 기술과 자료수집을 하기 전에 자료전시의 양식을 축적하는 것으로 구성한다. 각각의 사례에서 수집된 정보는 준비된 형틀에 '끼워 넣을' 수 있다. 그 사례의 보고서들이 수집된 정보로 채워지고 편집되고 정렬되어, 그 자료수집이 완결되면서 그 보고서가 최종본이 될 수 있도록 한다. 이러한 방식으로 코드에 따른 보고작성을 쌓아가는 필요성을 제거하여 코딩을 현장의 실제기록으로 응용하여 선택적인 전시에 직접 진입할 수 있도록 할 수 있다. 어떠한 정보의 결핍은 쉽게 감지되며 앞으로의 자료수집을 알려줄 수 있다. 현장에서의 직접분석과정을 예시하기가 어렵기 때문에 얻어진 결과를 증명하기 위하여 다양한 삼각측량 기법이 사용되어야 한다.

순차적 분석은 연구자로 하여금 연구프로젝트를 하는 동안 특정의 발견들에 대한 이해를 심도 있게 검토하게 해주며, 다음 단계에서의 자료 모으는 과정을 알게 해 준다. 그것은 자료 수집을 핵심문제에서 보다 더 큰 목표로 삼아야 한다는 것으로, 중요한 쟁점에 점차적으로 심원하게 집중할 수 있도록 도움을 준다. 순차적 분석의 매 부분은 검토에 도움이 되도록 여러분의 감독자나 동료들과 토론을 해야 하며, 필요하다면 연구자의 사실분석과 이론발전에 새로 순응한다.

자료를 수집하는 동안과 수집 후의 주요 분석

전통적인 교과서 식의 보고서는 연구기획의 발견들을 제시, 분석, 해석, 그리고 소통하는 방법들이 지루하고 귀찮을 수 있다. 그것은 논의와 증명을 순차적으로 제시하기를 강요할 뿐만 아니라 정보들이 여러 쪽에 걸쳐 분산되기 때문에 포착하기 어렵고 부피가 많아지는 경향이 있었다. 이러한 것은 글 쓰는 사람에게 문제를 안겨주고, 글을 읽는 사람에게도 문제가 된다. 독자들은 충분한 정보를 얻기 위해 복잡한 교재의 이쪽저쪽을 왔다갔다 하면서 대량의 교재를 검토할 시간이 별로 없으며, 일련의 그러한 보고서들을 혼자 비교한다. 자료전시에 대한 그림제시의 방법들은 이러한 문제들을 극복하게 하며, 현상을 나타내고 서술할 뿐 아니라, 설명하고 예측까지 할 수 있는데 매우 유용하다. 그것들은 하나의 사례와 교차 사례분석에도 동일하게 효과적으로 사용될 수 있다(다양한 전시에 대한 구체적 안내는 Miles and huberman, 1994, 를 보아라).

그림제시(Graphical display)는 두 범주로 귀착된다:

- 매트릭스(Matrics)
- 네트웍스(Networks)

매트릭스

줄과 열(rows and colums)로 된 이차원적 배열의 **매트릭스**(Matrics)에 실질적인 정보의 양을 요약할 수 있다. 그 내용들은 어느 규모이건 자료의 측면들을 나타내는 정보의 자유형식을 쉽게 생산해낼 수 있으며, 컴퓨터 프로그램들은 데이터베이스(databases)나 스프레드쉬트(spreadsheets)에서 그것들의 생성에 도움을 줄 수 있다. 매트릭스들은 시간, 측정수준, 역할, 집락, 결과, 효과(그림 5.7) 등과 같은 변수를 기록하는데 사용될 수 있다. 최근의 발전은 3차원적 매트릭스 형성을 허용한다.

과제: 선도와 디자인 단계	난이도	PET	NVT	GLO	DUN	LTM	DCH	HOL	GRW	BAN
상황조사, 발단	low	R	P	P	P	P	P	P	R	P/R
개요 형성	med	R	P/R	P	P	P/D	P	P	P/R	P/R
본래 토지	low	R	P	P	P	P	P	P	P/R	P/R
조사구역	high	P	P	N	P	P/R	P	P	P	P
디자인사이트 배치	med	P	P	N	P	D	P	P	P	P
디자인 하우스 계획배치	high	P/R	P/R	P	P	D	P	P	D	P
3D 하우스 디자인	high	P	P	P	P	P	P	P	D	P
건설 디자인	high	P	P	P	P	P	P	P	D/P	P
구조 디자인	high	P	P	N	P	P	P	P	P	P
교각적용 계획과 건물	high	P	P	P	P	P	P	P	P	P
비용과 프로그래밍	high	R	P	P	P	P	P	P	P	P
지금찾기	med	R	P	P	P	P	P	P	P	P
자가 건축주찾기	low	R	R	P	P	P	P	P	R	P
자가 건축주선택	med	R	R	P	P	P/R	P	P	R	P
전문가 선택	low	R	P	P	P	P/R	P	P	P/R	P/R

열쇠 기술 요구사항

R: 자가 건축가에게 요구되는 사항

D: 기술 요구사항에 대한 과제의 기술저하

T: 기술을 주입시키는 훈련

P: 과제에 할당된 전문인

N: 기획 범위 내에서의 기술과 과제를 요구하지 않음

열쇠: 기술 난이등급

Low: 어떤 지시가 필요하나 특정기술이 없음

Med: 제한된 훈련과 연습이 필요한 기본기술

High: 확장된 훈련과 연습을 요하는 복잡한 기술

그림 5.7 매트릭스 사례: 자가 건축주들의 시행과 디자인 국면에서 초기기술요건 사항들을 감축하기 위한 측정들

네트웍스(Networks)

하나의 **네트워크**(Network)는 고리로 이어지는 블륵(blocks 마디(nodes))으로 구성된다. 이러한 지도나 차트들은 각각 상이한 자료유형을 전시할 수 있는 다양한 형식으로 만들 수 있다. 흐름도(Flow charts)는 절차 또는 과정을 연구하는데 유용하다. 그것들은 설명에 유용할 뿐 아니라 그것들의 개발은 창조적 이해를 고안하는데도 좋다. 조직도(Organization charts)는 변수들의 관계와 그들의 특성, 즉 공식 및 비공식적 위계를 나타낸다. 인과적 네트워크는 중요한 독립 및

종속 변수들 간의 원인과 영향의 인과관계를 검사하고 제시하는데 사용한다.

질적자료를 제시하고 분석하는 이러한 방법들은 사례에 따라 보다 쉽게 비교가 가능하도록 어떤 발표의 표준화를 용인하는 것으로, 몇 개의 사례연구 결과를 비교할 때 특히 유익하다. 그 정보는 텍스트, 코드, 약어노트, 상징, 인용 또는 능력을 소통하는데 도움이 되는 어떤 다른 형태로 제시될 수 있다. 디스플레이(display)의 구체성과 복잡성은 그것의 기능과 이용가능한 정보의 양에 따라 다양하다; 디스플레이는 연구과정의 어느 단계에서도 유용하다. 상이한 유형의 디스플레이는 정보가 질서화된 방식으로 서술될 수 있다.

시간순서로 된 디스플레이(Time-ordered display)는 연대기에 관련된 사건들을 순차적으로 기록한다. 이것의 간단한 한 예는 다양한 종류의 과제를 수행하는 이름, 시간 및 위치를 알려주는 어떤 프로젝트 프로그램이다. 규모와 타이밍의 정확성은 그 주제에 잘 어울린다. 과제들, 어떤 결정적 사건들, 경험들, 어떤 프로그램, 활동, 의사결정에서의 단계들의 예와 같이 사건들이란 다양한 유형이 될 수 있다. 시간순서로 나열된 사례유형은;

- 사건목록. 어떤 상황의 다양한 가닥에서 연대기적 의미 있는 사건들의 발표
- 중요한 사건 차트레이들은 과정 상에서 중요했던 사건들을 강조
- 활동기록. 한 과제를 성취하는 단계를 분석하는 전시물
- 의사결정 모델화. 보통 한 행위과정을 분석하는데 사용한다(그림 5.8을 보라).

개념 정리 디스플레이(Conceptually ordered display): 개념으로 정리한 디스플레이는 개념들과의 관계나 어떤 이론에 관계된 추상적 개념의 형태로 변수들에 집중한다. 그러한 변수사례들은 동기, 태도, 숙련, 장애, 필적, 전략 등이다. 그것들은 매트릭스 또는 분류를 예시하는 네트웍스, 내용분석, 인지구조, 원인과 영향의 관계 등과 같은 것으로 보여줄 수 있다. 여기 다양한 유형들의 사례가 있다.

- 인지지도(Cognitive map): 이것은 한 이슈에 대한 사람의 사고양식을 점으로 그린다.
- 영향매트릭스(Effects matrix): 이는 어떤 행동이나 조정에 대해 관찰한 효과를 그린다.
- 분류가지그림(Taxonomy tree diagram): 개념을 그들의 구성부분이나 요소들로 나누는 것이 유용함.
- 인과모델(Causal models): 변수들 간의 인과성과 다른 관계가 지닌 완벽한

한 세트의 변수들로서 일련의 가능한 가설들이 제공되는 이론구성에 사용된다(그림 5.9 참조).

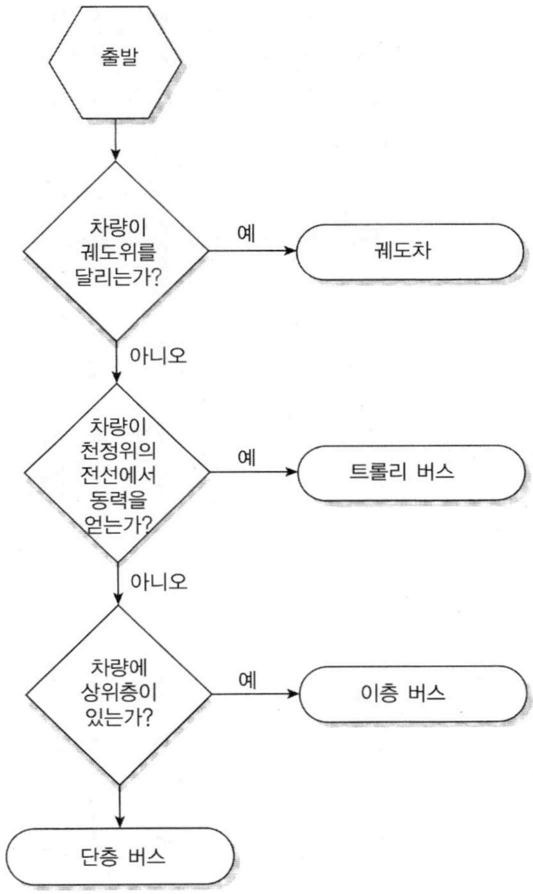

도표 5.8 네크워크 예: 대중교통을 분류하는 의사결정 가지 모델

역할 질서 디스플레이(Role-ordered display) 이것은 공식 또는 비공식 조직이나 집단에서 사람들의 역할이나 그들의 관계를 보여준다. 어떤 역할이란 집단이나 조직 내에서의 개인들의 행위와 기대치를 평가하는 사람의 위상이나 지위로 규정된다. 이것들은 전통적으로 판사, 엄마, 기계공의 예와 같은 인지된 지위가 될 수 있다; 보다 추상적이고, 상황의존적 역할에 동기자, 목적자 등과 같은 것일 수 있다. 역할이 다른 사람들은 상황들을 상이한 관점으로 보는 경향이 있다. 어떤 공장의 파업은 경영자나 노총의 입장에서는 매우 다르게 볼 것이다. 역할질

서의 매트릭스는 이러한 차이를 체계적으로 전시하는데 도움이 되거나 똑같은 역할을 하는 사람들이 자기들의 견해를 통일하는지 어떤지를 연구하는데 사용될 수 있다.

부분 질서 디스플레이(partially ordered displaye) 이것은 뒤죽박죽인 상황에서 그들에게 너무나 많은 인터넷 명령을 부과하지 못하는 상황에서 유용하다. 예를 들어 어떤 맥락적인 차트가 네트워크의 형식에서 한 개인이 행위 결정을 내릴 때 조직이나 개인을 둘러싸고 있는 곳에서 어떤 개인이 품은 영향이나 압력을 네트워크의 형태로 보여줄 수 있는 디자인을 할 수 있다. 이것은 어떤 특정한 행위가 왜 취해지는지를 이해하는데 도움이 될 것이다.

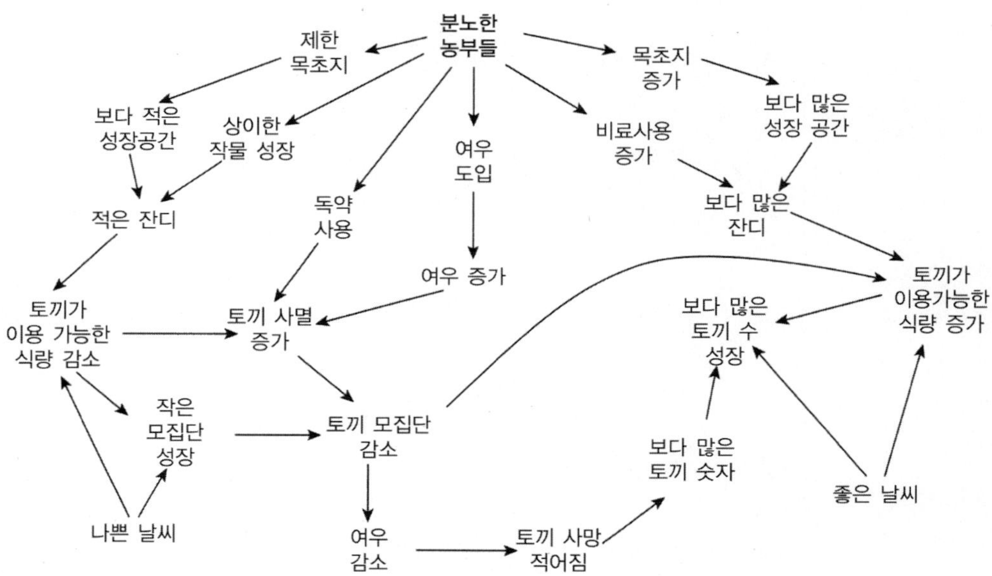

도표 5.9 네트워크 사례: 작은 통제체계를 가진 다중인과 그림

연습문제 5.4

1. 다음의 다른 유형의 자료를 고려하여 양적 또는 질적, 또는 양자모두에 분석될 수 있는가를 가늠해 보아라.
   a. 150명 죄수들을 유사 구조화한 면접으로 취합한 원고의 집합물로서, 교도소에서의 행정부서에 대한 그들(죄수)의 태도에 대한 질문.
   b. 설문의 결과를 모든 영국의 변호사 사무실에 보내어 그들에게 수임료,

보험금, 파업 수준과 봉급수준을 물어봄.
c. 일주일 동안 분주한 교통교차로에서 교통량을 알기 위한 관찰.
d. 편지, 일기, 그리고 재정회계 등으로 구성된 시골 대저택 건물의 다락방에서 발견된 18세기 역사의 공개된 서류더미.
e. 20세기의 집 없는 사람들에 대한 정부의 한 통계연구.

2. 모순과 비모수 통계의 중요한 차이는 무엇인가?
3. 끽연이 암의 원인이라는 것을 증명하기 위하여 추론통계를 활용하겠는가? 그렇다고 생각한다면 어떻게 할 것인가? 그렇지 않다면, 왜 그런가?
4. 질적 분석은 괴력보다는 창조예술에 보다 잘 어울린다. 여러분은 이것이 정말이라고 생각하는가? 여러분이 동의하거나 그렇지 않은 사유를 두 개 내지 세 개 문장으로 말하라. 질적 분석이 양적 분석과 구별되는 방법론상에서의 중요한 차이를 세 개 내지 네 개를 들어 보아라.
5. 다음의 것들에서 어느 형식의 다스플레이가 유용하고 적절한지를 서술해 보아라.
   a. 정부 부서의 관리구조.
   b. 사교육과 주정부교육에 대한 사회계급이 다른 학부모의 태도.
   c. 자동차의 바퀴를 교환하기 위해 해야 하는 것을 설명하기.
   d. 순전히 생산성에 기반하는 새로운 지불체계를 공장에 소개한 결과들.

텍스트, 서류, 그리고 담론에 대한 질적분석

텍스트와 문헌형식의 재료에서는 역사적으로 그리고 현재의 사회와 관련된 대량의 자료를 제공한다. 거기에는 미묘한 텍스트 분석에 적용할 수 있는 폭넓은 분석 방법들이 존재한다. 양적 및 질적인 선택지가 다 활용된다. 여기에 주요한 질적 방법들과 그들의 특성을 간략하게 요약한다.

의문사 삽입(Interrogative insertion)

이 방법은 텍스트가 해답을 제시하기 위한 함축적인 의문을 만들고 삽입하는 것으로 이루어진다. 이러한 방식으로 담론의 논리(또는 논리의 부족) 및 저자가 의도하는 논증의 방향과 강조점들을 밝힐 수 있다. 이러한 것은 그 텍스트가 특정 청중에게 다가가기 위해 어떻게 쓰여졌고, 특정 메시지를 전달하려고 어떻게 애썼는지 등과 같은 텍스트의 수용가능한 디자인을 알아내는데 도움이 된다.

문제해결 담론(Problem-solution discourse)

이것은 진술에 대한 함축성을 탐구하는 의문사 삽입을 더욱 발전시킨 것이다. 대부분의 진술은 두 가지 의미 중의 하나를 가진 것으로 읽을 수 있다. “피곤하십니까? 화성 바에서 드세요”와 같은 광고에서 이러한 것은 흔하게 눈에 띤다. 같은 것이지만 보다 확장된 형식은 사용법설명서 및 책에서 찾을 수 있다. 이런 것의 분석 목표는 처음에는 상황, 그 다음에는 문제, 이어서 반응과 결과, 그리고 평가가 뒤따르는 것으로 논증의 절차를 밝히는 것이다. 전후 관계에서 이런 단계의 어느 것의 부재는 미완성된 느낌과 논리적 논증의 결핍으로 인도된다. 분석을 시현하는 또 다른 방법은 문제점을 추적하고 그것들의 의미들을 고려하여 가능한 해결점을 찾아가는 의사결정 계보의 형태로 하나의 연결 망을 고안하는 것이다.

멤버쉽 법주화(Membership categorization)

이 기법은 글 쓰는 사람이나 읽는 사람, 양쪽 모두를 포함하여 사람들이 어떻게 행동하기를 기대하는지, 그들이 서로 어떻게 관계하고 사회적으로 다른 상황에서 무엇을 하는지 등과 같이 사람들이 사회조직에서 흔히 접하는 인지방법을 분석한다. 예를 들면 부모자식들 간의 관계, 다른 사회계급 구성원들의 행위 또는 공식상황에서의 사람들의 다른 역할 등이다. 대부분의 이런 가정들은 텍스트에서 명확히 제시되지 않는다. 무엇이 정상인지를 강조하여 가정과 사건판단을 천명하여 어떤 전형적인 속성에 대한 이해를 확보할 수 있다.

수사학적 분석(Rhetorical analysis)

수사학은 저자를 믿도록 청자와 독자를 설득하는데 언어와 논증을 사용하는 것이다. 예를 들면 정치가들은 그들이 믿어야 하는 것을 각인시키려고 노력하는데, 그들은 혹독한 언어, 구조화된 언행과 문장으로 깊은 인상을 주려고 애쓴다. 수사학적 분석은 이런 종류의 소통에 사용되는 기술을 밝힌다. 수사학은 특정한 청중이나 리더십에 목적을 두고 사용한다. 그것은 목표청중에 믿음을 일으키도록 호소를 하지만 다른 사람의 신념을 거부하고 폄하하기도 한다. 예를 들어 인종비판은 극우파의 어떤 요소를 격려할지 몰라도 다른 것들은 쫓아버리게 된다.

그것의 분석은 신뢰할만한 표지로 감지한다. 그 표지란 도덕적 위상의 옳음을 주장하고, 온전한 이해를 요구하고 믿을 수 없는 다른 가능성을 기각하는 등과 같은 것으로 저자의 ‘정당함’과 다른 사람의 ‘부당함’을 나타내는 신호들이다. 심지어 저자가 비인격체인 과학적인 보고서에서와 같은 분명한 비정치적 글에서까지 결론의 '정당함'에 대해서 수사학적 기법이 활용된다. 여기에서 표지자들은 객관성, 논리, 그리고 옳은 방법론 등으로 점검해야 한다.

서술적 분석(Narrative Analysis)

이런 형식의 분석은 사람들이 자신들의 과거, 현재 상황, 또는 그들의 사건에 대한 해석을 설명하는 이야기나 서술에서 주제, 구조, 상호작용과 실천행위들을 추려내는 것을 목표로 한다. 일차적으로 말로 된 자료는 반구조 또는 비구조화된 면접, 참여관찰 또는 다른 간접적 방법으로 수집된다. 이야기 진술은 어떻게 보다는 무엇을 말하는가 또는 역으로 이야기하는 동안의 행위의 성격, 그리고 아마도 이야기하는 사람이 듣는 사람과 더불어 어떻게 반응하는가 등과 같은 다양한 측면을 분석한다. 이야기의 구조는 선택적으로 연구된다. 이러한 모든 것은 단순한 이야기의 진술 이면에 흐르는 저의를 밝히는 것으로 행해진다.

기호학(Semiotics)

이것은 시각적인 것과 다른 매체뿐 아니라 텍스트로 쓰여진 것을 연구하는데 사용되는 '상징의 과학'을 위한 용어이다. **기호학**은 텍스트나 시각적 단위들에 대한 단일요소들을 해석하여 심층적 의미를 이해하려는 시도이다. 어휘는 다른 어휘와 관련하여 의미가 있을 뿐이다. 예로 우리는 '말(horse)'이라는 의미를 다른 동물의 특성과 비교하여 알 뿐이다. 마찬가지로 어떤 대상물의 의미는 그것들의 맥락에 관계된다. 즉, 빨간 신호등의 의미는 교통법규의 체계, 색채심리학, 행위와 관습규칙 등에 배태된 것으로 볼 수 있다(이것이 중국에서는 붉은 신호등이 '가시오'라는 의미인지를 설명할 수 있다). 그렇기 때문에 어떤 표시(sign)를 분석할 때, 명시적 의미(우리가 인지하는)와 함축(우리가 그것을 읽어내는 것) 간에 어떤 강력한 구별이 형성된다.

기술적 용어의 영역은 표시의 다른 측면을 지칭하도록 고안되어 왔다. 예를 들어 '신호자(Signifier)'는 의미의 축으로 작용하고; 감지자(Signified)'는 신호자가 가리키는 것이고; 지시적 의미(denotative meaning)는 사인의 분명한 기능적 요소이고; '규칙(codes)과 신호체계(sign system)'는 사인에 스며있는 일반화된 의미이다; 그리고 다른 많은 것들이 있다. 이런 것은 단순하게 도표 5.10처럼 용어들을 여러 가지 파생부분으로 나타내는 교통표지판을 살피는 것으로 설명될 수 있다.

사인　　　　　　　신호자 1. 경고(삼각형)　　신호자 2. 오른쪽 구부림

감지자, 경고, 오른손 들기

지시적 의미, 천천히

규칙 또는 표시체계, 국민 교통 신호

도표 5.10 교통표지의 기호학

담론분석(Discourse analysis)

이것은 어떤 사회의 장에서 사람들이 언어를 통하여 상호 소통하는 방식을 탐구한다. 언어는 정보를 전하는 중립적인 매개물이 아니다; 그것은 우리들의 사회적 상황에 충화되어 있고 언어를 창조하고 재창조하는데 기여한다. 언어는 세상에 대한 우리들의 인지를 구체화하고 우리들의 태도와 자세를 형성한다. 두 개의 중심주제를 확인할 수 있다: 담론이 설정되는 해석적인 맥락, 그리고 담론의 수사학적 조직으로, 전자는 사회적 맥락을 분석하는데 주력한다. 예를 들면 화자들간의 권력관계(아마도 나이와 선임도 때문) 또는 담론이 발생하는 시기의 유형(사적 모임이나 파티), 후자는 담론에서의 스타일이나 구도(Style and scheme)를 연구한다. 예를 들면 어떤 청원은 법정에서 변호인의 발표와는 아주 상이한 방법으로 청취자를 확신하게 하는 것을 목표로 한다. 탈 구조주의자들의 사회이론, 특히 프랑스 이론가의 미셸 푸코(Michel Foucault)의 작품은 이러한 언어에 대한 분석적 접근방법의 발전에 영향을 주었다. 푸코에 따르면 담론은 "말하고자 하는 사물을 체계적으로 실천"하는 것이다(1972, p.43). 그러므로 그는 담론이 사회적 규제를 형성하는데 어떻게 사용되고, 통제가 어떻게 자연스럽게 나타나는지를 논증하였다.

생각해보기

자료분석에 대한 상이한 방법들을 많이 배울 수 있다는 것은 분명하지만, 이 단계에서 여러분은 연구계획에서 무엇을 할 것인지를 규정하기 위하여 스스로에게 구체적으로 얼마나 실질적으로 알기를 원하는지 자문해야 한다. 이러한 것들을 학습하는 요점은 이용 가능한 방법들의 범위를 찾는 것이고, 그것들을 적절하게 사용할 수 있는 상황을 발견하는 것이다. 제안을 하는 단계에서는 어떻게 그 방법들을 적용할지에 대해 아주 상세하게 진행할 필요는 거의 없다. 이에 대한 지루한 예외는 자금지원을 받는 연구를 수행하는데 적용할 때이다. 이 경우에 여러분은 어떻게 자료를 수집하고 분석할지에 대하여 아주 정확하게 기술해야 할 것이고, 지휘와 적정시점의 관점에서 그 과정을 어떻게 관리할 것인가를 서술해야 할 것이다. 이 장을 읽으면서 여러분이 적절한 방법을 선택했다면 그 다음에는 선택한 방법에 대해 구체적으로 습득할 수 있는 보다 자세한 교재로 넘어가야 할 것이다.

결론

우리는 이 토론을 세가지 연구관점, 즉, 자료수집/분석, 질적/양적 연구, 그리고 연구전략의 관점으로 시작하였고, 세 가지 방식의 매트릭스로 짜 맞추었다. 이러한 복합적인 조합은 전도유망한 연구자로서 여러분이 연구문제에 적절한 선택을 해야 하는 수많은 연구방법의 선택지를 제공한다. 하나의 연구기획에서조차 같은 연구문제의 다양한 측면에 정당하게 적용될 수 있는 연구방법이 분명히 몇 개 있을 수 있다. 각각의 것은 문제의 다른 측면을 연구하고 분석할 수 있게 한다. 자료의 수집과 분석을 한번만 하는 것은 아니다: 거기에는 흔히 어떤 반복적인 수집과 분석의 상황이 존재한다, 예를 들어:

역사적 자료의 수집 → 분석 → 사례연구에 대한 가설 → 자료수집 → 분석

이 장에선 보다 자주 사용하는 이용 가능한 몇 개의 방법에 대해 아주 간략하게 소개했을 뿐이다. 여러분의 연구배경 과정에서는 여러분 자신의 연구에 유사한 맥락에서 사용하는 특정 방법을 보다 철저하게 연구하고, 그리고 적절한 방법을 선정하기 위해 그것들을 평가해야 할 필요가 있을 것이다. 그런 다음에야 선택한 방법들에 대한 구체적인 공부가 이뤄질 수가 있다.

다음 단계: 어떤 연구방법을 사용할 것인가?

이 부분의 목표들은

- 여러분의 연구문제를 탐구하기 위해 수집해야 하는 자료유형을 결정하는 것
- 자료수집을 위한 적절한 방법을 정하는 것
- 자료분석의 적절한 방법을 연구하는 것
- 이러한 기법들을 사용하여 무엇을 얻을 수 있는가를 검토하는 것

등이다.

연구를 진행시킬 수 있는 활동의 점검목록

1단계: 양적 또는 질적 연구 또는 양자?

수집할 자료의 종류와 수용해야 할 분석의 유형을 검토하라. 그것들이 하나 또는 다른 범주에 속하는가 또는 그들이 이쪽저쪽 두 범주의 어떤 요소인가? 두 가지 연구유형의 차이를 인식하는 것이 중요하다, 왜냐하면 그것들의 기본 가정이 다르기 때문이다. 그 차이를 어떻게 인지할 수 있는가? 다음단계에서 테스트를 시도하라.

2단계: 양적 연구의 테스트

양적 연구는 두 가지 특성이 구별된다: 정확한 측정의 활용과 통계적 방법 또는 다른 계산방법으로 분석될 수 있는 숫자로 표시된 양의 사용. 일단 얼마나 많은가를 셈하고 얼마나 많은 양인가를 따진다면 양적인 연구를 하고 있는 것이다.

3단계: 질적 연구의 테스트

질적 연구는 2단계를 따르지 않는 어떤 연구이다(아마 거의 모두가). 보통 질적 연구는 사람들과 더불어 그들의 행위를 연구하고 등간 또는 비율수준으로 양화할 수 없는 변인들에 관한 것이다. 말이나 글로 된 단어 형태의 자료가 공통적인 특징이지만 소리나 행위(예, 음악 또는 무용)도 자료가 될 수 있다.

4단계: 연구전략을 고안하라

연구전략에 관한 Box 5.1은 연구전략을 규정하는데 도움이 된다. 그것을 점검하라. 물어보고자 하는 질문의 유형을 정하라. 전략적인 목록을 충분하게 완성하지 못한 것(1장 참조)을 결정했을지도 모르거나 또는 다른 차원에 근거하여 스스로 첨가해야 할지도 모른다. 또한 여러분은 여러분의 논제를 다루기 위하여 한 가지 이상을 사용해야 할지도 모른다.

5단계: 그것을 모두 연결하라

연구의 여러 갈래를 탐구하는데 활용할 상이한 관점을 고려하여 연구관련 다른 갈래들에 대한 도표나 도형을 만들어라. 전략, 자료수집, 분석, 그리고 양적/질적 접근방식에 대한 도형 5.1에 제시된 세 가지 관점을 활용하라. 질적인 자료를 수집할 수 있는 몇 가지 사례에선 질적 자료를 양적으로 분석할 수 있고 반대의 경우도 가능하다는 것을 주목하라.

6단계: 자료수집

연구문제들에 대한 답을 구하기 위해 수집할 필요가 있는 모든 자료의 유형에 관한 목록을 만들어라. 그것들을 이차적 그리고 일차적 자료의 범주로 순서를 정하도록 노력하라. 그런 다음 이러한 자료들을 어디서 구할 수 있는가를 정하라 – 이차자료의 경우 그것들의 신빙성을 검증할 수 있는가? 일차자료의 경우 표본을 선택할 수 있는 것인가? 양자인 경우 요구되는 자료에 획득할 접근 가능성이 있는 것인가?

7단계: 무슨 종류의 표본인가?

표본을 선택할 필요가 없다면 이 단계를 접어라. 먼저 모집단이 무엇인가를 고려하라, 그리고 가능하다면 그것의 성격이 무엇인가를 파악하라(예, 동질적, 층화된 것 등). 다음은 적절한 표집 방법을 선택하라. 여러분이 아는 것처럼 정확한 대표성은 별 다른 문제라 해도 여러분의 선택에 영향을 주는 관리 가능한 수, 위치, 접근성, 실천성, 시간성 등과 같은 수많은 요소들이 거기에 게재된다. 이 단계에서는 여러분의 방법들에 대해 너무 정확하게 할 필요는 없다(여러분이 박사학위 논문 제안을 하고 있는 것이 아니라면). 그렇지만 여러분은 관계된 쟁점들에 대해서 잘 알고 있다는 것은 나타낼 필요는 있다.

8단계: 자료수집 방법을 선택하라

6단계에서 필요한 자료의 목록을 반영하라. 그 목록의 각각의 항목에 대한 자료를 얻을 수 있는 최선의 방법을 결정하라. 아마 다양한 방법들로 귀결될 수도 있을 것이다. 이들에 대한 실질적인 결과를 고려하라. 이제는 목적하는 바의 실제성에 접근할 수 있는 좋은 시점이다.

9단계: 자료분석 방법을 선택하라

선택한 자료분석의 방법은 자료의 성격과 그 자료에서 무엇을 찾을 것인가에 달려있다. 왜 우리가 자료를 분석하는가에 대해서 Box 5.8의 사유 목록을 고려하라. 여러분의 배경독서가 이전에 유사한 연구에 무슨 방법들이 성공적으로 사용되었는지를 확인하는데 도움이 될 것이다. 재차 언급하건데 실제성은 중요한 요소가 될 것이다, 예로, 여러분은 비싼 장비 또는 특별한 컴퓨터 자원이 필요한가?

10단계: 자료수집과 분석을 결합하기

아마도 여러분의 주제연구는 자료수집과 분석이라는 두 가지 순서가 그렇게 산뜻하게 나눠지지 않을 것이다. 만약 그렇게 되지 않는다면, 이들 두 활동들을 결합하는 적절한 전략을 구성하라. 정상적으로는 수집과 분석에 아직 다른 방법들을 사용하지만, 이것들은 정규적인 간격을 갖고 상호 반응을 제공하도록 피드백하는 선택지다.

여러분이 계획한 활동들이 적절하고 실질적인가를 여러분의 감독자에게 확인해야 할 것이다.

11단계: 작업계획을 설계하라

현실적인 점검! 이제 무엇을 할 것이고 어떻게 할 것인지는 분명해졌다. 이제는 그것을 실행할 것인지 어떤지에 대한 문제에 해답을 내릴 시점이다. 여기에서 필요한 모든 것은 단순한 막대 그림표로서 전반적인 이용 가능한 시간 내에 맞춰진 시간할당의 행동목록을 보여주는 것이다. 시간적으로 새로운 기술을 배우고, 글을 쓰고, 휴식하고, 여행하고, 회의하는 등등에 필요한 시간할애를 부연하는 것을 잊지 마라. 이것은 여러분이 여러분의 야망에 대해 비현실적이 아니라는 것을 스스로 확인할 수 있게 한다. 스스로 자문하라: 각각의 과제에 합리적인 시간 배분이 되었는가? 아니라면, 이제 조정해야 할 때이다. 이것은 구체적으로 연구의 영역을 축소하기, 사례연구를 줄이기, 연구규모와 연구의 복합성을 제한하기, 실험을 단순화하기, 그리고 사실 그대로 중요한 것에 한정하여 분석의 양을 축소하기 등등이다.

정리와 평가

준비가 되면 여러분의 교수 또는 감독자에게 지도약속을 하라. 이러한 협의의 주요점은 여러분의 연구프로젝트에 사용하기 위해 선택한 연구방법을 토의하고, 왜 여러분에게는 그 방법이 적합하고 그것으로 무엇을 성취할 수 있는가를 설명하는 것이다. 자료수집과 분석방법들, 그리고 여러분의 연구문제를 현실적인 방법으로 어떻게 다룰 수 있을지를 설명하는 다른 연구전략들에 대해서는 이 장에서 획득한 정보를 활용하라.

여러분은 연구방법들을 실제적으로 어떻게 수행할 것인지를 밝혀야 하고, 연구의 범위와 복합성의 수준도 밝혀야 하며, 자료를 생산하고 분석하는데 무슨 재료들이 필요할 것인지도 고려해야 한다. 특별히 자료수집과 분석 간의 관계를 생각하라: 자료수집은 자료분석이 착수되기 전에 완결 지을 수 있나? 또는 그들을 서로 나란히 병행해서 실행할 수 있나? 연구하는 동안 표본을 선정할 필요가 있는지 어떤지를 성찰하라, 만약 그렇다면 여러분의 경우에 무엇을 중요하게 고려해야 하는지를 곰곰이 생각해야 한다. 이 특정한 방법들이 여러분의 논증을 어떻게 강화시켜 줄 것인지를 추론하고, 다른 가능한 대안들의 이점과 불리한 점을 논의해 보아라.

더 읽을거리

자료수집 방법들과 표집기술, 그리고 자료분석에 대한 모든 방법들에 관한 교재는 수없이 많다. 보다 많은 선택을 하려면 표집, 설문서, 조사연구 등의 핵심어휘를 도서관의 목록에서 검색해 보아라. 이런 것들 외에도 이전의 논문에서 이런 주제를 다룬 예전의 사례들이 있으며, 그것들을 살펴서 수집된 자료의 성격과 그것들의 사용법에 대해서 알아볼 수 있다.

여기에 수록한 첫 번째 세트의 책들은 이 장에서 읽은 것들을 훨씬 더 심층적으로 다룬 일반적인 연구방법론 책들이다. 그것들은 여러분의 연구프로젝트에 적합하다고 선택한 방법들에 대해 더 많은 것을 습득하는데 유용하다. 필요하다면 그 다음에 거기에서 보다 더 전문적인 교재로 이행하여 갈 수 있다. 일반적인 교재 이후에 그렇게 선택할만한 교재들을 추가하였다.

Robson, C.(2002) *Real World Research: a Resource for Social Scientists and Practitioner Researchers, 2nd edn.* Oxford: Blackwell.

이것은 실질적이고 접근가능한 스타일로 쓰여진 일등급의 책으로 어떤 프로젝트를 착수하고자 하는 사람에게 가치있는 자원을 제공하는 교재이다.

이 책의 내용은 모든 중요한 연구방법들을 진지하고 상세하게 다루고 있다.

Bryman, A. (2004) *Social Research Methods*, 2nd edn. Oxford: Oxford University Press.

사회과학도를 위한 연구방법에 대해 명쾌하고 포괄적으로 쓰여진 가장 인기있는 표준 안내서 중의 하나이다.

Cohen, L. and Manion, L. (2007) *Research Methods in Education*, 6th edn. London: Routledge.

범위와 구체성에서 뛰어난 것으로 비단 교육학도들 이외의 학도들에게도 주목되는 교재이다.

Gill, J. and Johnson, P. (2010) *Research Methods for Managers*, 4th edn. London: Sage.

특정한 방법들을 보완하는데 단계적인 안내를 제공해주며, 동시에 철학적 가정에 대해 잘 알수 있도록 권면하는 교재이다.

그리고 연구방법론에 관한 최상의 자료원천은 SAGE Research Methods Online (SRMO)를 웹주소 http://srmo.sagepub.com/을 방문하라. SRMO는 조사방법론에 관한 저서, 논문과 참고내용뿐만 아니라 방법론분야에 관한 특별히 고안된 지도와 분류에 관계된 기록물이 10만쪽 이상 담겨있다. 여러분은 이 사이트를 무료로 이용하려면 홈페이지에 등록해야한다. SRMO는 아직도 발전해가고 있는 것으로 연구자, 학술관계자, 그리고 학도들을 위한 중요한 도구로 개발되기를 희망하고 있다.

이차자료 수집과 분석

Stewart, D. and Kamins, M. (1993) *Secondary Research Information Sources and Methods*, 2nd edn. Thousand Oaks, CA:Sage.

이차적인 자료원천을 발굴하고, 자료소스를 확보하고, 특정연구문제의 해답을 위한 정보를 평가하고 통합하는데 유용한 안내서.

Heaton, J. (2004) *Reworking Qualitative Data: the Possibility of Secondary Analysis*. London: Sage

이용가능한 질적자료의 재활용에 관한 장점을 제공.

Kiecolt, J. and Nathan, L. (1986) *Secondary Analysis of Survey Data: a Sage University Paper*. Newbury Park, CA: Sage.

이 책은 조사자료의 실시전략을 안내하고 몇가지 중요한 자료서류들을 서울하여 미국 사회과학 축적자료에 대한 포괄적인 안내를 제공한다.

표본과 자료수집

자료, 일차자료수집, 표집 등등에 대한 부분에서 지적한 내용들을 발췌한 몇 개의 일반적인 방법론 교재들은 그들의 간결성 때문에 유용한 것이다. 관련부분의 다른 내용의 글들도 찾아보고 연구과정의 다른 측면도 고려하라.

Seale, C. (ed.) (2004) *Researching Society and Culture*, 2nd edn. London: Sage.
See chapter by Clive Seale and Paul Filmer on 'Doing social surveys'.

Holliday, A. (2007) *Doing and Writing Qualitative Research*, 2nd edn. London: Sage.

자료에서 무엇을 계산하고 자료에 대한 글쓰기는 4장과 5장을 살펴보라.

Fowler, F.J. (2008) *Survey Research Methods*, 4th edn. London: Sage.

이 책은 설문조사를 행하는 것에 대한 모든 측면을 아주 상세하세 다룬다. 표집, 응답률, 자료수집방법-특히 설문서 및 면접에 아주 좋다. 여러분이 원하는 특정방법에 대해서 보다 많은 것을 얻고자 한다면 이 책을 선택적으로 활용하라. 이 책은 또한 차후의 분석에서도 유용한 것이고 또한 윤리분야도 있다.

Aldridge, A. (2001) *Surveying the Social World: Principles and Practice in Survey Research*. Buckingham: Open University Press.

또 다른 포괄적인 책; 내용목차와 색인을 이용하여 원하는 것을 찾아라.

Greenfield, T. (2002) *Research Methods for Postgraduates*, 2nd edn. London: Arnold.

여러 저자들이 대학원 졸업후의 연구에 대한 모든 측면들에 대한 정보를 준다. 내용의 장들이 별개의 제목으로 멋지게 나누어져 있어 손쉽게 살펴볼수 있다.

Fink, A. (1995) *The Survey Kit*. London: Sage.

설문조사 연구에 대한 모든 측면을 다룬 아홉권으로 된 전집이다. 이 책은 최상의 것이다.

여기 설문서에 관한 특별한 몇 권의 책을 유용성의 순서로 제시한다.

Peterson, R. A. (2000) *Constructing Effective Questionnaires*. London: Sage.

Gillham, W. E. and William, E. C. (2000) *Developing a Questionnaire*. London: Continuum.

Gillman, D. A. (2000) *Mail and Internet Surveys: the Tailored Design Method*, 2nd edn. Chichester: Wiley.

Frazer, L. (2000) *Questionnaire Design and Administration: a Practical Guide*. Chichester: Wiley.

그리고 여러분의 작업단계에서 유용함의 순서로 면접에 대한 몇권을 제시한다:

Keats, D. M. (2000) *Interviewing: a Practical Guide for Students and Professionals*. Buckingham: Open University Press.

Jaber, F. (ed) (2002) *Handbook of Interview Research: Context and Method*. London: Sage.

Wengraf, T. (2001) *Qualitative Research Interviewing: Biographic, Narrative and Semi-Structured*. London: Sage.

그리고 표집에 관한 두권의 책:

Schaeffer, R. L. (2005) *Elementary Survey Sampling*, 6th edn. Belmont, CA:Duxbury.

Fink, A.(1995) *How to Sample in Surveys* (The Survey Kit, vol.6). London: Sage.

그리고 사례연구에 대한 것 두권, 가장 단순한 것이 첫째것.

Nisbet, J. D. and Watt, J. (1982) *Case Study*. Rediguide no. 26. Oxford: TRC Rediguides.

Yin, R. K. (2003) *Case Study Research*: Design and Methods, 3rd edn. Thousand Oaks, CA: Sage.

양적 연구

통계에 대한 단도직입적인 소개서:

Diamond, I. and Jeffries, J. (2001) *Beginning Statistics: an Introduction for Social Scientists.*

London: Sage.
이 책은 통계적 공식보다는 그라프와 도표제시 같은 서술을 강조한 통계책이다. 통계에 대한 기초개념을 이해하는데 좋은 안내서이다.

주제에 관한 포괄적 검토는 다음의 것들을 보라. 이들은 복잡성의 정도로 배열하였는데 단순한 것을 먼저 놓았다. 목록은 난해도가 증가하는 것으로 더나열할수 있다. 여러분은 여러분의 도서관이 이용가능하다면 그곳의 안내에 따라 도서관 서고를 활용할 수 있을 것이다.

Wright, D. B. (2002) *First Steps in Statistics*. London: Sage.

Kerr, A., Hall, H. and Kozub, S. (2002) *Doing Statistics with SPSS*. London: Sage.

Byrne, D. (2002) *Interpreting Quantitative Data*. London: Sage.

Bryman, A. and Cramer, D. (2008) *Quantitative Data Analysis with SPSS Release 14, 15 and 16: a Guide for Social Scientists*. London: Routledge.

Siegel, S. and Castellan, N. J. (1988) *Nonparametric Statistics for the Behavioral Sciences*. New York: McGraw-Hill.

Seale, C. (ed) (2004) *Researching Society and Culture*, 2nd edn. London: Stage.
공식통계를 어떻게 해석할 것인가를 위해서는 Seale(2004) 책에 있는 Don Slater가 쓴 장을 찾아라.

질적분석

여러분이 이 거창하고 복잡한 주제에서 예견 하는바와 같이 온갖 측면을 설명하는데 기여한 수많은 저서들이 있다. 아래 나열한 목록에서 각각의 교재를 간략하게 언급하고 그것을 어떻게 활용할지 간단히 설명하고자 했다. 교재들은 단순한 것에서 가장 복잡한 것에 이르는 순서로 제시하였다.

Flick, U. (2006) *An Introduction to Qualitative Research*, 3rd edn. London: Sage.
어휘와 시각적 자료를 분석하는데 유용한 것들로서 서류화, 코딩, 해석과 분석에 실질적인 도움을 준다. 잘 조직화된 배열은 무엇이 여러분에게 적합것인가를 선택적으로 발췌하는데 유용할 것이다.

질적자료분석에 대한 믿을 수 없을 정도로 빡빡하게 수록한 진짜 포괄적인 교재로 차라리 질적자료분석의 기술적인 안내서는:

Miles, M. B. and Huberman, A. M. (1994) *Qualitative Data Analysis: an Expanded Sourcebook*, 2nd edn. London: Sate.
이것은 수많은 예시가 있어 질적자료들이 어떻게 작동하는지를 설명하는데 도움이 되지만 사례에 사용된 용어들이 처음에는 낯설어 이해하기가 쉽지 않을 정도로 기술적으로 복잡한 것일수 있다. 그러나 그것에 적응하면 문맥관련 자료를 다루고 분석하는데 유용한 기법을 제공받을 수 있다.

앞에서 원하는 것을 찾지 못했다면 몇 개 더 제시하겠다. 여러분의 도서관 목록에는 더 많은 교재들이 있을 것이다. 만약 거기에 여러분이 관심을 갖는 것에 대한 특정의 책들이 있는지 찾으려면 경영관리, 자료분석, 교육관련 자료븐석, 또는 제목이 무엇이든 그것과 관련한 자료분석과 같은 핵심용어를 사용하여 수색하여 보아라.

Silverman, D. (2001) *Interpreting Qualitative Data: Methods for Analysing Talk, Text and Interaction*, 2nd edn. London: Sage.

Holliday, A. (2007) *Doing and Writing Qualitative Research*, 2nd edn. London: Sage.

사회학도, 공용언어학, 경영학과 교육학도에 적합한 질적연구의 글쓰기를 위한 일반적인 안내서.

Schwandt, T. (1997) *Qualitative Enquiry: a Dictionary of Terms*. Thousand Oaks, CA: Sage.

모든 기술적 전문용어를 이해하는데 도움이 된다.

Coffey, A. and Atkinson, P. (1996) *Making Sense of Qualitative Data: Complementary Research Strategies*. London: Sage.

모델링과 실험

또 다른 거대한 주제를 다루는 수많은 책들. 아래의 제시목록은 영역 차별화로 제시하였다.

여기 모델링에 대한 몇권의 책이 있다. 한 주제는 수리적 공식을 다룬 것이고, 다른 것은 대부분 계산에 관계된 컴퓨터 팩키지들이다. 책 목록은 구체성과 복잡성이 증가하는 순서로 제시했다. 여러분의 관심주제에 대한 서적이 여러분의 도서관 목록에 있는지 찾아보라.

Marker, D. (2002) *Model Theory: an Introduction*. London: Sringer.

Edwards, D. (2001) *Guide to Mathematical Modelling*, 2nd edn. Basingstoke: Palgrave.

Morgan, B. J. (2000) *Applied Stochastic Modelling*. London: Arnold.

Edwards, D. (2000) *Introduction to Graphical Modelling*, 2nd edn. New York: Springer.

특정 주제에 응용된 모델링의 예들:

Oppenheim, N. (1980) *Applied Models in Urban and Regional Analysis*. London: Prentice-Hall.

Hedman, J. (2002) *IT and Business Models: Concepts and Theories*. Malmö: Liber Ekonomi.

Samuel, A. E. (1999) *Introduction to Engineering Design: Modelling, Synthesis and Problem*

Solving. Oxford: Butterworth-Heinemann.

실험방법을 다룬 몇권의 책들: 여러분 자신의 주제제목의 책들을 점검하라.

Lewis-Beck, M. S. (ed.) (1993) *Experimental Design and Methods*. London: Sage.

Dean, Angela (1999) *Design and Analysis of Experiments*. New York: Springer.

Montgomery, Douglas C. (2009) *Design and Analysis of Experiments*, 7th edn. New York: Wiley.

Wheeler, A. J. (1996) *Introduction to Engineering Experimentation*. London: Prentice-Hall.

알고리즘에 대한 단순설명서는 아래 목록을 보라. 그러나 계산이 복잡한 보다 기술적인 안내서는 다른 것을 찾아보라.

Broadbent, G. (1988) *Design in Architecture: Architecture and the Human Sciences*. London: Fulton, p. 326.

Bateman, R. (2002) *The DSP Handbook: Algorithms, Application and Design Techniques*. Harlow: Prentice-Hall.

Harel, D. and Feldman, Y. (2004) *Algorithmics: the Spirit of Computing*, 3rd edn. Workingham: Addison-Wesley.

인터넷

여기에 인터넷 연구, 특히 조사연구를 활용하는 것에 관한 몇권의 책이 있다. 이것들은 연구도구로서 인터넷의 생존능력을 논의하고, 어떻게 설문조사를 디자인하고, 필요한 장비는 무엇이고, 그리고 잘못될수 있는 것이 무엇이고 사례연구의 예는 어떤 것들이 있고 하는 것들을 다루어준다.

Hewson, C., Yuyle, P., Laurent, D. and Vogel, C. (2003) *Internet Research Methods: a Practical Guide for the Social and Behavioural Sciences*. London: Sage.

Fielding, N., Lee, R. and Blank, G. (2008) *The SAGE Handbook of Online Research Methods*. London: Sage.

Mann, C and Stewart, F. (2000) *Internet Communication and Qualitative Research: a Handbook for Researching Online*. London: Sage.

CHAPTER

06 정직성과 연구 윤리

- 목적
- 머리말
- 연구의 정직성
- 윤리적 쟁점을 야기하는 상황
- 윤리 정책, 허가와 위원회
- 결론
- 다음 단계 : 여러분의 윤리 지침을 세워보라
- 더 읽을거리

목적

- ✔ 연구활동에서 정직성과 책임감을 확립시키는 것
- ✔ 연구계획에서 윤리성을 고려하는 것
- ✔ 연구 참여자의 윤리적 대우를 보장해주는 것
- ✔ 모든 연구 방법에 대한 윤리적 측면을 점검하는 것
- ✔ 연구 단체와 윤리위원회의 목적을 이해하는 것

머리말

전문 연구에서의 윤리적 쟁점에 대한 강한 인식은 항상 있어 왔지만, 점차적으로 학생수준의 연구에서 윤리적 쟁점에 대한 관심은 증가하고 있다. 이는 특히 교육과정의 학습수준 이상으로 학위를 목표로 연구를 수행하는 학생들의 경우에 윤리문제는, 점점 더 큰 중요성을 가지며, 전문가 수준에서 일반으로 확산되어 나가는 경향이 있다.

연구에서의 윤리적 쟁점을 바라보는 시각에는 두 가지가 있을 수 있다. 하나는 정직함과 솔직함, 그리고 개인적인 청렴에 관련된 것이고, 나머지 한 가지는 동의와 비밀보장, 정중함과 같이 연구 대상자들에 대한 윤리적 책임감과 관련된 것이다.

윤리적 연구를 뒷받침하는 원칙들은 아주 간단하고 이해하기 쉽지만, 특정 상황에 실제로 적용할 경우에는 상당한 어려움이 있을 수 있다. 인간관계라는 영역에서의 모든 결정은 명확하게 이루어지는 것은 아니다. 따라서 여러분의 연구와 관련된 윤리적 쟁점에 대해 관련 책임자 및 이 분야의 전문가들과 토론하는 것이 중요하다. 만약 여러분이 인간참여자들이 연루된 연구를 하게 된다면 여러분의 대학교나 단체로부터 윤리적인 문제에 대한 승인을 받아야만 할 것이다. 여러분의 상황에서는 어떤 동의가 필요한지 파악하는 것이 필수적이다.

연구의 정직성

우선, 연구 활동에 관련된 일반적 쟁점들과 특히 연구자의 처신에 대해 생각하라. 정직함은 간결하고 솔직한 의사소통을 가능케 해줄 뿐만 아니라 신뢰와 신용을 쌓아 토론과 지식의 발전을 고양시키는데 필수적이다. 이는 연구 주제와 상관없이 모든 연구자들에게 적용되는 것이다. 연구 활동의 모든 국면에서 항상 정직함을 유지해야 하지만, 여기서 가장 중요한 쟁점 몇 가지에 대해 초점을 맞출 필요가 있다.

지적소유권과 표절

별다른 언급이 없다면, 여러분이 쓴 것은 여러분 자신의 연구인 것으로 간주될 것이다; 여러분이 이의를 제기하지 않는다면, 그 생각은 여러분 자신의 것으로 여겨질 것이다. 이런 관점에서 정직성에 손상을 입히는 최악의 것(타인의 연구물을 자신의 보고서, 논문 등에 그대로 옮겨 적고, 마치 자기 것인 척하는 행위)을 **표절(plagiarism)**이라고 한다. 출처를 밝히지 않고 타인의 의견과 생각, 연구를 사용하는 것은 설사 여러분의 말로 바꾸어 썼다 해도 비윤리적인 것이다. 공동 연구 또는 대필(ghosting)의 결과물인 연구에 대해 단독 저작권을 주장하는 것 역시 마찬가지로 심각한 문제이다.

인용과 인정(acknowledgment)

분명히 자기 자신만의 생각이나 개념 및 이론만으로 완전히 이루어지는 연구 분야는 있을 수 없다. 그러므로 원작자의 결과물과 생각을 여러분의 글 속에 쓸 수 있도록 허가를 구하는 일반적인 표준 원칙들을 개발해 왔는데, 이를 **인용**이라고 한다. 이런 참고 방법들은 타인의 연구를 직접 인용하고(서적, 잡지, 회담, 대화, 면접, TV 프로그램 등의) 다양한 출처들로부터 나온 참고자료를 제공해주며, 신중하게 사용해야 할 것이다. 또한 여러분은 다른 사람들과의 공동 연구와 협조에 대해서도 인정해야 한다.

참고문헌을 표시하는 '하버드' 체계는 4장과 7장에서 다루고 있다. 잘 알려져 있는 다른 방법들도 있는데, 세부 사항에서 차이가 난다. 편집자들은 빈번히 그들의 출판물에 특정한 참조 양식을 사용할 것을 고집한다. 이때 여러분의 모든 참고 자료와 첨부 문서의 자료베이스처럼 작용하여 순식간에 참고자료 목록을 이런저런 형식으로 변환시켜주는 정확하고 시간 절약되는 소프트웨어 프로그램들(가령, ProCite)이 있다.

그림 6.1 정직성에 손상을 입히는 최악의 것을 표절이라고 한다.

책임과 연구자의 의무

여러분은 동료 연구자, 응답자, 일반 대중과 학술 공동체에 대해 책임감을 가져야 한다. 여러분이 쓰고 있는 내용은 정확성 외에도 정직성이 필수적이다. 여러분이 무엇을 어떻게 했는지, 획득한 정보, 사용한 기법, 분석, 연구 결과-여러분 연구의 모든 것과 관련된 수많은 세부 사항-에 대한 정확한 설명이 요구된다.

자료와 해석

자료 사용과 분석 결과를 내놓을 때, 임의대로 선택하고 싶은 유혹이 간혹 있다. 자신의 믿음과 반대되는 증거들을 몰래 없애거나 무시하는 것은 진실함을 저버리는 것이며, 이론 발전에 가장 중요한 요소를 잃어버릴 수 있는 것이다. 예를 들어, 가설-연역적 방법은 이론적 진술의 오류를 찾아내는 일에 몰두하는데, 이는 단지 그것을 기각하기 위해서가 아니라 이를 정제하고 진실에 더욱 근접하게 하기 위한 것이다. 역사는 과학적 기만(scientific fraud)의 사례들로 가득 차 있는데, 여기 최근 두 가지 경우들이 나와 있다. 첫 번째는 1995년 6월 7일자 타임지에 소개된 것으로, 다른 사람들을 호도할 목적으로 의료 기록에 손을 댄 것으로 밝혀진 사례이다. 이것은 임산부에게 검증되지 않은 위험한 치료법을 시행토록 하는 굉장히 위험한 사기이다. 1995년 6월 19일자 타임지에서는 학교 당국의 대응과 의료 사고에 대한 평가에 대해 보도하고 있다. Box 6.1에 그 내용이 요약되어 있다. 기사를 보면, 기득권과 야망이 '옳은' 결과에 도달하고자 증거를 '조작하는' 유혹을 불러일으킬 수 있다는 점이 분명하다. 이는 소규모일지라도 학생과 연구 업무 실무자들 수준에서도 일어날 수 있는 일이다.

Box 6.1 위조와 거짓으로 이루어진 사기

산부인과 의사들의 연구 조작에 대한 '사기전담반'의 설립이 시급

왕립 의과 대학의 요청으로 '연구사기전담반'이 설치되었다. 이것은 한 유능한 산부인과 의사가 선구적인 수술법에 대한 연구 결과를 조작하여 거짓 내용을 은폐하기 위해 의료 기록을 삭제하도록 명령한 일이 벌어진 이후에 취해진 조치였다.

일반 대중들이 과학 연구는 허위 연구결과가 아니라는 것을 확신할 수 있도록 해야 한다. 진실되고 정직하게 과학을 수행하고 있다는 것을 보여줘야 하며, 어떤 위반행위도 은폐되지 않도록 해야 한다. 의학에서 사기라는 것을 입증할 신뢰성 있는 평가는 어렵지만, 그에 대한 즉각적인 조치를 보장하자는 과학자들의 염려가 충분히 드러나 있다. 전문가와 영향력 있는 사람들로 구성된 단체가 설립되어 합동 연구를 벌일 것이다.

이러한 요구는 존재하지도 않는 실험을 근거로 자궁 외 임신 연구 방법을 개발한 [말콤 산부인과 자문의사] 피어스 씨의 사례 때문이었다. 그는 날조한 보고서에 자신의 연구를 입증할 능력이 없는 동료들의 서명을 얻었다. 이후 그는 자궁 외 임신을 전이시키기 위한 첫 번째 수술을 성공적으로 수행했다고 주장했다. 그는 내부 연구에서 일련의 거짓이 드러나 유죄가 인정되어, 일반 대중을 보호하고자 의사 면허를 박탈당했다.

과학적 기만이 위험한 것은, 출간된 문건에서 매우 성공적인 방법이라고 적혀 있는 기술과 치료법을 맹신하는 연구자들이 따라한다는 점이다. 이것이 환자들과 학술 발전에 매우 위험한 결과를 초래할 수 있다는 것은 분명하다. 자신들의 평판에 해가 될까 두려워 의심되는 사례에 대한 연구를 꺼려하는 의료 단체들이 문제를 키운다.

(The Times, 1995. 6. 19)

두 번째는 우리 시대의 가장 존경받는 지성인 중 한 명이 증거 위조의 혐의를 받고 비난받는 사례이다. 1995년 6월 5일자 **타임지**에 보도되었으며 Box 6. 2에 요약되어 있다. 의도적인 조작 혐의로 고소한 것과는 별개로, 이 기사는 한 가지 사례에서 나온 결과만을 이론의 증거로 삼는 것의 위험성을 보여주고 있는데, 만약 그 결과의 신빙성이 떨어지면 그 이론 역시 기반이 완전히 흔들릴 것이다.

Box 6.2 증거 조작에 의한 사기

하버드 학자가 칼 융을 사기꾼이라 주장

하버드 대학에서 학술연구상을 수상한 리처드 크놀(Richard Knoll)은 정신분석학의 창립자인 칼 융이 속임수를 썼다는 것을 입증할 수 있다고 주장했다. 그는 융이 자신의 이론을 진척시키기 위해 증거를 위조한 것을 입증할 수 있으며, 그것은 연방 도서관의 자료에 근거하고 있지만 융의 유족들에 의해 접근이 차단되고 있다고 믿고 있다.

융은 1909년에 인류가 집단 무의식 속에 원형의 이미지를 공유한다는 이론을 개발하였으며, 이는 그의 조수 중 한 명인 호네거(J. J. Honegger)가 수집한 증거를 통해 뒷받침된다고 주장하였다. 호네거는 자신이 인터뷰한, 현재 태양 남근의 남자(Solar Phallus Man)라고 알려진 남자 환자가 남근을 가진 태양의 영상을 보았다는 말을 했다고 주장했다. 이러한 이미지는 고대 그리스 신화의 미트라신(빛, 진리의 신)과 흡사하며 융에 의하면 이것은 원형의 이미지가 세대를 거쳐 유지되고 있다는 것이다.

크놀은 융이 그의 이론을 입증하기 위해 고의로 연구 노트를 조작했다고 주장한다. 당시 독일에서는 미트라 신화가 유행하였으며, 융은 이러한 주제에 대한 대중적인 책이 출판되기 전으로 연구 날짜를 바꿨는데, 이는 그 환자가 태양의 남근상에 대한 책을 읽고 인터뷰 하는 동안 이를 떠올린 것이라는 다른 주장을 반박하기 위해서라는 것이다. 크놀은 이것이 융을 '20세기의 가장 영향력 있는 거짓말쟁이'로 만들었다고 주장한다.

(The Times, 1995. 6. 5)

편견에서 벗어나는 일은 매우 어려우며, 혹자는 불가능하다고 주장한다. 그러나 여러분의 자료나 결과를 고의로 왜곡하는 것은 정말로 정직하지 못한 일이다. 과학적인 객관성을 유지해야 한다(아니면 있는 그대로만 확보해야 한다). 여러분이 연구의 어떤 측면에서 편향될 가능성을 발견한다면 반드시 언급하고 설명해야 한다. 만약 그 연구에 개인적인 판단과 평가가 포함되어 있다면 이에 대한 근거를 제시해야 한다. 연구 활동에 대한 자금 출처를 밝히고, 연구 결과의 공정성에 영향을 줄 수 있는 압력이나 후원은 반드시 피해야 한다.

능력과 자원의 한계를 받아들이는 것은 훌륭한 일이다. 여러분이 감당할 수 있는 이상을 약속하는 것은 무모할 뿐만 아니라 정직하지도 못한 일이다.

연습문제 6.1 증거가 불충분하거나 의심스러운 과학적 기만에 관련된 Box 6. 1과 6. 2의 내용을 읽고 아래 질문에 답하여라.

1. 피어스 씨는 어떤 종류의 부정을 저질렀는가?
2. 그가 퍼트린 잘못된 정보로 인해 어떤 위험이 초래되었는가?
3. 이런 종류의 사기 가능성을 막기 위해 과학적 방법에 어떤 보호 장치를 마련하였는가?
4. '사기전담반'의 요구가 현실적인가? 여러분의 의견에 대한 이유를 언급하라. 이 조직이 직면하게 될 난제들은 무엇이라고 생각하는가?
5. Box 6. 2에서 융이 저지른 일에 대해 리처드 크놀이 혐의를 제기한 것과 Box 6. 1의 의료 사건의 경우는 같은 종류의 거짓인가? 차이가 있다면 그 차이는 무엇인가?
6. 일부 연구자들이 거짓말을 하는 이유는 무엇이라고 생각하는가? 왜 좀 더 자주 거짓말을 하지 않는가?

여러분의 입장은 무엇입니까?

연구 수행의 방법에 대해서, 그리고 상이한 접근방법을 통해 나온 결과의 가치와 타당성에 대해서 격렬한 토론이 종종 벌어진다. 독자들과, 일부 경우에서는 연구 대상자들이 '기본 원칙'이나 가설들을 이해할 수 있도록 연구의 시작에서부터 이론적인 관점 혹은 연구자의 **인식론**을 명확하게 해야 한다.

다른 사람들은 여러분의 인식론에 동의하지 않을 수도 있겠지만, 적어도 무엇이 문제인지 명확히 할 수는 있을 것이다. 많은 주제들 가운데, 관련 연구에 대한 현재와 과거의 모든 이론적 기반을 숙지하고 이를 이해하는 것이야말로 가장 힘든 일이 될 것이다. 배경연구의 주요 기능들 가운데 한 가지는 이런 측면을 연구하여 연구방법의 근거가 될 이론에 관한 결정을 내리게 해 준다는 점이다. 아마 여러분의 연구 프로포절에서 이 점을 분명히 할 기회가 있을 것이다.

두세와 마우트너(Doucet and Mauthner)는 질적 연구를 수행할 때, '잘 알고', '확실히 앎으로써' 높은 수준의 '지적 책임감'을 얻기 위해서는 서로 얽혀 있는 윤리적, 방법론적, 인식론적 과정을 숙고할 필요가 있다고 강조하였다(2002, p. 139). 그들은 연구자의 성찰을 통해 우리의 지식 구성을 알려주고 거기에 영향을 미치는 이런 이론적, 인식론적, 존재론적 모델을 고려해야 하며, 특히 자료분석을 하는 동안 이러한 모델들과 모순되는 참여자들과의 관계를 유지하는 것이 중요하다고 주장한다. 자료분석은 윤리적 쟁점이 되며, 자료분석 방법은 윤리적으로 중립적이지 않은 것이다. 그것들은 존재론적, 인식론적 가정 둘 다에 기초하고 있는 것이다.

윤리적 쟁점을 야기하는 상황

이제 우리는 종종 연구 프로젝트와 관련된 개인적 관계 속에서의 **윤리**에 대해 생각해 보도록 하자. 사회 연구, 사람들 그리고 사람들끼리의 관계와 사람들이 세상과 맺고 있는 관계를 연구하는 다른 형태의 연구는 윤리적 행위라는 쟁점에 대해 특히 신경을 써야 한다. 이런 유형의 연구는 종종 다른 사람들의 감수성과 권리를 침해하기 때문에, 연구자들은 연구가 진행되거나 연구 결과가 공개될 때 발생할 수 있는 해악을 피하기 위해 반드시 지켜져야 할 윤리적 기준을 숙지하고 있어야 한다.

연구 목적

연구 목적은 윤리적 관점으로 분석할 수 있다. 연구의 목적이 단지 더 많은 지식의 습득이나 현상의 이해에만 국한된 것인가? 만약 그렇다면 이런 종류의 탐구는 윤리적 영향과는 관계가 없는 별개의 것으로 보이며, 흔히 이런 과학적 지식의 증가는 좋은 것으로 여겨진다. 하지만 획득한 지식으로 무엇을 하는가? 원자폭탄의 개발자들은 핵물리학 연구에 의존했었다. 복제 양을 가능케 한 유전자 연구는 아마도 미래에 인간 복제도 가능케 할 것이다.

일부 사람들은 유전자 조작 작물을 제 3세계 국가 농부들의 구세주로 여길 수도 있으나, 다른 사람들에게는 우리 생태계에 대한 거대한 위험으로 비춰질 수도 있다. 탐구적인 연구에서 발견한 결과물로 무엇이 개발될지 예측하는 것이 연구자들의 책임인가? 유전자 연구, 줄기세포 연구, 그리고 다른 혁신적인 진보를 둘러싼 윤리적 논란은 이런 쟁점들과 맞닿아 있다. 일부 과학자들은 자신들이 그 연구를 하지 않는다면 다른 누군가가 할 것이다라고 주장하는데, 그것이 윤리적인 양심의 가책을 극복하기에 충분한 것인가?

응용 연구의 목적들은 더 쉽게 윤리 연구를 받는다. 윤리적 쟁점에 대한 일련의 질문이 제기될 수 있다. 우선 그 목표를 명확히 진술하고 있는가? 연구 성과를 통해 목표를 달성할 수 있는가? 연구 결과가 사회에 도움이 되는가? 아니면 적어도 해를 끼치지는 않는가? 이익을 보는 사람이 있는 만큼 손실을 보는 자가 생기는가? 여러분은 여러분의 연구 목적이 대학이나 단체에서 금지하고 있는 윤리적 기준에 부합한다고 주장해야만 할 것이다.

다양한 견해와 기득권 때문에 여러분의 연구에서 비롯된 이점에 대해 모든 사람들을 납득시키는 것은 쉽지 않을 것이다. 예를 들어, 개발도상국에서 노동력을 착취당하는 노동자들에게 더 나은 근로 조건을 제공하기 위한 방법에 대한 연구는 공장주에게 경제와 사회의 안정을 위협하는 체제전복적인 것으로 보일 것이다.

계획한 연구로 달성할 수 없을 만큼 목표가 너무 거창하면 일종의 사기나 아니면 적어도 자기기만으로 비춰질 수 있다. 현실적일 필요가 있다. 제시한 목적을 달성하려는 의도는 실제 달성한 것의 신빙성이 필요한 일종의 약속이다. 연구의 수행에는 항상 위험이 존재한다. 미래를 예측할 수는 없지만, 억측이나 무분별한 약속은 학술이나 전문 연구 분야에서 설 자리가 없다. 여러분의 연구 주제는 실행 가능성뿐만 아니라 프로젝트에 대한 후원자나 재정지원자에게도 의존하고 있는 것이다.

목적과 수단

아무리 훌륭한 목적일지라도 그 달성 방법 또한 윤리적 관점에서 점검해봐야 한다. '대가없이 얻는 것은 없다'라는 말은 상투적인 표현이지만, 연구 계획에서 이러한 접근방법이 옳다는 것을 보여줄 수 있는가? 이러한 쟁점을 둘러싼 잘 알려진 논쟁들이 다수 있다. 예를 들어, 나치 독일의 멩겔레(Mengele)가 자행했던 정치범들을 대상으로 한 무시무시한 의학 실험 결과들이 전후(戰後) 미국의 방위수단 개발에 정보를 제공해주었다고 알려져 있는 것, 좀 더 다른 차원에서, 의약품 개발과 시험을 위한 동물실험들, 또는 영국 감기 연구 센터에서 치료법을 찾기 위해 자원자들이 추위를 견디도록 했던 연구, 또는 공개된 농토에서 유전자변형 작물의 성장을 시험한 것 등에 대한 논쟁들이 그것이다.

연구 목적을 달성하는 데에는 여러 가지 방법이 존재할 수 있다. 여러분은 선택에 있어 어떤 윤리적인 영향이 있는지 알아보기 위한 대안들을 살펴보아야 한다. 또한 여러분의 방법에 의도하지 않았거나 예상치 못한 부작용이 있는지에 대해서도 연구해야 한다. 만약 이로운 목적을 달성하기 위한 유일한 수단이 불쾌하고 불편한 것을 감수해야 하는 것이라면, 그 고통을 겪는 사람들이 바로 그 목적의 수혜자들인 것 같은가? 어떠한 상황이라도 '고통'의 본질과 정도에 대해 평가하고 참여자들의 동의를 얻어야만 한다. 그리고 당연히 해당 윤리위원회의 허가를 얻어야 한다.

타인과의 관계 속에서의 윤리

연구 윤리라는 것이 주로 그 연구가 사람들에게 미치는 영향과 관련이 있다는 것은 아주 분명한데, 중요한 것은 어떤 식으로든 연구 과정에 참여하는 사람들에게 미치는 영향이다. 연구를 계획하고, 사람들에게 접근하여 그들을 연구대상이나 참여자, 응답자나 피면접자로 연구에 참여시키게 될 연구자들이 바로 그 사람들에게 미칠 영향이 무엇일지 예측할 책임이 있는 사람이다.

연구 과정의 세부사항으로 들어가기 전에 연구 과정에서 사용하는 용어가 미치는 영향력의 중요성에 대해 간단하게 논의할 필요가 있다.

1. 여러분이 글에서 언어를 사용하는 방식
2. 사람들과 그들의 역할에 관하여

우선 언어의 사용에 대해 살펴보자. Box 6. 3에 주어진 것처럼 언어와 이미지에 대한 오픈유니버시티(Open University, 1993)의 지침에 따르면, 우리가 글쓰기를 할 때 알아야 할 다섯 가지가 있다. 사람들-그들이 누구이며, 직업은 무엇인지-에 관한 용어의 사용에 있어서 가능한 한 중립적이고자 하는 것이 목적이다.

Box 6.3 글쓰기 할 때 명심해야 하는 것

- 연령: 깔보거나 폄하하지 마라.
- 문화적 다양성: 편견, 고정관념, 누락, 차별을 피하라.
- 장애: 무시하거나 얕보지 마라.
- 성: 남성 중심적이거나 성별에 따른 고정관념을 피하라.
- 성적 취향: 편견이나 편협, 차별을 피하라.

따라서 일반적으로 쓰이는 수많은 단어와 문장들은 사람들에 대하여 보증되지 않은 가정과 단정을 만들거나 적어도 부정확하거나 모욕을 줄 가능성이 있다. 받아들일 수 있는 용어라는 것은 시간에 따라 변화하기 때문에, 일부 오래된 문헌에 사용된 용어가 현재 쓰이기에 적합하지 않을 수 있다는 점을 명심해야 한다. 여러분은 용어의 진짜 의미와 특정한 문맥 상에서의 용법을 끊임없이 파악해야 할 필요가 있다. 여러분이 이를 인식하고 있는지 시험해 보기 위해 다음에 나오는 연습문제를 풀어보자.

연습문제 6.2 다음에 나오는 연구 결과에 대한 가상의 보고서 발췌문을 읽고 사람들에 대한 용어의 적합성에 대하여 생각해보라. 여러분이 찾아낸 차별적, 경멸적 혹은 너무 부정확한 용어를 대신할 수 있는 더 나은 용어를 제시하여 보자.

보고서

이 연구 계획은, 요양원의 노인(old folk)에서 길거리의 젊은이에 이르기까지 다양한 범주의 사람들에 대한 길거리 범죄에 관한 의견들의 비교에 초점을 두고 있다.

일반적으로 노인들(old dears)은 보고 있는 TV 뉴스의 영향을 많이 받는다. 정상인들(the normal ones) 중 절반은 어두워진 후 혼자 나가는 것을 두려워하고, 장님(the blind)이나 귀머거리(the deaf), 휠체어 신세를 지는 사람들(the wheelchair-bound)과 정신지체자들(those with a mental handicap)은 거의 모두가 동행자 없이 나가려 하지 않는다.

사업가(businessmen)나 의사, 교장(headmasters)과 같은 중년의 전문직 사람들은 지갑을 코트 주머니가 아닌 바지 주머니에 넣는(putting their wallets into their trouser pockets) 등의 간단한 예방 조치만 취하고 밤에 도시 중심부를 가로질러 걷는 것을 두려워하지 않는다.

파출부(charwomen), 배달부(deliverymen), 24시간 편의점 여직원(salesgirls)과 웨이터(waiters) 등 하층 계급(lower class)의 사람들은 일반적으로 그들이 늦은 밤에 나가기 때문에 특히 공격당하기 쉽다고 느낀다.

순찰중인 경찰들(policemen)은 주말에 주로 마을에 대한 여러 문제가 발생한다고 생각한다. 하지만 대부분의 일반인(laymen)은 길거리 범죄는 일상적인 문제라고 생각한다. 특히 영국인들(British people)은 범죄를 흑인(the blacks)이나 이주민(other immigrants)과 같은 다른 민족의 탓으로 돌린다.

거리 폭력이 젊은이들의 문제인지 물었을 때 젊은 사람들은 일반적으로 그렇지 않다고 답했다. 그것은 마약중독자(druggies)나 동성애자(homosexuals), 부랑자(tramps)에 의한 것이라고 책임을 돌린다. 그들은 그들 삶의 방식을 존중하지 않는 노인들(geriatrics)에 대해 불평했다. 전형적인(typical) 젊은이(young person)는 그 자신(himself)이 다른 연령의 사람보다 도시물정에 밝으며 눈치 빠르고 기민한 점이 자신의(his) 주된 특성이라고 생각한다.

연구자라는 역할에서 여러분 자신을 어떻게 나타낼 것인가? 학생 연구자로써 여러분은 다음과 같이 스스로를 표현할 수 있을 것이다. 유용한 정보나 이해를 보여주는 일종의 학문적 연습으로 연구를 수행하지만, 즉각적인 조치를 불러올만한 제도적, 정치적인 배경을 갖고 있지는 않다. 만약 여러분이 연구에 힘을 쏟고 투자하는 직업적인 연구자라면(교직 연구원, 간호 연구원, 사회복지 연구원), 변화를 유발할 수 있는 힘과 권위가 있는 전문적인 지위를 얻게 될 것이고, 이는 여러분이 연구 프로젝트에 참여시킨 사람들의 태도나 기대에 영향을 줄 수 있다.

연구대상, 참여자, 응답자, 피면접자와 다른 유사한 명칭들은 연구자와의 관계와 프로젝트에서의 지위를 나타내거나 암시하는 의미를 띄고 있다.

- '연구대상'이라는 단어는 아마도 그들에게 어떤 것이 행해지고 있다는 의미를 내포하고 있는 반면, '참여자'라는 용어는 그들과 함께 어떤 것을 수행하고 있다는 것을 암시한다. 연구가 진행되는 동안 이러한 구별은 상당히 중요할 수 있다. (Oliver, 2003, p. 4)

연구가 진행되는 동안 연구자가 사람들에게 어떻게 처신했는지가 강력한 신호를 보내고 예상치 못한 기대를 불러일으킨다. 거리에서 지나가던 사람을 멈춰 세우고 표준화된 일련의 질문을 물어보는 것은 그 대상자들에게서 많은 참여를 이끌어낼 것 같지는 않다. 그러나 여러분이 많은 시간을 (아마도 외로운)노인들과 보낸다면, 그 사람의 개인사를 알아낼 수 있으며, 더욱 친해진다면 단순한 연구의 차원을 넘어 특별히 개인적인 관계를 맺을 수도 있을 것이다. 어떻게 해야 '친해질' 수 있을 것인가? 박탈이나 차별적인 상황 속에서 여러분의 연구를 진행한다면 훨씬 더 많은 기대를 불러올 수 있다. 연구대상자들은 여러분이 자신들의 상황을 개선시켜줄 무언가를 해주길 기대하기 시작할 것인가?

따라서 장소와 참여 정도는 연구의 성격에 있어 중요한 요인이 된다. 공공장소에서 관찰하는 것은 연구 대상자들이 여러분의 태도에 영향을 받지 않지만, 좀 더 사적이고 개인적인 상황에서는 연구자의 개인적인 태도와 행동이 더 많은 영향을 미칠 것이다.

여러분의 지위와 역할은 여러분을 연구 참여자들의 자유로운 행동에 영향을 미치는 주도적인 위치로 옮겨놓는다. 만약 여러분이 직원을 연구하는 고용주, 학생을 연구하는 교사, 아니면 환자를 연구하는 의사나 간호사라면, 참여자들이 협조를 거부하거나 정보를 주지 않거나 솔직한 의견을 말하기가 어려울 것이다. 아마도 제3세계 국가의 빈곤한 농촌 지역에서 연구하는 '부유한' 서양 사람처럼, 여러분은 부수적인 존경과 권위를 얻을 것이다. 이러한 상황을 악용하지 않도록 조심하는 습관을 가져야 한다.

따라서 학생이든 전문가든 연구를 행하는 사람들은, 조사 실무자로서의 역할과 연구자로서의 역할 사이에서 혼동을 피하려는 와중에 특별한 문제에 직면하게 된다. 의뢰인들, 학생들, 환자 등, 그리고 동료 실두자들, 조직체, 다른 연구자, 학술단체 등에 대한 책임감을 모든 윤리적인 측면을 고려하여 어떻게 '관리' 할 것인지가 그들의 관심사가 되어야 한다. 연구과정 내에서의 비밀유지와 협상, 고지된 자발적 동의를 구하면서 연구대상에 접근하는 것, 그리고 연구를 진행하면서 실무자의 역할을 강조할 것인지 아닌지 등이 주의해야 할 주요 쟁점들이다 (Bell and Nutt, 2002, pp. 70-5).

참여자

참여자, 연구대상, 응답자 아니면 여러분이 연구 정보를 얻기 위해 접근하려는 사람들을 가리키는 용어가 무엇이든 간에, 그들 자신뿐만 아니라 그들이 제공하는 정보에 대해서도 적절한 윤리적 고려가 필요하다. 여러분이 사람을 참여자로 이용할 때 고려해야 할 일련의 쟁점들이 있는데, 그에 대한 설명이 아래에 제시되어 있다.

참여자의 선택

어떤 경우에 참여자들은 설문연구에 참여할지 여부를 스스로 선택한다. 여러분이 설문지를 그들 집 앞에 그냥 놓아두었다면, 그 설문지에 압박을 가하거나 자유로운 선택에 영향을 주는 요소가 없다고 생각하면서 응답 여부를 자유롭게 선택할 수 있다. 그러나 의도하지 않았더라도 참여자들에게 어떤 압박을 주게 되는 상황이 있을 수 있다. 친구나 친척-어떤 상황에서도 여러분을 도와야 한다는 의무를 느끼는 사람들-의 협력을 구하는 것은 그들이 거절할 수 있는 자유를 제한하는 결과를 초래할 수 있다. 생각해볼 시간을 너무 주지 않는 것 또한 자신들이 참여한 것에 대해 후회하게 되는 결과를 초래할 수 있다.

여러분이 공공장소에서 관찰하는 경우, 여러분의 연구대상자들은 자신들이 관찰되는지 아닌지 선택할 수 있는 입장이 아니다. (사진촬영과 같은) 방법은 반드시 그들의 익명성을 보장해야 한다. 만약 그럴 수 없다면 그 대상에게 다가가 연구대상으로 참여할지 여부를 선택할 수 있도록 해야 한다.

그림 6.2 여러분의 연구대상자들은 자신들이 관찰되는지 아닌지 선택할 수 있는 입장이 아니다.

만약 참여자들의 선택이 타인, 예를 들어 '감시자'(보통 조직 내에서 어떤 집단에 속한 사람들에 대해 전체적인 책임이 있는 자)에 의해 이루어진다면, 그 선택의 근거에 동의가 있어야 하고 자발적 참여라는 확인이 이루어져야 한다. 편견이라는 쟁점을 고려해야 하는데, 가령 교장선생님은 우등생들만 질문에 답하기를 원하고, 공장주는 오직 고분고분한 근로자만 연구에 참여하도록 허락할지 모른다. 아니면 사장이 참여자에게 자신의 의지에 반하여 참가할 것을 결심하라고 강요할 수도 있다. 감시자가 부과하는 어떤 제약 때문에 연구를 망치는 것은 아닌지 숙고해 보아라.

강압으로부터의 자유 : 보상이 있는가, 없는가?

명백하게 부정직한 설득 방법은 반드시 피해야 한다. 예를 들자면 공무원인 척하거나, 비현실적이거나 사실이 아닌 약속을 하거나, 여러분이 도와줄 것이라고 믿게 하거나, 지나치게 고집을 피우거나, 약점 있는 사람을 대상으로 하는 것이다. 이러한 어리석은 사례를 찾아내는 것은 쉽지만, 만약 여러분이 사람들의 상황이나 반응에 주의를 기울이지 않으면 의도하지 않게 위와 같은 것들을 사용하게 될 수 있다.

참여자에게 보상을 주어야 하는지, 준다면 무엇을 어떻게 주는가 하는 문제는, 수취인 지불 봉투에 넣는 것 이상의 보상을 해줄 재정적 수단이 충분치 않기 때문에 학생의 연구계획에서 자주 제기되는 질문은 아니다. 그러나 자금 지원을 받는 연구에서 이것은 진짜 문제가 될 수 있다. 시간을 뺏고 불편을 초래한 것에 대해 그에 합당한 어느 정도의 보상이 있어야 한다. 그렇더라도 참여자들의 결정에 크게 영향을 미칠 수 있는 것은 적절하지 않으며, 질문에 대한 답변에 영향을 미칠 만한 것 역시 적절치 않다. 어떤 보상이든 여러분의 연구제안서에 그 필요성과 성격의 정당성을 입증하여야 할 것이다.

사전 동의(informed consent), 서면 동의

참여자들이 참여여부를 결정하는데 있어 중요한 점은 연구에 대하여 그들이 얻은 정보의 질인데, 이를 통해 프로젝트에 대한 공정한 평가를 할 수 있으며, 참여자들이 **고지(告知)된 동의**를 해줄 수 있는 것이다. 이런 정보의 형식은 응답자의 유형과 연구 과정 및 내용의 특성에 따라 달라진다.

요구되는 동의에는 여러 단계가 있을 수 있다. 어떤 조직 내에서 연구할 때는 개별 참여자 이전에 먼저 관리자나 다른 총괄 책임자와 상의하여야 한다. 관리자와 피고용인들 간에는 이해관계로 인한 충돌이 있을 수 있다. 어떻게 연구를 수행할 것인지, 비밀 보장이 얼마나 잘 유지될 것인지, 어떤 주제를 논의할 것인지 모든 면에서 명확해야 하며 동의를 얻어야 한다. 이는 특히 사람, 조직, 작업체계나 환경 등에 대해 비판이 있을 경우에 민감한 문제이다. 비판을 하는 사람들과 비판을 받는 대상들을 보호할 수 있는 확실한 방법이 있어야 한다.

명확성, 간결성, 솔직함은 동의를 얻기 위해 제공되는 정보에 있어서 가장 중요한 요소들이다. 전단지에 인쇄된 서면 요약을 사용할 수도 있겠지만, 비공식적인 상황에서는 구술 설명으로도 충분할 수 있다. 설문지 도입부에는 항상 필요한 정보를 서면으로 제공하여야 한다. 많은 경우에, 어떤 정보든 글로 표현할 때는 전문용어를 사용하기보다 전문가가 아닌 사람들이 쉽게 이해할 수 있도록 간단하게 적어야 한다. 참여자들은 누가 하는 연구이며, 목적은 무엇이고, 어떤 질문을 받게 될 것인지, 대답한 내용이 왜 그리고 어떻게 사용될 것인지, 비밀유지와 익명성을 보장하기 위해 어떤 조치를 취하는지 알 필요가 있다. 참여자들이 연구에 참여하는 의미를 이해하고 아마도 다른 사람들과 논의해 보는데 시간이 걸릴 수 있다.

동의 양식 역시 고려해야 한다. 구술 동의로 충분한가? 보통 공공장소에서의 비공식적 인터뷰, 지나치게 개인적이거나 논란의 여지가 있는 질문이 아닐 때는 가능하다. 간단한 설문의 경우에는 보통 응답자가 그것을 작성하여 제출했다는 사실만으로도 충분하다.

조직을 대상으로 할 때는 추후에 있을 수 있는 어떤 어려움에 대처하기 위해 연구자 자신을 포함시킨 서면 동의가 항상 필요하다. 더 복잡한 자료 수집 방법, 예를 들면 실험, 시험, 장시간의 인터뷰 등의 경우 참여자들에게 서면으로 요구사항과 동의여부에 대한 확인서를 받는 것이 좋다.

약자들(아이들이나 노인들, 문맹자, 외국인, 병자나 심지어는 사망한 사람들)로부터 동의를 구하는 것은 상황에 따라 각별한 주의가 필요하며, 반드시 현재 이해하고 있는 수준을 확인하고 보호자와 상의해야 한다. 때로는 힘든 결정을 내려야 할 때도 있다. 이해시키기 위해 특별한 도움을 줄 수는 있으나 생색을 내거나 사회적 낙인을 찍는 정도까지는 안 되며, 통역해 주는 사람이나 친척, 도우미 같은 중간에서 도와 줄 사람 정도가 적절하다. 어떤 경우에는 보호자가 대신 동의해 줄 수도 있다. 연구 초기에 이런 경우에 대한 경험이 있는 사람들이나 제안된 연구의 윤리 기준 심사를 담당하는 사람들과 상담하는 것이 좋다.

연구 계획에 참여하겠다는 동의를 했더라도, 참여자들은 언제라도 그만둘 수 있는 권리가 있어야만 한다. 참여를 중단하고자 하는 이유는 여러 가지가 있을 수 있다: 연구에 그들이 이해하지 못하는 부분이 있을 수 있고, 원하지 않았던 내용이 나올 수도 있으며, 불쾌하거나 놀랐을 수도 있고, 단지 너무 번거로워서 그럴 수도 있다. 중단에 있어서는 어떤 이유도 필요하지 않으며, 아무리 연구자가 불편하더라도 즉시 받아들여야 한다.

연구수행

잠재적 피해와 이득

윤리적 연구는 더 넓은 분야에서뿐만 아니라 프로젝트 참여자들을 위해서도 가능하면 어떤 피해도 주지 않고 이득이 있어야 한다. 연구자들은 선택된 연구 방법과 그 결과가 피해나 이득을 초래할 가능성에 대한 예측을 해야 한다. 사람들을 참여시키는 연구의 의미는 언제나 명확히 할 수 있는 문제가 아니므로 만일 여러분이 확신하지 못하는 부분이 있다면 그에 대해 더 많은 경험을 가진 전문가들과 상담해야 한다.

어떤 종류의 주의를 해야 하는가? 무슨 위험이 있을 수 있는지 미리 예측하여 참여자들이 위험을 피할 수 있도록 하고, 그 위험을 최소화할 수 있는 방법을 선택하라. 예를 들면, 비극적이나 불쾌한 경험들에 대한 연구, 특히 연구대상이 여전히 그 사건에 감정적으로 몰입 하고 있는 경우에는 심리적인 상처를 줄 수 있다. 이런 연구를 꼭 해야 한다면, 그 사건과 관련이 적은 사람들과 면담하여 피해를 줄이는 방법이 있을 수 있을 것이다. 또한 참여자들에게 연구의 다른 점들이 주는 이점에 대해 재확인시켜주면, 아마도 그러한 피해를 방지할 수도 있을 것이다. 참여자에게 도움을 줄 수 있는 친척이나 친구와 함께 있게 하는 것도 도움이 될 수 있다.

피해야 할 또 다른 위험은 참여자와의 우연한 만남이 아니라 연구 결과로부터 발생한다. 조사대상자의 사생활이나 품위, 평판을 해칠 수 있는 무엇인가가 누설될 수 있지 않은가? 어떻게 되든 참여자에게 불이익을 줄 수 있다. 예를 들어 이치에 맞지 않는 기대를 불러일으킨다거나 다른 사람과의 관계가 불편해지는 상황으로 변하지는 않는가?

연구자가 낯선 사회적 상황에서 연구를 수행하고 있을 때 – 가령 서로 다른 문화나 윤리적 배경을 가진 사람이나 단체 속에 있을 때 – 특별한 주의가 필요하다. 왜냐하면 사회적 관습에 대한 이해가 부족하기 때문에, 의도치 않게 무례를 범할 수 있기 때문이다. 언어장벽도 종교의 차이와 마찬가지로 오해를 야기할 수 있다. 이러한 상황에서 위험을 줄일 수 있는 가장 좋은 방법은 의심이 가는 부분을 잘 살펴서 있을지 모르는 곤란한 상황을 피할 수 있는 방법에 대한 조언과 안내를 구하는 것이다. 문제점을 인식하고 있는 것이 문제를 해결하는 지름길이다!

그림 6.3 연구자가 낯선 사회적 상황에서 연구를 수행하고 있을 때, 특별한 주의가 필요하다.

참여자 개인이나 집단이 어떤 식으로든 연구 결과에 영향을 받지 않도록 보장하는 한 가지 방법은, 다른 사람들이 접근할 수 있는 자료에 익명성과 비밀유지를 확보하는 체계를 고안하는 것이다. 이것은 출판된 연구 결과뿐만 아니라(다른 사람이 접근할 수 있는) 여러분이 수집한 자료에도 해당된다. 이 주제에 대하여서는 배포와 관련된 뒷부분에 더 나와 있다.

면접과 설문지

자료, 특히 면접과 개방형 질문에서 나온 자료를 기록할 때, 인터뷰와 공개 질문에 대한 자료를 기록할 때, 단순화시켜 글로 옮기는 과정에서 어떤 의미가 사라질 위험이 있다. 정리, 조직, 음성의 억양 무시, 반복과 배제 등을 통하여 여러분 자신의 관점이나 해석을 덧붙이기 시작하는 것이다. 글로 적은 것은 구어와는 다른 고유의 법칙인 문법과 구두법을 포함하기 때문에 이를 피하기는 어렵다. 유머의 미묘함이 사라지면 원래의 감정적인 어조와 의미를 잘못 전달할 수 있다. 알드레드와 길리스(Alldred and Gillies)는 담화는 '흐트러진' 의사소통의 형태이며, 그것을 받아 적을 때 우리는 '읽기 쉽게' 만들고 '무엇을 의미하는지' 해석하는 경향이 있다고 지적한다(2002, pp. 159-61).

면접에서 특히 서로 다른 사회적 배경이나 사회적 지위에 있는 사람에게 질문할 때 특정한 예상을 하기 쉽다. 혹시 여러분의 면접 내용에서 서양 백인을 대상으로 예측하거나 여러분의 타고난 문화적 환경을 그대로 상정하고 있는 것은 아닌가? 예를 들어, 친부모와 대리인의 본질에 대한 면접 질문에서 개인의 의사결정과 개인주의는, 본인들을 서구화된 현대인인 것처럼 묘사하라고 요구받은 방글라데시 부부와 아무 관련이 없다는 것을 알드레드와 길리스는 설명하였다(2002, pp. 155-7).

참여자의 개입: 실험, 관찰, 그룹

만약 여러분의 연구에 연구자인 여러분과 참여자 사이의 친밀한 의사소통이 수반된다면, 서로 밀접해진 것에 대한 쟁점과 친밀한 관계(rapport)에 대한 문제가 제기될 것이다. 관련 당사자들은 여러분의 행동을 어떻게 이해할 것이며, 여러분의 판단에 균형을 어떻게 유지할 것인가? 연구를 위한 여러분의 노력으로 가능한 많은 정보를 얻을 것이며, '교감을 나누거나' 우정을 가장하는 것은 피면접자가 마음을 열도록 도와줄 것이다. 연구자와 응답자 사이의 친밀감은 우정과 닮을 수 있다. 이것은 다음과 같은 의문을 낳는다. 연구자가 응답자를 속여서, 자신이 하고 싶어 하거나 심지어 "알지도 못하는" 경험과 감정을 드러내도록 응답자를 격려하고 설득하고자 할 수도 있지 않은가(Duncombe and Jessop, 2002, p. 120)?

민감한 주제

직장, 사회적 환경, 복지시설, 교육기관 내에서 등등, 인간의 처지와 관련된 연구는 민감한 성격의 정보를 드러낼 수 있다. 즉, 정보가 드러나면 참여자나 다른 이들에게 피해를 줄 수 있다는 의미다. 다른 사람들의 행동이나 조직의 업무 때문에 벌어지는 개인에 대한 처우를 노출시키면 프로젝트의 범위를 넘어서는 부분까지 연구자의 행동을 요구할 수도 있다. 예를 들어 만약 학생이 집단 따돌림에 대해 불평한다거나 근로자가 차별의 희생자라고 주장한다면 여러분은 이 불공정한 상황을 해결하기 위해 어떤 태도를 취해야 하겠는가? 누군가가 부정행위나 심각한 비행을 저질렀다고 시인한다면 여러분은 무엇을 해야 하는가? 관련 책임자나 권위자에게 보고할 것인가 아니면 비밀을 지킬 것인가? 때로는 연구자가 도움을 줄 수 있거나 상황에 영향을 줄 수 있는 특별한 지식이나 힘이 있다고 여기는 경우가 있다.

모든 경우를 개별적으로 판단해야 하고, 정보를 제3자에게 누설하는 행위가 내포하는 의미를 주의 깊게 생각해야 한다. 학교 선생님, 노동조합 대표, 고충 상담원(ombudsman)처럼 도움을 얻고자 만나기를 원하는 참여자에 대해 조언을 해주는 것은 가능할 것이다. 하지만 개인적으로 연루된다면 예측할 수 없는 불행한 결과를 야기할 수 있으며, 이는 참여자나 다른 사람에게 해가 될 뿐만 아니라 여러분 자신과 연구 프로젝트의 온전함을 손상시킬 수 있다. 결론 내리기 어려운 상황이라면, 여러분의 지도교수나 윤리 위원에게 조언을 구해보는 것이 좋다.

정직, 사기와 은밀한 방법

윤리적으로 올바른 접근방법은 바로 정직의 원칙에 기초한 것이다, 이는 사기나 은밀한 방법의 사용은 어떤 것이든 배제시키는 것이다. 그러나 사회에 도움이 될 수 있는 일부 정보는, 노출되는 것을 꺼려하는 사람이나 단체의 방해 때문에 이와 같은 은밀한 방법으로만 얻을 수 있다고 주장하기도 한다. 이런 방법이 없었다면 정보가 부족하여 은폐되었을 법한 차별, 불공정한 작업조건, 의무의 태만 같은 부당함을 세상에 드러낼 수 없었을 것이다. 만약 해로운 일은 하지 않고 좋은 일만 한다는 원칙에 기초한 주장이 있다면, 결과에 대한 예측이 불확실한 연구라는 점을 알아야 한다. 그 행동을 통해 좋은 결과가 도출된다고 어떻게 확신할 수 있는가? 이런 연구와 관련된 위험성은 매우 의심스러운 속임수와 은밀한 방법을 사용한다든지, 심지어 위험한 경우가 포함된다든지 하는 것이다(축구장의 훌리건이나 범죄 조직에 침투하여 그들의 은밀한 작전을 밝혀내려는 탐사보도의 위험성을 생각하면 된다).

연습문제 6.3

여러분이 웹 사이트에서 볼 수 있는 이 실험은 윤리적 쟁점을 포함하고 있다. 1950년대와 1960년대에 예일 대학의 심리학자인 스탠리 밀그램(Stanley Milgram)은 논란의 여지가 있는 심리학 실험을 실시했다. 그는 사람들이 명령에 따라 다른 방에 있는 사람에게 전기충격을 주는 것처럼 보이는 다이얼을 어느 정도까지 돌릴 수 있는지 알아보고 싶었다. 옆방에서 가짜 비명들이 들린 후에 몇몇은 눈물을 흘리며 그만두는 경우도 있었지만, 매우 많은 사람들이 그대로 계속하는 것을 보고 그는 놀라게 되었다.

인터넷 웹 주소는 www.wadsworth.com/psychology_d/templates/student_resources/ 0155060678_rathus/ps/ps01.html(길어서 미안하다!) 이며 밀그램의 1963년 연구에 기초하고 있고, 이것은 알렉산드리아 밀그램의 허락을 얻은 것이다. 여기에는 실험이 왜, 그리고 어떻게 이루어졌는지 상세히 나와 있으며, 끝에 윤리적 쟁점에 대한 일련의 의문이 제시되어 있다. 윤리와 직접 관련된 것을 아래에 옮겨놓았다.

1. 밀그램의 방법은 대상자들을 극도로 불편하게 만들었다. 여러분은 그의 연구가 윤리적이었다고 생각하는가? 왜 그런가? 혹은 왜 그렇지 않은가?
2. 밀그램은 자신의 연구를 1950년대 말에서 1960년대 초에 수행하였으며, 이것은 연구위원회가 설립되기 전이었다. 이 위원회는 연구의 유용성과 잠재적인 위험성에 대하여 평가한다. 만약 여러분이 위원회에 이런 연구를 제안한다면, 허가받기 위해 어떤 주장을 할 것인가? 만약 여러분이 이러한 위원회의 일원이라면 연구를 막기 위해 어떠한 주장을 할 것인가?
3. 밀그램의 연구에서 대상자를 속이지 않고 할 수 있는 방법이 있다고 생각하는가?
4. 밀그램은 실험이 끝난 후에 연구에 참여했던 대상자들에게 실험에 대해 '설명하였다.' 즉, 실제로는 아무도 전기충격을 받지 않았다고 설명했다. 연구보고는 연구대상자들을 위험으로부터 보호하려는 목적이 있다. 만약 여러분이 연구에 참여했다면 어떤 사실이 여러분을 더 화나게 했겠는가: 여러분이 전기충격을 주었다고 믿은 점인가? 아니면 아무도 전기충격을 받지 않았다는 점인가? 왜 그러한가?

조수 고용과 업무위임

여러분은 현지연구 일부를 수행할 조수를 요청할 수 있는 운 좋은 상황에 놓일 수 있으며, 특히 자금 지원을 받는 연구에서 그러하다. 물론 여러분의 윤리적 책임은 그 조수에게 위임되는 것이므로, 그들이 반드시 이런 점을 숙지하도록 해야 한다. 조수들이 무엇을 해야 하는지(그리고 하면 안 되는지)에 대한 철저한 훈련이 필수적이며, 이는 무지와 혼동으로 인해 문제가 생기는 것을 피하기 위해서이다. 조수로부터의 정기적인 피드백은 일정 기준을 유지하는데 필수적이다.

자료의 저장과 전송

여러분이 수집한 자료는 종종 민감할 수 있는데, 사람들이나 조직에 관한 은밀한 세부사항을 포함하고 있을 수 있기 때문이다. 따라서 오직 여러분만 접근할 수 있는 자료 저장 시스템의 고안이 필요하다. 종이에 쓴 것이나 음성 자료는 잠가놓아야 하고, 컴퓨터의 자료베이스는 암호로 보호해야 한다. 만약 자료의 전송이 필요하다면, 전송 방법은 안전하다고 확신할 수 있는 것을 이용해야 한다. 전자우편과 파일 변환은 권한 없는 접근에 노출될 수 있으므로, 할 수 있는 가장 안전한 전송방법을 택하는 사전예방 조치를 취해야 한다.

1998년 정보보호법(Data Protection Act)은 형식과 규모에 상관없이 실질적으로 영국 내의 모든 개인 자료를 보호한다. 이것은 정보수집대상의 권리와 자료 소유자나 편집자의 책무를 명시하고 있다. 영국 정부의 웹사이트 www.open.gov.uk와 다른 국가의 사이트에서 이런 규제들에 대한 복사본을 검색할 수 있다(예. www.open.gov.au 호주, www.usgovsearch.northernlight.com 미국-유료사이트).

자료의 분석과 결과 도출

혹자는 윤리적인 방법으로 얻은 자료에 대한 분석은 윤리와 무관한 활동이라고 주장할 수 있다. 어쨌든 자료를 이치에 맞게 만들고 신뢰성 있는 표준 분석기법을 적용하여 숨겨진 '진실들'을 드러내기만 하면 된다는 것이다. 그러나 두세와 마우트너(Doucet and Mauthner)는 이렇게 결론짓고 있다.

- 자료분석은 윤리적인 쟁점이 된다. 왜냐하면, 그것이 연구 대상자들의 관계를 유지하거나 단절하는 의사결정, 그리고 심각한 관계의 단절 가능성에서 권력과 특권을 드러내기 때문이다. 자료분석 과정은 이론적으로 이루어진다는 주장에 대하여 우리는 자료분석 방법은 중립적인 기법이 아닐 뿐만 아니라 그것은 방법론적, 인식론적 가정을 상정하는 방법이기 때문에 윤리적인 쟁점이 될 수 있다고 제안한다(2002, p. 139).

그들은 분석 단계에서 연구 대상자들과의 관계 유지의 중요성을 강조한다. 대상자들이 여러분의 이론적, 인식론적, 정치적인 기준에 '맞지 않을' 경우라도 관계 유지가 중요하다. 특히 여러분의 개인적인 생활사가 영향을 미치는 질적 연구방법에서 여러분이 선택한 학술 서적은 연구와 분석의 틀을 구성하며, 제도적인 맥락은 응답자의 답변을 '보게' 하고 '듣게' 하는 특정 방식을 형성할 수 있다(Doucet, 1998). 분석의 단계에서 명확성과 책임을 얻으려면, 연구에서 분석적이고 해석적인 부분과 관련된 여러분의 개인적이고 이론적인 태도를 가능한 한 명확히 하는 것이다. 이는 자신의 문화적 가정, 이론적 자세, 개인적 태도, 분석이 이루어질 수 있는 다른 종류의 지식에 대한 높은 수준의 성찰을 요구한다.

자료 검토와 초안

응답자로부터 모은 자료에 대해 여러분이 책임져야 하는 것은 무엇인가? 참여자들이 여러분의 관찰노트나 면접기록 등을 보는 것을 어느 정도까지 허용해야 하는가? 올리버(Oliver, 2003, p. 63)는 어떤 해석이나 분석 과정을 거쳤는가에 따라 가공된 자료와 가공되지 않은 자료를 구별한다. 그는 참여자들이 면접을 녹음한 것이나 완성한 질문지를 가질 수 있도록 허락하는 것은 타당하지만, 연구자의 지적인 재산이 될 수 있는 기록이나 관찰 자료 등 코딩이나 선별, 분석 수준의 것을 넘겨주는 것은 옳지 않다고 주장한다. 많은 양의 일차 자료를 응답자들이 읽고 편집하게 하는 것은 연구의 지연을 초래하고, 그들이 타당성과 정확성을 판단하는데 필요한 기술을 갖고 있지 않을 것 같으므로 별로 효과적이지 않다.

초안 작성을 위해 여러분이나 다른 사람이 철자나 맞춤법, 문장구조와 내용을 점검하는 것은 일반적인 관례이다. 출판이나 배포될 준비가 되어 있지 않은 단계이기 때문에, 내용에 대한 비밀을 유지하는 것을 조건으로 동료나 지도교수에게 초안을 넘겨 논평을 구하는 것도 적절한 일이다. 그러나 후원자에게 초안을 넘기는 것은 그들의 이해관계와 맞지 않는 결론을 수정하라고 요구할 수 있는 위험이 있기 때문에 일반적으로 적절하지 않다. 이것은 보고서의 결과물에 대한 지적 독립성을 해칠 수 있다.

배포(dissemination)

만약 여러분이 학위를 위한 연구를 수행한다면 배포의 첫 단계는 심사를 위해 논문을 제출하는 것이다. 일부 국가들에서는 박사과정 논문 심사는 아주 공개적으로 이루어진다. 지원자는 심사위원들에게 논문을 제출하고, 수많은 청중 앞에서 논문에 대한 질문에 답변해야 한다. 다행스럽게도 구두시험이 훨씬 더 흔한 영국에서는 이것이 일반적인 경우는 아니다. 논문을 성공적으로 완성한 후에는 대학에 따라 여러분의 연구를 공개적으로 이용할 수 있도록 하는 표준 절차가 있을 것이다.

여러분은 아마 자신의 연구가 학회나 학술지, 웹사이트 등 다른 종류의 출판물에 공표되어 널리 배포되기를 원할 것이다. 이러한 과정에서 불가피하게 분량을 줄이거나, 아니면 아마도 학술지나 신문에 싣기 위해 문체를 바꿀 수도 있다. 이때 여러분은 그 출판물의 내용이 반드시 원본과 일치하도록 주의해야 한다. 특정 독자층을 대상으로 삼는 것은 과도하게 생략하거나 특정 결과에 치우치거나 선정적으로 만드는 결과를 초래할지도 모른다.

대부분의 경우 후원에 의한 연구의 지적 소유권은 연구자에게 귀속된다. 연구자와 후원자 간의 구체적인 동의가 이루어지지 않을 대, 배포는 연구보고서 저자의 걱정거리가 된다. 올리버(2003, p. 121)는 후원자가 최종보고서를 공표 전에 보고 싶어하는 한 가지 상황을 제시한다. 만약 보고서가 후원자의 이해관계와 상충되거나 그 결론에 동의하지 않는다면, 보고서와 동시에 발표할 수 있는 어떤 답변을 작성하게 할 것이다. 이것은 보고서에 대한 독자들의 판단을 흐리게 할 수 있다.

공동 연구에서의 저작권 문제를 다룰 필요가 있다. 누구를 저자로 명단에 올리고 이름이 나오는 순서를 어떻게 할 것인지에 대하여 연구에 공헌한 이들과 보고서를 작성한 사람들 간의 동의가 이루어져야 한다. 연구와 후원자들에게 실질적으로 공헌한 사람이 누구인지에 대한 인정을 받아야 한다. 연구의 다양한 단계에서 많은 사람들이 다양한 자격으로 참여한 거대 프로젝트에서 이것은 쉬운 과정이 아니다(Townend, 2000, pp. 92-6 참조).

참여자들이 연구 결과를 알려달라고 요청할 수도 있는데, 이는 최종 보고서의 소유권에 대한 의문을 야기할 수도 있다. 만일 계약서에 따라 후원자가 보고서를 의뢰한 것이라면 그 보고서는 후원자의 것이며, 여러분은 이것을 허락 없이 다른 이에게 배포할 권리가 없다. 하지만 만약 연구결과가 공적인 영역에 공개된다면 참여자들이 저술의 복사본을 받지 못할 이유가 없다. 일부 경우에는 연구결과의 요약으로도 충분할 것이다.

기록의 정리

자료를 분석하고 나서 더 이상 필요 없어졌을 경우, 정리하기 위한 적절한 시간과 방법을 결정해야 한다. 이상적으로는 사전 동의의 일부로써 참여자들이 이미 동의한 문제이기에 이러한 결정은 훨씬 더 일찍 이루어졌어야 하는 것이다. 그러나 이 문제는 보이는 것처럼 쉬운 일은 아니다. 때로는 여러 이유 때문에 당면한 프로젝트에 필요한 주요 자료를 필요한 기간보다 오래 보관해야 하는 경우가 있다. 때로는 이러한 자료들에 대해서 훗날 의문이 생겨 살펴보고 싶을 것이고 나아가 추후 연구의 근거로 이러한 자료들이 필요한 경우가 생길 수 있다. 때로는 또 다른 연구물의 출판을 위해서 이용할 수도 있으며, 경우에 따라서는 여러분이 수집한 자료가 다른 연구의 주요 자료로 사용될 수도 있다.

이러한 경우 몇 가지 주의 사항이 있다. 자료의 처리에 대해 참여자들과 약속한 조건이 있는데 그 조건을 바꾸고 싶다면, 이 새로운 제안에 반대하는지를 알아보기 위해 우선 그들과 연락을 취해야 한다. 이는 그 참여자들을 다시 찾아야 하는 현실적인 문제를 유발하지만, 참여자들의 이익을 보호하기 위하여 실제로 필요한 과정이다. 한 가지 기본 원칙은 모든 자료가 익명으로 식별이 용이하지 않게 처리되어야 한다는 것이다. 이는 식별 가능한 모든 라벨과 제목을 없애는 것으로 처리될 수 있다.

자료를 파기할 경우에는 완전히 해독이 불가능하도록 처리해야 한다. 문서는 분쇄기에 넣고, 디스크와 드라이브를 포맷하고, 시청각 테이프를 지우는 방법을 사용하면 된다.

윤리 정책, 허가와 위원회

조직체들

사람이 참여하는 연구와 관련된 모든 단체들은 그 연구에 대한 행동강령을 제정하여야 한다. 이러한 안내지침에 대한 대표적인 사례를 살펴보기 위해서는, 영국교육연구연합(www.bera.ac.uk/guidelines.htms) 또는 영국 사회학회 윤리분과(www.britsoc.co.uk/index)의 웹사이트를 방문해보는 것이 도움이 되리라 생각한다.

여러분의 대학들 역시 행동강령들을 가지고 있을 것이다. 단지 여기서는 하나의 지침으로서 옥스퍼드 브룩스 대학의 행동강령을 요약하여 Box 6. 4에 제시해 놓았다. 그러나 여러분이 윤리 정책에 대비할 때는 자신이 속한 단체의 강령을 참조해야 한다.

Box 6.4 사람이 참여하는 연구의 윤리기준

행동강령

1. 머리말. 어떤 연구든 그 완전함은 과학적 엄밀성뿐만 아니라 윤리적 적합성에 따른 것이다. 윤리적 쟁점은 실로 다양하고 꽤 복잡할 수 있다. 사람이 참여하는 연구는 많은 상이한 원칙들, 다양한 환경과 제도 속에서 이루어진다. 일부 쟁점들은 전문가 집단에게만 해당되는 것이지만, 참여자들을 보호하기 위해, 모든 연구는 기본 윤리 원칙을 따라야 한다. 그 기준의 토대는 **어떤 해도 끼치지 말고 도움이 되어야 한다**는 윤리적 의무다. 연구자들은 위험성 대 이득을 따져볼 필요가 있다. 의학 실험의 경우에는 해가 되는 것이 무엇인지에 관한 명확한 기준이 있지만, 사회과학 실험에서는 이러한 기준이 모호한 경우가 많은 것이 사실이다. 설문지, 관찰, 면접이 참여자들을 거슬리게 할 가능성이 있으며, 걱정을 야기하거나 더 안 좋게는 심리적 위험성을 내포할 수도 있다. 어떤 자료 수집 방법이든 참여자들에게 미칠지 모르는 영향에 대해 신중하게 생각해보는 것이 중요하다. 학생, 아이들, 학습장애가 있는 사람들처럼 특정 집단은 특히 상처받기 쉽고, 강압에 굴복할지 모른다. 또한 치매가 있는 사람들처럼 일부 참여자들은 사전 동의를 할 수 없고, 그 결과 스스로를 보호하지 못할 수도 있다. 일부 지역사회 기반 연구들의 사례에서처럼, 연구활동이 강제적이지 않아서 개개인의 동의를 보장하지 않는다.
   본 강령은 인간이 참여하는 연구를 수행하는 직원과 학생들을 안내해 주기 위해 개발된 것이다. 이 지침은 일반적인 경우를 상정하고 있기 때문에 모든 상황을 다루고 있지는 않다. 그러므로 학교윤리연구센터나 대학윤리연구위원회 혹은 윤리강령을 연구하는 전문가로부터 보다 자세한 조언을 구해야 할 것이다.
2. 어떤 연구도 피해를 유발해서는 안 되며, 가급적이면 그 연구가 참여자에게 도움이 되어야 한다. 특정 개입이 참여자의 행복에 영향을 줄 것 같은지에 대한 판단이 필요하고, 연구 과정에서 발생할 가능성이 있는 피해를 확인해야 한다. 왜 위험이 덜한 다른 접근 방법을 사용할 수 없는지 그 이유를 설명하면서, 절차의 정당성을 입증해야 한다. 그리고 그 연구를 통해 참여자, 과학계, 그리고/또는 전체 사회가 어떠한 이득을 얻을 수 있는지를 분명하게 언급해야 한다. 연구 모집단의 문화적, 종교적, 성적 또는 그 외의 차이점들을 언제나 신중하고 적절하게 다루어야 한다.
3. 참여 예정자들은 미리 연구자들로부터 분명한 정보를 전달받을 권리가 있다. 연구 과정의 대부분은 연구 참가예정자들이 쉽게 이해할 수 있는 간단한 언어로 정리된 서면 정보지에 설명되어 있어야 한다. 정보제공지에는 연구의 목적, 절차, (심리적 스트레스를 포함한)위험성, 미래에 참여자 개인과 타인 또는 전체사회에 연구가 기여하는 바 등이 명시되어야 한다. 참여자들은 연구 참여 자체를 거부할 수 있고, 나아가 아무 이유 없이도 언제든지 자유롭게 참여를 중단할 수 있으며, 어떠한 질문이라도 할

수 있다는 점을 적시해야 한다. 또한 정보제공지에는 참여자들의 행복을 저해하는 것으로 보이는 절차를 보고할 수 있도록 대학윤리위원회의 세부 연락망을 기재해야 한다. 참여자들은 연구에 대한 도표를 보고 충분히 숙고할 시간을 가질 수 있어야 한다. 정보 제공지와 동의서 양식(부록 참조)은 윤리 심사 지원서에 첨부해야 한다.

4. 참여자들은 어떤 종류의 강압에서도 자유로워야 하며, 연구 참여를 강요당해서는 안 된다. 손해, 부상 또는 수입의 손실에 대한 보상 약속 등을 유인책으로 여겨서는 안 된다(여행경비나 시간에 대한 보상 이외의). 특별 서비스나 자금 지급 같은 유인책과 적절치 못한 유도는 항상 피해야 한다. 참여에 따른 위험성은 유인책이 없더라도 참여자들이 받아들일만한 것이어야 하고, 보답의 의미가 아닌 여행경비 정도의 보상은 제공할 수 있다. 연구 참여자들은 언제라도 자유롭게 참여를 철회할 수 있어야 한다.
5. 연구 연구의 참여자들은 참여하기 전에 사전 동의서를 제출할 권리가 있다. 참여자들은 사전에 연구의 목적, 환경, 요구사항, 연구 결과가 의도하는 이점 등을 이해하고 있어야 한다(취약한 참여자에 대한 특별 지침에 대해서는 7번을, 이례적인 상황에 대해서는 6번을 보라). 자발적인 사전 동의를 할 수 있는 참여자에게서 서면으로 동의를 얻어야 한다. 연구가 진행되는 동안 계속해서 동의를 구하는 것이 연구자의 책무이다. 많은 설문연구의 경우, 설문지를 적어서 회신하는 것 자체가 연구 참여에 동의한다는 의미를 내포하므로, 서면으로 된 동의서는 따로 필요하지 않다. 일부 연구활동에 대해서도 개별적인 동의가 필요 없는 경우가 있는데, 대중 행동 연구와 같은 지역연구는 별다른 불편을 초래하지 않기 때문에 그러하다.
6. 연구가 제3자에게 영향을 미치게 될 경우, 비공식적인 동의를 얻어야 한다. 예를 들어 배우자, 선생님, 건강관리전문가 등과 같은 제3자가 건강, 교육, 운동처방 등에 있어서 참여자와 직접적으로 연관되어 있을 경우, 그들로부터도 동의를 얻어야 한다. 비공식적 동의라는 것은 연구계획에 대한 정보의 공유를 담고 있어야 한다. 연구로 인해 제3자가 제공하는 치료나 관리에 방해가 되는 경우에는 제반사항에 대한 정보를 제공하고 서면 동의를 받아야 한다. 특정 상황에서, 연구 참여를 위해서는 참여자들이 교육기관, 직장, 병원 등으로부터 허가를 받아야 하는 경우도 생기는데, 이러한 경우 관련 정책이나 안내지침을 따라야 한다.
7. 연구자들은 취약한 참여자들의 동의나 그들을 대변하는 사람들로부터 승낙을 적극적으로 얻어내야 한다. 만약 어린이가 연구에 참여하는 것이 필요할 경우, 부모나 법적 대리인이 충분한 설명을 듣고 이를 허가할 수 있는 권한을 가지게 된다. 교육적인 연구의 경우, 어떤 특별한 학교 정책이나 절차를 따라야 한다. 연령에 따라 정도의 차이가 있기는 하겠지만, 가능하다면 어린이의 동의 역시 구하는 것이 좋다. 일반적으로 16세 이상의 미성년들은 사전 동의를 스스로 할 수 있는 능력이 있다고 판단할 수 있지만 이는 연구의 성격에 따라 달라지는 것이며, 특별 지침을 따를 필요가 있을지도 모른다. 사람들이 연구에 내포된 의미를 이해하지 못하는 경우가 생기는데, 예

를 들어 치매에 걸린 사람, 이러한 경우에는 법적 대리인이나 직계 가족이 연구의 참여를 결정할 수 있다. 동의해줄 능력은 있는 것으로 보이지만, 지적, 문화적으로 말하기와 이해에 어려움이 있는 경우에는 동의를 보증할 증인이 필요하다. 연구자와 종속 관계에 있는 참여자의 경우(예를 들어 학생, 피고용인, 환자)에는 각별한 주의가 필요한데, 자발적으로 참여하려는 것이 혜택에 대한 기대에 의한 것일지 모르기 때문이다.

8. **연구자, 연구 참여자와 기관 대표자들 사이의 관계에는 정직성이 가장 중요하다.** 연구 참여자를 속이는 일은 피해야 한다. 어떤 연구에서 관찰을 위해 한쪽에서만 보이는 거울의 사용은 정당화될 수 있는 경우에만 가능하다. 만약 속여야 하는 경우가 생긴다면, 연구가 끝난 후에 참여자에게 그 이유를 자세히 설명하여야 한다.
9. **참여자의 비밀유지와 익명성을 보장해야 한다.** 연구자들은 참여자와 자료의 비밀을 보호하기 위하여 세심한 주의를 기울여야 한다. 참여자의 신상이나 참여자를 식별할 수 있는 어떤 정보도 서면으로 된 본인의 사전 동의 없이는 공개되어서는 안 된다. 연구자와 다른 협력자들은 연구를 통해 얻은 모든 자료를 참여자 개인의 존엄이나 사생활이 지켜질 수 있는 방식으로 다루어야 한다. 연구를 통해서 얻어진 모든 정보는 특별한 것으로 여겨져야 하며, 따라서 어떤 상황에서도 대중에게 공개되거나 개인의 식별이 가능하게끔 알려져서는 안 된다(법원 영장의 경우는 예외로 인정한다). 만약 개인을 확인할 수 있는 자료가 연구에 사용될 경우에는 연구자는 이것이 왜 필요하며, 어떻게 비밀을 보장할지를 설명하여야 한다. 어떠한 참여자의 개인정보도 서면 동의 없이 유출되어서는 안 된다. 연구 참여자의 비밀을 보호하기 위하여 다음과 같은 내용을 따르고, 포함시켜야 한다.

   a. 모든 연구인력으로부터 개인의 비밀 유지 서약서를 확보한다.
   b. 참여자의 신원을 보호하기 위해 이름 대신에 번호로 정보를 처리한다.
   c. 음성 녹음을 옮겨 적을 때 참여자의 식별을 부호로 표시하고, 작업이 끝난 후에는 그 테이프를 파기한다.
   d. 접근제한이나 기밀파일로 개인관련 정보를 보관한다.
   e. 보고서 출판의 경우 연구 참여자, 중개인, 지리학적 위치 등은 가명을 이용하여 처리한다.
   f. 참여자의 신원이나 지역을 식별할 수 있는 자료들은 (쓰레기통에 버리기보다는 소각하거나 분쇄기에 넣는 등) 신중하게 처리한다.

10. **연구 자료의 수집과 저장은 1998년 정보보호법을 준수해야 한다.** 연구자들은 각 대학의 정보보호정책과 안내지침을 지켜야 하며, 컴퓨터와 종이 파일, 전자우편 기록, 시청각 테이프, 또는 기타 개인의 신원을 알 수 있는 정보를 포함한 여러 가지 정보의 처리 및 가공을 통해 발생할 수 있는 위험을 인지하고 기밀성, 익명성, 가명 사용

등을 언제나 명심하여야 한다. 연구 참여자들은 자신으로부터 수집된 개인 정보가 무엇인지, 또 그것으로 무엇을 할 것인지, 누구에게까지 노출이 되는 것인지 등을 알고 있어야 한다. 추후 연구 목적을 위해 수집된 개인 정보를 사용하게 된다면, '진행에의 동의'를 구해야 한다. 비밀유지를 위한 구체적인 조치가 필요하며(이는 9의 내용에서 찾아 볼 수 있다), 비밀유지가 어려워지는 경우에는 관련 자료를 파기해야 한다. 연구 계획서 말미에 정보 보호 조항을 마련해 놓아야 한다. 연구자가 대학을 떠나게 되는 경우라면 그 대학이 책임을 져야 한다.

11. 연구자는 연구의 결과물을 적절한 당사자들에게 알려야 할 의무가 있다. 연구 참여자와 후견인은 연구 결과에 대한 요약에 접근할 수 있게 해주어야 한다. 일반 대중을 대상으로 한 보고는 명확하고 이해할 수 있어야 하며, 그 연구의 중요성을 정확하게 보여줘야 한다.

자료출처: 옥스퍼드 브룩스 대학, 인간 참여 연구의 윤리적 기준: 행동강령 2010

윤리위원회

윤리위원회의 역할은 그 조직에서 수행한 연구의 윤리적 쟁점에 관하여 연구하는 것이다. 연구 윤리 행동강령을 만들고, 조직 회원들이 연구에 그 강령을 적용시키는지 감시하는 것이 바로 윤리위원회다. 여러분의 대학이나 다른 기관에는 아마 연구위원회 활동을 가능케 해주는 체계가 있을 것이다. 여기에는 필연적으로 양식을 만드는 것도 포함된다.

연구자들이 연구 윤리 위원이나 위원회의 승인을 받기 위해 자신들의 연구 제안서를 제출해야 하는지를 결정하는데 도움이 되기 위해서, 여러분의 대학은 각각의 주제 분야에서 특정 연구 환경에 적용시킬 수 있는 윤리 점검사항 목록을 제공하기도 한다. 여러분의 활동이 윤리적 승인을 필요로 하는 것인지를 점검하기 위해서 이런 목록들 중 하나를 구해 보아라. 점검사항에 나올만한 질문들에 대한 사례들은 이번 장 뒤에 있는 '다음 단계' 부분에 나와 있다.

만약 여러분이 그 질문들 중 어느 것에도 '예'라고 대답한다면, 적절한 윤리 승인 신청서를 작성하여 여러분의 프로포절을 학교 연구 윤리 사무실에 제출하여야 할 것이다. 위의 내용과 관련해서 어떠한 의구심이 생길 때에는, 항상 여러분의 제안서를 검토해보도록 학교 연구 윤리 사무실에 제출할 것을 권고한다.

그 양식들은 다양한 윤리적 쟁점들에 관한 일련의 질문을 물어볼 것이고, 여러분의 연구 방법에 대한 상세한 정보를 요구할 것이다. 여러분은 왜 그 방법을 택했는지를 입증해야 할 것이고, 그에 수반한 모든 윤리적 쟁점들을 어떻게 처리할 것인지를 설명해야 할 것이다. Box 6.5에서는 여러분이 무엇을 포함시켜야 하는지에 대한 지침을 보여주는데, 옥스퍼드 브룩스 대학의 동의 서식 안내지침(http://www.brookes.ac.uk/research/ethics/html)에서 가져온 것이다.

Box 6.5 윤리적 쟁점 동의 양식 점검 사항

- 연구 제목
- 연구 목적
- 참여자 선정의 이유
- 과정, 목적, 요구되는 시간 그리고 참여자들의 참여 방법에 대한 설명
- 예상되는 불편과 불쾌한 것
- 위험성, 만약 있다면
- 이익, 만약 있다면
- 보류되는 표준 관리/조치 또는 대안, 만약 있다면
- 예상되는 보상, 만약 있다면
- 비밀, 익명성 그리고 사생활에 대한 보호가 이루어지는 방법
- 참여자가 참가하지 않을 권리 또는 어떠한 이유로든지 아무 때나 그만둘 권리
- 연구자가 제공해줄 정보와 보장의 원천과 계속 진행 중인 정보(예를 들어, 연구자의 이름과 연락 가능한 전화번호)
- 연구자와 참여자 또는 참여자의 대리인의 서명
- 필요한 경우, 목격자의 서명

출처: 옥스퍼드 브룩스 대학

그리고 나서 연구위원회는 여러분의 서류를 검토할 것이고 모든 것이 순조롭게 진행된다면 여러분이 계속 연구를 진행할 수 있다고 확인시켜 줄 것이다. 만일 불확실하거나 충분히 다루어지지 않은 문제들이 있다면, 위원회는 승인을 하기 이전에 해명을 원할 것이다.

만일 여러분이 학위 과정을 밟고 있다면, 이 과정은 보통 여러분이 자신의 연구 프로포절을 제출하고 학위 신청 등록을 한 후에 즉시 벌어질 것이다. 마찬가지로 여러분이 석사 학위 논문을 쓰고 있다면, 여러분의 프로포절이 통과된 이후에 필요하다면 윤리 승인을 받아라. 계약 연구의 경우, 윤리적 쟁점에 답변하는 것은 보통 연구 제안서 준비의 초기 과정에 포함되어 있을 것이다. 어떠한 경

우에 있어서도, 현장 연구나 참여자들과의 접촉을 시작하기 전에 윤리 승인을 확보해야 할 것이다. 연구 활동을 시작하기 전에, 참여하고 있는 외부 단체들(예를 들어 국민의료보험, 학교, 회사)을 포함한 관련 단체들로부터 승인을 확보하는 것은 연구자인 여러분에게 달려 있다.

실제 활동에 원칙들을 적용시킬 때, 종종 갈등과 딜레마가 있다; 연구 활동에 윤리적인 기준을 적용하는 것에 예외란 없다. 여러분은 연구 윤리의 높은 기준을 만족시켜줄 합리적이고 최선인 조치를 취했다고 주장할 수 있어야 할 것이다.

그림 6.4 고상한 지식 추구에 바람직한 에티켓과 행동 양식

하지만, 연구의 도덕적 의무를 넘어서 사람들과 교류를 할 때 지켜야만 하는, 고상한 지식 추구에 바람직한 에티켓과 행동 양식이 있다. 사려 깊고 예의바른 태도 또한 사람들로 하여금 여러분을 돕게 해줄 것이고, 여러분이 요구하는 정보를 확보하게 해줄 것이다. 연구를 가능하게 만들기 위해서 여러분이 그 사람들의 협조와 관용에 의지하고 있다는 사실을 기억하라. 그리고 이것은 여러분의 태도와 행동에 담겨있어야 한다.

여러분은 약속의 확인, 감사 편지, 그리고 적절한 경우 재연구와 피드백과 더불어 정보, 면접, 방문 등을 요청하는 체계적인 방법들을 고안해야 한다. 연구 기술과 방법이 논의되는 5장에 더 자세한 사항이 소개되어 있다.

결론

연구의 가치는 그 발견의 참신함만큼이나 윤리적 진실성에 달려있다. 우리가 연구자의 진실성과 연구 방법들의 완전함에 대해 의심을 품게 된다면, 어떻게 연구 결과를 신뢰할 수 있을까? 부정한 방법을 사용하고 간편한 방법을 사용하는 것은 쉬우나, 그것이 가치가 있는 일인가? 발견으로부터 나오는 벌칙들은 가혹하고 치욕적이다. 지적 재산권 위반을 피하고 또한 여러분의 주제에서 가장 중요한 사상가들을 잘 알고, 잘 읽은 사람으로 자신의 지위를 격상시켜주는 인용에 대한 간단한 지침을 따르는 것은 쉬운 일이다.

여러분 연구의 참여자들을 존경과 진실한 배려로 대우하는 것은 문명화된 행동의 기초적인 교의(敎義)이다. 인간 연구대상자들을 참여시키는 연구의 어느 단계에서든 윤리적 쟁점에 대한 공적인 우려가 늘어나고 있다. 이는 연구에서 사용한 방법들을 상세하게 분석하고, 공식적인 승인을 얻을 때 결정한 것에 대해서 설명해야 할 필요가 있다는 것을 의미한다. 분명 윤리적 쟁점은 명확한 해결책이 없기 때문에 꽤 복잡해질 수가 있다. 따라서 여러분이 다른 사람들, 특히 그러한 목적을 위해서 약속을 정한 조언자들과 상담을 하는 것이 중요하다.

밀러와 벨(Miller and Bell)은 결정한 것에 대해 계속 기록을 남기는 것은 윤리적인 문제에 관한 경솔한 사고와 부주의한 관찰을 막는 좋은 방어책이 될 것이라고 주장한다:

- 연구 과정 내내 이루어졌던 결정과 문서 접근 경로에 대한 연구 일지를 사용하는 것은 윤리 점검사항을 개발하는 하나의 실질적인 방법이다. 이런 정기적인 성찰의 실천은 윤리적이고 방법론적인 고려사항들을 지속적으로 재평가하고 있다는 것을 확인하는데 도움이 된다(2002, p.67).

이 장에서는 연구에서의 원칙적인 윤리적 쟁점에 대한 간단한 조망을 제시하였고, 여러분의 연구가 윤리적으로 건전해지고 관련 당국으로부터 필수적인 확인을 받기 위해서는 어떤 행동을 취해야 하는지에 대해서 그 간단한 방법을 제시하였다.

다음 단계: 여러분의 윤리 지침을 세워보라

문제없는 윤리적 절차들은 훌륭한 연구의 기초이다. 윤리적 쟁점들이 여러분의 연구에 얼마나 영향을 줄 것인지는 여러분이 얼마나 많은 사람들(그리고 아마도 동물들?)과 어떻게 일하게 될 것인지에 달려있다. 정직과 같은 기본적인 윤리적 문제들을 넘어서 여러분은 공정 거래, 동의 확보, 정보 제공, 사생활 보호 그리고 익명성 보호 등의 문제를 어떻게 해결할 것인지에 대한 평가를 내려야 할 것이다. 여러분이 어떠한 질문에 답해야 하는지를 알아보기 위해 윤리부서에서 안내지침과 윤리 신청 양식을 구하라. 여러분은 제공해야 하는 정보의 양에 놀랄 것이다!

이는 많은 쟁점과 의문을 야기할 것인데, 그 중 일부는 여러분이 여전히 해결할 수 없는 것들일 것이다. 여러분은 자신의 연구에서 나온 윤리적 쟁점들을 기록하고, 문제 극복 방법들에 대한 결론에 도달한 방법을 논의하고, 여러분이 해결하지는 못했지만 중요하다고 생각하는 문제들의 목록을 작성할 필요가 있을 것이다. 이것은 여러분의 지도교수와 윤리 조언자들과의 토론에 후속 연구의 우선순위와 설명을 취합하는데 도움을 줄 수 있는 훌륭한 근거를 제공해 줄 것이다.

이 절의 목표는 다음과 같다:

- 연구 계획의 윤리적인 측면을 고려해보는 것
- 윤리적 문제에 대한 해결책을 찾는 것
- 해결하지 못한 쟁점들에 대해서 다른 사람들과 상의하는 것
- (만일 필요하다면) 윤리위원회나 다른 책임 단체로부터 승인을 얻기 위해 지원할 수 있게 하는 것

여러분 연구의 진척을 위한 점검사항

여러분은 간단한 예방조치들을 통해 자신의 연구가 예상되는 윤리적 기준의 모든 측면에 부합하도록 할 수 있다. 다음에 나오는 단계들을 따라가면, 여러분이 가장 중요하게 생각하는 요인들을 검토해 볼 수 있을 것이다. 만약 여러분의 연구에 사람이 참여자로 포함된다면 많은 점들을 고려해서 계획하고 있는 방법을 윤리위원회에 제출하고, 자신의 결정에 대한 설명을 해야만 할 것이다.

Step 1: 인용방법을 검토하라

표절로 고소당하지 않으려면, 독자들이 원(原)저자를 잘못 생각할 여지가 있는 방식으로 다른 사람들의 생각이나 글을 사용하지 않았는지를 확인하라. 여러분이 다른 사람들의 생각과 글을 전혀 부끄럽지 않게 사용했다면, 인용과 참고문헌 체계를 엄격하게 사용하였는지 확인하라. 여러분의 인용 덕분에 독자들이 관련 부분을 확인해보는 것이 용이한지, 참고문헌 목록에 정보, 구두점, 이탤릭체의 사용, 따옴표 등의 순서가 일관되게 사용되었는지를 확인하라. 여러분이 글의 저자를 모른다 하더라도(웹사이트와 신문기사에서 종종 이런 일이 발생한다), 여전히 자신의 것인 것처럼 하지 않도록 해야 할 것이다.

Step 2: 자료 제공, 분석, 결과와 결론의 명확성

여러분이 무엇을 하는지, 무엇을 찾았는지, 그리고 어떻게 그것을 해석하였는지에 대해 공개하고 솔직해야 한다는 것이다. 여러분의 연구는 아직 시작단계이기 때문에, 이 문제는 앞으로의 일에 관한 문제이다. 그러나 분명 중요한 문제이고, 여러분의 연구 전체에 퍼져나갈 것이다. 개방적이고 정직한 태도를 고양시킬 것을 요구하는데, 특히 예상했던 대로 일이 진행될 때 그러하다. 예상치 못한 것들이 드러나는 것은 창피한 것이 아니다; 사실 이것이 연구에서 가장 중요한 것이다. 자신의 이론이 잘못된 것으로 판명되고, 가정에 근거가 없으며, 발견물이 일치하지 않는다 하더라도, 여러분과 다른 사람들이 배울만한 것은 항상 있다. 적어도 여러분이 교훈을 얻게 된 것과 같은 실수를 반복하지는 않을 것이다. 글을 쓰는 과정 내내, 성별, 연령, 문화 등에 차별적이지 않은 용어들을 사용했는지 검토하라.

Step 3: 어떤 윤리적 쟁점들이 포함되어 있는가?

여러분의 연구에는 인간 참여자들이 필요한가? 그렇지 않다면, 여러분은 해야 할 것을 찾기보다는 재미로 아래 사항들을 읽어볼 수 있을 것이다. 만약 사람의 참여가 필요하다면, 앞서 논의한 대로 여러분이 하려는 조치들이 일반적으로 모든 표준 윤리적 쟁점에 합치되는가를 가장 먼저 확인하라. 여기 간략한 점검사항들이 나와 있다:

- 참여자들과 여러분의 관계
- 참여자 선정 방식
- 참여자들에게 정보를 고지한 방식과 그 내용
- 참여를 중단할 권리의 보장
- 비밀 보장과 익명성의 보장
- 조직으로부터의 승인
- 자료 수집의 공정성
- 자료분석의 공정성

- 민감한 정보의 취급
- 사기와 은폐 방법으로부터의 해방
- 조수들에 대한 적절한 훈련
- 자료의 신중한 취급과 최종 폐기
- 참여자들에 대한 피드백
- 어떤 피해도 없을 것이라는 점을 보장해주는 배포 형태
- 자금 지원자들에 대한 책임

그 다음에 여러분의 특별한 주의가 필요한 모든 측면들을 익힐 수 있도록, 다음에 나오는 단계들을 고려하라.

Step 4: 취약한 참여자들

연구에 특히 취약하고 사전 동의를 할 수 없는 참여자들(예를 들어, 어린이, 의식이 없는 환자, 학습장애, 이해와 의사소통에 장애가 있거나 18세 미만인 사람들)이 포함되어 있는가? 여러분은 이런 사람들의 보호자에게 충분히 설명하고 그들을 대신해서 허락해 줄 수 있도록, 또 참여자들이 혼란스러워 하지 않고 어떤 식으로든 피해를 입지 않도록 해줄 특별한 방법들을 찾아야 한다.

Step 5: 어린이

만약 참여자들이 학교에 다니는 아이들이라면, 여러분은 학교나 부모로부터 16세미만의 아이들을 참여시킬 수 있도록 허락을 받을 수 있을까? 받지 못한다면, 무엇 때문에 그런 것일까? 여러분의 접근방식을 정당화시킬 필요가 있을 것이다. 영국에서는 어린이와 일하게 되는 사람은 누구든지 공식적인 개인 신상 확인을 거쳐야 한다. 이런 상황이 여러분이 하려는 연구와 어떤 관련성이 있을 것인지에 대해서 알아보라.

Step 6: 의료 과정

연구에 의료 과정이 필요한가? 여러분이 이를 수행하기 위해서는 전문가들의 승인을 거쳐 자격을 획득해야 할 것이다. 위험성에 대한 엄격한 평가가 이루어져야만 할 것이다. 만약 약, 위약(僞藥) 또는 다른 물질(예를 들어 음식물, 비타민)이 연구의 참여자들에게 투여된다거나, 혈액이나 조직 샘플이 필요한 경우라면 마찬가지 예방책들이 필요하다. 모든 경우에서, 제시한 과정들을 엄격하게 설명하고 평가해야 할 것이다.

Step 7: 고통 및 불쾌함, 또는 잠재적인 해로움

연구에서 고통 또는 가벼운 불쾌함이 생길 가능성이 있는가? 왜 이러한 것이 일어나야 하는지에 대해서 합당한 사유가 있어야 할 것이고, 고통 또는 불쾌함의 정도를 예측하고 감시해야 한다. 만약 연구에 어떤 종류든 공격적이고, 거슬리거나, 또는 피해 가능성이 있는 과정(예를 들어 조작, 향기치료 오일, 운동 과정, 치료용 부목, 특별한

기구)을 포함하고 있다면 어떻게 할 것인가? 또, 이보다는 덜 불편한 연구를 할 수는 없는 것인가? 더 편리하고 위험이 적은 방법이 있음에도 그 방법을 포기하고 이러한 연구를 해야 하는 장점에 대하여 논거를 들어 설명해야 할 것이다. 만약 연구가 심리적인 스트레스나 걱정을 야기하고, 해를 끼치거나 참여자들에게 (평범한 삶에서 맞닥뜨릴지 모르는 위험을 넘어선) 부정적인 결과를 야기하는 경우에도 마찬가지다. 길고 반복적인 검사로 인한 피로, 심리적 혹은 심지어 신체적인 위해를 초래할 수 있다.

Step 8: 금전적인 유인책

(합리적인 비용과 시간에 대한 보상과는 별도의)금전적인 유인책들을 참여자들에게 제공할 것인가? 우려스러운 점은 참여자들이 바람직한 답변을 하도록 압박하는 뇌물로 인해 결과에 영향을 끼칠 수 있다는 것이다. 대부분의 가난한 대학원생들에게 이러한 문제는 적절하지 않은것 같다!

Step 9: 속임수

연구에서 어떤 식으로든(예를 들어 연구자의 배경, 연구의 이유 또는 예상되는 결과들에 대해서 누락시키거나 잘못된 정보를 제공하는 것) 참여자들, 간병인, 부양가족, 지원망, 또는 타인들을 속이는 일이 허용 될수 있는가? 보통은 허용되지 않는 일이지만, 특정 상황에서는 은밀한 방법들만이 있는 그대로의 정보를 얻는 유일한 방법이 된다. 이런 상황은 문제가 되는 쟁점인데, 윤리적인 연구의 원칙들 중에서 가장 중요한 점이 바로 본인에게 영향을 미치는 연구에 대해서는 그 참여자들에게 모든 정보를 알려주어야 하기 때문이다. 여러분은 속임수가 필요한 이유에 대해서 매우 합당한 근거가 있어야 하고, 진실이 밝혀졌을 때 어떤 영향을 초래할지에 대해서도 연구해봐야 할 것이다.

Step 10: 익명을 보장받을 권리

참여자들이 익명인 채로 참여하거나 또는 자신들이 제공한 정보를 통해 신원이 드러나지 않을 권리를 보장해주는데 문제가 있는가? 이는 당혹감과 (일부 경우에서는 생명의 위협이 되는) 훨씬 더 심각한 경우로 이어질 가능성이 있으므로, 남용해서는 안 될 것이다. 만약 익명성을 보장해줄 수 없다면, 연구 참여에 동의하기 전에 이 점에 대해 알려주어야 한다.

Step 11: 철회할 권리

언제든지 연구에서 빠질 수 있는 권리는 윤리적 연구의 기본 조건이라고 할 수 있다. 그 권리를 주지 않을 것인가 아니면 명시하지 않을 것인가? 만약 참여자들이 통보 없이 연구에서 빠진다면, 연구자에게는 큰 불편을 초래할지 모르지만, 이것은 자발적 참여자의 특권이어야 한다. 이점을 왜 인정하지 않으려 하는가?

Step 12: 단체에의 접근

어떤 단체, 조직, 연구지역 또는 거주지에 속해있는 개인(예를 들어 대학생, 자조 집단(self-help group), 양로원, 경찰, 국립의료보험)에게 또는 단체에 접근하는 것이 필요한 연구인가? 만약 그렇다면 조직으로부터 허가를 얻고 그 조직의 규정을 따르는 등의 몇 가지 문제점들을 고려할 필요가 있다. 심지어 그 단체들로부터 윤리적 승인을 받아야 할지도 모른다.

Step 13: 기밀 정보

기밀 정보에 접근해야 하는가? 아마 건강기록, 수감이나 유죄 선고에 대한 기록 그리고 학교와 대학에서의 성적표들이 이런 정보에 포함될 수 있다. 분명히 이런 기록들은 비밀이기 때문에 권한이 있는 특정인이나 특정 조직들에게만 줄 수 있게 되어 있다. 그런 기밀정보에 어떻게 접근할 것이며, 비밀 보장을 어떻게 확신할 것인가? 이런 질문들이 바로 여러분이 대답하여야 하는 것들이다.

Step 14: 특별한 상황

다른 특별한 상황은 있는가? 이것은 '여러 가지를 망라하는 포괄적인(catch-all)' 질문이다. 윤리적 규칙을 벗어난 어떤 상황이 있다고 가정해보자. 연구는 명확하게 결정을 내릴 수 없는 매우 복잡한 작업이다. 인간의 상황에서 할 수 있는 해석의 미묘한 차이(shades)와 동료들에게 어떤 식으로든 영향을 주는 연구를 하고 있을 때 처하게 되는 얽히고 설킨 책임감을 인식하도록 하자. 있을 수 있는 문제점들이 어느 것이건 감지할 수 있으려면 지속적인 경계심과 예민함이 필요하다; 항상 다른 사람들과 상의하는 것이 도움이 되는데, 타인들은 여러분 자신과는 상당히 다르게 문제를 보기 때문이다.

2 단계부터 계속 이어진 위의 질문들은 옥스퍼드 브룩스 대학의 윤리 담당관이 제공해준 목록에서 편집한 것이다. 만일 학생들이 여기 있는 것들 중 어느 하나라도 '예'라고 대답한다면 대학 윤리위원회의 승인을 받기 위해 윤리 신청서 양식을 작성해야 할 것이라는 점을 알았다. 여러분의 대학에도 유사한 체계가 있을 것이다. 확인해 보도록 하자!

정리와 평가

여러분의 강사 또는 지도교수와 개별 지도 시간 약속을 잡아라. 윤리와 사생활에 관한 문제들을 생각해보고, 여러분 생각에 자신의 연구 유형에 특정한 영향을 미칠 것으로 생각되는 측면들을 설명하라. 여러분은 이런 점검사항이 유용하다는 것을 알게 될 것이다(Burnett 외, 1994, p. 15):

- 누구에게 이익이 되는가?
- 참여자들에게 해를 끼치거나 당혹스럽게 할 위험성이 있는가?
- 어떤 비밀이 포함되어 있는가?
- 법적이고 전문적인 조치를 검토해야 하는가?
- 이 연구 그리고/또는 출판이 참여자들에게 어떤 영향을 미치는가?
- 이 연구 그리고/또는 출판이 다른 이해당사자들에게 어떤 영향을 미치는가?

더 읽을거리

윤리적인 행위가 모든 학술적인 연구에 바탕이 되어야 하지만, 그것이 상당히 어려운 문제로 부상하고 있는 분야는 (의학 등에서뿐만 아니라) 사회과학에서이다. 사람들과 사회를 연구하는 것은 아래의 책들에서 논의된 많은 윤리적인 문제를 야기한다. 첫 번째 책들은 일반적으로 학생과 전문 연구자들을 대상으로 한 것이고, 두 번째 언급된 책들은 더 전문화된 사례들을 담고 있다 - 비록 그 쟁점은 인간 참여자들을 연구에 포함시킨 누구에게나 똑같은 문제이긴 하지만 말이다.

Oliver, P. (2003) The Student's Guide to Research Ethics. Maidenhead: Open University Press.

이것은 연구대상에 관한 훌륭한 논평을 제시해주고, 연구의 모든 윤리적 측면에 대한 세부사항으로 들어가서 윤리적인 질문들이 제기되는 상황에 대한 유용한 사례들을 제공해주고 있다. 이러한 문제들에 대해 항상 간단히 답할 수 있지는 않다는 것을 보여주지만, 이를 피하기 위해서 취해야 하는 예방조치들을 제시해준다.

Laine, M. de (2000) Fieldwork, Participation and Practice: Ethics and Dilemmas in Qualitative Research. Lodon: Sage.

이 책의 주요 목적은 현장 연구가 줄 수 있는 피해 가능성에 대한 이해를 증진시켜주고 윤리적인 문제와 딜레마를 다루는 방법들을 제시해 주는 것이다. 윤리적인 문제와 딜레마를 다루는 실제 현장 연구의 사례들이 나와 있고, 그 문제를 처리하는 방법들을 보여준다.

Mauthner, M., Birch, M., Jessop, J. and Miller, T. (eds) (2002) Ethics in Qualitative Research. London: Sage.

이 책은 다양한 관점에서 연구의 윤리적 쟁점들을 탐구하는데, 접근과 사전 동의, 참가 협의, 교감, 페미니스트 연구의 목적, 인식론과 자료분석, 전문적인 연구자가 되는 것과 '자애로운' 전문가가 되는 것 사이의 긴장감 등을 포함하고 있다. 이 책에는 돌봄(care)이라는 페미니스트 윤리에 근거하여 윤리적 의사결정에 도움이 되는 실질적인 안내지침이 담겨있다.

Mertens, D. and Ginsberg, P. (2009) The Handbook of Social Research Ethics. Thousand Oaks, CA: Sage.

거의 700페이지에 달하는 이 책은 응용 사회 연구 윤리의 역사, 이론, 철학과 실천에 관해 더 심층적인 이해를 제공해주는 종합 서적이다. 기술적으로 발전하고 문화적으로 복잡한, 우리가 살고 있는 세상에서 연구 이론과 실천에 있어 발생하는 윤리적 쟁점을 다루고 있는 책이다.

Geraldi, O. (ed.) (2000) Danger in the Field: Ethics and Risk in Social Research. London: Routledge.

윤리적으로 매우 위험할지 모르는 상황에 처한다면 이 책을 참고하라.

Townend, D. (2000) 'Can the law prescribe an ethical framework for social science research?' in D. Burton (ed.), Research Training for Social Scientists. London: Sage.

윤리에 관한 특정 분야를 전문으로 다루고 있는 책들 또한 있다. 여기에 그 중 몇 가지를 소개한다. 아마도 여러분의 주제에서 몇 가지를 찾아낼 수 있을지도 모른다.

Bryson, B. (2001) The Penguin Dictionary of Troublesome Words, 3rd edn. Harmondsworth: Penguin.

Whitbeck, C. (1998) Ethics in Engineering Practice and Research. Cambridge: Cambridge University Press.

Graue, M. E. (1998) Studying Children in Context: Theories, Methods, and Ethics. London: Sage.

Burgess, R. G. (ed.) (1989) The Ethics of Education Research. London: Falmer.

Rosnow, R. L. (1997) People Studying People: Artefacts and Ethics in Behavioural Research. New York: Freeman.

CHAPTER

07 연구 프로포절 준비와 글쓰기 시작

- 목적
- 머리말
- 성공적 연구 프로포절의 비결
- 연구 프로포절의 유형
- 주요 요소와 순서
- 프로포절 마무리하기
- 글쓰기를 시작하는 방법
- 결론
- 다음 단계 : 여러분의 연구 프로포절
- 더 읽을거리

목적

- ✔ 연구 프로포절에 필요한 요건들을 설명하는 것
- ✔ 성공적인 연구 프로포절을 작성하는데 필요한 단계적 지침을 제공해주는 것
- ✔ 논문이나 기획서의 도입 부분 작성을 시작하는데 도움을 주는 것

머리말

이 책의 마지막 장인 7장은 조사계획의 토대를 마련해줄 연구 프로포절을 쓰는 것으로 마무리된다. 이를 위해서는 1장부터 6장까지 습득한 내용과 여러분이 발전시킨 기술들을 사용해야 한다. 조사할 분야가 무엇인지를 명확히 하고, 간결하고 논리적인 형식을 통해 설명함으로써 그것을 읽게 되는 누구라도 그 특징과 의도를 정확하게 파악할 수 있도록 해야 한다. 프로포절 제출은 학위 취득과 자금 출연 연구 신청에 있어 공식적인 과정이기 때문에, 연구 프로포절의 형식이나 적절성과 관련하여 해당 대학이나 기금 출연 단체의 내규 등을 지켜야 할 것이다. 이 장에서는 이러한 것들을 잘 해낼 수 있도록 도움을 주고자 한다.

여러분은 이 장에 있는 연습문제들이 자신의 프로포절 작성을 준비할 때 검토해봐야 하는 측면들을 살펴보는데 도움이 된다는 것을 알게 될 것이다. 어떤 것이 옳고 그른지에 대한 확실한 해답은 없기 때문에, 결국 이 책의 마지막에 가서는 자신들이 작성한 것들을 스스로 검토할 수 있는 점검사항 목록을 제공한다거나 그 결과에 대해 지도교수들에게 자문을 구하라고 촉구하게 될 것이다.

물론 여러분의 프로포절에 나와 있는 주제의 승인을 받아내는 것은 조사 과정의 시작일 뿐이고, 조사 자체에 주된 노력을 경주해야 한다. 이 책이 여러분을 도와줄 수 있는 실용적인 지침이 되지는 않겠지만, 논문이나 보고서를 작성하고 발표하는 방법에 대한 몇 가지 유용한 단서를 얻을 수는 있을 것이다. 조사를 계속해 나가다보면 불가피하게 여러 가지 새로운 상황에 놓이게 되는데, 이 책을 읽는 동안 수행하게 되는 여러 가지 준비 작업을 통해 복잡하고 종종 좌절을 안겨주는 조사 계획을 마무리 짓는 과정을 거치면서 새로운 돌파구를 찾아낼 수 있다.

학위취득을 위한 연구를 한다면 여러분에게 요구되는 것이 무엇인지 완전히 파악하기 위해서 대학의 학위 취득 규정과 입학 당시 받았을 안내문을 꼼꼼하게

읽어보는 것이 필수적이다. 주요 과제나 프로젝트를 수행 중이라면 지시사항이나 과제의 세부 지침을 따라야 한다. 자금 출연 연구에 지원하기 위해 프로포절을 준비하는 중이라면, 출연 기관에서 받은 지원서 양식과 세부 지침들을 자세히 읽어 보아야 한다.

성공적 연구 프로포절의 비결

연구 프로포절들은 정해진 형식을 따르는 경향이 있는데, 모두 다음과 같은 공통된 특징이 있다: 조사의 본질에 대한 구체적 설명; 왜 그것이 필요하고; 어떻게 진행될 것이며; 어떤 결과가 예상되며; 대부분의 경우, 조사 수행에 필요한 자원은 정확히 무엇인가. 로크 등(Locke et al. 1999, pp 3-5)에 따르면, 프로포절에는 Box 7.1처럼 세 가지 주요 기능들이 있다.

Box 7.1 연구 프로포절의 주요 기능

- 조사자로부터 그 조사를 평가, 승인, 기금 조달을 할 사람들에게로 정보를 전달해 주는 수단
- 범위, 목적, 진행 절차, 예상 결과를 설명하는 행동 계획
- 관련 당사자들(예를 들어, 조사자, 감독자, 기금출연자, 기관(대학, 직장, 재단 등)) 사이의 합의 근간이 되는 계약. 서명한 합의 사항에 대해서는 모든 관련 당사자들의 동의 없이 변경할 수 없다.

물론, 연구계획의 특징에 차이가 있으며, 이는 연구 프로포절의 본질에 영향을 미칠 것이다. 그러나 어떤 프로포절이라도 하나의 약속이며, '침소봉대(promise mountains and deliver molehills)'해서는 안 된다는 것을 명심해야 한다.

연구 프로포절의 유형

이 책은 다음과 같은 종류의 프로포절을 준비하는데 도움을 줄 것이다.

- 학부생의 조사계획
- 석사 학위 논문
- 많은 대학원 학위와 수료의 정점이 되는 주요 프로젝트 혹은 논문
- 연구 석사(MPhil)와 박사(PhD) 학위
- 실무(practice-based) 조사
- 기업 조사
- 자금지원을 받는 모든 종류의 조사 프로젝트

처음부터 이런 조사 유형들 사이의 차이점을 짚어보고, 그 차이점들이 연구 프로포절에 반영되는 방식에 주목할 필요가 있다. 학생이 실시하는 학문적 조사에서는 사용한 척도의 실현 가능성과 학과 과정에 따른 프로젝트 주제와의 관련성에 주로 초점이 맞춰져 있다. 박사 과정 이하 학생의 조사는 어느 것이든 기본적으로 주제를 비판적으로 조사하고 평가하여 선택된 주제에 적합한 조사방법을 이해하고 있음을 보여주는 연습으로, 그 결과를 시험관이 만족할 논리 정연한 논증의 형태로 보여주는 것이다. 박사 과정 수준에서는 그 조사가 학문적 지식에 고유하고 독창적인 기여를 해야 한다는 요구조건이 덧붙게 된다. 프로포절은 연구 수준에 따라 그 길이와 복잡성이 달라진다. 학부생의 프로포절에서는, 조사 목적에 대한 간결한 서술과 그 내용, 그리고 조사방법에 대해 간단히 설명하는 것만으로도 충분할 것이다. 대학원생의 경우, 조사문제와 예상되는 결과를 더 정확하게 규명하는 것과 더불어 문헌조사 형식으로 이루어진 내용 고찰과 사용할 조사방법의 기술에 있어 더 세부적인 설명이 있어야만 한다. 보통, 석/박사 통합 과정과는 달리, 박사 과정에 있는 학생들은 이미 연구 석사나 석사학위를 마쳤거나, 그 주제에 대한 상당한 전문 지식과 사전 조사를 입증해보였을 것이다. 게재된 연구 성과물을 통해 박사 과정을 하는 사람들은 자신들이 이미 그 주제의 전문가이며 동료들이 평가한 저작물 기록이 있다는 것을 보여주어야 한다.

학문적 조사를 포함한 자금 지원을 받는 다른 조사와 조사 수행원에게 있어, 이런 쟁점들 또한 중요하지만 마찬가지로 그 조사의 재정 지원과 관리 역시 중요한 문제다. 게다가 재정 지원자에게 조사의 필요성과 그 분야의 지식과 업무에 기여할 가능성을 설득하기 위한 논의 또한 이루어져야 한다. 그 조사가 미칠 영향에 대한 평가와 보급 형식에 대한 설명 또한 제공해야 한다. 보통 조사에 참여하는 사람들의 이력서를 제출하고 그 사람들이 조사업무를 수행할 능력이 있는지를 입증하라는 요구조건이 있게 마련이다. 조사 프로그램에 따른 구체적인 행동 계획 또한 포함시켜야 한다. 더구나, 대규모 재정 지원 프로젝트들 대다수

는 다른 단체 소속의 공동 연구팀에 대한 세부 사항과 영향력을 행사하는 지원에 대한 설명을 요구할 것이다. 실무 조사에서는 아마 업무현장의 상황이 그 조직에서 요구하는 특정 프로포절의 성격에 큰 영향을 미칠 것이다.

모든 경우에 있어서 윤리적 쟁점들이 중요하지만, 어린아이, 노인, 환자 같은 취약 계층을 대상으로 한 자금 지원을 받는 조사 프로젝트에서는 더욱 그럴 수 있다.

주요 요소와 순서

학문적 연구 프로포절은 보통 다음 요소들로 구성되어 있다: 제목, 조사목적, 배경, 조사문제, 예상되는 결과들, 방법론과 참고 문헌들에 대한 개요. 보통 이런 순서지만, 약간 변화를 줄 수도 있다. 재정 지원을 받는 조사에서는 비용지출, 조사 인력에 대한 설명, 시간계획서와 결과에 대한 명세서, 그리고 보급 방법에 대한 설명이 추가로 요구된다.

처음에는 문법이나 문체와 같은 것들은 제쳐두고 일반적 순서에 따라서 진술해 나가면서 예비 초안을 작성하는 것도 좋은 생각이다. 일단 처음에 좋은 구성을 잡아 놓는다면 나중에 틀 자체를 바꿔야 하는 수고 없이 여러분이 작성한 것을 퇴고해 나갈 수 있을 것이다.

다른 학생들이나 조사자들이 과거에 작성한 프로포절을 살펴보는 것도 도움이 된다. 그렇지만, 프로포절의 내용보다는 형식을 참고하기 위해 분석하도록 주의해야 하는데, 이는 그 프로포절들 각각의 특정 주제나 문제의식에 의해 영향을 받을 수도 있기 때문이다.

제목

제목의 역할은 조사의 핵심을 단 몇 단어로 요약하는 데 있다. 학문적인 연구에서는 (연구의 주안점이 중간에 변할 수도 있기 때문에) 논문에서와 같은 제목을 쓰지 않아도 되지만, 이 단계에서 제목은 여러분의 의도를 명확하게 반영해 주어야 한다.

제목의 주요 목적들 중 하나가 검색에 도움이 되어야 한다는 것이기에, 제목은 누군가가 여러분의 연구와 같은 종류를 찾아볼 때 사용할 수 있는 핵심 키워드를 담고 있어야 한다. 이러한 키워드에는 주요 변수, 조사 유형, 이론적 근거와 연구 목적 등이 포함되는 경우가 많다. '1998년 보육 시설 운영과 경제적 상황에 대한 노동당과 보수당의 정책적 함의'라는 제목에서, 독립 변수는 노동과 보수당의 정책, 종속 변수는 경제 상황과 운영이며, 조사 유형은 비교 연구라는 점이 은연 중에 드러나며, 이론적 배경은 정책 효과에 대한 예측 중 하나가 될 것이고, 조사 목적은 두 정당의 정책들이 보육 시설에 미치게 될 영향을 예측하는 데 있을 것이다.

주제를 나타내주는 것만큼이나 중요한 것은, 시간이나 장소, 유형 등 그 주제의 윤곽을 드러내주는 단어들이다. 좋은 제목은 예를 들면 '영국 재개발(regeneration) 지역 내 도심 상점 정비와 접근성'처럼 종종 포괄적인 것에서 세부적인 것들로 전개되는 구조로 이루어진다. 이와 유사한 다른 연구를 지칭하는 것 같은 더 짧은 제목, 예컨대 '도심 쇼핑의 문제점'은 너무 모호하게 들리며 핵심어들이 결여되어있다. 하지만, 불필요하게 긴 제목은 피해야 하며 두 줄이면 충분할 것이다. 조사계획의 당연한 특징이 되는 '~에 대한 조사', '~의 연구', '~의 국면' 등의 어구는 생략해도 좋다.

연습문제 7.1

여러분이 하려는 연구의 주요 측면들을 요약한 키워드들의 목록을 작성해보라. 처음에 너무 많이 쓰는 것을 두려워하지 마라. 목록을 줄이기 위해서 여러분은 반복되거나 불필요한 부분들 혹은 조합하여 보다 일반적인 개념들의 형태로 만들 수 있는 단어들을 줄이면 된다. 목록을 줄여서 필요한 단어들만 남았을 때, 그 단어들로 기술적이고 심미적인 기준들을 만족시켜줄 제목이 되는 문장을 작성하라. 여러분이 핵심 사항을 모두 포함시켰는지를 알아보기 위해 이 장 마지막에 있는 답들을 확인해 보라.

조사 목적

이것은 조사계획 핵심의 도입부 역할을 한다. 조사 목적은 두세 개의 문장으로 서술할 수 있을 것이다. 만약 이렇게 할 수 없다면, 여러분이 정말 하고자 하는 바에 대해 충분히 생각해보지 못한 것인지도 모른다. 분명히, 가능한 자원과 시간을 이용하여 조사목적을 달성하기 위해서는 그 목적에 대한 충분한 설명이 있어야 한다.

연습문제 7.2 여러분 조사목적의 목록을 작성해보라. 자신의 계획과 관련 있다고 믿고 있는 것들을 가능한 많이 생각해 보아라. 그 후에, 다음에 나오는 질문들을 해봄으로써 각각에 대해 주의 깊게 생각해 보아라.

1. 그 목적을 어떻게 달성할 것인가-방법, 자원, 기술, 시간은? 현실적으로 성취 가능한 목적인가?
2. 그 목적 달성을 위해 요구되는 결과는 무엇인가?
3. 그 목적이 여러분 연구의 핵심인가?
4. 목적들 간에 중첩되는 부분은 없는가? 목적들을 개별적으로 분류시켜 보아라.
5. 어떤 하나의 목적을 다른 것과 연결시켜주는 순서나 위계가 존재하는가? 만약 있다면, 그 순서는 올바른가?
6. 목적이 너무 많아서 현실적으로 실현 불가능하지는 않은가?

여러분 목록에 있는 각각의 목적에 대한 질문 1, 2, 3의 답을 적어보라.

배경

여러분의 프로포절을 읽는 이들에게 조사문제가 나온 맥락을 설명할 필요가 있다. 여러분이 조사문제와 관련된 중요 요인들, 또 그와 관련된 주요 문헌들을 잘 알고 있다는 것을 보여줄 수 있어야 한다. 이것은 독자의 관심을 사로잡기 위한 도입부의 중요한 역할이기도 하다.

맥락을 구성하고 있는 요소들 중 일부는 건물의 유형(학교, 교도소), 물질(역사적 유물, 가정용품), 장소(운동장, 거리, 시골), 혹은 조직(지방 정부, 비밀 단체, 지역 공동체)처럼 물리적인 반면, 다른 요소들은 경제, 법률, 발전 정책 등 좀 더 개념적인 것일 수도 있다. 권력, 빈곤, 마르크스주의 같은 이론적 개념들은 더욱 추상적인 것들이다. 가능한 짧게 설명하기 위해서는 (독자가 알고 있거나 이해한다면) 언급했던 개념이나 상황에 대한 완전한 설명이 들어있는 관련 문헌을 이용하라. 전문가들에게 여러분이 중요한 쟁점들에 대해 잘 알고 있다는 점을 납득시키는 동시에 여러분의 문제가 나오게 된 요인들을 어떤 독자든 이해할 수 있도록 글의 수준을 정하는 것은 쉽지 않다. 독자는 여러분의 주제에 대해 아무것도 모른다고 가정해야 한다.

참고 문헌의 효과적인 이용은 글을 짧게 하는데 필수적이다. 참고문헌을 인용함으로써 전반적인 이론적 입장과 접근방법, 전개과정을 단 몇 마디로 언급할 수 있다. 이와 더불어, 관련 문헌을 포함시키는 것은 여러분이 주제에 대한 중요한 특징이나 입장을 알고 있다는 것을 보여준다.

배경 부분에서도 점진적인 설명이 이어져야 하는데, 이런 설명은 제기된 모든 쟁점들이 불가피하게 조사문제로 귀결된다는 논의에 기여하는 것으로 보이게 할 수 있다. 이것은 모든 유형의 연구 프로포절에 다 해당된다. 그러나 연구 석사와 후에 박사 학위 과정으로 가는 연구 석사, 초기 연구와 탐구계획에 있어서는, 대부분 프로포절의 승인 이후 조사 문제의 본질과 관련 문헌에 대한 심도 있는 조사가 이루어진다는 것을 명심해야 한다. 하지만, 제한적인 학위 논문 제출이나 박사 학위로 바로 가는 과정, 연구 석사에서 박사 과정으로 가는 것과 연구비를 지원받는 조사 계획 다수에서는 배경에 대한 조사가 이미 철저히 이루어졌고, 바로 이런 조사의 결론을 토대로 정확하게 조사 문제를 만들어 진 것으로 간주된다.

연구문제

연구문제는 프로포절의 핵심이자, 실제로는 전부라고 해도 과언이 아니며, 배경연구의 정점이자 구체적인 연구 작업의 시작인 것이다. 프로포절의 내용에는 문제의 본질이 무엇이고, 그 문제를 어떻게 찾아냈으며, 연구할 필요가 있는 중요한 문제인 이유가 명확해야 한다. 연구문제의 본질에 대해서는 앞서 충분히 언급하였다(특히 1장을 참고하라). 연구문제에 대해 여러분이 작성한 것이 대학의 규정, 학사 과정의 요구 조건, 또는 자금 출연 기구의 조건에 부합하는지를 꼼꼼하게 살펴보는 것 또한 중요하다.

처음에는 연구문제가 추상적인 형태로 표현될지도 모르지만, 하위 문제의 진술을 통해 실제로 그 문제를 어떻게 조사할 것인지를 밝혀야 한다. 특히, 박사 과정에 직접 지원하거나 연구 석사에서 박사 과정으로 가는 경우, 아니면 연구비를 지원받는 경우에는 원래 연구와 직결되는 가설이나 질문을 정확하게 제시해야 한다. 문제를 추상적인 용어로 표현하더라도 막연하게 서술하는 것은 잘못된 것이다. 실현 가능한 연구 범위를 한정시키기 위해서 문제를 정확하게 정의하고 한계를 정해야 한다. 이 점에 있어서는 용어를 정의하고 여러분이 세운 가정에 대해 진술하는 것을 신중하게 하는 것이 도움이 될 것이다.

연구문제의 표현방법

연구문제를 적절하고 정확하게 표현하는 방법에 대해서 어려움을 느끼는 경우가 종종 있다. 조사 문제는 모든 것이 달려있는 유일한 관심사이기에, 그 연구 문제에서부터 자연스럽게 이어져 나온 계획된 연구가 되도록 표현하는 것이 중요하다. 다음과 같이 다양한 선택사항들이 있다:

- 질문
- 가설
- 명제
- 계획서(statement of intent)

가설은 가설-귀납적인 접근방법의 토대가 되므로, 무엇이 좋은 가설을 만드는지, 그리고 어떻게 형성될 수 있는지를 아는 것이 중요하다. 가설이란 무엇인지를 정확하게 이해한 후에야 여러분은 조사 주제에 하나(또는 여러 개)의 가설을 사용하는 것이 적절하지 않다는 것을 알게 될 것이다: 여러분의 조사 문제를 아주 간결하게 요약하는 것은 불가능할지도 모른다. 조사 문제를 조사 가능한 형태로 표현하는 약간 정확하지 않은 방법들이 있는데, 다음에 설명하고 있는 것들이다.

가설은 별다른 것이 아니다; 우리는 항상 가설을 세우는데, 그것들은 어떤 원인 혹은 상황에 대한 진술의 형태로 된 직감 또는 논리적인 추측이다. 만약 일상생활에서 무슨 일이 일어난다면, 우리는 합리적인 추측을 통해 이 일이 발생한 이유를 제시하려 할 것이다. 예를 들어, 아침에 차의 시동이 걸리지 않는다면, 우리는 연료 탱크가 비었다든가, 배터리가 방전되었다거나 하고 가정을 할 것이다. 각각의 가설에 따라 취한 행동을 통해 그 가설은 지지되기도 하고 기각되기도 한다. 연료 게이지의 눈금이 'Full'에 가 있다면, 연료 탱크가 비었다는 가설은 기각될 수 있다. 특정 가설이 지지를 받는다면, 우리가 그 상황을 해결할 수 있게 올바른 행동을 취할 가능성이 높아진다. 가령, 우리가 구동모터로 가는 전선이 헐거워졌다고 가정했는데, 그 이후에 빠져나온 전선을 발견하였다면, 그 전선을 다시 연결하여 차를 다시 작동시킬 것이다. 만일 차가 작동하지 않는다면, 추가적으로 발생한 오작동에 대한 가설을 더 제기할 필요가 있다. 이런 예들이 진부해 보일지라도, 과학의 위대한 발견들 중 다수는 이런 가설을 통해 나온 것이다: 뉴턴의 중력이론, 아인슈타인의 일반상대성이론 등등.

여러분은 조사 중에 배경지식을 위한 독서를 하다 가설들에 직면할 것이다. 그 가설들은 때때로 명백하고 확실하게 진술된 것이거나, 반대로 학술적인 면이 덜한 문서일지도 모르며, 문맥 속에 숨겨져 있거나 단지 힌트만 있는 것들일지도 모른다. 여러분이 자신의 조사연구에서 하나의 가설을 사용한다면, 가설은 조사문제로부터 자연스레 나타나야 하며, 읽는 사람에게 논리적이고 확실해 보여야 할 것이다. 여기 가설을 정당화시켜줄 두 가지 조건이 나와 있다: 논리적이고 경험적이어야 함. 논리적 정당화는 개념과 이론에 근거한 논거들과 조사 문제와 직접 관련된 전제들로부터 나오게 되며; 경험적 정당화는 참고문헌에서 찾은 다른 조사보고서를 참조하여 그 기반으로 삼는다.

질문

문제를 탐구하는 방법은 일련의 질문들을 던지는 것과 그 문제를 다각도로 철저히 검토할 것을 요구하는 답변들로 이루어질 수 있다. 이는 여러분의 탐구를 공식화시키는 직접적이고 자유로운 방법인데, 여러분이 할 일은 그 질문들에 대한 답변을 제시해주는 것이어야 한다. 여러분의 답변이 충분한지 그리고 필요한 만큼의 증거에 근거한 것인지는 여러분 자신과 검토자가 내려야 할 판단이다.

- 논문 주제는 '현대 미술에 대한 매체의 설명'이다.
- 주요 조사 질문은 '매체에서 현대 미술은 어떻게 그려지고 있는가?'
- 세 가지 관련 하위질문들이 나오는데, 그 질문들은 다음과 같다.

1. 매체에서 현대 미술의 쟁점들을 다루는 특징은 무엇인가?
2. 텔레비전, 잡지, 신문과 같은 상이한 매체에서 다루는 내용은 어떻게 다른가?
3. 이런 내용을 작성하는데 있어 전문 언론인들은 어떤 역할을 하며, 특히 예술분야 기자들은 무슨 역할을 하는가?

분명히 질문들은 조사 문제로부터 직접 나와야 하고, 조사 대상을 명확히 나타내고, 사용될 방법들을 내포하고 있어야 한다. 위와 같이, 질문들의 형식은 주요 질문일 수도 있고, 주요 질문의 면모를 살펴볼 하위질문들로 나뉠 수 있다. 주요 질문은 매우 일반적인데, 여러분은 이 질문의 다양한 측면을 검토해보기 위해 다른 하위질문들을 고안해낼 수도 있을 것이다. 하지만 여러분이 선택을 구체적으로 해야 여러분이 중요하다고 생각하는, 혹은 추구할 관심이 있는 쟁점들로 자신의 조사를 한정시킬 수 있을 것이다.

가설

가설의 사용은 조사에 대한 가설-귀납적인 접근방법의 토대이므로, 무엇이 좋은 가설을 만드는지 그리고 어떻게 형성될 수 있는지를 아는 것이 중요하다. 과학적 방식으로 사용할 때는 엄격하게 따라야 할 규칙들이 있다. 케링거(Kerlinger, 1970)에 따르면, 가설을 다른 진술 형식들과 구별시켜주는 중요한 요건들이 있는데, 이것들은 Box 7.2에 나와 있다. 케링거가 언어 사용에 있어서 극도의 정확성과 진술문의 엄격한 기술을 얼마나 강조하고 있는지를 주목하라.

Box 7.2 가설의 주요 특징들

가설은:

- 주장이다(제안이 아니다).
- 범위가 제한되어 있다.
- 어떤 변수들 사이의 관계들에 대해 명시되어 있다.
- 관계들을 조작하는 명백한 의미들이 내포되어 있다.
- 현재의 지식과 양립할 수 있다.
- 정확한 용어를 사용하여 가능한 경제적으로 표현된다.

이 방법의 목적은 가설과 모순되는 증거를 찾아내 그 가설을 기각시키거나 가설을 뒷받침해주는 증거를 통해 지지하는데(그 가설을 증명할 수는 없을 것이다) 있다. 여러분이 발견한 것을 바탕으로 그 가설을 수정할 수도 있을 것이다.

유용하고 연구할만한 가설을 세우기 위해서는, 문제의 실체와 본질 또는 다루고 있는 주제에 대한 철저한 배경지식이 필요하다. 좋은 가설은 조사 활동을 조직화하는데 매우 유용한 수단이 되는데, 특히 조사의 범위를 특정 변수들 간의 상호작용으로 국한시키고, 자료의 수집, 분석, 설명에 적절한 방법을 제시해준다. 그리고 경험적 또는 실험적인 검증 결과에 따른 가설의 확인이나 기각은 획득한 지식의 범위를 알려주는 명확한 지표가 된다.

여러분은 개념적 수준으로 일반적 가설을 세울 필요가 있는데, 이는 조사 결과들을 특정한 연구의 특정 조건들과 상관없이 일반화시키기 위함이며, 일반적 조사 질문과 같은 것이다. 그 다음으로는 보통 주요 가설을 둘 이상의 하위 가설들로 나눌 필요가 있는데, 이런 하위 가설들은 주요 가설의 구성요소들과 같은 양상을 보여주며, 한데 합쳐야 전체를 이루게 되고 하위 질문들과 같은 것이 된다.

가설의 기본적 기준들 중 한 가지는 검증이 가능하다는 것이다. 그러나 개념적 수준의 가설은 직접적인 검증이 불가능하며, 너무 추상적이다. 따라서 조작적 수준으로 바꿀 필요가 있는데, 이를 조작화(operationalization)라 부른다. 각각의 하위 가설은 검증 방법이 상이하므로, 적절한 조사방법에도 차이가 있을 수 있다. 하위 가설의 조작화는 개념, 지표, 변수, 값을 차례로 정의하여 가장 추상적인 것에서 가장 구체적인 것으로 진행되는 네 단계를 따르게 된다.

- 개념(Concepts): 보통 추상적이어서 직접 측정할 수 없는 가설의 구성요소.
- 지표(Indicators): 개념의 존재에 대해 알려주는 현상.
- 변수(Variables): 측정할 수 있는 지표를 구성하는 것들.
- 값(Values): 실질적 측정단위 혹은 변수들의 측정 방법.

각각의 개념은 여러 지표들을, 각각의 지표는 여러 개의 변수들을, 또 각 변수들은 여러 개의 값을 가지고 있을지 모른다는 점을 유의하라. 이 용어들을 분명하게 하기 위해 각 용어에 대한 한 가지 사례만 나와 있는 조작화에 대해 생각해 보아라.

- 개념: 빈곤.
- 지표: 열악한 생활 조건.
- 변수: 위생시설 공급.
- 값: 화장실 하나당 사람 수.

각각의 하위 가설은 상이한 검증 방법을 내포하고 있으므로, 적절한 조사방법에도 차이가 있을 수 있다.

일상생활과 심지어 학문적 분야에서도 가설이라는 용어를 많은 다양한 의미로 사용하고 있지만, 여러분의 조사에서는 가설을 오직 가장 엄격한 과학적 의미로만 사용하는 것이 좋다. 그래야 여러분이 엉성하고 부정확한 용어 사용으로 비난받는 것을 피할 수 있다. 만약 여러분의 조사 문제를 가설로 정형화시키기 힘들다 해도 걱정하지 마라. 가설-귀납적 접근방법과는 완전히 다른 접근방법들이 포함된 대안들은 무수히 많다.

명제

가설보다는 명제에 초점을 둔 조사 활동은 엄격하게 요구되는 가설의 요건을 따르지 않고, 사건들 사이의 특정 관계에만 집중할 수 있게 해준다. 다음 사례를 살펴보자.

조사 제목은 '젊은 독신자들을 위한 공공 주택'.
주요 조사 문제는 상호 관련된 세 개의 명제로 구성된다.

1. 젊은 독신자들이 임대할 수 있도록 기획, 공급되는 공공 주택은 과거부터 지금까지 계속 독신자 주택 디자인 지침에 나오는 권고사항과 기준에 따라 제작되고 있다.
2. 관련 디자인 지침은 독신자의 특성에 대한 정확한 인식에 기반하고 있지 않다.

위의 두 명제들로부터 세 번째 명제는 다음과 같이 나와야 한다.

3. 독신자용으로 기획되어 공급되는 공공 주택과 독신자들의 주거 요구조건 사이에는 괴리가 있다.

연구의도의 진술(statement of intent)

모든 조사가 질문에 답하거나 가설을 검증할 필요가 있는 것은 아니다. 특히 학부생 논문이나 더 작은 규모의 연구에서는 좀 더 탐색적인 접근방법을 사용할지도 모른다.

탐구 주제와 범위를 연구의도의 진술에서 표현할 수도 있다. 그 대신, 계획서의 연구의도 진술 역시 조사 문제로부터 도출된 것이어야 하고, 조사방법을 내포하며 결과를 보여주어야 한다. 이러한 형식의 조사에 대한 네 가지 사례는 다음과 같다:

1. 이 연구의 목적은 스위스와 불가리아 정부조직의 최근 발전과 지방세 과세 절차의 주요 양상을 살펴보고, 스위스 조직의 특징과 지방세 이행이 불가리아 지방세 과세 체제의 개선에 채택되었는지, 됐다면 어느 정도인지를 평가해 보는 것이다.
2. 이 연구는 영국 법률 기관에 속해 있는 여성 변호인들의 경력 개발 문제를 다루고 있는데, (기존의 전통, 편견, 절차, 진로 같은) 특정 진입 장벽을 알아보고, 이런 장벽들을 무너뜨리려 했던 구체적인 계획의 효율성을 검토하는데 중점을 두고 있다.

3. 이 연구에서는 호텔과 레스토랑에 적용되는 미국의 식품 안전 관련 기준이 나이지리아에서 통용될 수 있는가를 고려해 보고자 한다.
4. 이 논문은 1878년까지의 엥겔베르트 훔페르딩크(Engelbert Humperdinck)의 초기 경력과 여정에 대한 재평가를 하고 있는데, 그의 음악에 대한 재평가에 좀 더 객관적인 근거를 마련하기 위해 훔페르딩크의 초기 경력에서 음악적 토대를 찾아보고 그의 초기 작품들을 분석하고자 한다.

연습문제 7.3

조사 문제의 진술로 이어지는 논의를 준비하기 위해서, 맥락에 대한 설명에서 여러분이 다룰 쟁점들의 목록을 작성하라. 이 단계에서는 프로포절의 전체적 기본 구조만 염두에 두기 때문에, 쟁점들을 몇 단어로 요약해야 하고, 논리적인 방식으로 하나의 쟁점에서 다음으로 넘어갈 수 있도록 정해진 순서대로 배열시켜라. 목록은 간단해야 하지만, 완결된 형태가 되도록(즉, 모든 핵심 쟁점들을 포함) 해야 한다. 한 번의 시도로 그 순서를 바르게 하지는 못할 것이기에, 주저하지 말고 워드 프로세서의 도움을 받거나 종이 한 장, 한 장에 각각의 쟁점을 적어서 순서를 이리저리 바꿔보는 시도를 해보라.

(필요하다면 나중에 고쳐 쓸지도 모르지만) 목록 말미에 한 문장으로 조사 문제를 작성해 두어라. 여러분이 진행시켜 나가는 과정에서 쟁점들 모두가 조사 문제와 관련 있고, 논리적으로 그 문제를 향해 전개되고 있는지를 점검하라. 논의에서 논리의 간극이 생긴다면 그 간극을 메울 쟁점을 추가하고, 논의가 다른 문제로 이어진다면 문제를 변경하거나 여러분이 목록에 올려놓은 주요 쟁점들과 그 순서를 재검토하라.

논의가 설득력 있다고 생각되면 완결된 문장으로 만들고, 참고자료를 첨가하여 지문 속의 '뼈'에 '살'을 붙일 수 있게 된다.

조사 목적의 정의

연구문제의 확인이 끝나면, 그 문제를 조사하거나 해결 방법을 제시하기 위해 어떤 척도를 사용할 것인지를 보여주기 위한 연구 목적을 명확하게 정의할 필요가 있다. 이는 연구 목적을 어떻게 달성할 것인지에 대한 언급과 함께 나와야 한다. 아래 Box 7.3에 나와 있는 사례를 보자.

Box 7.3 연구 목적: 사례

이 연구는 컴퓨터 네트워크의 보안 시스템 기획과 그에 따른 일반 대중의 시스템 접근 제한 간의 관계에 대한 적절한 평가를 제공하기 위한 것이다. 이전 연구문제에서는 그런 평가 방법의 부재를 강조했는데, 이 문제를 극복하기 위해서는 다음과 같은 것들이 필요하다:

1. 보안 시스템 설정 정도를 측정할 수 있는 측정 방법을 제시하는 것. 이는 보안 속성의 설정 정도라는 관점에서 대안이 되는 기획 제안들 간의 객관적인 비교를 가능케 해줄 것이다. 제시된 측정 방법을 일반적으로 적용하기 위해서는, 공개적으로 접근 가능한 컴퓨터 네트워크에 대한 과거 연구에서 주장한 주요 보안 시스템을 확인하고 분류하는 작업이 필요하다.
2. 대중이 컴퓨터 네트워크에 접근 가능한 정도를 측정할 수 있는 측정 방법을 제시하는 것. 이는 사용상의 접근성 정도라는 관점에서 컴퓨터 네트워크들 간의 객관적인 비교를 가능케 해줄 것이다. 어떤 한 가지 특정 컴퓨터 시스템 유형에 국한되지 않는 측정 방법이 되려면, 접근 가능성에 대한 비교해석을 발전시킬 필요가 있다.
3. 실제 사용 중인 컴퓨터 네트워크에 대한 연구를 통해, 보안 시스템 설정 이후의 접근 가능성 정도를 평가하는 것. 이를 위해서는 수많은 공개 네트워크들에 대한 조사가 이루어져야 한다.

조사방법의 개요

프로포절에 있어 이 부분은 자신의 조사방법을 토대로, 여러분이 연구를 수행하기 위해 무엇을 할 것인지를 간단히 설명하는 것이다. 자금 지원을 받는 연구에서는 이 부분을 매우 자세히 다룰 필요가 있는데, 그래야 자금 지원자가 요구하는 결과를 산출해내기 위해 여러분이 어떻게 자료를 수집, 분석할 것인지를 정확히 알 수 있으며, 조사방법의 실현가능성 역시 명확해질 것이다.

조사방법에 대한 설명은 프로포절마다 다를 것이다. 하지만 한 가지 공통된 특징은 조사 주제와 관련된 문헌 검토일 것이다. 다른 검토 작업은 그 주제의 전문가들, 또 다른 방식으로 연관되어 있는 사람들로부터의 자문을 통해서 이루어질 것이다. 일반적으로는 자료 수집 방법과 자료분석 방법을 구분하는 것이 적절하다. 그러나 특히 질적 연구에서는, 비록 일부 사례이기는 하지만, 이들이 동시에 이루어지기도 한다.

여러분이 특정 정보 유형에 어떻게 접근할 것인지를 명시하는 것이 중요할지도 모른다. 정보 접근에 문제가 있으면, 어떻게 그 문제를 해결할 것인지를 밝혀야 한다. 만약 여러분에게 잘 알려져 있지 않고 제한된 정보에 접근할 수 있는 특권이 있다면 이를 보고해야 하고, 자국에서, 또는 관련이 있다면, 외국에서의 조사비용을 감당할 수 있는 정도의 자원이 있다는 사실 역시 보고해야 한다.

그림 7.1 만약 여러분에게 잘 알려져 있지 않고 제한된 정보에 접근할 수 있는 특권이 있다면, 이를 보고해야 한다.

항목에 번호를 매기지 않고 사용할 조사방법을 목록의 형태로 설명하는 것이 관례다. 이렇게 하면 아주 간결해진다. 일반적으로, 방법론에 대해 매우 자세히 설명하라고 요구하지는 않는다: 요구되는 방법의 범위와 조사 과정의 일반적인 단계를 제시하고, 왜 그런 방식을 채택했는지에 대해 설명하는 정도까지로 제한을 두어야 한다. 어떤 방법을 쓸 것이고, 어떻게, 그리고 왜 사용하는지에 대한 질문에 항상 답하라. '왜'라는 질문에 대한 답변이 종종 누락되는데, 이는 안 좋은 결과를 초래한다. 이와 관련한 일에 포함된 것을 확인하려면, Box 7.4에 있는 목록을 활용하라.

Box 7.4 방법의 개요를 위한 점검 사항

- 문헌 검색과 비판적 분석
- 전문가와 상의
- 연구모집단(들) 혹은 상황의 확인
- (관련 있다면)표본추출 – 표본의 크기, 장소, 사례 조사의 수
- 자료 수집 방법 – 설문지, 면접, 문헌 연구, 관찰 등
- 분석 방법 – 양적 방법, 질적 방법 그리고 이 둘의 조합
- 분석 결과에 대한 평가

석/박사 지원의 경우, 이 방법들 중 몇 가지는 두 학위 과정 연구에서 모두 쓰일 것이다. 박사 과정과 대부분의 자금 출연 조사계획에서는 각각의 하위 문제 혹은 하위 가설들이 상당히 다양할 것이기 때문에, 그것들을 조사하기 위해 사용한 조사방법을 각각 개별적으로 설명해야만 할 것이다.

가능한 연구 결과

프로포절은 어떠한 결과를 보여주는 일종의 약속이기 때문에 '과장'해서는 안 된다. 결과가 어떻게 될지 모른다 하더라도(그 결과를 예측할 수 있다면, 조사를 수행하는 의미가 없을 것이다), 결과의 범위와 본질에 대해, 그리고 그 정보가 누구에게 이로울지에 대해서 정확하게 하려는 노력을 해야 한다. 프로포절의 처음에 썼던 조사 목적과 결과가 직접적으로 연관되는지 확인해야 한다. 결과의 전반적 중요성을 기술하고, 여러분의 주제에서 다룰 것이라 제안했던 것의 중요성을 밝힐 때는 좀 더 일반화시킬 수 있다. 박사 과정 프로포절이나 자금을 지원받는 조사 대부분에서는 지식에 독창적으로 공헌하게 될 것이 무엇인지에 대해서 밝힐 필요가 있다는 것을 기억해야 한다. 이런 결과들은 실질적, 그리고/혹은 이론적 수준에서의 공헌일 것이다.

여러분의 조사방법 목록을 가능한 조사 결과와 그 조사가 왜, 그리고 어떻게 중요한지를 명시한 진술로 마무리 지어라.

연습문제 7.4

여러분 자신의 연구에 적합한 연구방법에 관한 어떤 목록을 준비하라. 그것은 일반적인 것에서부터 특수한 것에 이르기까지, 즉 연구의 배경에서부터 구체적인 연구와 평가를 아우러야 한다. 그것들이 논리적인 순서로 읽혀지는가를 첵크하고, 그리고 비록 간단하게라도 그것들이 연구주제에 적절한 방법의 유형들을 지칭하기에 충분한 정보를 주는지를 첵크하라.

여러분의 연구방법들에 대한 목록은 가능한 연구결과를 나열하고 의도하는 바에 연구가 왜 그리고 어떻게 중요한지를 구체화 하는 어떤 진술로 완결하라.

자금 지원을 받는 연구 프로포절을 위한 추가 정보

학위 취득을 위한 연구 프로포절에서 요구되는 정보 이외에도 자금 지원을 받는 연구 프로포절은 비용, 인원, 시간 계획표, 결과물과 다른 쟁점들을 아우르는 그 이상의 정보를 갖고 있어야 한다. 이런 프로포절을 준비할 때는 여러분이 그 자금을 받을만하고 연구원들이 그 돈을 아주 적절하게 쓸 수 있을 것임을 밝히는 것이 중요하다. 여러분의 연구에 관심을 보일 것 같은 자금 지원자들이나 조사 주제에 특별한 관심을 보이는 단체에 지원할 때는 더욱 그래야 한다. 연구 기금을 대는 거의 모두가 자신들의 구체적인 관심 분야에 대해 명확히 알려준다. 그들이 지원해줄 수 없거나 그런 의향도 없는 주제에 대해 연구하면서 지원을 얻어 내려하는 것은 시간 낭비에 불과하다.

비용

자금을 모색할 때는 연구 중 발생하게 될 모든 비용에 대해 명확하고 이해할 만한 설명을 하는 것이 매우 중요하다. 비용에는 여러 부류가 있는데, 이들에 대해서는 자금을 지원하는 단체가 발행한 지원서에 나와 있는 경우가 많다. 주요 유형에는 보수, 이동 경비, 자본 설비(예를 들어, 컴퓨터, 프린터, 측정도구, 실험기구), 간접비(대학 시설을 사용하는데 지불하는 비용), 소모품(문구류, 전화)이 있다. 여러분의 대학이나 기관에는 아마 비용에 대한 명확한 지침이 있을 것이고 필요하다면 정산표를 작성하는데 도움을 줄 것이다.

인원

자금을 지원하는 사람의 입장에서는 조사를 제안한 사람들의 능력과 그 조사팀이 제안한 것을 수행해낼 수 있는지를 확인하기 위해 고용한 사람들에게 관심을 갖게 마련이므로, 보통 연구팀 주요 멤버의 이력서를 요구할 것이다. 관리자와 실무자의 적절한 균형을 맞추고 필요한 기술과 능력을 갖추는 것이 중요하다. 일부 자금 지원자들은 학술 기관과 산업/상업 단체들과의 제휴를 주장하기도 한다. 이런 경우에는 제휴 당사자 사이에 다양한 구성원들 간의 역할 규명이 잘 이루어져야 한다.

선정 과정에서 성공적인 프로젝트 관리와 편성이란 점이 점점 중요한 문제가 되고 있다. 계획하고 있는 관리체계의 구성과 책임 관리자의 유관 경험, 연구의 질을 보장하는 절차, 그리고 다른 관련된 재정과 감시 장치를 보여주어야 한다.

시간계획표

이것은 다양한 작업들을 언제 수행하고, 어떤 순서로, 그리고 전체적으로 얼마나 오래 걸리는지를 보여준다. 다양한 작업과 시간 운용을 보여주는 막대그래프는 프로그램을 요약하는 유용한 방법인데, 여기에는 각 임무에 관련된 것들에 대한 서면 기술이 첨부된다. 각 단계에서 무엇이 산출될 것인지를 설명하는 이 정표를 보여줌으로써 신뢰성 있는 감시, 감독 안내를 제공해줄 것이다. 특히 위험이 존재하고 프로젝트 자체에 그것이 내재해 있을 때에는 위험요소와 만일의 사태에 대비하는 해결책을 염두에 두어야 한다.

결과물

연구 결과물로부터 이익을 얻으려는 이들에게 결과물이 없다면, 자금을 지원하는 연구를 수행하는 아무런 의미가 없는 것이다. 제시된 결과물들은 논문, 보고서, 서류, 책, 소책자, 안내서, 학술지, 컴퓨터 프로그램 등의 형태가 될 수 있다. 잠재적인 독자/사용자들에게 그 결과가 얼마나 유용할 것인지 또한 관심 있는 일이다.

여러분의 지적 재산권 역시 고려해야 하며, 가능한 많은 권리를 지켜내는 것을 목적으로 해야 한다. 그러나 상업적 연구에서는 이것이 복잡한 문제가 될 수 있으며, 전문가의 조언을 듣고 다른 참가자들, 그리고 기획자와 논의할 필요가 있을 것이다.

프로포절 마무리하기

지금까지 여러분은 연구문제가 무엇인지, 어떻게 연구를 할 것인지에 대해 확실히 생각해 봤다. 게다가 아마도 자신의 의도를 드러내주는 초안을 몇 개 작성해 봤을 것이다. 이제 필요한 구성에 따라, 적절한 형식으로 필요한 모든 정보를 담고 있는 완전한 형태의 연구 프로포절을 작성해야 한다.

Box 7.5에 무엇을 어떻게 해야 하는지에 대하여 다른 측면을 다루고 있는 이 책의 다른 부분에 대한 참조와 함께 요약되어 있다. 여러분이 이미 연구 분야를 잘 알고 있다면 처음부터 시작할 필요는 없지만, 여러분의 연구 주제를 확실히 파악했더라도 연구문제를 명확하게 정의해야 할 것이다. 박사 과정에 바로 지원하는 프로포절을 준비한다면 자신의 특정 주제에 대해 이미 지식을 갖추고 있고, 바로 조사 활동을 시작할 수 있을 것으로 생각된다. 이를 위해서는 연구방법과 시간표에 대해 훨씬 더 자세하게 설명해야 할 것이다.

Box 7.5 프로포절의 마무리를 위한 점검 사항: 무엇을, 어떻게 해야 하며 어디에서 참고사항을 찾을 수 있는가

무엇을 해야 하는가	어떻게 해야 하는가	참고
연구 분야의 확인을 위해 배경 조사를 하라.	여러분 자신의 전문 기술과 관심 사항을 생각해보라. 주제와 관련된 책, 신문, 간행물 등을 읽어라. 중요하고/논란이 되는 쟁점에 눈과 귀를 열어두어라. 전문 지식이 있는 사람들에게 그들의 분야에서 할 필요가 있는 연구에 대해 알고 있는지 문의하라.	1장 연구의 유형 여러분 자신의 연구 시작하기 4장 참고문헌 찾기
연구 분야에 집중하면서, 연구문제를 정의하고, 그 문제를 조사 질문이나 가설로 발전시켜라. 이에 근거하여 조사 계획의 제목을 공식화시켜라.	훌륭한 연구는 무엇으로 이루어지는지를 검토하라. 연구 가능한 문제의 확인을 위해 선택 분야 내에서 좀 더 구체적인 문헌 조사를 하라. 여러분이 채워넣을 수 있는 지식의 간극을 발견하기 위해 선행 연구를 조사하라. 간결한 형식으로 문제제기를 하는 질문이나 가설을 세워라. 추상적, 보편적인 점을 줄이기 위해 질문/가설을 하위 질문이나 하위 가설로 나눌 수도 있다. 프로젝트의 제목은 이런 것들로부터 자연스레 나와야 한다. 이에 대해서는 문제를 좁혀가고 정교화 하면서 지도교수 또는 스승과 여러 번 상의해야 할 것이다.	1장 연구 과정 연구와 연구문제 7장 가설 연구문제의 표현 방법 1장 바람직한 연구 결과의 특징

무엇을 해야 하는가	어떻게 해야 하는가	참고
왜 이 문제를 다룰 필요가 있는지에 대한 논거를 만들어라.	다음에 나오는 쟁점들을 다룰 여러분의 경험과 배경지식에 대해 설명하라. • 문제의 본질과 정도 • 기존 연구와 지식의 공백 확인 • 이 연구가 중요한 이유	4장 참고문헌 검토 3장 언어와 논증
여러분의 연구가 그 문제를 다루는데 어떻게 도움이 되는지를 설명하라.	거꾸로 해서 먼저 무슨 결과가 문제 해결에 도움이 될지를 생각해보라. 그 다음 여러분이 바람직한 결과를 실제로 얻을 수 있는지를 확인해본 이후 이런 결과들이 왜, 그리고 어떻게 유용하며, 누구에게 이로울 것인지를 주장하라.	1장 연구의 유형
연구문제를 실제로 어떻게 탐구할지를 정하라.	다음에 나오는 것들을 생각해야할 것이다. • 무슨 정보가 필요할 것인가 • 어디/누구로부터 그 정보를 얻을 것인가 • 정보를 얻으면 무엇을 할 것인가 • 누구와 상의해야 할 것인가 • 어떤 장비가 필요할 것인가 • 문제에 대해 여러분이 갖고 있는 지식에 근거한 명확한 답변들과는 별개로, 여러분과 유사한 주제에 대한 선행연구들은 다른 사람의 경험에 기초한 귀중한 정보를 제공해 줄 것이다.	5장 양적 연구와 질적 연구 1장 연구 계획 세우기

무엇을 해야 하는가	어떻게 해야 하는가	참고
이제 여러분이 이 정보를 얻는데 어떤 정보 수집 방법(연구방법)이 가장 적절한지를 알아보아라. 아마 한 가지 이상의 방법이 필요할 것이다.	연구방법의 핵심적인 측면들을 더 자세히 살펴봐야 한다. 무수히 많은 자료 수집 방법을 비교 서술하는 책들은 너무나 많이 있다. 이 단계에서 여러분은 세부사항에 매달려 있으면 안 되지만, 선택한 방법의 종류가 자신의 상황에 적절하고 실천가능한지는 점검해야 한다. 연구방법들을 간단히 설명하고, 산출될 정보의 종류를 설명해라. 윤리적 쟁점이 있다면 점검하라.	5장 연구 방법 6장 정직성과 연구 윤리 대학이나 기관의 윤리 정책과 절차
어떤 분석적 연구방법들이 적절할 것인지를 설명하라. 또한 자료 유형과 여러분이 찾고자 하는 것에 따라, 여러 가지 다른 연구방법들이 필요할지도 모른다.	자료분석 방법에 대한 교과서를 참조하라. 종종 양적 방법과 질적 방법으로 나뉘어져 있는데, 둘 다 필요할지 모른다. 어떤 방법을 사용하여 무슨 자료를 분석할지를 명시하라. 박사 과정에 있지 않다면, 선택한 방법에 대한 개요와 목표로 하는 결과의 본질에 대한 설명만으로도 충분하다.	5장 자료분석 통합 자료 창출과 분석
예상되는 결과의 특성과 결론을 어떻게 제시할 것인지를 간단히 서술하라. 이것은 여러분이 발표할 대상에 따라 달라질 것이다.	여러분은 되돌아가서 처음 조사를 시작한 이유와 다룰 연구문제를 언급해야 한다. 실제 결과를 예측하려 하지 말고, 그 결과가 어떤 형태일지를 설명하라. 동시에 그 결과의 중요성과, 만약 박사 과정이라면, 지식에 끼친 공헌을 강조하는 것도 좋다.	대학 규정 또는 자금 지원 프로젝트의 협의 사항

무엇을 해야 하는가	어떻게 해야 하는가	참고
	여러분의 연구 발표를 위한 요구조건들을 확인하라. 비록 이 연구 계획이 학문적인 연습이기는 하지만, 그 연구를 활용할만한 사람들이 아무도 읽지 않아서 여러분의 모든 노력이 허사라면 유감스러운 일이다.	
계획된 연구의 시간계획표를 제시하라.	이는 실현가능성으로 평가될 것이다. 따라서 할당된 시간 내에 할 수 있는 것에 있어서 여러분이 현실적이라는 점을 납득시켜라. 간단한 막대그래프나 날짜가 적힌 목록이면 충분할 것이다.	1장 연구 계획 세우기 7장 글쓰기 과정

논의의 타당성이 가장 중요하다. 연구문제에 대한 주요 관점을 요약한 일련의 간략한 진술을 작성하고 이를 덧붙여 나가면서 논의를 구성하는 것이 좋은 방법이 될 수 있을 것이다. 이 단계에서는 문법상의 완벽함이나 품격에 대해 고려할 필요는 없고, 단지 간단한 요약 정도로도 충분하다. 연습문제 7.3에 나오는 연구문제에 대한 설명을 통해서 충분히 이것을 연습했기 때문에 이를 바탕으로 하여 글을 써 나가면 될 것이다. 연구문제에 적용시킬 접근방법은 무엇인지를 덧붙이고 적절한 대안적인 방법론에 대해서 언급하면 될 것이다.

논의의 구성을 다듬고 프로포절의 초안 작업을 계속해 나갈 때에는 지도교수나 강사들과 계속 상의해야 한다. 다른 직원들이나 동료들도 작업을 지켜볼 수 있도록 해야 한다; 다양한 견해가 필요하기 때문이다. 그렇지만, 연구에서 무엇을 할 것인지 결정해야 하는 사람은 바로 자신임을 기억하고, 타인들이 한 논평이나 제안에 동의할 수 없는 경우에는 그 사항에 대해 지도교수와 보다 심도 있는 토의를 할 준비가 되어 있어야 한다.

완성된 프로포절은 대학 학위 심사 위원회나 자금 출연 기관의 공식 규정에 적합해야 하고 자신이 참여하고자 하는 학위 과정이나 프로젝트의 요구사항에 부합해야 한다. 대개는 분량에도 제한이 있는데 보통 A4 용지 두 면을 넘겨서는 안 된다. 이는 쉽지는 않겠지만, 집약된 논의를 전개해 나가는 데 좋은 지침이 될 것이다. 상황이 허락된다면 참고문헌은 이론적 접근방법을 서술하는 약칭으로 사용하라.

다양한 학생들의 상황과 조사 유형을 고려해보면, 지원서를 어떻게 마무리해야 할지에 대한 기준이나 완전한 지침은 없지만, Box 7.6에서 학위 등록에 필요한 지원서 작성 양식을 갖추는데 도움이 될 전형적인 질문 목록을 볼 수 있다. 그 목록에 나와 있는 사항들은 연구비를 지원받고 하는 조사 주제뿐만 아니라, 훨씬 더 제한적인 학문적 조사와도 관련 있는 것들이다. 그 질문 항목들을 깊이 생각해보면, 양식을 마무리하고 승인을 받는 것 둘 모두에 도움이 될 것이다.

그 양식이 어떤 식으로 기획되든지 또 어떤 일련의 과정을 거쳐 각 부분이 이어지든 간에(예를 들어, 조사의 목적, 연구배경, 과거 연구와의 관련성, 연구 작업 계획 등등) 그러한 양식을 마무리할 때에는 아래에 근거하여 전체적 구조를 생각해 보아야 한다.

배경(선행 연구와의 관련성) → 문제 정의 → 문제 해결(목적) → 방법론(연구계획)

논리적으로 구조화된 조사방법을 생각해낸 이후에는, 그 양식이 요구하는 어떤 형식에 맞춰 나갈 것인지에 대한 고려로 이어져야 한다.

Box 7.6 연구위원회가 여러분의 프로포절에 대해 묻는 질문들

다음에 나오는 질문들은 연구위원회에서 여러분의 프로포절을 검토할 때 자문하는 질문들이다. 이 질문들에 여러분이 적절한 답을 제시할 수 있도록 프로포절을 준비할 때 점검사항으로 이용하라.

1. 지원서의 전반적인 개요, 구성, 사용하는 용어가 (폭넓은 배경지식과 더불어) 장기간의 조사방법론연습 강좌를 수료한 고등 교육을 받은 지원자의 지성과 교육 내용을 보여주고 있는가?
2. (만약 있다면) 지원자의 자격증, 교육, 경험 그리고 이전 조사논문이 프로포절에 적절하고 타당한 근거를 제시하고 있는가?
3. 제안하고 있는 연구 제목은 조사/연구 분야를 정확히 인식하고 설명해 주는가?
4. 조사/연구의 목적은 조사 배경에 서술된 연구문제와 정확히 관련되는가?
5. 그 조사는 조사/연구하려는 문제를 명확히 보여주는가?

6. 지원서가 다음에 나오는 것들을 보여주는가?

 a. 연구문제에 적절한 전반적 배경 지식 – 주제에 관한 주요 참고문헌/출판물을 언급하는 것
 b. 구체적인 연구 분야에 관한 적절한 지식 – 주제에 관한 구체적인 참고문헌/출판물을 언급하는 것
 c. 같은 주제 분야에서 현재 진행 중이거나 완료된 다른 연구에 대한 적절한 최근 지식
 d. 방법론을 구성하는데 사용한(조사계획) 어떤 잠정적인 가설/명제에 합당한 근거

7. 지원서가 제안하고 있는 특정 연구 분야는 다음과 같이 연구할 만한 가치가 있다는 점을 보여주는 합당한 이유/논거를 제시하고 있는가?

 a. 지식에 기여하거나
 b. 그 주제에 대한 이론 발전에 기여하거나
 c. 이론적 또는 실용적인 방법론에 기여하는가?

8. 제안된 작업계획을 수행하는가?

 a. 연구가 어떻게 구성될지를 보여주는가?
 b. 연구가 어떤 단계를 거쳐 시행될지를 보여주는가?
 c. 탁상연구와 현장연구를 분명히 구분하는가?
 d. 연구를 어떻게 수행할지를 보여주는가?
 e. 사용될 기술과 방법, 그리고 왜 이런 것들을 선택했는지를 보여주는가?
 f. 제안된 연구가 논문을 쓰는 기간을 포함한 일정 기한 내에 실천가능한지와 현실적인지를 보여주는가?

9. 만약 연구가 정부 부처, 다른 조직이나 기관의 자료와 시설에 접근하는 내용을 담고 있다면

 a. 그런 접근/협력을 얻을 수 있을 것이라는 증거는 무엇인가?
 b. 그 연구 결과가 디자인 지침이나 정부 정책 같은 어떤 일반적인 또는 구체적이고 실천가능한 적용으로 이어질 것으로 예상하는가?

10. 연구에 어떤 윤리/기밀 문제가 내포되어 있는가? 만약 있다면 어떻게 그 문제를 해결할 것인가?

11. 만약 해외연구가 포함된 경우라면, 그 지원서는

 a. 해외연구에 앞서 자국에서 배우고 이해해야 하는 지식/기술/방법에 대한 개요를 서술하고 있는가?

b. 상이한 문화적 가치/요인/변수들이 조사와 그 결과물에 미칠 영향에 대해 이해하고 있음을 보여주는가?

12. 만약 박사 과정으로 진학할 가능성을 염두에 둔 지원서라면, 석사 과정의 연구를 박사 과정에서 요구하는 독창적인 연구로 이어줄 논리적으로 짜임새 있고 연관된 잠재적 가능성은 있는가?
13. 연구에 적합한 시설을 상세히 설명하고 그 시설은 다음의 것들을 포함하고 있는가?
    a. 컴퓨터 사용
    b. 일반 도서관과 전문 도서관 둘 모두

14. 협력 기관:
    a. 지원서에 다른 기관과의 협력 사항이 들어있는가? 그렇지 않다면, 관련 연구 유형과 지도교수의 경험, 전문지식과 배경으로 인해 협력 기관이 필요하지 않은 것인가?
    b. 협력 기관이 제시되어 있다면, 그 기관으로부터의 협조문이 첨부되어 있는가?

15. 관련 활동 프로그램은 다음에 나오는 것들을 포함하고 있는가?
    a. 연구방법론 강좌 수료
    b. 현재 참여하고 있거나 앞으로 참여할 강좌/수업
    c. 컴퓨터 강좌 수료
    d. 어떤 다른 관련 강좌/연구

16. 지원서에 부(副)지도교수(들)와 고문(들)에 대한 세부사항 목록이 있는가? 부(副)지도교수(들)의 대학생 지도 경력이 없다면, (그 주제 분야에 필수적인 전문 지식 등을 확실히 입증해주는) 이력서가 지원서에 첨부되어 있는가?

성공적인 프로포절

연구와 자문 환경은 점차 경쟁이 심해지고 있다. 그 과정은 점점 더 제한된 시간과 프로그램 상 자금을 지원하는 측의 우위, 산업과 경제 분야와의 관련성을 강조하고 있다. 자금을 할당하고 지원자를 선택하는 사람들에게 중요한 척도는, 지원자가 자신들의 관심사와 경험을 전달하고 경쟁에 참여하는 방식이다.

연구자들이 연구의 지향점이 무엇인가를 인식하는 것이 급선무다. 그러기 위해서는 여러분에게 정보를 제공해줄 관련 기관들의 목록을 입수하고, 이해관계,

연구 학회, 주장을 펼칠 행사를 요구할 필요가 있다. 자세한 사항이나 의견을 구하기 위해 후원사나 위탁단체의 자문을 구해야 한다. 내부 정보를 얻기 위해서는 여러분 조직 내의 직원 중 어느 누가 혹시나 위탁단체의 고문이나 선임 연구원이 아닌지 알아내야 하는데, 그들은 관련 의제에 관한 세부 정보를 잘 알고 있을 것이다. 지원 경험이 풍부한 연구 기획자에게 자문을 구하라. 논의의 명확성과 강도에 대한 의견을 얻기 위해 동료들에게 프로포절 초안을 보여주는 것을 주저하지 마라. 마감시한을 반드시 지켜야 하므로, 프로포절을 진척시키고 관련 단체로부터 지원과 승인을 받는데 충분한 시간을 확보해야 마감시한에 쫓기는 공황 상태를 경험하지 않을 것이다. 여러분이 처음에 생각했던 것보다 시간이 더 오래 걸린다!

프로포절은 일반적으로 누가 제출했는지 모르는 상황에서 검토와 평가가 이루어지는데, 동료들에 의한 검토 과정이 철저한지를 판단하기 위해서 위촉된 전문가들의 도움을 받거나 선택된 위원회나 패널들이 그 일을 맡는다. 이 전문가들은 여러분의 관심 분야의 동료일 수도 있고 경쟁자일 수도 있다. 그들은 신뢰할만하고, 제시된 틀 내에서 가능하며 현재 관심 분야에서 새로운 접근 방법에 근거하여 최고 수준의 것을 찾으려 할 것이다.

주디스 마골린(Judith Margolin, 1983, pp. 233-4)은 자금 지원을 받는 조사에 지원하는 신청서가 거부되는 비율이 높다는 점에 주목했다. 그녀는 연구 프로포절이 거부당한 열 가지 이유를 보여주는 목록을 제시했는데, Box 7.7에 나와 있는 내용은 여러분이 자신의 연구 프로포절을 비판적으로 평가해 볼 수 있는 유용한 도구가 될 것이다. 자금 지원 연구 프로포절뿐만 아니라 학문적 프로포절에도 적용되는 내용과 오직 자금 지원 연구 프로포절에만 적용되는 내용으로 수정되었다. 여러분은 그녀가 프로젝트의 현실성 입증뿐만 아니라, 전체적인 명확성을 얼마나 강조했는지를 알게 될 것이다. 이는 또한 자금의 효율적 사용에도 반영되어 있다.

Box 7.7 연구 프로포절의 실패 이유

모든 프로포절에 관련된 이유

1. 필요성이 부적절하게 언급되어 있다. 검토자에게는 중요하지 않아 보이거나 지원자 혼자 한정된 자원으로 어떤 유용한 결론에도 도달하지 못할 것이 분명해 보인다(아니면, 자금 지원 연구의 경우 몇 달러의 보조금으로는 문제에 별 영향을 미

치지 못할 것이다).
2. 목적이 잘 정돈되지 못하였고, 모호하며 개인적인 것이다.
3. 과정이 목적과 혼재되어 있다.
4. 프로포절을 구성하는 요소들 사이의 맥락에 필요한 것이 누락되어 있다(가령, 목적과 대상이 일치하지 않는다).
5. 제안자의 접근 방법이 잘못되어, 사실이나 이론에 근거하지 않고 감정적이고 정치적인 면에 호소한 경우이다.
6. 계획의 세부사항에 대한 정보가 충분하지 않다.

자금 지원을 받는 연구에만 적용되는 이유

7. 자금 제공자는 소속이 없는 개인들로부터는 프로포절을 받지 않는다.
8. 제안된 생각들이 이미 전에 시도되었고 실패했던 것을 알고 있다.
9. 개념은 인정하지만 지원자가 그 일을 수행할 수 있다고 믿지 않거나, 지원자가 속한 기관이 그 일을 맡기에는 부적절하다고 생각하는 경우이다.
10. 비용이 너무 많이 드는 경우이다.

Box 7.8과 7.9는 계획의 각 측면을 보여주는 부제를 잘 활용하여 의도한 조사를 명확히 설명하는 성공적인 연구 프로포절의 사례 두 가지를 보여준다. 첫 번째는 박사, 두 번째는 연구 석사 학위를 위한 것이다.

Box 7.8 사례 1

인도에서의 성별, 직업과 빈곤

정당성과 주제별 순서

'사회적 포섭과 배제'에 대한 ESRC(Economic and Social Research Council, 경제·사회 연구 위원회)의 주제별 우선순위는 전 세계적 상호의존 속에서 점차 자리잡고 있는 경제적 성장과 사회적 포섭 과정 사이의 관계에 대한 의구심을 불러일으킨다. 이 연구는 인도의 성장/사회적 포섭 관계를 중심으로 일련의 연구문제들을 살펴보고자 하는데, 남아시아 지역이 전 세계적 빈곤의 집중이 가장 심한 곳이기 때문이다. 인도의 인구는 연구 결과를 대규모의 인구에도 적용할 수 있게 해줄 것이고, 빈곤퇴치에서의 인도 정부의 경험으로부터 배울 중요한 정책적 교훈들이 있다. 개발에 관한 국제개발부(the Department of International Development, DFID)의 1997년 백서(White Paper)에서는 빈곤 퇴치를 영국 개발 정책의 핵심으로 보고 있으며, DFID는 개발에서의 양성평등에 힘쓰고 있다. 이 연구에서 다루고자 하는 두 번째 주제는 '경제적 성과와 개발'인데, 특히 '경제적 성장과 개발 그리고 박탈과 불평등 유형 사이의 관계'에 중점을 둔다.

사회적 포섭과 배제에 대한 현재의 관심 주제는 이 시대 빈곤의 본질과 사회적 소외 과정에 대한 이해증진을 추구한다. 노동은 빈곤, 행복, 사회적 배제를 이해하는데 핵심이며, 또한 빈곤 퇴치 해결방안에서도 그렇다. 이는 신(新)빈곤의제(the New Poverty Agenda)와 다수의 개발, 여성 정책(Women in Development) 둘 모두에서 전형적으로 나타나는데, 이들 모두가 노동집약적 성장과 여성의 고용 참여 증진을 강조한다(세계은행, 1990; 유엔개발계획, 1995). 사회적 배제 해결방법들 또한 취업에 기초한 취약 집단 혹은 소외 집단의 사회적 포섭을 강조하는데(Gore 외, 1995), 노동은 수입, 사회적 인정, 자존감을 불러일으키기 때문에 취업으로 인해 행복이 증진될 것이라고 가정하는 것이다. 하지만, 젠더 분석가들은 노동이 행복으로 이어지는 경로, 가령 가난한 여성들이 장시간의 근무시간, 직장 여성에 대한 반감, 가정 내 성별 갈등 때문에 겪는 '시간-부족'을 통한 경로에 의문을 제기해 왔다. 게다가 브레만(Breman, 1996)은 고된 노력이기도 한 노동집약적 직업의 열악함에 미치는 영향에 대한 질문을 제기하기도 했다. 개발정책에는 노동과 사회적 배제에 대한 가정의 분석이 필요하며, 여기서 제안하고 있는 연구는 도움이 될 만한 심층 사례 조사를 제시해 줄 것이다.

연구배경

인도 내에서 가장 적합한 사례 연구는 신(新)빈곤의제에 입각한 노동집약적 해결방안의 대표 사례인 마하슈트라 주(州)의 고용보장법(the Employment Guarantee Scheme, EGS)이다. 1974년 마하슈트라 주정부에 의해 채택된 EGS는 현재 인도 내의 모든 주에서 가장 큰 유일한 빈곤 퇴치법이 되었다(Ravallion, 1990). 이 법은 시골지역 성인 누구에게나 스스로 빈곤을 퇴치할 수 있게 최저 수준의 임금으로 고용보장을 해준다. 도로 포장, 관개 시설, 벌목 같은 시골지역 소규모 공공사업의 비숙련 육체노동이 일반적인데, 이 법의 뚜렷한 노동집약적 성격은 최소 60:40의 노동 대 자본 지출 비율을 통해 유지되고 있다. 나는 현재 EGS 현장 방문 프로젝트에 참여하고 있고, 지도교수는 인도 정부와 폭넓은 접촉을 하고 있으며, 나는 이 조사의 현장 연구 기간 동안 뭄바이 소재 조사 기관에 참여할 예정이다.

연구의 유용성과 사용자 그룹

이 연구는 두 종류의 사용자들에게 유용할 것이다. 첫 번째는 행복, 노동, 성, 그리고 개발의 이론화에 관심 있는 다른 학자들과 개발 분석가들이고, 둘째로는 쌍방, 다자간 협력 기관의 프로젝트 직원부터 정책 전문가들까지 다양한 수준의 개발 정책 입안자들이다. 나는 자료 수집과 유엔개발계획(United Nations Development Program, UNDP), 세계은행(World Bank), 국제식량정책연구소(International Food Policy Research Institute, IFPRI)의 정책 분석가들과 이 연구에 대한 논의를 위해 1999년 부활절에 미국을 방문할 것이며, 조사 설계에서 그들의 논평을 감안할 것이다. DFID는 정책 홍보를 위한 빈곤과 성 조사에 관심이 많으며, 나는 앞으로 DFID와 폭넓게 상의할 예정이다.

이 연구는 직·간접적인 정책적 함의를 갖게 될 것이다. 예를 들어, 어떤 형태의 고용 기반 조정이 행복 증진에 최선일지, 가난한 개인들의 행복을 위협하는 중재는 무엇인지, 조정 부담과 혜택을 어떻게 배분해야 하는지, 그리고 사회적 포섭과 빈곤 퇴치를 위한 고용 기반 정책에서 성별에 따른 분리는 어떻게 이루어져야 하는지를 확인시켜 줄 것이다. 능력(capability)이론과 육화(embodiment)이론의 개념적 정교화는 현재의 노동 기반 빈곤 퇴치 정책의 개념적 기조를 개선하려 애쓰는 학자들에게도 도움이 될 것이다.

연구 목적과 개념적 준거틀

전체적인 연구 목적은 노동 집약적 직업이 가난한 남성과 여성의 개인적 행복과 사회적 포섭으로 옮겨가는(혹은 그렇지 않은) 사회적 과정을 탐구하는 것이다(더 자세한 연구 질문들은 아래에 제시되어 있다). 이 연구는 두 가지의 개념적 접근방법에 근거할 것인데, 행복에 대한 능력 접근방법과 젠더 분석에서 발전되어온 육화된 주체성이라는 관념들이 그것이다. 이 두 접근방법들을 결합시키는 것은 참신한 일이며, 새로운 통찰을 이끌어내길 바란다.

능력 접근(Sen, 1983)은 가구 수입, 생산량이나 열량 수준으로 환산하는 전통적인 빈곤 평가를 점점 대체해왔다. 능력 접근방법은, 개인의 '타고난 자질(endowments)'로부터 상품, 소비, '의사결정'까지 이어지는 연결고리를 추적할 필요성을 제기하는데, 이 연결은 개인이 행복을 누릴 자격으로 이어지는 것이다. 즉 능력 접근방법은 어떤 조건으로써의 빈곤보다는 행복을 창출하는 사회적 과정에 초점을 맞추고 있는 것이다.

체현(embodiment)이라는 개념은 최근 몸의 사회이론에서 비롯된 것으로, 흔히 신체를 드러내고 유지, 관리한다는 의미로 받아들여지는데(Turner, 1996), 우리 삶의 경험, 주체, 행위자는 우리의 신체가 세상과 맺고 있는 습관적인 관계로부터 출현한다는 인식이 늘어남에 따라 등장한 것이다(Annandale, 1998). 서양에서 체현에 대한 연구는 거식증 같은 '비정상적인' 신체와 성(性) 정체성에 초점을 맞추는 경향이 있다. 하지만 체현의 개념은 가난한 시골 지역 사람들이 그 어떤 것보다 의지하는 타고난 자질에 관심을 갖기 때문에 빈곤 분석에 유용한 접근방법처럼 보이는데, 그 자질은 바로 그들의 신체다. 빈곤한 시골 사람들에게 자신의 신체는 육체적 능력, 노동할 자격, 타인의 노동으로 확장된 자격(또는 산출물), 능력과 기능, 그리고 행복의 달성인 것이다(Jackson and Palmer-Jones, 1998).

연구 질문들

이 연구에서는 다음에 나오는 관련 질문들을 다룰 것이다:

1. EGS에서는 벌어들인 수입/재화를 가난한 남녀의 개선된 경제적 행복과 어떻게 연결시키는가? 이 연결에서 성별에 따른 차이가 있는가? 여기서 나는 다른 요소들을 포함한 생계유지 목록의 하나로 EGS의 효과를 집어넣고, EGS로부터 나온 식량과 수입이 직·간접적으로 빈곤 퇴치에 기여한 방식과 이런 결과들이 성별에 따라 어떤 영향을 받는지를 살펴볼 것이다.
2. EGS의 노력 정도는 성별에 따른 조사 대상자들의 신체적 행복에 어떤 영향을 미치는가? EGS에서처럼 노력 집약적이기도 한 노동 집약적 노동은 빈민들의 신체적 상태에 미치는 부정적 효과를 인식하지 못하고 있는가? 이런 효과들은 성별에 따라 어떤 차이가 있는가? 여기서 나는 EGS의 참여자들의 (계층, 계급, 성별, 연령이라는) 사회적 배경을 조사하고, 발육저하와 쇠약한 신체의 빈민들에게 있음직한 건강상의 효과와 위험성을 이해하기 위해 EGS의 남녀 참가자들의 실생활을 알아볼 것이다. 또한 빈민들이 자신의 신체가 빈번하게 쇠약해짐에도 불구하고 많은 에너지를 소비하는 일의 부정적 효과를 차단할 수 있게 자신의 신체 조건을 관리하는지 이런 질문을 고려해 볼 것이다. 이런 목적을 위해 어떤 실질적이고 광범위한 전략들을 사용하고 있으며, 성별에 따라 어떻게 달라지는가? 참여와 관련해 참가자들은 어느 정도까지 선택할 수 있는지 그리고 집행기관은 중노동이 참가자들의 신체에 미치는 영향을 어떻게 관리하고 있는지를 그 계획 내외부에서의 작업 관행과 사회적 관계를 통해 살펴볼 계획이다.
3. EGS에서의 고용 경험이 어떻게 빈민들의 사회적 포섭을 일구어내며, 이런 효과들은 성별에 따라 어떤 차이가 있는가? 추가적인 연구 질문들은 일에 대한 사회-문화적 평가, 가정 내 대화의 전개, 자원 할당, 성별 관계 변화에서의 돈/재화의 상징적 중요성 그리고 가구에서 지역사회로 분석 수준을 바꾸는 것에 중점을 둘 것이다. 또한 그 계획에서 참가자들을 선별하는 방식과 사회적 포섭의 조건과 상황은 무엇인지를 조사할 것이다.

이 주요 빈곤 퇴치 정책에 대한 실증적 연구는 고용에 기반을 둔 사회적 포섭 계획의 정책적 함의에 대한 성별분석을 개진하는데 유용할 것이다.

시간계획표

1999년 10월부터 2000년 여름까지: 영국, 문헌검토, 조사연습강좌, 언어연습.
2000년 여름부터 2000년 12월까지: 인도에서의 첫 현장조사 기간.

2000년 12월부터 2001년 1월까지: 영국, 초기 자료와 지도받은 내용 분석.
2001년 2월부터 2001년 여름까지: 자료 수집을 다듬고 완료하기 위한 인도에서의 2차 현장조사 기간.

2001년 여름부터 2002년 여름까지: 영국, 글쓰기 기간.

자료와 방법

연구의 첫 해 기간에는 2차 자료분석에 치중할 것이다. 조사 설계와 질문들을 정교하게 하고, 기존 연구를 공부하기 위해 영국에서 이용 가능한 관련 문헌을 검토할 예정이다. 현재의 연구직무에 필요한 IFPRI와 UNDP의 방문(1999년 4월-5월)은 국제기구에서 얻는 유용한 자료가 될 것이다. 다른 2차 자료들은 EGS의 통계, 마하슈트라의 고용 수치, 인도의 인구통계와 인도 내 참고문헌이 될 것이다. 그러나 연구에 필요한 핵심 자료는 현장 조사 기간에 수집될 1차 자료가 될 것이다.

노동과 행복에 대한 사람들의 체화된 경험을 알아보려는 시도는, 생활사, 참여자 관찰, 반구조화된 면접, 핵심 정보제공자와의 면접을 포함한 질적 접근방법이 최선의 연구방법이다. 인력 하청업자와 노동조합뿐만 아니라 EGS의 인사담당자와 면담하고 EGS가 시행하는 세부 사항들을 관찰하고자 한다. 연구의 대부분은 EGS에 참여하는 수많은 남녀와의 면접이 될 것이며, 그들의 생계, 사회적 관계, 인생 행로에서 EGS가 차지하는 위상과 그들이 행복을 어떻게 인식하는지를 이해하기 위해 함께 일하는 것으로 이루어질 것이다. 이 연구에는 EGS에 참여하지 않는 노동자들, 지역 노동 시장과 생활 체계에 대한 조사가 추가될 것이다. 응답자들 의견의 철저한 맥락 파악과 다원화(triangulation)를 통해 엄격한 질적 연구가 이루어지도록 노력을 기울일 것이다. 이런 방법에는 응답자들과 나 자신 사이의 신뢰 구축이 필수적일 것인데, 여기에는 언어 연구와 조사 대상이 되는 지역 사회의 일원이 될 시간, 그리고 그 지역 연구자들과의 협력이 포함될 것이다.

윤리적 고려사항

이 연구는 취약한 빈민 집단을 대상으로 한 연구를 기초로 할 것이므로, 비밀유지와 사생활 보호 권리에 대한 인식이 중요하며, 시간을 내달라고 요청하는 민감한 부분 역시 중요하다. 이런 문제들에 대해서는 사전 통보에 의한 동의, 연구에 대한 설명, 논문에서의 비밀 유지와 익명성 보장, 면접을 거부할 수 있다는 점, 시간을 두고 협력을 이끌어내려는 노력을 통해 접근하고자 한다. 또한 지역 협력자와 학자들의 도움, 그리고 나 자신의 위치를 자각하고 있는 것이 중요하다고 생각한다. 반드시 연구 결과를 인도 내에 배부하도록 할 것이며, 인도의 정책 입안자들과 그 조사에 대해 상의할 것이다.

참고문헌

Annandale, E. (1998) *The Sociology of Health and Medicine: a Critical Introduction. Cambridge*: Polity.

Breman, J. (1996) *Footloose Labour*. Cambridge: Cambridge University Press.

Gore, C., Rogers, G. and Figueiredo, J. (1995) *Social Exclusion: Rhetoric, Reality and Responses*. Geneva: International Institute for Labour Studies.

Jackson, C. and Palmer-Jones, R. (1998) 'Work intensity, gender and well-being'. DP 96. Geneva: UNRISD.

Ravallion, M. (1990) 'Reaching the poor through rural public employment: a survey of theory and evidence'. Discussion Paper 94. Washington, DC: World Bank.

Sen, A. (1983) 'Economics and the family'. *Asian Development Review*, 1(2):14-26.

Turner, B. (1996) *The Body and Society*, 2nd edn. London: Sage.

UNDP (1995) Human Development Report, 1995. Oxford: Oxford University Press.

World Bank (1990) *World Development Report*, 1990. Oxford: Oxford University Press.

[이 글은 노르위치 대학(Norwich university)에서 루이스 와이트(Louise Waite)가 쓴 성공적인 박사학위 프로포절이었다. 현재 그녀는 리즈 대학의 와이트 박사다.]

Box 7.9 사례 2

인지행동치료(Cognitive Behavioural Therapy, CBT)의 도입이 정신과 응급실(acute area)의 간호업무에 미치는 영향

조사 목적

1. 정신의료기관(Mental Healthcare Trust, MHT)의 응급환자 부서에서 일하고

있는 간호사들에게 심리학적 모델을 소개하는 것.

2. CBT를 사용하는 입원실에서의 역할과 임상수행능력에 대한 간호사들의 인식을 확인하고 조사하는 것.
3. 간호사들이 인식하고 있는 효율성과 실제 임상적 효과에 CBT 기술이 미친 영향을 평가하는 것.

연구 계획과 기존 연구와의 관련성을 포함한 주요 참고문헌

도입

정신의료기관 내의 임상 간호업무 발전을 위해 전문 훈련과 기술을 갖춘 간호사들을 여러 명 고용했다. 임상 간호 전문가(Clinical Nurse Specialist, CNS)의 주된 목적은 다른 간호사들에게 기초과정 이후의 교육과 지도를 해주는 것이다. 얻고자 하는 결과들 중 두 가지는 (1) 간호업무와 진료의 효율성을 지속적으로 개선시키고, (2) 간호업무 종사자들이 개인적으로 발전하는 것이다. 정신의료기관을 위한 인지행동치료(CBT)에서 CNS의 역할을 개발하는 과정에서 확인된 해결 과제들 중 한 가지는, 서로 다른 문화적 성격을 띤 다섯 곳의 응급실 각각의 간호업무에 전문 기술을 도입하는 효과적인 방법을 확립하는 것이었다. 각각의 부서들은 간호업무에 대해서는 서로 다른 이데올로기와 가치를 갖고 있었지만, 그들이 환자들을 치료하는 기능을 수행한다는 점은 같은 것이었다. 1990부터 1993년까지 저자가 취한 첫 번째 행동은, 간호사 한 명이 임상 간호 전문가와 함께 일하고 있는 정신의료기관의 응급실로부터의 1년 동안 지원을 받게 하는 것이었다. 그 간호사는 모든 전문 이론들을 교육받았고 상이한 치료 방법을 사용한 환자들과 함께 일하는 경험을 쌓았다. 두 번째는 CBT 훈련 그룹이었는데, 그 구성원은 다섯 개의 응급부서 각각에서 선발된 정식 간호사들이었다. CBT 훈련 기간 동안 구성원들은 다섯 곳의 부서 모두와 관련되었고, CBT 과정과 행동조사모델에 적합한 업무 내에서 연구문제를 찾아보라는 권유를 받았다.

간호사들의 역할과 환자와의 활동 수준 등에 대한 태도 같은 주제에 대한 개방형 질문을 토대로 한 성찰적 저널을 살펴보면 수많은 결과물이 있다(Dodd, 1995). 이런 결과물들은 공식적으로 검토되지 않았고, 임상과 진료 발달의 두 측면 모두에서 유사점을 보여주었다. 그 결과를 바탕으로 이 연구에서 조사하고자 하는 주요 측면들은 다음과 같다: (a) 현재의 간호업무는 표준 간호모델을 사용하지 않고, (b) 간호사들은 처음에 자신들 스스로가 환자들에게 별로 도움이 되지 않는다고 믿었으며, (c) 환자들 일부의 행동은 위협적이고 설명할 수 없는 것으로 여겨졌고, (d) 간호사들은 자신들의 기술이 확실함에도 불구하고 특정 환자 집단을 다루는데 항상 능숙하지만은 않다고 믿었으며, (e) 간호사들로 하여금 자신들의 역할에 의문을 품게 만들고, 단순 작업을 하며 효과적인 진료에는 부적합하다고 믿게 만드는 부정적인 가정(비합리적 신념)과 생각들이 촉발되었다. (f) 간호사들은 동료들과 스스로를 부정적으로 비교하면서 자신들의 고충을 확인하지 않고 있으며, (g) 스스로에 대한 자기 평가는 부정적이어서 직업 만족도를 획득하는 능력에 영향을 주고 있었고, 부서에서 비주류라고 생각해서 부서에서는 자신들이 그 역할에 부적절하다고 생각할 것이며, 간호사로서 비난받을 것이라고 걱정하고 있었다. (h) 그들의 행동 반응은 심리학적 방법보다는 구금하는 식으로 환자들의 행동을 참아내는 것이었다. 한 사전조사에서는, 간호사들이 기존 간호모델을 항상 정신의학과 연관된 것으로 믿고 있지 않다는 점을 입증하고 확인시켜주었다.

연구와 관련하여 면접했던 간호사들 중 어느 누구도 연구 자료를 읽거나 사용하지 않았고, 어떤 동료들이 이 실습에 참여하고 있는지 모르고 있었다. 아무도 자신들이 실습하는 동안 조사를 시작하려 하지 않았다. 주된 이유는 시간 부족과 연구에 대해 잘 알지 못한다는 것이었다. 이런 결과는 다른 곳에서의 연구 결과들과도 똑같다(Bostrom 외, 1989; McKenna, 1990; Marsh and Brown, 1992; McKenna, 1994).

의료기관 내 응급부서에서의 간호업무에 근거가 되는 이론이 부족하다. 임상 진료 발달의 결과물들은 자신감 부족과 프로젝트에 참여하고 있는 간호사의 부정적인 자기 평가를 증명해주고 있다. 두 번째 임상 발달은 심리 치료에 대한 이론적 이해를 기존 간호업무에 통합시켰다. 간호사로서의 역할과 동시에 스스로에 대한 자신들의 생각을 인식하는 것이 CBT 훈련의 핵심 요소다. 간호사들은 자신들이 부정적이고 자신감과 자존감에 문제가 있다면 어떻게 대처하고 수정해야 하는지를 배웠다. 그 영향은 환자들에 대한 이해를 증진시켜 주었고, 간호사들은 자신들의 역할에 더 능률적으로 대처하게 되었으며, 동료들을 지지하고 응급실에서 발생하는 대부분의 어려운 일을 처리하는데 더 능숙해졌다고 생각했다.

인지행동치료

과거 30년간 인지행동치료(CBT)는 심리치료에서 주도적인 분야들 중 하나가 되었다(Mahoney, 1988; Arkowitz and Hannah, 1989). 벡(Beck)의 인지요법 모델을 환자에 적용시키는 내용의 책이 출판된 것은 이 접근방법이 늘어나고 있다는 증거가 된다(Thase and Wright, 1991; Beck, 1993; Wright et al., 1993). 전 세계적인 관심은 비용을 줄이면서 환자에게 더 효율적인 치료방법을 찾는 것으로 보인다. 사실, 영국정부는 태도와 치료에서의 변화를 공식화하면서 지역보건과 의료서비스 기관으로 바뀌었다(HMSO, 1989). 인지요법의 발전을 가속화시켜준 장점들 중 몇 가지로는 단기간 구성, 입증된 효험, 생물체의 심리치료와의 공존 가능성, 재발 방지 효과를 들 수 있다(Wright et al., 1993). 간호사들은 훈련이나 인근 대학원 강좌를 통해 CBT에 대한 기초지식을 배웠을 것이다. 유감스럽게도 CBT 훈련을 받은 간호사들 대다수가 CBT를 시행하는 것은 주로 전문 분야에서 심리학이나 심리치료 부서에 속한 것이거나 1차 진료에서 실시하고 있다. 입원 환자 담당자가 그런 기술을 발전시킬 기회나 시설은 거의 전무하다(Friedberg and Fidaleo, 1992). 인지행동치료는 정신병이 있는 환자를 위한 효율적인 심리 치료로 널리 연구되고 있다(Hackman, 1993). 이 치료법을 좌우하는 원칙들 중 몇 가지는 다음과 같다: 환자와의 협력적 동반관계; 적절한 경우 환자들이 자기 자신의 치료 목적을 정하는 것; 조작적 용어로 치료를 정의하고 다양한 목적과 타당하고 신뢰성 있는 측정방법으로 평가하여, 간호 종사자와 환자에게 치료의 효율성에 대한 실증적 자료를 제공해주는 것. 이는 임상 진료와 조사 간의 끝없는 의견 교환을 유도하여, 이론적인 조사와 임상 진료상의 쟁점들이 특별한 방식으로 상호작용하게 해준다(Hackman, 1993). 마이어(Meyer, 1993)와 티첸과 비니(Titchen and Binnie, 1993)는 현장조사가 CBT 모델과 접근방법을 보완해주는 실습에 기인한 지식의 체계적 발달을 어떻게 뒷받침해 주는지를 설명하고 있다.

이론적 준거틀

임상 개발에서 나온 비공식적인 정보를 토대로, CBT가 정신의료 간호업무에 미친 영향을 좀 더 살펴볼 것이다. 그 연구는 CBT 발전 모델을 통해 전개될 것이며(Fennell, 1989), 이 모델은 다른 연구에서 로젠베르그와 호브랜드(Rosenberg and Hobland, 1960)의 개념에 근거한 피시바인과 아젠(Fishbein and Ajzzen, 1975)의 '다요소 태도관'으로 기술된 것과 유사하다. 발전 모델에서 제시하는 태도란 그런 태도와 관련한 자극에 의해 무의식으로부터 작용되는 유년기 사건의 소인(素因)이며, 그 태도는 자극에 대한 지각적 평가인 인지를 촉발할 것이다(Fennell, 1989). 벡 등(1979)은 이런 인지들이 우리가 감정적, 심리적으로 느끼는 방식에 영향을 미친다고 말한다. 그런 다음 우리의 행동은 인지적 평가와 믿음에 대한 주관적 속성, 감정적 영향에 기초하게 된다. 이 과정은 사전 조사 결과에 잘 나와 있다. CBT 훈련 효과가 집단 내 일부의 태도와 믿음에 영향을 주고, 그 결과 진료 행위에 영향을 미친 것은 분명했다. 그 치료 모델은 자기 이해의 구축과 치유과정을 도입하고, 이 연구에서 추구하는 분야뿐만 아니라 이론과 실제를 한데 접목시키고 있기 때문에 이 연구에 적합하다고 생각된다. 본 연구에서는 CBT 도구와 기법들이 간호사들의 역할과 진료 행위, 즉 응급실 근무 중에 환자들을 다루는 행위 속에서 그들의 인지에 미치는 영향을 탐구할 것이고, 그 간호사가 더 효과적으로 진료하는지를 알아볼 것이다.

조작적 정의

임상적 유용성(clinical effectiveness): 간호사의 개입이 환자들의 심리적, 감정적, 신체적 건강에 미치는 영향에 대한 환자의 인식으로 정의된다. 환자/간호사의 평가 척도로 등급이 매겨질 것이다.

숙련도(competencies): 환자 기록, 치료 계획, 진료 감독에 나와 있는 대로 진료 의사결정으로 정의된다.

비합리적 신념(irrational beliefs, IB): 이것은 의식하지 못하지만 외부자극에 대한 우리의 반응을 통제하는 태도, 가정, 기본 신념을 가리키는 '인지'용어이다. 비합리적이라면 우리의 반응은 제대로 작동하지 않을 것이다.

연구 설계

본 연구는 간호사들의 태도와 역할에 대한 인식을 확인하기 위해 질적 방법과 양적 방법을 혼용할 것이고, 두 개의 양적 도구들을 수정할 것이다. 연구 설계와 관련해서 네 가지 구성요소들이 있다: (1) 반구조화 면접 구성을 위해 주제를 제시하고, 면접 대상자들의 생각, 감정, 행동의 가감 없는 기록을 할 성찰적 저널에서의 예비조사; (2) 문헌과 예비단계에 근거한 IB 도구의 수정; (3) 신뢰성과 타당성 검증을 위한 IB 도구 검사; (4) IB와 두 번째 양적 도구를 사용한 5명의 조사 대상자와 5명의 비교대상자에 대한 예비조사. 네 번째 단계에는 CBT 훈련 조정이 포함된다. 적정 기간은 6주간의 연수가 될 것이고, 해당 집단 조사가 종료될 때까지 매주 진행되는 감독이 이루어질 것이다. 배우게 될 핵심 분야는 평가와 개념화(Persons, 1990), 소크라테스식 대화법, 그리고 CBT 도구와 기법들의 실무 적용이다.

표본

본 연구의 목적 표본은 정신의료 NHS 기관의 입원환자 응급 정신과에서 근무하는 간호사들이 될 것이다. CBT 사용에 대해 관심이 있는 다섯 명의 참가자들이 선발될 것이며, 그들 각각은 응급환자실을 대표할 것이다. 다섯 명의 비교집단은 응급실에서 근무하지만 CBT 훈련을 받지는 않은 비슷한 등급/지위의 간호사들 중 무작위로 선발될 것이다. 임상진료 발달과 이론의 실무 도입 특성 상 이 연구의 표본은 작다. 요구되는 훈련과 감독은 안전하고 효과적인 적용을 보장해야 하기 때문에, 연구 과정은 길어질 것이다. 마지막으로, 본 연구는 독립된 조사자로서가 아니라 CNS 역할에 참여하며 진행된다.

도구들

본 연구에서는 다음과 같은 다양한 방법들을 사용할 것이다

1. 성찰적 저널은 조사대상자들이 자신들의 역할과 진료행위 관련 작업에서의 생

각, 감정, 행동을 자유롭게 떠올리고 기록하도록 해준다.

2. 소크라테스식(개방형) 대화법을 이용한 반구조화 면접은, 성찰적 저널에 담겨 있는 생각들, 가령 단순 작업을 하고 있고, 부적합하며, 동료들로부터 부정적으로 평가되고 있다는 생각 같은 주제에 기초하여 이루어진다.
3. 간호사들의 IB 설문지는 치료행위자의 비합리적 신념(Wright, 1985)의 수정판이다. 이 도구는 조사대상자들이 1부터 10까지 10점 척도로 점수를 매기는 문항들로 구성되며, 본 연구의 일부로써의 신뢰성과 타당성을 검증받게 될 것이다. 치료 제휴와 임상 행위에 방해가 될지 모르는 가정들을 인식하는데 도움이 되고자 치료사 훈련에서 IB 척도를 사용한다.
4. 환자/간호사 척도는 치료사 훈련에서 환자로부터의 피드백을 제공해주는 도구이기도한 환자/치료사 척도에서 비롯된 것인데, 훈련 기간에서는 두드러지게 나타나지 않는 환자와의 협력 기회를 제공해주고 치료사들이 임상 기술을 정교하게 하는데 도움을 줄 것이다(Beck 외, 1979). 이 척도는 공식적인 개별 일대일 세션에서 환자들이 작성하게 될 것이다. 조사대상자인 간호사들은 자신들의 진료행위와 관련한 문항들에 대한 생각을 10점 척도로 등급을 매길 환자(들)에게 설문지를 주게 되는 것이다. 다시 그 척도는 다음에 나오는 핵심 영역들로 분류가 된다: CBT 도구의 적절한 사용; 명확하고 합리적인 간호사의 개입; 간호사의 특성과 행동. 훈련과 임상 기간 내내 정기적으로 척도를 제공할 것으로 기대하고 있다. 이 도구는 임상 행위와 효력과 관련된 자료 수집에 사용될 것이다.

자료수집

1. 성찰적 저널은 조사대상자가 편한 때에 기록할 것이다. 사안에 따라 달라지겠지만 항목당 많아야 30분 정도 걸릴 것이다.
2. 한 달 간의 작성을 끝낸 후에, 저널을 검토하여 반구조화 면접을 작성하는데 도움이 되도록 할 것이다. 면접 대상자들은 자신들이 근무하는 곳에서 면접을 보게 될 것이다.
3. CBT 훈련 전과 후에 IB 척도를 작성토록 할 것이다.
4. 환자/간호사 척도는 훈련 기간과 감독 하의 임상 실습 기간 내내 서로 다른 단계에서 일주일 동안 작성될 것이다. 매주마다 각각의 조사대상자들이 12에서 15개의 평가를 받을 것으로 생각된다. 참가자들이 조사자와 함께 자신의 경험과 가치를 논의, 비교하고 공유하는 단체 회의에서 척도 수집이 이루어질 것이다.
5. 조사대상자와 같은 시기에 입원환자 부서에서 근무하고 있는 비슷한 등급/지위의 간호사들 중 무작위로 추출한 다섯 집단에 IB 척도와 환자/간호사 척도를 제공할 것이다.

분석

성찰적 저널은 완벽주의, 기대, 책임감과 실패에 대한 두려움 같은 태도/신념을 반영하는 주제에 대한 검토가 이루어질 것이고, 주제들 사이의 유사성을 확인하고자 서로 비교할 것이다. 반구조화 면접은 성찰적 저널의 주제를 진술(신념)과 결과, 예를 들어 '만약 내가 실수하면, 환자에게 해를 끼칠 것이다'로 구분하기 위해 실시될 것이다. 이는 IB 척도의 수정을 위해 사용될 것이고, IB 척도는 공식적인 조사 도구로 인정되지 않기 때문에 본 연구에서 사용한 도구는 재검사법, 내적 일관성, 평가자 간(interrater) 신뢰도에 의해 신뢰성을, 기준(criterion-related) 타당성과 동시(concurrent) 타당성을 통해 타당성을 검사할 것이다. 조사대상자의 IB 점수는 CBT 교육 전후의 것을 비교할 것이며, CBT 전후 대조군의 IB 점수와도 비교할 것이다. 조사대상자가 교육과 임상 실습을 통해 어떤 진전이 있었는지, 그리고 IB 점수에서의 의미있는 변화와 상관관계가 있는지를 알아보기 위해 환자/간호사 척도 점수를 확인할 것이다. 또한 이 점수들은 대조군의 점수와도 비교될 것이다.

윤리

본 연구는 1996년 3월까지 간호연구위원회로 보내질 것이다. 조사대상자들은 비밀유지를 보장받을 것이고, 보고서에 필요한 자료는 익명 처리될 것이다. 조사대상자들은 이 연구의 목적이 그들에게 해가 되거나 관리 평가를 위한 것이 아니라 임상 실습과 개발을 고양시키려는 것임을 보장받게 될 것이다. 이런 보장 내용의 개요가 적혀 있는 완전한 문서를 받게 될 것이다.

계획

1. 1996년 3월, 등록, 집단 선정과 참가자 동의.
2. 1996년 4/5월, 성찰적 저널과 반구조화 면접.
3. 1996년 6월 IB의 수정과 검사.
4. 1996년 9월, IB 집행, CBT 훈련과 환자/간호사 척도, 주 1회 감독, 프로젝트 그룹을 알 수 있는 CBT 평가의 시작.
5. 1996년 9월, 적당한 기간 동안 진료행위 시작, 환자/간호사 척도의 주기적 적용, IB 적용.
6. 1997년 11월, 자료분석, 사례보고, 결과물 인쇄.

예산

본 연구는 옥스퍼드 주(州) 정신의료 NHS 기관의 재정 지원과 임상 협조를 받는다. 이 내용을 담은 첨부 편지가 이를 증명해준다.

참고문헌

Arkowitz, H. and Hannah, M. T. (1989) 'Cognitive, behavioural, and psycho-dynamic therapies', in A. Freeman, K. M. Simon, L. E. Beutler and H. Arkowitz (eds), *Comprehensive Handbook of Cognitive Therapy*. New York: Plenum.

Beck, A. T. (1993) *Cognitive Therapy*: Past, Present, Future. New York: Guilford Press.

Beck, A. T., Rush, J. and Emery, G. (1979) *Cognitive Therapy for Depression*. New York: Guilford Press.

Bostrom, A. C., Malnight, M., MacDougal, J. and Hargis, D.(1989) 'Staff nurses' attitudes toward nursing research: a descriptive survey', *Journal of Advanced Nursing*, 14, pp. 915-22.

Dodd, H. (1995) *Staff Nurse Development Project Annual Report*. Published for OMHT internally.

Fennell, M. J. V. (1989) 'Depression', in K. Hawton, P. M. Salkovskis, J. Kirk and D. M. Clarke (eds), *Cognitive Theory for Psychiatric Problems: a Practical Guide*. Oxford: Oxford University Press.

Fishbein, M. and Ajzen, I. (1975) *Belief, Attitude, Intention and Behaviour*. Philippines: Addison-Wesley.

Friedberg, R. D. and Fidaleo, R. A. (1992) 'Training inpatient staff in cognitive therapy', *Journal of Psychotherapy: an International Quarterly*, 6(2), pp. 105-12.

Hackman, A. (1993) 'Behavioural and cognitive psychotherapies: past history, current applications and future registration issues', *Journal of the British Association for Behavioural and Cognitive Psychotherapies*, Supplement 1, pp. 2-72.

HMSO (1989) *Working for Patients*. London: HMSO.

Mahoney, M. J. (1998) 'The cognitive sciences and psychotherapy: patterns in a developing relationship', in I. Dobson (ed.), *Handbook of Cognitive Behavioural Therapies*. New York: Guilford Press.

Marsh, J. M. and Brown, T. L. (1992) 'The measurement of nurses' attitudes towards nursing research and the researsh environment in clinical settings', *Journal of Clinical Nursing*, 1, pp. 315-22.

McKenna, H. P. (1990) 'The perception of psychiatric-hospital ward sisters/charge nurses towards nursing models', *Journal of Advanced Nursing*, 15, pp. 1319-25.

McKenna, H. P. (1994) 'The attitudes of traditional and undergraduate nursing students toward nursing models: a comparative survey', *Journal of Advanced Nursing*, 19, pp. 527–36.

Meyer, Julienne E. (1993) 'New paradigm research in practice: the trials and tribulations of action research', *Journal of Advanced Nursing*, 18, pp. 1066–72.

Persons, J. B. (1990) *Cognitive Therapy*: a Case Conceptualization. London: Norton.

Rosenberg, M. J. and Hovland, C. I. (1960) 'Cognitive, affective, and behavioural components of attitudes', in C. I. Hovland and M. J. Rosenberg (eds), *Attitude, Organization and Change*. New Haven, CT: Yale University Press.

Thase, M. E. and Wright, J. H. (1991) 'Cognitive behaviour therapy manual for depressed in-patients: a treatment protocol outline', *Behaviour Therapy*, 22, pp. 579–95.

Titchen, A. and Binnie, A. (1993) 'What am I meant to be doing? Putting practice into theory and back again in new nursing roles', *Journal of Advanced Nursing*, 18, pp. 1054–65.

Wright, J. H. (1985) 'Irrational belief of therapists', Unpublished document.

Wright, J. H., Thase, M. E., Beck, A. T. and Ludgate, J. W. (1993) *Cognitive Therapy with In-patients: Developing a Cognitive Milieu*. New York: Guilford Press.

[이 글은 옥스퍼드 브룩스 대학 소속 해리 도드의 연구 석사 학위 프로포절이었다. 그는 현재 옥스퍼드 소재 워너포드 병원에서 인지행동치료사 고문으로 재직 중이다.]

연습문제 7.5 특히 프로포절의 구조에 관심을 갖고 다음에 나오는 특징 각각을 찾아보면서, Box 7.8과 7.9를 분석적으로 읽어보라.

- 연구의 제목
- 목적
- 참고 문헌 검토와 연구를 뒷받침해 주는 이론과 역사에 대한 설명
- 인용 방법
- 연구 질문 또는 문제에 대한 해설
- 질문이나 문제를 탐구하기 위해 사용한 조사방법
- 윤리적 문제
- 연구의 계획

• 참고 문헌 목록 작성

여러분의 프로포절을 위와 같이 분석하여 자신이 작성한 것과 비교해 보라. 기대에 부응하는가?

생각해보기

이제 여러분은 자신의 프로포절을 제출할 수 있을만한 경지에 이르렀을 것이고, 향후 몇 개월 동안 무엇을 할 것인지 명확해졌을 것이다. 여러분이 연구 당사자임을 다른 사람들이 알게 되었을 때 묻는 공통된 질문– '아, 그렇군요. 당신의 연구는 무엇에 관한 것입니까?'–에 여러분은 다음과 같이 대답할 수 있을 것이다. '5초짜리 답을 원하십니까? 5분입니까, 아니면 다섯 시간입니까?'

글쓰기를 시작하는 방법

여러분이 학과장, 대학의 학위 심사위원회 또는 여러분이 지원한 재정지원 단체에 제출한 프로포절이 통과되면 무엇을 해야 하는가? 연구의 분류와 서술에 몰두한 이후, 이 시점에서는 잠시 휴식을 취하기 쉽다. 짧은 휴식을 마친 후에, 여러분의 프로포절을 바탕으로 연구를 적절하게 변화시키면서 그 연구를 잘 수행해 나가기 위한 첫 걸음을 내딛게 된다.

조사방법의 기술을 통해 이제부터 여러분이 실제로 수행해 나갈 행동 목록을 간결하게 보여주는 것이다. 무슨 일을 먼저 해야 하는지는 전적으로 이 목록에 달려 있다. 여러분이 연구 준비를 하는데 도움이 될 두 가지 예비 과제들이 있다.

1. 여러분이 쓰고자 하는 논문의 구조를 어떻게 구성해 나갈 것인지 계획을 수립하라.
2. 논문을 쓰고 있다면, 몇 년에 걸쳐 해야 할 일과 소규모 연구 주제에 대한 연구에 어느 정도 시간을 투자할 것인지에 대한 자세한 시간표를 작성하라.

연구 계획의 처음에 해당하는 이때에 가장 중요한 점은 계속해서 배경 지식을 쌓고 자문을 구하면서 참고 문헌에 대한 비판적 분석을 병행하는 것이다. 프로포절 제출 시에는 사전 정보를 습득하고 관련 서적들을 충분히 숙지해서 논문의 도입 부분의 초안을 작성할 수 있어야 한다. 논문과 보고서 작성에 온 힘을 쏟아야 한다는 것은 이미 잘 알려져 있는 사실이기는 하지만, 그것은 쉬운 일도 편한 일도 아니다. 프리스(Preece)는 글쓰기 작업을 시작하는 심리적 어려움을 다음과 같이 설명했다.

- 하나의 공통된 반응은 학생들이 압도당한다는 것인데, 그들은 정신적으로 아득하게 마비되는 것은 말할것도 없고, 그렇게 수많은 어휘로 글을 써야 한다는 아찔한 전망에 질려버리게 된다는 것이다(1994, p. 210)

그럼에도 불구하고 이렇게 해야 하는 데는 두 가지 이유가 있다. 먼저, 글쓰기 과정은 자신의 기록을 재검토하고 각 장에서 전개해야 할 논의들이 적절한지에 대해서도 평가할 수 있게 해준다. 게다가 여러분이 수집한 자료들 사이의 간극이 드러날 수도 있다. 두 번째로, 그것은 자신의 연구의 토대가 되는 논의가 적절한지에 대한 판단의 잣대가 되기 때문이다.

글로 써놓지 않는다면, 여러분의 지도교수가 여러분의 연구에 대해 자세한 논평을 해주는 일은 쉽지 않다. 그러나 글쓰기 작업은 쉽지 않고 상당한 원칙과 조직화를 필요로 한다. 전문 작가들은 언제나 워드 프로세서 앞에서 몇 시간씩 작업을 하며, 생각이 떠오르기를 바라면서 그냥 멍하지 앉아 있지는 않는다. 영감이라는 것도 글쓰기 과정에서 활발한 활동을 통해서 나오는 것이고, 글을 쓰고 조직해 나가면서 필요한 과정을 통해서 탄생하는 것이다. 하지만, 장시간의 컴퓨터 사용으로 인한 피로와 몸의 경직 상태를 피하기 위해서는 적당한 휴식을 취하는 것을 잊지 말아야 한다. 휴식을 통해서 연구에 대해 충분히 생각할 시간을 확보할 수 있다. 일단 글의 몇 단락을 성공적으로 써 놓으면, 더 이상 그 일이 겁나지 않을 것이다.

그림 7.2 전문 작가들은 언제나 워드 프로세서 앞에서 몇 시간씩 작업을 한다.

글쓰기 과정

프리만과 미드(Freeman and Meed, 1993, p. 53)에 따르면, Box 7.10에서처럼 모든 글쓰기에는 수많은 단계들이 들어 있다. 한 단계가 다음 단계로 어떻게 이어지는지에 주목하라. 목록 형태로 제시될 때는 어쩔 수 없지만, 현실에서는 첫 단계들이 되풀이되는 경향이 있는데, 이는 여러분의 주제를 정교하게 하고 지식을 얻기 위해서는 글을 쓰는 내내 독서가 필요하기 때문이다. 어떤 글쓰기도 진공 상태에서 이루어지지 않는다. - 항상 다른 지문과 상황이라는 맥락 속에서 이루어지는 것이다.

Box 7.10 글쓰기의 단계

- 어떤 성격의 글을 쓸 것인지 명확히 하고, 글을 대하는 대상 파악하기
- 문제를 어떻게 다룰 것인지 결정
- 필요한 정보 수집
- 개요 준비
- 최초의 초안을 작성하고 다른 사람으로부터 그에 대한 평을 듣기
- 편집하고 다시 초안을 작성하여 다듬기
- 제출하기 전 다시 점검

여러분이 어떤 글이든 쓰고 싶을 때마다, 어떤 상황이나 사건의 단순 기술을 할 것인지, 특정 견해 아니면 연구문제, 이를테면 X와 Y사이의 관계유무에 대한 논의를 할 것인지, 항상 스스로에게 질문해 봐야 한다. 따라서 기술적 접근방법이나 논쟁적인 접근방법 둘 중 하나에 직면하게 될 것이다. 스미스와 스미스(Smith and Smith, 1994, p. 116)는 기술적 접근방법을 주요 쟁점 목록을 작성해야 하는 접근방법으로 정의한다. 여러분이 쟁점을 비교하고 그에 대한 논평을 하고 싶어도 여러분의 의견은 전혀 필요치 않은 경우가 많다. 반면에, 논쟁적인 접근방법은 여러분 자신의 견해를 밝히고 뒷받침해주는 논거를 들어 그 견해를 변호해야 한다.

구성과 개요 작성

글쓰기를 시작하는 데 있어서 올바른 방법은 한 가지만 있는 것은 아니다. 그러나 글쓰기를 시작하기 전에 글의 전체적 형태를 구조화하고 무엇을 쓰고 싶은가에 대한 개요를 준비하는 것은 필수적이다. 가장 좋은 방법은 (짧은 논설인지,

논문의 한 장인지, 아주 논쟁적인 학술지인지 등) 글 자체의 성격에 따라 달라진다. 다양한 저자들이 제시하는 아래의 충고에 대해 숙고해 보고, 그 중에서 선택하여 적용시킨다면 자신이 쓰고 있는 특정 글의 '뼈대'를 구조화해 나가는데 있어서 도움이 될 것이다.

많은 보고서들은 하나 또는 여러 가지 질문들에 답하기 위해서 작성된다. 보고서의 구조를 정할 때는 자신이 응답하고자 하는 질문들을 정하는 것으로 시작할 수 있다. 여러분은 많은 질문을 만들고, 같은 방식으로 주제에 제기된 주요 문제를 일련의 질문이나 하위 문제들로 나누어봄으로써 시작할 수도 있을 것이다. 중요한 쟁점들과 중요하지 않은 지엽적인 것들을 구분하여 취사선택해야한다. 그런 다음 훨씬 간소해진 질문 목록들을 정리하여 예비 보고 계획서로 만들고, 이러한 질문들에 어떻게 답할 것인가를 생각하다보면 보고서의 구성 요소들을 논리적으로 배치할 수 있을 것이다. 뉴먼(Newman)에 의하면:

- 마지막 질문들은 확실히 소론의 개요를 만들어 낼 수 있는 구조나 형태에 적합할 만한 성격의 것이어야 한다. 여러분은 이런 질문들에 대한 대답으로부터, 자신의 소론(小論)이나 보고서의 틀과 구조가 될 논의나 생각의 논리적이고도 응집력을 갖춘 형태를 만들어내야 한다. 이러한 구조 속에서 여러분이 수집한 자료는 주제, 논의, 논문을 뒷받침하고 '살을 붙이게' 되는 것이다(1989, pp. 20–1).

글쓰기 작업을 계획하는 다른 방법들도 있다. 프리맨과 미드(Freeman and Meed, 1993)가 각각의 표제어 아래 한두 가지 정도의 생각이 포함된 일련의 표제어라고 정의한 계획이 있다. 표제어는 여러분이 쓰고자 하는 요점을 담고 있는 것으로 충분하다. 계획에서 우선적으로 생각해봐야 할 사항은 논리적 순서이다. 이 말은 여러분이 고려할 수 있는 단 하나의 순서만이 있다는 것을 의미하는 것이 아니라, 최종적인 순서가 타당하고 독자에게 분명해야 한다는 것을 의미한다. 이를 위한 방법 중 하나는 여러분이 수집한 정보를 살펴보고 어느 것이 다루고자 하는 핵심인지를 정하는 것이다.

Box 7.11 글의 구성

- 도입부: 용어를 정의하고 주제를 어떻게 다룰 것인지 보여주는 것.
- 본문을 표제어 형태로 요약한 목록.
- 요약과 결론: 도입부에서 제기된 주제를 상기시키고, 본문에서 말한 요점을 끌어내고, 결론의 전반적인 중요성에 대해 설명하는 것.

페어베언과 윈치(Fairbairn and Winch, 1991)는 위의 사항들을 상세히 설명했다. 그들은 개요를 준비할 때 글 주제(topic)에 대해 말하고자 하는 바를 주의 깊게 고려해야 한다고 충고한다. 논의를 어떻게 시작할 것인가? 결론은 어떻게 내릴 것인가? 논의의 주안점은 무엇인가? 단어는 문장에, 문장은 그것이 속한 문단에 무언가를 더해 주어야 한다. 각 문단은 여러분이 주제에 대해 쓰고자 하는 것과 일관되는 주장을 해야 한다. 그들은 또한 여러분이 Box 7.12에서처럼 논거를 추구하라고 충고한다(1991, pp. 34-5). 여러분이 글쓰기를 시작도 하기 전에 결론을 인식하고 있어야 한다고 언급한 점이 흥미롭다. 이는 여러분이 결론을 도출해내기 위해서는 충분한 사전 작업을 해야 할 것이고, 그래야 결론으로 이어지는 단계들을 설명할 수 있을 것이라는 의미이다. 이런 유형의 글쓰기는 일부 소설가들의 작업 과정과는 사뭇 다른데, 소설에서는 등장인물들을 설정하여 그들의 성격을 전개하면서 여러분을 발견의 여정으로 인도한다.

Box 7.12 논거의 설정과 추구

1. 여러분이 도달하고 싶어하는 결론이 무엇인지를 포함하여, 말하고 싶은 것이 무엇인지 생각하면서 시작하라. 전달하고자 하는 요점에 대한 짧은 요약문을 작성하라. 아마 요점을 정리한 목록 형태가 될 것이다.
2. 요점을 제시할 수 있는 최적의 순서를 생각하고, 글의 골격을 세워라.
3. 표현하려는 생각들에 연속성이 있는지 검토하고, 그렇지 않다면 연결시켜 줄 생각을 집어넣어라.
4. 제시한 예들이 전달하고자 하는 핵심을 설명하는데 적합한지를 검토하라.
5. 글의 시작 방법을 결정하라. 초안의 도입부를 작성하되, 너무 복잡하게 만들지는 말아야 한다. 도입부는 무슨 말을 할 것인지 '예고편'을 보여주면서 독자의 관심을 끄는 것으로 충분하다.
6. 글을 떠올릴 수 있게 해주는 초안을 작성하라.
7. 결론이나 결론 단락을 써라. 이 시점에서 여러분은 아마 논의에서 몇 가지 요점과 핵심적인 실마리를 강조하고 싶을 것이다; 또는 여러분이 다루지 못한 분야를 언급하고 싶을 텐데, 그렇게 하면 글의 분량을 더 늘릴 수 있기 때문이다. 역설적이지만, 처음 계획을 준비할 때, 집필을 시작하기도 전에 결론내리고 싶은 것에 대해 생각해 보는 것이 중요하다. 왜냐하면 이것이 나중에 글을 쓸 때 본문에 무엇을 포함시키고 제외시킬 것인가를 결정하는 데에 영향을 미치기 때문이다.

생각해보기

역시 페어베언과 윈치(Fairbairn and Winch, 1991, p. 25)가 제시한 다음에 나오는 유용한 관점을 명심하라. 여러분이 글쓰기를 계획할 때, 특히 논설, 소론이나 논문처럼 중요한 것이라면, 본문을 반복해서 다시 읽고 분석할 수 있다. 그럴 때마다 독자에게는 다른 측면들과 다른 해석들이 떠오를지도 모른다. 독자가 여러분이 쓴 것에 관해 자신만의 견해를 가질 수도 있지만, 글을 읽는 순간에는 여러분에게 어떤 질문도 할 수 없을 것이다. 따라서 여러분은 독자들이 질문은 하지만 답을 들을 수 없는 그런 쓸데없는 데 시간 낭비하지 않도록 예상되는 질문을 스스로에게 던져봐야 한다. 여러분이 생각하기에 '빤한' 정보, 참고문헌, 논거를 덧붙여서 독자를 무시하는 것처럼 보일까봐 걱정하지 마라. 그런 내용들이 독자에게는 빤하지 않을 수도 있다.

정보검색과 관련 내용 정리

글을 쓰기 위해서는 여러분이 지난 몇 달 동안 참고 문헌을 통해 얻은 정보들을 참고할 필요가 있을 것이다. 지금까지 여러분은 일관되고, 쉽게 다룰 수 있고, 통제할 수 있도록 여러 가지 방식으로 표시해 놓은 상당한 양의 정보를 모았을 것이다. 여러분이 카드 시스템을 사용해 왔다고 가정해보자: 그러면, 여러분은 적당한 크기의 박스를 약간 큰 카드를 이용하여 구획을 나누고, 각각의 구획은 여러분이 생각하고 있는 분야의 주제를 위해 비워두었을 것이다. 여러분은 주제 분야 구획들 사이에 카드를 옮길 필요가 있다는 생각을 하게 될 것이다. 각 카드에 정보의 목록 한 가지씩만 기록하라는 조언을 따라왔다면, 쉽게 할 수 있을 것이다; 이제 여러분은 카드 한 장에 한 가지 생각이나 정보를 기록해두는 이점을 깨달았을 것이다. 여러분은 종종 다른 카드를 서로 참고할 필요가 있다는 것을 이해하게 될 것이다. 이러한 이유로 카드에 숫자를 부여하는 간단한 방식을 고안해내야 한다(Newman, 1989, pp. 24-5).

그림 7.3 카드에 숫자를 부여하는 간단한 방식을 고안해내야 한다.

하지만, 만약 여러분의 모든 자료들을 컴퓨터 데이터베이스 안에 '기록' 형태로 남겨놓는다면 검색 도구를 이용해 자료를 찾고 분리하는 것이 쉽다는 것을 알게 될 것인데, 이를 통해서 특정한 키워드를 포함하고 있거나 특정 주제나 저자를 언급하고 있는 자료를 검색할 수 있을 것이다. 그밖에 기록들을 간결하게 하고 한 가지 주제만 다루게 하는데 추천할만한 수단은 많다. 이 지문에서 이후에 언급되는 카드는 여러분이 저장하고 추후에 데이터베이스에서 불러올 수 있는 '기록들'과 같은 것이다.

에세이, 보고서, 문단의 초안을 작성할 때는 이미 저장해 놓은 관련 정보를 검색하면서 시작하라. 그다지 어려운 일도 아닐 것이다; 차츰차츰 정보를 정리해서 주제와 관련된 부분으로 옮기고, 전반적인 작업계획을 분석하여 작고 관리가 쉬운 주제 분야로 나눈다면 일이 꽤 쉬워질 것이다.

시간이 흐르면서 카드(또는 기록들)에 수집되고 특정 주제에 따라 정리된 정보들이 차츰 정리가 될 것이다. 여기에 정보를 모으는 동안 떠오른 여러분의 생각을 그때마다 적어놓았을 텐데, 이 카드를 자료의 적절한 목록에 넣는다. 모든 관련 기록들을 고려하여 논의의 전체적인 구조에 대한 명확한 생각을 전개해 나가야 한다. 각 부분에서 정보가 담긴 카드를 꺼내고(아니면 관련 기록들을 출력하고), 논의의 각 부분에서 필요한 기본적 사실과 생각을 제공해주는 순서에 따라 분리시키고 재정리한다. 사실 여러분의 연구와 더 이상 관련 없는 일부 카드를 버려야 할지도 모른다. 이제 생각하고 글을 써볼 시간이다.

초안 작성과 퇴고

여러분이 일단 논의할 대상을 확인하고 구조를 세워 개요를 짜고 필요한 정보를 모아서 정리하면, 글 쓸 준비가 된 것이다. 이 모든 것을 단 한 번에 끝내지 못했다고 걱정할 필요는 없다. 나중에 (종종 여러 번) 고치게 될 초안으로 시작한다는 점을 기억해야 한다. 프리맨과 미드(1993, p. 61)는 Box 7.13에 초안 작성의 장점에 대한 개요를 서술하면서 그 과정은 일직선상으로 이루어지는 것이 아니라 필요할 때 조정과 재배열할 수 있는 짜깁기 식이라는 점을 강조한다. 이것은 글을 다듬어 나가는 다면적(multi-faceted) 과정인 것이다.

Box 7.13 초안 작성의 장점

- 초안은 단 한 번에 성공해야만 하는 것은 아니며, 종종 이를 통해 글쓰기가 쉬워진다.
- 글쓰기를 서론부터 시작할 필요는 없다: 도입부는 쓰기 어렵기 때문에 중간 부분부터 쓰는 것도 괜찮다.
- 실제 의도한 대로 글이 써지지 않는다면 바꿀 수도 있다.
- 처음부터 여러분의 문체나 맞춤법에 대해서도 걱정할 필요가 없다: 나중에 되돌아와서 수정할 수도 있다.

게다가, 뉴먼(Newman, 1989, p. 31)에 따르면, 첫 번째 초안의 주요 장점은 본문을 교정할 수 있는 기회를 준다는데 있다. 이는 두 가지 방식으로 이루어지는데, 첫째, 여러분은 초안을 지도교수들에게 돌려서 글에 대한 전체 초안의 내용과 특정 세부 사항에 대한 전문가의 논평을 구할 수 있게 된다. 하지만 무엇보다 중요한 것은 그로 인해 다시 생각해볼 기회가 생긴다는 점이다. 처음 초안을 작성하고 나서는 며칠간 그대로 두고 다른 일에 착수하라. 그리고 나중에 다시 보면 여러분의 눈에 띄는 구조와 세부사항의 오류에 놀라게 될 것이다(또한 van Dalen, 1979, pp. 430-1을 보라).

여러분은 재초안(redrafting)을 실수의 인정이 아닌 정상적인 활동으로 생각해야 한다. 글을 쓰고 생각을 개진시켜 나가는 것은 항상 시간이 걸리는 일이며, 첫 초안을 쓰고 나서야 비로소 다른 사람들이 여러분의 글을 검토하고 고치고 향상시킬 수 있는 것이다. 여러분이 재초안을 하고자 하는 몇 가지 이유들이 있다: 글의 길이가 잘못됐거나 논의가 명확하지 않고, 철자와 문법상의 실수가 있을 수 있고, 아니면 원래 처음 글을 쓴 이후에 생각을 발전시켰거나 바꾸었을 수도 있다. 또한 반복된 것이나 누락된 부분을 찾아냈을지도 모르며, 추후에 쓴 새로운 내용과 본문이 잘 들어맞도록 조정하고 싶을지도 모른다.

글쓰기는 반복되는 과정이라고 할 수 있는데, 특히 글이 길어지고 복잡할 때는 더욱 그러하다. 퇴고를 얼마나 자주 해야 하는가? 그 답은 글의 길이, 복잡성, 연구의 지속 기간에 달려있다. 짧은 보고서는 한꺼번에 써서 전체적으로 고칠 수도 있다. 더 긴 글은 처음에는 장(章)마다 접근해 나가는 방법이 주로 채택되고, 그 다음에는 전체 글을 살펴보고 다듬어서 연속성과 완결성을 갖추도록 한다. 연구 프로포절이나 학술 논문과 같이 매우 압축된 작업에서는 경험이 부족한 저자들은 요구하는 수준에 맞추기 위해서 다섯 번 혹은 열 번이나 스무 번 정도 퇴고를 거쳐야 할지도 모른다. 능숙한 저자가 별로 중요하지 않은 글을 쓰는 경우에는 한두 번 정도의 초안 교정만으로도 충분할 것이다.

글의 초안을 쓰고 재초안할 때는 자신이 쓸 수 있는 최선의 기술을 사용해야 하는데, 오늘날 이 기술이라는 것은 워드 프로세서가 탑재된 컴퓨터를 의미한다.

이러한 프로그램의 사용 능력을 향상시키는 것이 필수적이다. 그것을 이용하여 매번 본문을 통째로 다시 타이핑하지 않고도, 연이어서 초안을 고치고 작성할 수 있다. 본문을 이리저리 옮길 수도 있고, 단어, 구, 문장, 긴 단락을 빠르게 지우거나 바꿀 수도 있다. 여러분이 바꾸어 놓은 것에 만족스럽지 않아서 이전 단계로 돌아가고 싶어지는 경우를 대비하여 항상 원본을 저장해야 한다. 전원이 꺼지거나 키보드에 바보 같은 실수를 할 경우 시간 허비를 하지 않기 위해서 정기적으로 작업내용을 저장해 놓는 것을 기억하는 것이 필수적이다. 자신의 개인 소유 컴퓨터로 작업하고 있다면, 컴퓨터의 하드 드라이브에 저장하는 것만 믿어서는 안 된다. 컴퓨터 자체에 오류가 발생하거나, 휴대용 컴퓨터의 분실이나 도난 상황이 발생해도 여러분의 작업 내용에 접근할 수 있도록 메모리 스틱이나 플래시 드라이브 같은 이동식 저장 장치에도 정기적으로 저장해 두어야 한다. 워드 프로세스 프로그램에 들어있는 기능들을 배우려고 노력해야 한다. 예를 들어, 자르고 붙이기, 맞춤법 검사, 찾기, 바꾸기, 초기화, 주석 달기, 페이지 수 넣기 등. 어려움에 봉착했을 때 '온라인 도움' 같은 것을 이용하고, 주저 없이 잘하는 동료들에게 도움을 청해라.

그림 7.4 워드 프로세싱 소프트웨어는 여러분이 본문을 쉽게 '자르고 붙일' 수 있게 해준다.

단락

처음 초안을 쓰는 단계에서 목표는 개요에 있는 표제어 각각에 대한 하나(필요하다면 그 이상)의 문맥작성에 두는것이 좋다고 본다. 그러나 단락의 내용과 구성에는 주의를 기울여야 한다: Box 7.14를 보라.

Box 7.14 단락 구성

- 각 단락에는 개요에 나와 있는 한 가지 핵심주제를 담고 있어야 한다.
- 가능하면 첫 문장은 핵심 주제로 시작해야 한다.
- 다른 문장들은 사례를 제시하거나 다른 단락과 연결시켜주면서 추가적인 설명을 통해 주제를 뒷받침해 주어야 한다.
- 독자를 혼동시킬 수 있으므로 또 다른 생각을 내세우는 것은 위험하다.

생각과 증거

보고서를 쓸 때는 종종 자신의 생각뿐만 아니라 다른 사람의 것도 내세우고 싶어한다. 그러므로 생각을 정확하고 간결하게 표현하고 확실한 출처를 밝히는 것이 중요하다. 예를 들어, 만약 어떤 책이나 논문에서 인용한다면, 제목, 저자, 출판사를 언급하라. 정확한 방법은 이번 장의 후반부에 나와 있다. 생각은 항상 근거를 제시하여 보완되어야 하는데, 그 근거는 여러분 자신의 연구에서 나온 것일 수도 있고, 아니면 여러분이 읽은 다른 자료에서 인용한 것일 수도 있다. (가령, 지구는 태양 주위를 돈다와 같은) 일반적으로 통용되는 것을 제외하고는 거두절미하고 사실을 진술하는 것은 받아들여지지 않을 것이다.

도입과 결론

뉴먼에 따르면, 만약 여러분이 독립적인 보고서를 작성하고자 한다면 도입부는 Box 7.15에 있는 점들을 갖추어야 한다.

Box 7.15 도입부

1. 연구 분야를 정확히 언급하라. 이것은 매우 중요한데; 여러분은 자신이 정한 분야 이외의 것을 다루지 못했다고 비난받을 수는 없기 때문이다.
2. 왜 연구를 수행하는지를 설명해야 한다.
3. 독창성과 결론에 대한 관심을 끌어야 한다.
4. 지금까지 이 분야에서 행해진 연구의 부적절함을 지적해야 한다.
5. 연구 방법을 상술하라.
6. 가장 큰 어려움이 무엇이었는지 이야기하라.

보고서에 적합한 구조를 갖췄다고 생각되면, 보고서 도입부에 대한 초안을 쓰려고 노력하라. 이 초안은 연구가 진행되어감에 따라 계속해서 개선되고 점차 다시 쓰게 될 것이다. 결론을 쓰는 것은 더 복잡하다. 뉴먼(1989, pp. 33-4)은 연구의 초기 단계에서, 한편으로는, 앞으로 나올지 모르는 예상 결론이나 검증하고 있는 (반드시 구조의 일부로 설명되어야 하는) 가설들과 다른 한편으로는 연구가 실제 진행되어야만 쓸 수 있는 실제 조사를 토대로 한 결론 사이에 분명한 구분이 이루어져야 한다고 주장한다. 결론은 같은 주제 분야에서 앞으로 수행해야 하는 추가 연구의 제안과 더불어, 전체 글의 이론적 타당성에 대한 평가도 포함하고 있어야 한다.

논문이나 보고서에서 각 장을 쓸 때도 도입과 결론에 대해서는 똑같은 사항을 적용시키지만, 다른 장에 대한 언급과 연관성을 유지시키면서 각 장의 내용이나 특별한 필요에 따라 재단되어야 한다. 다른 장을 쓰기 전에는 서로 연결시키는 것이 어려우므로, 초안이 전부 완성되었을 때 이러한 연관성을 갖도록 전체적으로 검토할 준비를 해야 한다.

삽화

첫 번째 초안의 단계에서, 여러분이 쓰고 있는 것에 삽화를 넣어야 할지, 또 어떻게 넣을지에 대해서도 생각해 봐야 한다. 쓰고 있는 것에 따라, 자기 자신의 그림-도표, 지도, 그래프 또는 표-를 넣고 싶거나 아니면 다른 자료에서 나온 그림의 복사본을 포함시키고 싶을지 모른다. Box 7.16은 삽화에 대한 기준을 제시해 주고 있다.

Box 7.16 삽화의 사용

어떠한 삽화라도

- 말하고자 하는 것과 연관성을 지녀야 한다.
- 이해하기 쉽고 명확해야 한다.
- 기존에 있는 것에 도움이 될 수 있게 추가해야 한다.
- 본문에서 서로 참고할 수 있고 설명될 수 있어야 한다.
- 다른 자료에서 나온 것이라면 출처를 명확히 밝히고, 참조사항을 전부 표시해야 한다.

인용

연구 보고서 초안을 작성할 때는 필요한 인용만 해야 한다는 점을 명심하라; 과도한 인용구는 보고서의 독창성을 떨어뜨려, 결과적으로 가치의 하락으로 이어질 수도 있다. 반 달렌(1979, p. 423)에 따르면, 보고서에 인용구와 각주를 무분별하게 첨가하는 것은 실력이 부족한 저자들이 자신의 무능함을 감추기 위한 문화적인 허세일 뿐이다. 거기다 권위 있는 인용문을 수없이 모아놓는다고 해서 보고서가 받아들여지는 것은 아니라고 덧붙인다. 이런 문단들을 늘어놓은 것은 여러분의 연구가 노트 필기 수준을 벗어나지 못했다는 것을 보여주는 것이다. 연구 보고서는 다른 사람의 연구를 단순히 편집하는 것보다는 창조적인 노력-여러분이 읽고 관찰하고 지적으로 어떤 새로운 형태로 조직한 것의 종합-이다. 인용문을 사용하게 되는 경우가 있을 것이지만, 가급적 사용을 줄이고 의도에 맞게 사용해야 한다.

다른 사람의 말을 직접 인용하여 연구 내용을 언급하고자 한다면, 그 정확한 출처, 즉 기사나 책의 페이지까지 포함시켜 제시해야 한다. 이것이 여러분의 정보 저장과 검색 체계를 확인시켜 줄 것이다: 기록된 이후 몇 달이나 몇 년 후에 필요한 인용문의 정확한 위치를 찾기 위해서 몇 시간 또는 며칠 동안 좌절의 시간을 보내본 적이 있을 것이다. 일정한 수 (가령 30단어 정도)의 단어를 인용하게 된다면, 인용 부호를 이용하여 독자들에게 다른 사람의 글이라는 것을 보여주어야 한다. 더 긴 인용을 하게 된다면 새로운 줄에서 시작하고 아마도 한 칸을 비워두고 폰트를 바꾸고 인용 부분은 양쪽으로 움푹 들어가게 하면 된다. 참고문헌은 인용문 뒤에 나와야 하고, 선택한 인용 체계(이에 대해서는 이번 장의 후반부에서 더 다룰 것이다)가 요구하는 바를 엄격하게 따라야 한다.

구두점

구두점을 적절히 사용하면, 여러분이 전달하고자 하는 메시지를 독자들이 이해하는데 도움이 된다. 구두점은 여러분이 지문을 읽는 방식을 보여주기 때문에, 종종 크게 소리 내어 읽어보는 것이 좋은 테스트가 된다. 그렇게 하면 구두점이 어조, 몸짓, 특정 단어나 음절에 대한 강조, 잠시 멈추는 것 등등이 전달하고자 하는 의미를 나타내는데 도움이 되는지를 알아볼 수 있다. 반면, 남용하게 되면 내용을 모호하게 할 수도 있다.

그림 7.5 구두점의 사용은 연설에서 어조, 몸짓, 특정 단어나 음절에 대한 강조, 잠시 멈추는 것 등등이 전달하고자 하는 의미를 나타내는데 도움이 될 수도 있다.

여러분은 다음에 나오는 것들의 올바른 사용 방법을 알아야 한다: 마침표, 대문자, 쉼표, 세미콜론, 콜론, 물음표, 감탄사, 아포스트로피, 괄호, 따옴표, 하이픈. 또한 여러분은 적절하게 절로 나누는 것과 여러분 글의 특정 부분을 두드러지게 하는 들여쓰기 방법도 배워야 한다. 대시의 사용-예를 들어, 옆 공간을 만들 때-또한 배워둘 가치가 있다. 위에서 언급한 구두점의 종류에 대한 설명, 기능, 용례를 포함한 추가 정보를 원하면, 페어베언과 윈치(1991, pp. 52-61)와 문단 내에서 구두점의 사용을 다루고 있는 다른 책들을 참고할 수도 있다.

마가렛 아크릴(Margaret Ackrill, 1994)이 옥스퍼드 브룩스 대학 건축학 석사 학생들을 위해 준비한 안내서에 기초한 Box 7.17의 짧은 요약문에 요점이 정리되어 있다.

Box 7.17 구두점의 사용

1. 쉼표는 연속되는 것을 끊는 가장 작은 것인데, 독자로 하여금 잠시 쉴 수 있게 해준다. 어떤 한 가지의 것을 다른 것과 구별시켜 애매모호한 말과 오독을 예방하게 된다. 보통 'and'가 나오는 간단한 목록의 마지막 단어 앞에서는 필요하지 않다. 쉼표 없이 다음 문장을 읽어보면 왜 그것이 필요한지 알게 될 것이다: 'After the trumpets blew the walls of Jericho fell.(나팔을 불자 여리고 성벽이 무너졌다)'
2. 세미콜론은 쉼표보다는 좀 더 크게 끊어주고, 보통 중요성의 정도가 동등한 두 개의 요점들을 분리시켜준다. 예를 들어, '버스는 늦었다; 기차는 보통 정시에 도착했다.'
3. 콜론은 훨씬 더 큰 공백을 주며, 방금 언급했던 것을 설명하거나 확장시켜주는 절

이나 문장 앞에 나온다. 예를 들어, '날씨가 보통의 4월답지 않다: 기상 관측이 시작된 이래 이토록 춥고, 햇빛이 없던 적이 없었다.'
4. 감탄사는, 인용문의 일부가 아니라면, 논문에는 적합하지 않다.
5. 인용부호는 거의 모든 종류의 (가령 30단어 이하라도) 직접 인용할 때 필요하다. 큰따옴표가 안에 들어 있는 인용문을 둘러싼 인용문 내에서 인용을 하는 경우를 제외하면, 작은따옴표를 쓴다. 인용문의 끝이 문장의 마지막이라면, 특히 인용문 자체가 완결된 문장이 아닐 경우에 마지막 인용문 바깥에 마침표를 찍어 주어야 하고, 완전한 문장일 경우에는 안쪽에 해야 한다. 인용문 내의 생략은 세 개의 점(생략부호)을 찍어 표시해야 한다: 생략부호와 마침표가 겹칠 때 일부 저자들은 생략부호 전후에 마침표를 찍어주는 것이 적절하다고 여긴다. 30단어 이상의 긴 인용을 할 때에는 인용 부호로 둘러싸지 않고 한 칸 정도 들어가게 하면 된다.
6. 괄호는 삽입어구와 숨은 뜻으로 말한 무언가를 두드러지게 한다. 가령, '그 건물은 (건축양식을 고려하면) 상태가 좋았다.' 여러분이 인용문 안에 삽입어구를 넣지 않았다면 둥근 괄호를 사용해야 한다. 그 반대라면, 꺾쇠괄호[ ]를 사용해야 한다.

맞춤법

페어베언과 윈치(1991, p. 95)에 따르면, 여러분이 초안을 작성하고 교정할 때는 두 가지 방식으로 글을 읽는 방법을 배워야 한다. 첫째, 내용적인 측면에서 마치 한 번도 읽어본 적이 없는 것처럼 읽을 수 있어야 한다. 글이 전달하고자 하는 바를 제대로 드러내고 있는가? 요점을 간결하고 분명하게 보여주고 있는가? 둘째로, 서식-맞춤법, 구두점, 문법 등등-에 주의를 기울이며 읽어야 한다.

맞춤법은 매우 중요하다. 만일 여러분이 워드 프로세서를 사용하고 있다면, 요즘에는 여러분의 글을 읽어 볼 사람이 맞춤법 상의 실수를 수정하느라 쓸데없는 시간과 노력을 낭비하지 않도록 제출하기 전 초안에 맞춤법 검사를 하는 것이 일반적이다. 여러분의 글을 철저하게 검사해볼 시간을 가져야 한다. 초안을 읽고 나서 철자법 오류를 잡아냈다 하더라도, 그 이후 글에서 똑같은 실수가 반복되는 일이 잦다. 따라서 맞춤법 오류와 어떤 단어를 정확하게 사용했는지 불분명한 지점을 찾아낼 목적으로 다른 누군가에게 여러분의 초안을 읽어보게 하는 것도 필요하다; 여러분은 사전이나 워드 프로세스 프로그램에 있는 맞춤법 검사 프로그램으로 의심이 가는 철자를 확인해볼 수도 있다.

가장 흔히 벌어지는 철자법 상의 실수는 발음은 같은데 의미는 다른 단어들을 혼동하는데서 비롯된다. 조금만 더 생각해 보면 이런 혼동을 피하는데 도움이 될 것이다. (예를 들어, 'their', 'there'처럼) 발음은 같지만 의미가 다른 단어를 동음이의어라 부른다. 컴퓨터를 사용하고 있다면, 너무 빨리 타이핑하다 발생한 철자법의 실수를 살펴봐라. 모든 워드 프로세서에는 맞춤법 검사 기능이 들어있다; 하지만 이 기능은 단순히 기계적인 역할만을 수행하므로 한계가 있다. 예를 들어, 여러분은 철자법 상으로는 맞지만 적절한 단어가 아니라서 문장에 아무 의미도 부여하지 못하는 단어-가령 'for'대신 'of'-를 칠 수도 있는데, 검사 프로그램에서 'of'는 정확한 철자로 된 단어이기 때문에 맞춤법 검사에서는 이런 실수를 잡아내지 못할 것이다. 여러분이 글쓰기 작업을 다 끝냈다고 판단하기 전에 항상 맞춤법 오류를 주의 깊게 살펴보지 않는다면, 초안의 최종판에 여전히 이런 문제점들이 남아 있을 것이다.

프레젠테이션

여러분이 초안을 점점 다듬어감에 따라, 본문과 삽화를 어떤 식으로 제시할지에 대해 생각해볼 필요가 있다. 프레젠테이션을 깔끔하고 일관성 있게 해주는 전통적 방법들이 있는데, 아크릴(Ackill, 1994)이 그 중 몇 가지를 요약해 놓았다.

도표(Table)

논문에서 처음 표에 대한 언급을 하면 그 뒤에 표가 따라 나와야 한다. 만약 표가 지면의 여백에 남아있는 공간에 맞지 않으면, 그 표에 대한 언급이 있었던 단락의 끝 부분에 위치시켜라. 모든 표에는 제목과 각 장에서의 숫자가 표시되어야 한다. 예를 들어, 제 2장에서 세 번째로 나온 표는 표 2.3으로 표시해야 한다.

표에 대한 개별적인 목록은 논문 시작 부분에 논문 내용의 목차 뒤에 배치시켜야 한다.

여러분이 직접 만든 표가 아니라면, 참고문헌과 같은 형식으로 표의 밑 부분에 그 출처를 밝혀야 한다.

표의 번호와 제목 앞에, 그리고 표가 끝난 부분에 각각 두 줄씩의 여백을 남겨두어야 하는데, 인용된 표라면 출처를 적은 뒤에 두 줄을 비우면 된다. 너무 커서 다루기 힘든 표라면, 책 뒤의 부록으로 배치시키면 된다. 표에 번호를 부여하는 방법에 대해서 지도교수의 자문을 구하라.

표의 번호와 제목은 페이지 옆이나 가운데에 적어놓아도 되며, 글자는 대문자, 중요 단어만 대문자 아니면 전부 소문자로 써도 무방하다. 하지만 표의 위치 배열과 글자는 논문이나 보고서 전체에 걸쳐 일관되게 사용해야 한다.

그림(Figure)

(간단한 그래프나 그림 같은) 도표들은 제 2장의 세 번째 도표를 도표 2.3으로 표현하는 것처럼 독립된 고유의 번호가 있어야 한다는 점을 제외하고는 표와 같은 방식으로 제시된다.

번호부여(Numbering)

모든 장(章)과 그 장에 들어있는 단락들 또한 번호를 매겨야 하는데, 2장의 첫 번째 단락은 2.1, 다시 그 안의 하위 단락은 2.1.1, 2.1.2 이런 식으로 번호를 붙일 수 있다. 세 개 이상의 하위단락으로 넘어가는 것은 다루기도 힘들고 법률 문서처럼 되기 때문에 잘 생각해 봐야 한다.

목차에 있는 내용들은 어느 것이나 연속적으로 번호를 부여하든가 아니면 큰 점(bullet) 등으로 표시를 해줘야 하며, 모두 명사, 분사, 아니면 부정사로 시작하는 식으로 동일한 문법적 형식을 갖춰야 한다. 첫 대문자와 구두점은 일관된 체계를 따라야 하고, 목록 그 자체는 도표, 표와 같은 방식으로 장(章)마다 번호를 부여할 필요는 없다.

참고문헌, 인용문과 주석

여러분의 연구 계획과 관련 있는 참고문헌을 검토할 때, 가능한 최신 정보를 포함시켜야 한다. 이 말은 오래된 정보는 연관성이 없다는 의미는 절대 아니고, 최근 정보까지 검토해야 한다는 것이다. 예를 들어, 출간된 지 2년이나 지난 문헌을 검토하면 미심쩍고 심각한 괴리감이나 결점을 드러낼 수도 있다(Wiersma, 1986, p. 77).

어떤 자료에서 정보를 사용할 때는 적절하게 참고해야 한다. 여러분이 다른 사람들의 자료를 인용할 때마다 독자들이 스스로 그 자료를 찾아볼 수 있도록 충분한 정보를 명시해주는 것이 중요하다. 널리 사용되는 방법 두 가지가 아래에 나와 있는데, 둘 중 어느 것을 선택해도 무방하다. 내 경험상 둘 중 어느 것도 심사위원이나 검토위원이 문제를 제기하지 않았었다.

하지만 학술적인 출판물에는 수많은 다른 방식들도 있다는 점을 기억하라. 여러 다른 저널과 출판물에는 각자 고유한 체계가 있고, 저자들이 그 체계를 따르도록 하고 있다. 여러분은(ProCite, EndNote와 같은) 적당한 컴퓨터 프로그램을 사용하여 자신의 참고문헌 형식을 편집할 때 이런저런 형식으로 쉽게 변경시킬 수 있다.

참고문헌 목록

모든 보고서와 논문에는 참고문헌 목록이 들어있어야 하는데, 이것은 글을 쓸 때 유용하다고 여겨서 실제로 쓴 모든 자료에 대한 목록이다. 여기에는 직접 인용을 했든, 본문 내용을 언급했든, 상당히 전문적인 정보의 출처이든 모든 것을 포함시켜야 한다. 하지만 백과사전에 기재된 것들은 보통 포함시키지 않는다.

무언가 도움이 될 만한 것을 읽을 때면 언제든지 그 저자의 이름을 기록해 두고, 제목 페이지에 성명(姓名)이 다 나와 있는지 아니면 머리글자로만 언급되어 있는지 표시해 두어라. 만약 기사인 경우에는 그 기사가 실린 저널을 권수와 발행번호, 출판일자(발행된 달, 신문기사의 날짜)와 함께 기록해 두고, 책의 경우에는 제목, 출판사 이름과 출판일자를 적어 두어라. 페이지 수 역시 pp. 34-48 이런 식으로 적어두어야 한다. 참고문헌 목록에 이런 정보를 기재하는 것은 아래에서 설명하는 두 가지 형식들 중 한 가지를 택할 수 있다.

참고문헌

직접인용이든 간접인용이든 모두 다 다른 사람의 의견이라는 점 또는 일반 상식이 아닌 사실을 담은 정보라는 점을 알 수 있게 참고표시를 해주어야한다. 이 글에서 설명하는 첫 번째 방법은 보다 짧은 글에서 유용한 영국표준(번호)체계, 두 번째 방법은 여러 장으로 이루어진 더 긴 글에 적합한 하버드(저자-날짜)체계이다. 어떤 방식을 채택하든 상세하게 이해해야 한다. Box 7.18에 두 방법들의 사례가 나와 있다.

영국표준(수치)체계

본문에 참고문헌을 원형 혹은 꺽쇠괄호나 윗첨자(superscript) 둘 중 하나의 방식으로 된 숫자로 인용한다. 참고문헌 숫자는 '...of this learned work(27)'. 이런 식으로 항상 마침표 앞에 나오며, '...of this learned work.(27)' 이런 식으로는 안 된다.

새로 소개되는 참고문헌은 본문에 나오는 순서대로 번호를 부여해야 한다. 표 안에 들어있는 참고문헌은 그 본문에 표가 처음 인용된 지점에서 순서대로 번호를 매기는데, 물론 필요하다면 추후에 본문에서 한 가지 숫자를 반복해서 사용할 수도 있다. 일관된 번호부여를 해야 하기 때문에, 이런 방식은 여러 번 변경되기 쉬운 장문에서는 불편해진다. 이런 이유로 논문 같은 여러 장짜리 보고서에서는 각 장의 시작마다 (1)로 시작하는 일련의 숫자를 사용해야 하는 것이다.

(보고서나) 장의 끝 부분에는 숫자들이 가리키는 내용의 목록이 번호 순으로 기재되어 있다. 표제란에 나올 때 저자의 성(姓), 쉼표, 머리글자 마지막으로 마침표 이런 순서로 시작한다. 책 제목은 이탤릭체로; 기사와 저널의 제목, 다른 사람이 편집한 책의 내용은 보통 글씨체로 적는다. 기사 제목은 저널 이름 다음에 나오는데, 저널 이름을 이탤릭체로 적고 그 뒤에 권, (괄호로) 발행부수, 출판일자 마지막으로 그 정보가 담겨있는 페이지 수를 적는다. 각각은 쉼표로 구분시켜주고 마지막엔 마침표를 찍는다. 책 제목 뒤에는 출판 장소, 콜론, 출판사 이름, 그리고 출판일자, 마침표 순이다.

신문 기사, 비디오, 웹사이트, 학술지 같은 다른 종류의 자료에 대한 참고문헌 표시는 Box 7.18에서 볼 수 있는 것과 비슷한 방식을 따른다.

하버드(저자–날짜)체계

본문 내에서의 인용문은 둥근 괄호 안에 참고문헌에 대한 간략한 기술이 들어있는 형태로 이루어지고, 세부적인 설명은 글의 끝 부분에 있는 참고문헌 목록에 제시된다. 여러 장으로 이루어진 글에는 각 장의 끝 부분에 참고문헌 목록이 나와 있지 않다.

인용구는 여러분이 다른 사람의 글을 참조한 부분과 정확히 일치하는 곳에 삽입해야 한다. 저자의 성, 출판 연도, 관련 있으면 페이지 수의 순서로 각각 쉼표로 분리해서 적는다. 참고문헌 목록에 어떤 저자가 주어진 연도에 쓴 하나 이상의 글을 포함시켜야 한다면, Hustable, 1976b, p. 43 이런 식으로 a, b, c 등의 문자를 출판 연도 뒤에 집어넣으면 된다. 본문에서 저자 이름을 언급했다면 인용문에서는 생략할 수 있다. 여러분이 직접 인용을 했을 때는 페이지 수를 꼭 표시해야하고, 출판물의 어떤 페이지에 나온 특정 쟁점을 논의하고 있다면 표시해주는 것이 바람직하다.

참고문헌의 시작은 저자의 성으로 시작해서 쉼표, 머리글자, 마침표의 순으로 적는다. 저자들이 여러 명인 경우에는 쉼표로 구분하면서 마찬가지 방식으로 적고, 마지막 저자 이름 앞에 'and'를 추가하면 된다. 필요하다면 둥근 괄호 안 출판 연도 뒤에 a, b 등을 집어넣는다. 그 다음 책이나 논문의 제목을 적는데, 첫 단어의 첫 글자와 (지역명처럼) 보통 대문자로 쓰는 글자들만 대문자로 적는다. 책 제목은 이탤릭체로 적지만 기사 제목은 그렇지 않다. 그 다음 기사가 들어있는 저널 이름이 나오는데, 이탤릭체로 적고; 권, (괄호로) 발행부수 또는 출판월, 그리고 pp. 21-3처럼 가장 짧게 줄인 두 자리 숫자로 기사가 나와 있는 페이지 수를 적고 마지막에 마침표를 찍는다. 책의 소개는 출판 장소로 마무리하는데, 콜론 다음에 출판사 이름을 적고 마침표를 찍는다. 마찬가지로 이 방식 역시 Box 7.18에서 볼 수 있듯이 다른 출판물들도 주로 비슷한 방식을 따른다.

Box 7.18 참고문헌 작성 방법의 사례

영국표준(수치)체계

서적 참고문헌:

1. Norris, A. B. *Why it doesn't fall down: a study of single span architecture.* London: Lothbury Press, 1998.
2. Herring, G. R., Kirkner, L. A., eds. *Monetary easing.* 2nd ed. Oxford: Oxford University Press, 2010.

논문 참고문헌:

1. Blenkinsop, P. J. Nothing is for nothing: the cost of charities. *Journal of Social Economics* 14(3), 2004, pp. 46–51.

비디오:

6. Gregory, J. *Lost cities.* Produced and directed by Henry Silversmith. 25min, 2008. Video.

하버드(저자-날짜)체계

서적 참고문헌:

Herring, G. R., Kirkner, L. A., eds (2010) *Monetary easing.* 2nd ed. Oxford: Oxford University Press.

Norris, A. B. (1998) *Why it doesn't fall down: a study of single span architecture.* London: Lothbury Press.

논문 참고문헌:

Blenkinsop, P. J. (2004) Nothing is for nothing: the cost of charities. *Journal of Social Economics* 14(3), pp. 46–51.

웹페이지:

Conservative Party (2010). *Manifesto*. Available at: www.conservative.org.uk/policies/home (Accessed: 10 July 2010).

학술회의지:

Hamilton, W. S. (2009) Reformulation of indices for future expansion. In: Advances in economic theory: proceedings of the 23rd International Conference on Economic Affairs. University of Durham, 15-19 August, Durham: Department of Economics, Durham University, pp. 454-67.

Box 7.18에 나와 있는 것은 참고문헌 표시 방법의 몇 가지 사례일 뿐이다. 여러분이 참고해야 할 책들의 모든 유형에 대한 사례들은 이 장의 뒤에 나와 있다. 여러분의 대학 도서관에서 간략한 안내를 받을 수 있을 것이고, 인터넷으로 검색해 보면, 대부분의 대학들이 선호 유형에 대한 온라인 안내를 제공하고 있다는 것을 알게 될 것이다. 여러분은 독서를 통해 출판사들이 인용부호, 마침표와 대문자 같은 형식들에 관한 자신들만의 규칙을 가지고 있다는 점을 알게 될 것이다. 이 책에서 참고문헌의 목록을 작성한 방식을 살펴보고, 이 장에서 세부사항을 제시하는 방법과의 차이점을 찾아낼 수 있는지 알아보라.

각주(Footnote)

문자 그대로는 페이지 하단 부에 있는 주석이라는 의미의 각주는 가급적 피해야 한다. 영어가 아닌 단어를 사용하게 된다면, 그에 대한 언급을 처음 할 때 본문에서 그 의미를 설명하라. (기술적 혹은 전문 용어의) 정의가 너무 길어서 논문의 흐름에 방해가 된다면, 페이지 하단 부에 주석을 넣을 수도 있다. 페이지 하단에 설명을 적기 전에 본문 속 용어 뒤에 윗첨자 (1)만 집어넣으면 된다.

결론

여러분이 논문이나 보고서를 쓰기 전에 준비해야 하는 가장 중요한 문서가 바로 프로포절인데, 비록 여러분이 구체적인 특정 행동방침을 확실하게 따르도록 만들지는 않지만, 그 준비에 들인 시간과 노력, 계획한 프로젝트에 필요한 활발한 생각은 프로포절 통과 이후에 연구 방향의 급작스런 수정 같은 일이 벌어지지 않게 해줄 것이다. 재정 지원을 받는 조사의 경우에는 어쨌든 상당한 변화를 주는 일이 힘들 것이다. 그렇다고 어떤 수정도 있어서는 안 될 것이라는 의미는 아니다. 특히 석/박사 과정 같이 아주 긴 학업 과정의 경우, 프로포절 단계에서 석사 논문이 박사 과정의 연구 수행에 구체적으로 어떤 영향을 미칠지 예측하기란 불가능하다. 진학 서류를 제출할 때 여러분의 석사 논문에 대한 논평을 제시하고 그 논문의 결론을 토대로 박사 과정 연구의 개요를 구성할 기회는 있다.

여러분이 연구 계획을 세우고 글쓰기를 준비하는 데 꼭 필요한 안내 역할을 해주는 것과는 별개로, 연구를 진행하는 동안 일정한 간격을 두고 프로포절을 재검토해 보는 것이 도움이 된다는 것을 알게 될 것이다. 여러분이 아주 구체적인 세부 사항에 몰두해 있을 때, 프로포절은 전반적인 연구 목적에 대한 기억을 새롭게 해주고 현재 여러분이 하고 있는 일이 전체 연구 계획에서 어느 단계인지를 알게 해줄 것이다.

다음 단계 : 여러분의 연구 프로포절

이 책의 완성은 여러분이 연구 프로포절을 써 내는 것이다. 여러분이 이전 장들에서 제기했던 쟁점들을 이해하고 그 부분들을 자신의 연구와 접목시켜 주제에 대한 배경지식과 주요 현안에 결부시켰다면, 연구에서 사용할 조사방법과 연구문제의 본질에 대해 상당히 명확해진 것이다. 이제 여러분이 직면한 진짜 도전과제는 자신의 연구의 중요성을 뒷받침해주는 탄탄하고 치밀한 논거를 구성하고, 그 실현 가능성을 입증하는 동시에 학위 과정, 학업 목적, 프로젝트 설명에 필요한 규정을 따르는 것이다.

이 단원의 목적은 제대로 된 프로포절을 완성시키는 것이다.

여러분 조사의 진척을 위한 점검사항

Step 1: 구체적인 학업 관련 지침

프로포절을 마무리 짓기 전에 구체적인 학업 관련 지침이나 규정을 확인하라. 그러면 나중에 변경하는 수고를 덜어줄 것이다. 재정 지원을 받는 연구의 경우 지원서 양식에 첨부되어 있는 조건과 재정 지원 기관이 제시하는 지침을 주의 깊게 읽어 보아라.

Step 2: 학위의 유형

지금쯤이면 여러분이 임하고 있는 학위 유형(석사, 연구 석사, 석사에서 박사 과정으로 넘어가거나 바로 박사과정인지)의 요구조건을 숙지하고 있어야 한다. 여러분의 프로포절은 이런 요구조건들에 부합해야 한다는 점을 명심하라. 의문 나는 점이 있으면, 지도교수나 강사와 상의하라.

Step 3: 올바른 형식을 갖춰라

내 아들이 대학에 갔었을 때 그는 '여러분이 살아 있다면 서류를 작성해야 합니다'. 라는 것을 주목하였다. 연구 프로포절을 포함한 모든 것에는 어떤 형식이 있다. 프로포절의 제출에 표준 양식이 있을 것이다. 프로포절의 본문뿐만 아니라 개인적 신상명세, (후원자, 지도교수, 고문 등의) 관리 정보도 포함시키라는 요구를 받을 것이다. 그 양식에 누가 서명해야 하는지와 논문 접수 절차, 기간을 알아내라.

Step 4: 연구의 제목을 완성시켜라

제목은 여러분의 연구를 가장 짧게 요약해 놓은 것이고, 데이터베이스에서 검색할 때 가장 많이 이용하는 것이라는 점을 기억하라. 제목은 여러분 연구의 핵심 개념과 범위를 포함하고 있어야 하지만, 다른 연구들과 분명히 구분되어야 한다.

Step 5: 연구 목적의 목록

네다섯 줄을 넘겨서는 안 되므로, 집중되면서도 여러분이 추구하는 목적의 범위를 아우를 정도로 충분히 다채로워야 한다. 연구문제와 예상 결과가 목표에 부합하는지를 확인하라: 가장 좋은 방법은 동일한 용어를 사용하는 것이다.

Step 6: 배경지식과 문헌 검토

여러분이 광범위한 배경 연구를 했기 때문에, 이 부분에 대해 아주 많이 쓰는 것은 쉽다! 기존(혹은 부족한) 지식의 맥락과 기존 연구에 기초하여 연구의 필요성을 납득시켜주는 간결한 논거를 세우는데 주력하라. 지능이 있는 사람은 누구든지 논의하고 있는 핵심 요인과 논쟁을 이해할 수 있도록 충분한 정보를 제시하라: 연구심사위원회가 꼭 여러분 분야의 학자들인 것은 아니다. 박사 과정의 경우, 주제에 관해 여러분이 출간했던 연구와 그렇지 않은 연구, 그리고 여러분의 관련 경험을 반드시 포함시켜라: 여러분이 이 프로젝트 준비의 일환으로 석사 연구를 마쳤으리라 생각한다.

Step 7: 연구문제

연구문제는 프로포절의 핵심이며, 배경지식에 대한 논의를 통해 나오고 다시 연구방법의 개요를 창출하게 된다. 연구문제의 형성 과정은 연구를 집중시키고 그 범위를 한정짓기 위해 치밀하게 짜여야 한다. 엉뚱한 생각을 할 여지는 없다.

Step 8: 조사방법의 개요

여러분이 좋아한다면 목록 형식으로 할 수도 있다. 박사 과정으로 진학할 석사 논문을 쓰고 있다면, 그 순서를 석사 단계와 박사 단계의 두 부분으로 분리시켜라. 석사 단계의 연구문제를 박사 단계에서 더 명확하게 정의하고 구체적인 연구방법을 선택하는 데 사용할 수 있을 것이다. 박사 과정으로 바로 간 경우라면, 여러분이 연구문제와 연구 과정에서 사용할 어떤 연구방법을 사용할지를 확실하게 숙지하고 있을 것으로 기대하게 된다. 자료분석과 연구 목적을 어떻게 달성할 것인지에 대한 세부 사항들이 특히 중요하다.

Step 9: 시간계획표

일련의 단계들과 각 단계에서 소요될 시간을 보여주는 시간계획표는 어떤 연구 계획에서든 필수적이다. 여러분이 제안하고 있는 것의 실현 가능성을 입증하는 수단 중 하나로 사용하라. 재정 지원을 받는 연구 프로그램을 수행하고 있다면, '이정표'도 포함시켜야 할 것이다. 이것은 프로젝트 과정을 검토하고 단계별로 자금이 지급되는 중간 평가 지점이다.

Step 10: 프로포절 지원 양식의 나머지 부분

여러분이 작성해야 하는 모든 부분들을 잘 살펴보고 다 되었는지를 확인하라. 지도교수에 대한 세부사항을 채워 넣고 적절한 서명을 받으려면 학사지원부 담당자와 협력해야 할지도 모른다. 충분한 시간 여유를 두어야 한다; 관련자들과 연락을 취하는 데 며칠이 걸릴지도 모른다. 재정 지원을 받는 연구의 경우, 공동 연구자들에 대한 상당히 세부적인 내용들이 필요할 것이고, 모든 필요한 정보를 취합하는 일은 긴 여정일 수 있다.

연구심사위원회는 일정한 회의 날짜가 있고, 재정 지원 단체는 제출 마감시한이 있으며, 석사 과정 역시 언제까지 프로포절을 제출해야 하는지를 규정하고 있을 것이다. 마지막 순간에 공황 상태에 빠지지 않으려면 미리미리 준비하라.

Step 11: 윤리적 승인

실험참가자를 포함한 연구와 관련한 윤리적 쟁점이 있는 경우, 여러분이 속한 기관과 관련 있는 다른 단체의 절차를 따르고 있다는 점을 분명히 하라.

작성할 양식이 더 많아진다!

정리와 평가

여러분이 프로포절의 초안에서 다음 단계로 넘어가게 되면, 배정받은 지도교수, 직원 그리고/또는 동료들과 전반적인 지침을 조정할 필요가 있을 것이다. 10에서 20개의 초안은 흔히 있는 일이니, 쟁점들이 머릿속에 생생하게 남아있고 세부적인 것들에서 헤어 나오지 못하는 일이 없도록 각각의 초안 교정과 전개를 빨리(가능하면 매일매일) 진행시켜야 한다.

괜찮은 수준으로 프로포절을 끝마쳤다면, 여러분 자신 또는 행정 직원이 타이핑할 지원서 양식의 복사본에 필요한 정보 모두를 연필로 적어라. 실제 프로포절 본문은 여러분의 디스크에서 그 양식으로 직접 인쇄할 수 있다. 몇몇 경우에는 컴퓨터를 사용하여 화면상에서 쉽게 완성할 수 있는 전자 양식을 구할 수도 있다.

프로포절을 제출한 후 그 결과를 기다리면서, 여러분은 이 책을 읽는 동안 배운 기술들이 연구 계획을 위한 훌륭한 준비가 되었고, 자신의 명료하고 철저한 프로포절 때문에 곧 승인이 날 것이라는 사실에 안심할 수 있을 것이다!

더 읽을거리

모든 종류의 학술적인 프로포절을 쓰는 데만 치중하는 책들이 있다. 원칙은 다 같은데 내용과 세부사항만 다를 뿐이다. 모두 다 행동 계획을 뒷받침해주는 논리 정연한 논거들이다. 더 많은 책을 읽어보고 싶거나 프로포절 작성의 다른 접근방법들을 찾아보고 싶다면, 이런 책들 중 몇몇을 찾아볼 수 있으며, 분명 유용한 무언가를 찾아낼 것이다. 좀 더 특정 주제 중심의 책을 먼저 보고 싶겠지만, 간단한 것부터 복잡한 순서로 제시해 놓았다. 논문을 어떻게 써야 하는지에 관한 모든 책들은 프로포절 작성에 대한 부분 역시 다루고 있다; 분명 지금까지 이런 책들을 몇 개 봤을 것이다.

훌륭한 영어를 쓰는 것은, 특히 영어가 모국어가 아니라면 그렇게 쉽지 않다. 자신의 연구를 가능한 명확하고 정확하게 제시하고 있는지를 점검하는데 도움이 될 책 몇 권을 제시해 놓았다.

Jay, R. (2000) *How to Write Proposals and Reports that Get Results.* London: Prentice-Hall.

Vithal, R. (1997) *Designing Your First Research Proposal: a Manual for Researchers in Education.* Lansdowne: Juta.

Locke, L. F., Spirduso, W.W. and Silverman, S. J. (2007) *Proposals That Work:*

a Guide for Planning Dissertations and Grant Proposals, 5th edn. London: Sage.

Silyn-Roberts, H. (2000) *Writing for Science and Engineering. Papers, Projects and Proposals: a Practical Guide*. Oxford: Butterworth-Heinemann.

Coley, S. M. and Scheinberg, C. A. (2001) *Proposal Writing*, 2nd edn. Thousand Oaks, CA: Sage.

Meador, R. (1984) *Guidelines for Preparing Proposals*. Chelsea, MI: Lewis.

약간 오래되긴 했지만, 동기부여에 좋은 책이다. 끝까지 다 읽어보아라.

Jay, R. (2003) *How to Write Proposals and Reports that Get Results*. Harlow: Pearson.

관리자들을 대상으로 한 책이지만, 우리 모두는 관리해야 한다! 글쓰기의 모든 측면에 대한 훌륭하고 실질적인 조언이 담겨 있다.

글쓰기에 대한 많은 조언이 있다. 접근하기 쉬운 순서와 목표로 삼는 학문적 수준에 따라 제시해 놓았다.

Hall, G. M. (ed.) (2003) *How to Write a Paper*, 3rd edn. London: BMJ Publishing.

Bowden, J. (2004) *How to Write a Report: a Step-by-Step Guide to Effective Report Writing*, 7th edn. Oxford: How To Books.

Oliver, Paul (2008) *Writing Your Thesis*. London: Sage.

Murray, R. (2006) *How to Write a Thesis*, 2nd edn. Buckingham: Open University Press.

Berry, R. (2004) *The Research Project*: How to Write It, 5th edn. London: Routledge.

Woods, P. (2005) *Successful Writing for Qualitative Researchers*, 2nd edn. London: Routledge.

글쓰기의 모든 측면에 대해 철저히 다루고 있다: 시작하기와 진행, 조직, 대안, 문체, 편집 등등.

Mounsey, C. (2002) *Essays and Dissertations*. Oxford: Oxford University Press.

'한 수 위' 시리즈에서 간결하고 읽기 쉬운 글쓰기 지침서. 같은 시리즈의 다른 표제들 또한 유용할 것이다. Jo Billingham이 쓴 Editing and Revising, Robert Allen의 Punctuation and Spelling, 그리고 John Seely의 Words and Writing Reports.

다음에 나오는 것들은 특정 주제에 대한 글쓰기를 전문으로 다루는 두 책들의 사례다. 여러분 자신의 주제에 유사한 책들을 찾아보라고 권하고 싶다. (예를 들어 '글쓰기' 그리고 '지리학'처럼) 키워드를 사용하면 쉽게 찾을 것이다.

Hamilton, A. (1988) *Writing Matters.* London: RIBA Publications.
첫 부분은 일반적인 글쓰기를 다루고 있다. 이후 건축가를 위한 글쓰기로 들어간다.
Fabb, N. and Durant, A. (1993) *How to Write Essays, Dissertations and Theses in Literary Studies.* Harlow: Longman.
특히 글쓰기에 대한 글쓰기를 전문으로 하는 사람들에게 적합하다.

그리고 여기 영어로 쓴 글쓰기의 미묘한 점을 분류하는데 도움이 될 책 두 권이 있다.

Evans, H. (2000) *Essential English.* London: Pimlico.
바로 이 책으로 맞춤법, 문법, 구성을 바로잡아라.
Trask, R. L (2001) *Mind the Gaffe: the Penguin Guide to Common Errors in English.* London: Penguin.
흔히 범하는 실수를 했는지 살펴봐라.

인용과 참고문헌의 경우, 우선 여러분의 대학 도서관에서 나오는 안내 책자가 있는지 문의하라. 이 책자들이 여러분이 필요로 하는 것과 잘 맞을 것이다. 정말로 더 많은 정보를 원한다면 여기 몇 권의 책들이 있다.

Bosworth, D. (2004) Citing Your References: a *Guide for Authors of Journal Articles and Students Writing Theses or Dissertations.* Thirsk: Underhill.
British Standards Institution (1990) *Recommendations for Citing and Referencing Published Materials.* BS 5605. London: BSI.
University of Chicago Press (2010) *The Chicago Manual of Style*, 16th edn. Chicago: University of Chicago Press.
Li, X. and Crane, N. (1996) *Electronic Styles: a Handbook for Citing Electronic Information*, 2nd edn. Medford: Information Today.

그리고 이 책은 가벼운 휴식을 위한 것이다!

Fine, A. (1996) *How to Write Really Badly.* Illustrated by P. Dupasquier. London: Mammoth.

연습문제 해답

Chapter 01

연습문제 1.1

확장과 축소의 패턴은 조사가 끝날 때까지 계속되는데, 각 단계에서 부적절하거나 관련 없는 문제, 이론, 개념 등등은 버려지게 된다.

연습문제 1.2

1. 틀림. 이 주제에 대해서 더 많은 정보가 수집되어야 한다. 그러나 분석과 관련된 계획을 나타내는 설명이 없다. 문장은 이렇게 시작되어야 한다: '~하기 위해서...'
2. 틀림. 중요한 2가지가 부족하다. 비교를 통해서 무엇을 알 수 있는가? 왜 비교를 하였고, 이것을 통해서 무엇을 알 수 있는지에 대한 설명이 없다. 연구의 범위가 너무 크다. 어떻게 한 사람이 6개월 동안 유럽의 모든 학교의 10년간의 시험 정보를 수집할 수 있겠는가?
3. 가능함. 이것이 더 낫다. 그러나 여전히 모호하다. 전 세계적인 연구인가, 혹은 가족들의 표본만을 조사할 것인가?
4. 가능함. 아마도 이미 이것에 대해서 조사되었을 것이다. 그리고 문제의 형태가 너무 간단하다. 단기간의 연구는 아마도 데이터 목록 간의 상관계수를 나타내는 관계방정식(relevant equation)을 보일 수 있다.
5. 틀림. 겉으로는 올바른 기술적인 연구로 보인다. 그러나 연구할 '효과'가 무엇인가? 무엇이든 될 수 있다-환경, 잔디생산, 개별적 온도. 어떤 '효과'에 대해서 연구할

것인지 더 명확하게 하는 것이 필요하다.

6. 맞음. 연구문제의 중요한 요인이다. 요인이 무엇인지 알아야 한다.
7. 가능함. 비록 몇 번에 걸쳐서 조사되었을 수 있지만, 연구문제의 실행가능성 여부는 '18세기의 영국에서 지어진 커다란 시골집의 숫자'나 '대표적인 사례 연구들의 선택'에 영향을 받을 수 있다.
8. 틀림. 연구문제의 해결책은 간단히 yes 혹은 no가 될 수 있다. 그래서 어떻다는 것인가? 누구에게 이익이 될 수 있는가? 시간간격은 어떠하면 되는가?
9. 틀림. 잘 서술되었다. 그러나 문제는 어디로 갔는가? 이것은 순수한 정보 수집이다.
10. 가능함. 어려운 점은 이것은 2가지 문제라는 점이다. 연구의 2가지 영역을 포함하고 있는 것이다.
11. 가능함. 잘 공식화 되었으나, 커다란 범위에 속한다. 이 주제에 대한 많은 연구들이 이미 이루어졌고, 어떤 부분은 아직 조사되지 않았거나 혹은 연구의 몇 가지 문제점들이 확인되었다.
12. 가능함. 너무 명확하지 않다. 이것은 역사적인 연구인가 혹은 현재의 상황을 조사하는 것인가? 설명이 더 필요하다. 사회적인 자료뿐 아니라 경제적인 자료도 필요한 것인가?
13. 가능함. 어떤 프로그램을 의미하는지 나타나 있지 않다. 이것을 위해서 훌륭한 중국인이 필요할 것 같다. '경제적 함축성(Economic implications)'이라는 매우 명확하지 않은 용어에 대해서 서술이 필요할 것으로 보인다.
14. 맞음. 상당히 유용한 고안이다.

연습문제 1.3

1. 5단락에서는 연구문제에 대해서, 비록 예(이 연구 프로젝트는 ....에 대한 것이다)라고 표현하지는 않았지만, 명확하고 간결하게 제시하였다. 주요한 연구문제는 YDU들의 유능성에 대한 지식의 부족이었다. 특히 젊은 장애인들의 독립적인 생활을 위해 필요한 것들에 대한 것이었다. 첫 번째 단락의 '연구의 목적'에서는 연구자가 이 문제의 응답을 통해 무엇을 하고자 하는지 목적에 대해서 설명하고 있다.
2. 2단락에서는 더 확실한 발전이 있었다. 단락 5에서 문제를 완결하고, 단락 6에서는 연구의 초점에 대해서 설명하였다. 논쟁점의 기본적인 구조는 장애인들을 돌보기 위해 제공되는 사회적인 발달의, 특히 분리와 독립을 강조하는 개념에서, 역사적 설명에 기초를 두고 있다. 설명은 YDU에게 가장 중요한, 독립하여 생활하는 장애인들이 사회적으로 더 지역사회에 통합되기 위해 필요한 돌봄(care)과 시설(accommodation)의 형성을 위한 조항(provision)의 진보를 보여주었다. 또한 편의시설연구의 부족에도 불구하고, 젊은 장애인들의 요구를 적절하게 충족시키지 못한다는 증거가 있었다.

3. 하위-문제들은 언어로 표현되어 있기보다는 함축되어 나타나 있다. 연구자는 주요한 연구문제를 조사하기 위하여 두 가지 확인되지 않은 것들을 조사해야 하는데, 이처럼 연구자가 전체를 살펴봄으로써 하위-문제들을 발견할 수 있다.
   a. 다른 YDU에 미치는 다른 영향은 형식을 만들었다. 이것은 너무 일반적이며, 다양한 의미를 가진 설명이 될 수 있다. 주요 문제를 조사하기 위해서 연구되어야 하는 영향은 무엇인가-경제적, 정치적, 계획적, 관리상의..등? 이러한 모호함은 구체적인 하위-문제들로 이러한 부분들을 정의하지 않은 결과일 수 있다.
   b. 독립해서 사는 방법은 측정될 수 있어야 한다(그러므로 지표를 설정하는 것이 필요하다). 주요한 문제에 이것은 중요하다. 독립해서 사는 것은 추상적인 개념이고, 근본적으로는 어떻게 측정할 수 있을지 명백하지 않다.
4. 아래와 같은 것을 포함하여, 연구의 범위를 좁힐 수 있는 많은 제한점들이 있다.
   a. 국가: 전문에는 설명되어 있지 않지만, 함축되어 있다. 연구는 UK나 영국에 제한되어 있다.
   b. 시간: 현재. 예를 들어 연대적 연구(historical study)는 아니다.
   c. 대상: YDU의 신체적인 장애를 가진 젊은이
   d. 장소: YDUs. 휠체어 모수들을 측정하기 위하여 고안됨.
   320여 개 이상이 있지만, 연구는 다른 종류들을 조사하거나 YDU의 집합적인 형태를 살펴보는데 제한되어 있다. 연구에서 320개의 샘플만이 조사되었다고 제시되었다.
   e. 주제: 독립생활. 영감과 심각한 장애를 가진 젊은이들의 욕구
   f. 조사의 범위: 자세하고 다양한 방법의 조사는 계획, 거주지 측정, 사용하는 거주지 관찰, 거주자와의 구조화된 면접 등을 포함한 표준이 열거되어야 한다. 이러한 목차는 사용되는 설문조사방법의 원칙이지만, 여타의 다른 설문조사 활동을 방해해서는 안 된다. 예를 들어, 빌딩의 역사연구, 공무원과 디자이너 인터뷰 등이 있다.
   g. 규준: 독립 거주와의 만남을 효과적으로 하기 위해 어린 장애인들의 열망을 알아야 한다. 효율성은 매우 일반적인 말이지만, 7단락에서 말하듯이 연구 초반에 고안된 독립적 삶의 지표로 제한되어야 할 것이다.
5. 각기 다른 YDU의 생활 형태를 조사하면서, 비교 형태의 연구가 수행되어야 한다. 이것은 양적 연구보다 질적 연구가 필요하다는 것이 명백하다. 연구는 또한 자연스러운 상황에서 수행되어야 한다. - 평소에 존재하는 상황을 연구하는 것 말이다. 마지막 문단에 언급된 특정한 의도는 연구에서 주제와 관련된 지식을 증가시키는 역할을 한다.
6. 마지막 문단에서, 본문은 연구에 공헌하는 독창성과 실제적 장점의 가치에 강조점을 둔다. 연구의 중요성은 어떻게 독립 생활자들이 어린 장애자의 이익에 영향을 미치는가를 증진시키는 것을 돕는데 있다.
7. 이제까지 보아온 것처럼, 어떤 이의 특별한 이론 혹은 연구도 본문에서 언급되지 않았다. 제안의 주요점은 주제에서 연구가 부족하다는 것을 지적한 것이다. 이러한 결핍은 연구 제안의 이유가 된다. 이 제안의 최초 버전에서는, 개별 주요 논점은

끝에 수록한 적절한 참고문헌의 열거로 뒷받침 되고 있다.

연습문제 1.4

1. 여기에 있는 이 문제에 대해 직접적인 답을 하는 것은 명백하게 불가능하다 : 여러분만의 결론을 이끌어내는 것은 여러분에게 달려 있다. 그러나 여러분은 다음의 사항들을 고려하였는가?
   a. 그 과정이 연속적으로 보이는가 아니면 자료수집과 분석이 동시에 일어나는 것으로 보이는가? 어느 것이 여러분의 연구에 적절한가? 어떤 양적 접근법들은 자료 수집과 분석을 연결하는 간단한 피드백 고리와 함께 좀 더 발전적인 전략을 필요로 한다.
   b. 그 계획들은 가설을 분석하기 위한 것인가 아니면 상황에 대한 더 깊은 이해를 조사하기 위한 것인가? 실행의 계획과 결과의 유형은 연구의 목적에 의해 크게 영향을 받는다.

2. 다양한 사례에서 나타난 일람표가 아닌 오직 여러분의 연구 계획에 관련 있는 일람표를 만들어라. 이 일람표를 이 장의 마지막 부분의 과제를 위해 사용하라.

Chapter 02

연습문제 2.1

1. 여러분은 이를 반증하기 위해서 오직 맑은 토요일 하루만 관찰하면 된다. 따라서 그것은 가설로 사용할 수 있다.
2. 이 진술은 반증불가능하다. 사각형은 동일한 길이의 네 면을 가지고 있다면, 오직 사각형으로밖에 부를 수 없다. 이는 공리적 진술이다.
3. 반증하기 어려울지 모르지만, 이론상으로는 가능할 것이다. 예를 들어, 여러분이 지구 주위 궤도상에 있다면, 즉 엄청난 높이에 있다면, 던져진 물체는 지구로부터 '떨어질'지도 모른다! 이것은 명백하지만 여전히 타당한 가설이다.
4. 이것은 쉽게 반증될 수 있고, 그 이후 몇 가지 실험을 통해 정교해질 수 있는 가설이다.
5. 이 진술은 모든 가능한 상태를 내포하기 때문에, 반증가능성을 배제시키고 있고 따라서 가설이 아니다.
6. 비록 변위(휨, deflection)의 발생이나 그렇지 않은 경우를 볼 수 없다 할지라도, 정확하게 측정할 수 있는 것이므로 이것은 가설이다.
7. 이 진술은 반증하기 어려울 것이다. 여러분은 손실을 입은 기업체에 대해서만 알고

있지만, 이익이 있을 수 있다는 가능성을 배제시켜 버릴 수는 없다. '기업체' 개념이 의미하는 바에 대해 정말 의문이 들지 않을 수 없다. 어쨌든 그것은 다른 어느 것들 가운데서도 이윤 추구를 목적으로 하는 체계이므로, 이 진술은 가설이라 불러서는 안 된다.

8. 다시 가설이 아닌, 공리적 진술.
9. 이쪽 편이 더 낫다. 나는 원이 아닌, 수많은 둥근 물체들을 생각해낼 수 있다. 이것은 반증가능하므로 가설이다.
10. 또 다시, 모든 가능성들이 대상과 움직임에 관한 진술로 덮여버렸다. 반증가능할 수가 없다.

연습문제 2.2

1. 이 질문은 꽤나 답변하기 어려운 질문이다. 과학적 탐구의 본질에 대해 이 저자들 각자가 쓴 장문의 저서들의 수를 생각해보면 말이다! 하지만, 주어진 짧은 요약문에서 핵심 견해들 중 일부를 뽑아낼 수 있을 것이다. 여러분의 답변을 이것들과 비교해 보는 것은 어떨까?
   - 포퍼는 과학적 진보는 합리적 과정이라고 주장했다. 과학 이론들은 증명할 수는 없더라도, 반증이 가능해야만 한다. 그리고 어떤 이론의 판단 기준은, 오직 우위를 점하고 있는 더 좋은 다른 이론들과의 비교뿐이다.
   - 쿤은 과학의 발전이 순조롭게 이어진다는 점에 동의하지 않는다. 그는 기존 지식에 부합하지 않는 발견물이 지속적으로 나타나서 기존의 것과 전혀 다른 새로운 패러다임을 형성할 때, 과학적 이해에 대한 주기적이고 급진적인 재평가가 이루어진다고 주장했다.
   - 페이어아벤트는 유용한 결과를 산출해냄으로써 과학적 탐구가 지식의 진보를 가져다주는 유일하게 신뢰할 만한 수단이라는 생각에 도전했다. 결과만을 놓고 본다면, 과학적 이론으로 설명할 수는 없겠지만 '비과학적'인 많은 다른 분야들 또한 유용한 결과들을 많이 산출해냈다.
2. 아마 포퍼와 페이어아벤트는 지식을 얻고 분석하는 타당한 접근방법으로써의 해석주의에 대해 서로 상반되는 입장이었을 것이다. 포퍼는 해석주의 접근방법을 통해 나온 이론이 반증가능한 것인지에 의문을 품을 것이고, 반증가능하다고 하면 아마 그 검증이 반복가능한지에 의문을 제기할 것이다. 어쨌든 주관적 요소라는 것은 불가피하게 다른 결과를 초래하면서 모든 경우마다 상이할 것이다. 과학적 방법을 유일한 타당한 이데올로기로 보는 것을 거부하는 페이어아벤트는, 해석주의적 접근방법으로 어떤 유용한 결과가 나온다면, 지식획득의 귀중한 수단으로 해석주의를 환영할 것이다.
3. 이 조사 계획의 핵심 쟁점은 제도와 제품 디자인 사이의 관계를 탐구하는 것이다. 객관주의와 해석주의 접근방법 둘 모두 이 관계의 측면에 유용한 통찰력을 제공해 줄 수 있다.

a. 이것은, 개인의 주관적 태도와 사회적 현실에 대한 언급 없이도 조사할 수 있는 추상적이고 이론적인 관계이다.
b. '암호화된 정보를 어떻게 인식하는지'에 대한 언급은 확실히 주관적 요소가 존재한다는 것을 나타내 준다. 제도 위에 있는 암호화된 정보를 해석함으로써 어떻게, 그리고 어떤 지각대상들이 나타나게 되는가는 적어도 부분적으로 개인적 배경과 경험에 영향을 받을 것임에 틀림없다. 이것은 분석의 기술적 방법을 사용하는 질적 평가가 될 것이다.
c. 연구의 이런 측면은 사람들을 언급하지 않고 두 개념들 사이의 관계에 초점을 맞춘다. 즉 의사소통수단으로써의 제도와 디자인의 형태에 집중하는 것이다. 이 경우에는 개념 측정이 어렵긴 하겠지만, 실증주의적 접근방법이 가장 적절해 보인다.
d. 여기에서 사람들은 제도에 대해서, 그리고 제도가 어떤 식으로 디자인에 영향을 주는지에 관해서 질문을 받을 것이다. '경험적으로 평가'라고 써놓은 것이, 조사자가 중립적 입장에서 관찰에 근거한 합리적 평가를 내리려고 한다는 의구심이 들게 만들겠지만, 분명 조사에 해석주의적 접근방법의 여지가 있다. 먼저 비판적으로 가치판단 상황을 평가하고 그 다음 결과에 미치는 실제 영향은 무엇인지를 살펴보는 것, 이것이 바로 베버가 옹호하는 것이 아니었던가?

하나의 연구에서 두 가지 접근방법들을 결합시키는 것은, 그 목적이 조사 문제에 대해 완전히 다른 두 관점을 제공해주는 것이 아니라면, 혹은 그 조사문제 자체가 매우 상이한 하위문제들로 나뉘어서 각각이 다른 접근방법을 필요로 하는 경우가 아니라면 아마 어려울 것이다. 이 계획에서, 의사소통과 디자인에 미치는 영향이라는 제도의 두 측면들은 충분히 나뉜 것이라고 여겨질지도 모른다.

Chapter 03

연습문제 3.1

1. 근본적인 것.
2. 추론된 것. 근본적인 상징들(사람들, 함께 모이는 것, 근접성, 같은 시간에 있는 것, 특별한 목적)에 의해 만들어진 것: 특정한 목적을 가지고 같은 시간에 근접한 거리에서 함께 모인 많은 사람들.
3. 근본적인 것.
4. 근본적인 것.
5. 추론된 것. 근본적인 상징들(구획, 도시, 함께 연결되는 것, 육체적, 개념적인, 연결들, 분리하기): 그 도시의 다른 구역과 분리시키는 물리적, 개념적인 연결을 통해 함께 연관된 도시의 구역.

몇몇 근본적인 상징들은 추상적이라고 관찰된다. 즉, 단지 사물의 명칭이 아니라는 것이다. 당신은 아마도 근본적인 상징들을 추론된 상징들을 정의하기 위해 선택한 것들과 다르게 사용했을 것이다. 이것은 추론된 상징의 정의에 동의하기 위해, 우리가 그것의 의미에도 동의해야 한다는 것을 효과적으로 증명한다.

연습문제 3.2

1. 추상적인 것.
2. 구체적인 것 – 시간에 대해 특정한 것.
3. 추상적인 것.
4. 구체적인 것 – 사람에 대해 특정한 것.
5. 추상적인 것, 두 개의 단어가 완벽한 개념을 의미하기 위해 선택되었거나, 단어들이 독립되어서 개념이 구체적으로 언급되었거나 사회적 유형처럼 시스템이 유형에 특정한 것일 경우.
6. 대문자들이 이것이 결합된 묘사가 아니라 완전한 용어라고 알려주는 것을 제외하고는 이 개념에 대해서는 5번과 같은 이야기를 언급하고 있다.
7. 추상적인 것.
8. 구체적인 것 – 날짜와 장소의 시간에 대한 특정한 것.

연습문제 3.3

1.
   a. 건물의 특징에 대한 관찰 : 그것이 교실과 회의장, 교수실, 놀이방 등을 가지고 있는가?
   b. 건물에서 행해지는 활동의 관찰 : 그룹을 이뤄서 가르치는가? 그룹이 나이 또는 능력에 따라 나뉘는가? 체육활동, 음악활동 등의 조직적인 하루 일과가 있는가?
   c. 선생님, 학생, 부모님, 이사회와 같이 조직구성원과 다른 연관된 사람들 간의 의사소통: 그들이 이것을 학교라고 믿고 있는가?
2.
   a. 자격을 갖춘 사람들에 의한 두려움의 증상을 발견하기 위한 사람들 행동의 관찰 즉, 급하게 도망치거나, 그 자리에서 얼어버리거나, 머리가 곤두서거나, 창백한 얼굴이거나, 짧은 숨소리, 눈을 크게 뜬 학생들에 대한 관찰.
   b. 사람의 심장 박동과 뇌 활동, 땀 생산, 온도 등을 측정하기 위한 감각 측정기구의 사용, 즉 사람의 두려움에 대한 의학적 징후에 대한 사전 동의가 있어야 한다.
   c. 사람이라면, 그들의 두려움에 대한 질문을 한다.
3.
   a. 다른 사람들을 집단의 구성원이 아니라고 간주하고 제외하면서 집단 내의 사회적 연결을 인식하는 사람들의 의견.

b. 집단 활동, 거리 파티, 친근한 관계 등의 관찰.
c. 사회구성체, 상호 도움을 주는 집단 등과 같은 합동 조직들의 현황.

4.
a. 표면에 형성되는 물의 관찰, 즉 욕실 거울의 연무.
b. 상대적인 습도를 포함한 계산과 주어진 상황에서 온도를 변화시키는 계산에 의한 실험.
c. 생각하기 쉬운 장소에서 습기를 측정하는 실험.

5.
a. 시기에 따라 사람의 식이요법을 기록하는 것. 그리고 그것을 필수 영양소에 대한 자료와 비교하는 것.
b. 창자의 움직임, 근육 소비, 지방 함유량 등에 대한 시기에 따른 사람의 의학적 검사.
c. 사람들에게 배고플 때 그들은 어떤 것을 이해하고 그 이해한 것과 관련하여 그들은 어떤 느낌을 받는지 물어본다.

6.
a. 나침반 침의 움직임 관찰.
b. 자석 주위의 얇은 종이판의 쇠의 줄밥에 의해 만들어지는 유형.
c. 자기력계에 의해 감지된 자기장의 흐름의 측정.

7.
a. 다른 사람들의 행동에 대한 특정한 대응을 증진시키기로 동의한 집단의 사람들의 협력된 활동의 관찰.
b. 집단이 활동적으로 특정한 원인을 지지한다는 것을 지적한 개인들 사이의 미팅이나 의사소통의 기록.
c. 특정 이슈에 대해 그들에게 설명하게 되는 집단의 본질에 대해 힘을 가진 사람들에게 물어본다.

연습문제 3.4

1. 명목적.
2. 명목적.
3. 비율적.
4. 등간적. 비록 이것들 또한 숫자라고 해도, 0은 이 맥락에서 아무 의미를 가지고 있지 않는다, 즉 누구도 0이라는 IQ를 가지고 있지는 않다 - 만약 그렇다면 아마도 그 사람은 죽은 것일 것이다.
5. 성취의 선을 따라 동등하게 공간을 차지하고 있다고 간주될 때 그것들은 종종 등간적이라고 생각되어지지만, 서열적이다.
6. 서열적.
7. 비율적.(0. 0의 자리는 아마 아무 것도 없을 것이다.) 측정은 대략 해수면의 대기

압력이라고 볼 수 있는 1.0으로부터 그 가치를 갖는다.

8. 서열적.
9. 서열적.
10. 비율적.
11. 등간적(0℃는 이 맥락에서 어떤 특정한 중요성도 가지지 않는다)
12. 서열적.
13. 명목적.
14. 전체를 다 양화시킬 수는 없다. 어떤 것은 색깔이나 모양에 의해 모두 명목적으로 양화할 수 있지만, 두 가지를 합쳐서는 가능하지 않다. 어떤 것은 입방체의 색깔이나 빨간 모양에 의해 양화될 수도 있다.

연습문제 3.5

1. 논쟁. 전제: 인상된 휘발유 세금. 결론: 도로 위의 적은 교통량. 전제지시어: '~까닭에'.
2. 논쟁. 전제: 교육기회의 박탈을 통한 범죄에 대한 사회적 책임의 감소. 결론: 범죄를 비난해서는 안 됨. 전제지시어 없음. 하지만 "왜냐하면"이라는 전제지시어가 암시되어 있다.
3. 진술 – 관계적.
4. 이것은 긍정적인 상호관계가 추론되는 관련적 진술에서 볼 수 있다. 만약 우리가 "~로 인하여"라는 의미로 "살펴보다"라는 전제지시어를 택한다면, 논쟁에서 이러한 모습을 찾아볼 수 있을 것이다. 전제: 드라마의 서로 다른 종류. 런던에서. 결론: 내 생각에 런던은 세계에서 제일 좋은 장소이다. 이 질문은 당신에게 결론에 대한 전제를 찾는 곳에 초대 할 것이다.
5. 논쟁. 전제: 인상 요구에 대한 불충분한 지급. 결론: 기관사들의 파업. 전제지시어 "왜냐하면".
6. 진술 – 명백히 관련적.
7. 논쟁. 전제: 파업 조짐. 결론: 인상 요구에 대한 불충분한 지급. 전제지시어: '~와 같이'('사실은'이 가리키는 것에 의해).
8. 진술 – 부정적 방향의 관련성.
9. 논쟁. 전제: 의회 구성원들은 종종 우리를 호도한다. 결론: 나는 의원들을 믿지 못한다. 전제지시어: '내 의견에'.
10. 논쟁. 전제: 계속되는 가격 동결. 결론: 바닷가재의 부족. 결론지시어: 'so it follows that'.
11. 존재 진술. 두 진술간의 연관된 관계없음.

연습문제 3.6

1. 모든 가능한 불이익을 뛰어넘는 어떠한 환경에서든지 건강한 아이를 출산하는 것.
2. 교통량 감소의 비용대체를 위한 모든 것들의 가격상승.
3. 명단에 있는 사실들은 자전거 선수에게 더 많은 편의를 제공하기 위해 당국을 설득할 것이다.
4. 가장 큰 의료위험은 빈곤계층 중 유아 사망률의 감소에 달려 있다.
5. 핵 발전이 에너지 문제에 관한 해답이 아니라는 환경전문가들의 조언에 반대하기는 어렵다.

연습문제 3.7

1. 귀납.
2. 연역.
3. 귀납.
4. 귀납.
5. 연역.
6. 연역.
7. 연역.
8. 연역.
9. 귀납.
10. 귀납.

연습문제 3.8

1. 모순.
2. 모순.
3. 모순.
4. 일관됨.
5. 일관됨.
6. 일관됨.

연습문제 3.9

1. 형식적. 선행을 부정. 이것은 작가가 그/그녀의 두뇌를 전·후로 이끌지 않은 결과이다. 그/그녀는 각기 다른 원인에서 같은 결과가 만들어진다는 것을 알지 못한다.
2. 비형식적(비언어적). 모호성. 이것은 의미의 애매함을 낳는 부주의한 문법상의 오

류이다.

3. 형식적(관련성 억측). 유비 오류. 유비는 때때로 익숙하지 않은 개념을 청중들이 이미 소유한 경험에 관하여 이야기 하는 것에 의해 기술하는 데에 유용하게 사용된다. 이 오류는 필연적이라기보다는 더욱 유사하다는 생각에서 기인한다.
4. 비형식적 오류의 또 다른 예시(관련성의 억측). Dicto simpliciter. 이 오류는 일반화를 성급히 한 것이다.
5. 형식적(관련성 강요). Argumenum ad ignorantium. 단지 우리의 지식이 부족하기 때문에, 한 현상의 대립적인 것을 추론하는 오류이다.
6. 형식적(관련성 누락). One-sided assessment. 이 오류는 현상의 한 측면만을 고려하였을 때 발생한다. 정보에 근거한 결정을 내리기 위해서는 균형 있는 시각이 요구된다.
7. 형식적. Undistributed middle. 밴 다이어그램을 이용한 검사는 이 논쟁의 단점을 보여줄 것이다. 이 예시에 나와 있는 중간 명제인 '매우 감성적인 사람'은 그 집합의 모든 구성원을 대표하지 못한다.
8. 비형식적(관련성 강요). Blinding with science. 비과학적인 전문용어는 당신의 우월한 지식과 함께 사람들을 감동시키려 하는 데에 이용될 것이다. 고양이가 매트에 앉아있다는 것을 'gobbledegook'으로 바꿀 수 있을 것이다.
9. 형식적. Affirming the consequence. 결과를 단정 짓는 것은 오류이다. 왜냐하면, 현상은 다른 원인으로부터 만들어질 수도 있기 때문이다.
10. 비형식적(누락). Concealed quantification. 집합에 관한 진술을 할 때, 때때로 모든 구성원을 말하기도 하고, 일부만을 말하기도 한다. 이러한 오류는 표현의 모호성이 진술의 성질에 대한 그릇된 이해를 가져올 때 발생한다.

연습문제 3.10

1. 옳음.
2. 옳음.
3. 하나 이상의 구분에 근거하고 있음. 얼마나 많은 껍질이 진흙 파이 속에 들어있나?
4. 옳음. 당신이 보육학교 건물을 추가해야한다고 느끼지 않는다면.
5. 옳음. 비록 범주의 정확성을 위한 논쟁을 생각할 수는 있지만.
6. 범주의 교차됨. 추우면서 맑은 날 등등.
7. 옳음. 당신이 다른 종류의 기본 펜 유형을 생각할 수 있지 않다면.
8. 약한 격차. 바람, 파동, 태양에너지 등등.
9. 옳음. 만약 당신이 단지 태양계의 공전만을 이야기 하고 있다면.
10. 비형식적. 하나 이상의 구분에 근거하고 있음. 두 가지 유형의 구분이 교차하고 있음.

Chapter 04

연습문제 4.1

여러분은 정보를 수집하는 기술을 점진적으로 발달시킬 것이다. 중요한 것은 정보에 밝아야 하고, 다른 소스를 조사하고 정보를 검색하는 다른 방법을 찾아보는 것을 망설여서는 안 된다.

연습문제 4.2

이 단계에서 분명히 여러분은 인터넷의 정보를 조사하기 위해서 짧은 시간을 투자할 수 있다. 인터넷의 정보를 많이 이용할수록 기술도 향상될 것이다. 여러분이 조사하고 있는 정보에 대한 주제에서 벗어나지 않도록 유의하라. 백과사전에서 낱말을 찾아보는 것처럼, 같은 페이지에서 모든 다른 흥미 있는 주제들을 읽는 것은 매우 쉬운 일이다.

연습문제 4.3

1. 여러분이 여러분의 기록을 다시 읽게 될 때 - 지금부터는 좀 더 철저하게 논문들을 읽어야 한다 - 여러분의 첫 요약은 논쟁에서 필요한 핵심을 모두 포함하고 있는가?
2. 이러한 기록들은 아직은 단편들에 지나지 않지만, 유용한 정의와 설명을 포함하고 있을 것이다. 목록 형식은 개념에 대한 정보를 기록하는 아주 유용한 방법이다.
3. 여러분의 기록이 원문(original text)보다 길지 않음을 확인하라. 한 절에서의 첫 문장은 보통 그 절의 주제를 소개한다는 것을 숙지하라. 그 다음에 오는 문장들은 주제를 다듬거나 상술한다. 마지막 문장은 결론을 내리거나, 다음 절을 위한 연결일 것이다.
4. 이러한 마지막 절들은 종종 기사나 글의 실제 핵심/본질을 포함한다. 이것이 긴 이론이나 논문들을 뒤에서부터 읽어나가기 시작하는 좋은 이유이다. 여러분이 선택한 주제를 요약해 가는 과정도 중요할 뿐만 아니라, 읽으면서 여러분의 주제에 대하여 여러분이 가지고 있는 현재의 생각에 대한 중요성을 숙고하는 것도 중요하다.
5. Barbara Cartland novel을 시도해 보라(그녀는 2주마다 하나씩 썼다).

연습문제 4.4

이 연습문제의 결과는 여러분이 판단하라! 여러분의 필요와 목적에 적합한 가능한 기록, 분류, 그리고 검색 체계의 가장 간단한 형식을 고안해 보라. 종이에서 컴퓨터 기반으로의 변천은 앞으로 여러분의 시간을 많이 단축시켜 줄 것이다. 노트들은 이미 전자식이기 때문에, 여러분이 보고서 초안을 작성할 때 쉽게 고르고, 복사해서 붙이고 개정할 수 있을 것이다. 이상적으로는 종이에 하고 있는 것처럼 여러분이 원하는 곳은 어디서든지 기록할 수 있도록 노트북이나 그와 마찬가지 것을 가지고 있기만 하면 될 것이다.

Chapter 05

연습문제 5.1

1. 관리 가능한 수의 사례를 연구할 수 있도록 하기 위해서. 표집 절차는 실제 연구할 사례들이 전체 모집단을 대표하도록 하는데 도움이 된다.
2. 단일 사례는 그 집단이 연구 대상이 되는 부문에서 매우 동질적이지 않다면, 전체 집단의 대표가 되기 어렵다. 단일 사례 연구가 유용할 뿐만 아니라 불가피한 상황이 있다. 예를 들면, 유일하게 어떤 한 유형의 공룡 골격 화석이 발견되었을 때, 다른 골격이 없음에도 불구하고 같은 유형의 다른 공룡에 대한 많은 일반화가 이루어지게 된다.
3.
   a. 무작위와 비-무작위 표본추출. 무작위 표본추출(임의표집, 확률표집)은 사례가 선택되는 것을 순전히 운에 맡기면서, 조사자의 영향력이 개입될 가능성을 배제시켜 버린다. 비-무작위 표본추출은 편의를 기준으로 사례를 선택하는데, 거기에는 대표성을 확보하려는 시도도 있을 수 있다.
   b. 여러분이 수집한 자료로부터 일반화를 시키고자 한다면, 가능하면 언제나 무작위 표본추출을 사용해야만 한다. 모집단의 수가 너무 적을 때, 시간이 매우 촉박할 때 혹은 모집단의 전 범위에 접근할 수 없는 경우에, 비-무작위 표본추출을 사용할 지도 모른다. 이 경우 그 표본에서 나온 일반화는 타당성에 내재적 한계가 있는 것이다.
4. 모집단의 특성을 조사해야 한다: 동질적인가? 아니면 계층으로 구성되었는가? 만약 후자의 경우라면, 그 층화의 특징은 무엇인가? 그렇지 않으면 그 모집단은 군집으로 구성된 것인지도 모른다. 각 경우에 적절한 표집 기법을 선택해야 한다.
5. 요구되는 표본의 크기는 모집단의 특성과 설문조사의 세부사항에 달려 있다. 모집단 내 변동이 크고 정보 요구조건이 세부적이면 다수의 표본이 필요하다. 높은 정확성이 요구되면 표본 역시 커야 한다. 모집단이 매우 동질적이고 설문조사의 범위가 국한되면 적은 표본으로도 충분할 것이다. 최소의 표본 크기는 주로 다른 통계적 검증마다 정해져 있다. 그 조사계획의 현실적 한계점 또한 고려하도록 하자.

연습문제 5.2

1.

a. 너무 모호하다. 여러분은 그 사람이 어느 거리, 마을, 나라 혹은 대륙 출신인지 알고 싶은가?

b. 5명 이상의 자녀들이 있다면, 그 사람들은 무슨 대답을 할까? 여러분은 이런 만일의 사태에 대비해 '4 이상' 범주를 추가할 수 있을 것이다.

c. 척도의 차이가 너무 미미하다. 54%와 56%의 차이는 무엇인가? 그것은 의미가 없다. 매우 많이 좋아한다, 좋아한다, 좋아하지도 싫어하지도 않는다, 싫어한다, 매우 싫어한다 같은 5점 척도가 일반적이다. 또 다른 것 하나가 추가될 수도 있다: 모른다!

d. 이것은 여러분이 지난 일 년 안에 샴페인 한 병을 마셨다는 것을 가정하고 있다. 모든 사람이 그렇게 운이 좋은 것은 아니다!

e. 너무 복잡하다! 만약 여러분이 이 설문지를 전문가와 아는 것이 많은 표본을 대상으로 하지 않는 한, 그 응답은 완전히 추측일 것이다.

2. 개인 자료 수집의 네 가지 상이한 유형 사이의 주된 차이점은 조사자가 설문 문항 결정에 미치는 통제의 양이다. 그 결과 예상되는 답변의 유형에도 영향을 미친다. 가장 직접적인 유형은 구조화된 면접인데, 여기서 응답자는 조사자가 제시하는 일련의 질문에 대답하는데 심한 제약을 받게 된다. 반대편 극단에 있는 것은, 질문보다는 즉각적으로 응답자에게서 나오는 설명들인데 가능한 한 조사자의 지시를 최소화하고 자유롭게 말하도록 해 주기 위한 것이다. 반구조화와 자유 면접은 이 두 극단들 사이에 위치해 있다.

3. 아니다. 어떤 '모집단'에 대해 말할 때, 우리는 단지 사람들에 대해서 말하는 것이 아니다. 대상, 사건, 상황 그리고 현상들의 모집단에서 하나의 표본을 추출할 수 있다.

연습문제 5.3

1.

a. 여러분의 강의에 학생들이 모두 참여하기를 원한다는 점을 감안했을 때, 진실험(true experiment)은 불가능할 것이다. (강의가 끝난 후 학생들을 검사하는) 단일 시도 사례연구(one-shot case study)는 가능하지만, 그 학생들이 이미 알고 있을지 모르는 것을 고려해 넣지 않는 것이다. (강의 전과 후에 학생들을 검사하고, 학생들의 인문학 인식의 증가를 비교하는) 한집단(one-group) 사전검증/사후검증 설계가 더 나을 것이다.

b. 많은 것은 여러분이 무작위로 고를 수 있는 동일한 종류의 벽돌 여러 개를 가지고 있는지에 달려 있다. 만약 그렇다면, 여러분은 통제 집단(사전/사후 검증 통제집단)을 이용한 진실험을 수행할 수 있을 것이다. 나는 여러분이 물에 적셨을 때 풀어져 버리는 굽지 않은 벽돌은 서리를 견디지 못할 것이라고 가정해야만 할 것이라고 생각한다.

c. 사람들이 얼마나 오래 잠을 자는지를 결정하는 너무나 많은 통제 불가능한 변수들이 있기

때문에 어렵다. 유사실험을 한 번 세워보고 여러분의 침대에서 잠자고 있는 참가자들에게 수면제를 줘봐라!

2.
a. 기계론적(물리적), 수학적, 도식적.
b. 도식적.
c. 물리적, 도식적(컴퓨터로 만든 것을 포함하여).
d. 도식적.
e. 도식적, 아마도 수학적.

3.
a. 입력 자료: 계란 크기. 산출 자료: 시간. 피드백 없음.
b. 입력 자료: 공간 기하학, 가구 개수와 크기에 따른 종류, 주변에서 가구를 사용하기에 필요한 최소한의 공간. 산출 자료: 방 배치. 피드백: 가구를 겹쳐서 사용하는 공간 부족에 대해 가능한 변화.
c. 많은 입력: 버스의 속도, 버스 정류장의 위치, 교통상황 등등. 산출 자료: 서로와 관련한 버스의 행동. 피드백: 결과로 나타나는 입력 자료의 변화를, 가령 버스속도 변화, 정류장 위치 변경 등, 탐구해볼 많은 가능성들.
d. 입력: 유리의 종류와 강도, 종류와 틀의 형태, 유리 고정 방법, 충격의 종류. 산출: 충격 자료에의 저항. 피드백: 입력 가치의 상이한 조합과 더 효율적인 조합은 산출 자료에 의해 제시될 수도 있다.

연습문제 5.4

1.
a. 많은 수의 대본은, 질문의 일부 표준화와 그에 따른 답변의 표준화가 있다는 점에서 몇 가지 양적 분석이 가능함을 보여준다. 질적 분석은 더 광범위한 의견을 평가하는데 사용되어야 할 것이다.
b. 이것은 완전히 질적인 조사처럼 보인다.
c. 처음에는 양적인 것으로 보인다. 하지만, 무슨 자료를 수집하는가에 달려 있다.
d. 여기서는 양적, 질적 분석이 둘 다 가능하다.
e. 또다시 추론에 의한 몇 가지 질적 분석이 가능할 수 있을지라도 양적인 연구처럼 보인다.

2. 주로 가우스 곡선 같은 공통 모수치(parameter)에 들어맞는 자료를 연구하기 위해 모수통계가 사용된다. 비모수통계는 공통 매개변수와 맞지 않는다.
3. 통계로 증명하는 것이 어렵다(불가능하다?)! 그러나 여러분이 주장하기에 흡연과 암 사이의 관계를 보여주는 변수들 간의 상관관계를 암시해주는 통계적 분석으로 논증을 뒷받침할 수는 있다.
4. 질적 분석을 수행할 때는 정말로 여러분의 창의성과 상상력이 풍부한 능력을 사용해야만 한다는 점에는 동의한다. 하지만 여러분의 논증은 논리적이고 일관성 있는

증거로 뒷받침 되어야 한다. 복잡하고 정답이 없는 사회현상을 단순화시켜 정리하고 이론화하는 인간의 능력은 우리의 모든 일상생활의 존재에 대한 이해를 구하는데 꼭 필요하다. 하지만, 이 말이 과학은 전혀 창의적이지 않다고 의미하는 것은 아니다. 가장 위대한 발견들 중 일부는 직관적으로 이루어졌고, 차후에 경험적 자료로 뒷받침된 것이다.

양적 분석과는 달리, 질적 분석은 체계적인 실험과 검증에 덜 의존하고 연속된 자료의 비교에 더 의존해야만 한다. 개념들과 이론들은 이런 연속적인 비교가 이루어지는 동안, 그리고 그 비교의 결과에 의해 발전할 가능성이 더 높다. 양적 분석은 정확한 답변을 제공해줄 가능성이 있는데, 이는 질적 분석에 부족한 것이다. 하지만, 질적 분석은 정확하게 측정될 수 없는 주관적 자료를 처리할 수 있다.

5.

a. 조직 구성 차트의 네트워크는 위계적 구조를 보여준다. 역할이 정립된 모습은 역할들 사이의 관계 유형에 정보를 더해줄 것이다.
b. 학교 유형을 수직적으로, 사회계급을 수평적으로 구성하기 위해, 각각의 조합에 대한 태도에 관한 자료를 기록하면서 단순 매트릭스를 사용할 수 있다.
c. 활동 기록 형식의 네트워크는 그 업무를 성공적으로 완수하는데 필요한 일련의 조치들을 명확히 보여줄 것이다.
d. 효과 매트릭스는 이 변화가 어떻게 공장 내 작업에 영향을 미쳤는지를, 그리고 심지어 필요하다면, 봉급 수준에 어떤 영향을 미쳤는지를 보여주는데 도움이 된다.

Chapter 06

연습문제 6.1

1. 선구적인 수술을 수행했다는 그의 주장을 뒷받침하기 위해 의료기록에 손을 대는 것. 그는 또한 난소질환에 폭넓은 조사를 해왔던 것처럼 행동했다.
2. 다른 산부인과 의사들은 위험한 결과가 있을지 모르는 그 수술을 실시하려 노력해왔을지 모른다. 그런데 바로 그 알려진 조사를 증거삼아 치료를 행한 것이었다.
3. 여러 가지 안전장치들이 있지만, 스스로 알아서 속임수에 대처하는 것은 아니다. 주장은 접근가능하고 신뢰할만한 증거로 뒷받침되어야 한다. (그 기사를 통해 알 수 있는 것처럼, 이런 증거는 때때로 악의적으로 조작될 수도 있다.) 사용한 조사방법들은 철저히 검토할 수 있어야 하고 반복할 수 있어야 한다. (여러 명이 사망한 후에야, 그 수술방법의 성공에 의문이 제기될 것이다!) 많은 유형의 실험은 비록 실패한다 하더라도 해를 끼치지 않고 반복될 수 있지만, 의학 분야에서는 결코

그렇지 않다.

4. '사기 전담반'이 어떻게 그 연구 단체의 내부자 도움 없이 직접적이고 능동적으로 작전을 펼칠 수 있는지 상상하기 어렵다. 그것은 (중요한 문제일지라도) 사회에 파급되는 효과가 미미한 사소한 문제인 것처럼 보이기 때문에, 경제사기 범죄에서 그와 같은 일상적인 치안활동이나 형사들의 업무는 적절한 것 같지 않다. 하지만 부서 내의 사기행각에 의심을 품은 연구자들이 그 '전담반'에 조심스러운 익명의 제보를 해주는 체계는 관계당국에 범죄활동에 대해 알려줄 것이다.
5. 그 혐의는 융이 자신의 주장에 대한 증거로 사용했던 문서를 위조했다는 것이다. 이는 산부인과 의사 말콤 피어스가 유죄판결을 받았던 위조 사건과 유사한 경우이다. 두 사건 사이의 가장 큰 차이점은 융에 대한 기소 내용은 입증할 수가 없다는 것이다. 왜냐하면 그 증거자료가 의회도서관 기록보관소에 있는데, 융의 유족들이 기록에 접근하는 것을 허락하지 않고 있기 때문이다. 만약 그 기소 내용이 사실이라면, 그 사기로 인해 누군가가 신체적 또는 정신적으로 피해를 봤는지를 평가하는 것이 어려울 것이다. (피어스 씨 사건의 경우, 이 부분은 훨씬 더 간단한 일이었겠지만) 하지만 만약 사실이라면, 융의 다른 저작들의 신뢰성이 의심받게 될 것이고, 그가 자신의 모든 이론들을 뒷받침하기 위해 제시했던 증거들은 면밀하게 검토되어야 할 것이다.
6. 여러분이 생각하기에, 자신을 그 분야의 일인자로 만들어줄 것 같은 아주 끝내주는 이론이 있는데, 그 증거가 잘 맞지 않는다면, 틀림없이 그것을 '조작'하고 싶을 것이다. 야망은 강력한 동기다. 과학자들이 거짓말하지 않는 이유 몇 가지가 있다; 대부분의 사람들처럼 과학자들은 정직하다; 거짓임이 밝혀지는 것은 그 분야 경력에 큰 타격이다; 그리고 과학의 발전이라는 것은 단지 새로운 이론을 '입증'하는 것만으로 이루어지는 것이 아니다. 기존 가설이나 이론을 반증하는 것 또한 과학적 성공만큼이나 중요하기 때문이다.

연습문제 6.2

여기 부적절하다고 생각하는 단어들이 있는데, 그 단어들 대신 사용할 적절한 용어도 같이 제시해 놓았다.

old folk, old dears (노인네) 이것들은 거들먹거리는 표현이다. 'older people'이나 'senior citizen'을 사용하라.

the normal ones (정상인) 이것은 장애인들은 정상적인 사람들이 아니라는 의미를 담고 있다! 'able-bodied'나 'people without disabilities'를 사용하라.

the disabled (장애인) 이것은 비인격화시키는 것이기 때문에 더 이상 받아들여지지 않는 표현이다. 'disabled people'이나 'people with disability'를 사용하라.

the blind (장님) 개개인의 요소가 결여된 모호한 표현이다. 'blind or partially sighted person', 'someone with visual impairment', 'people with little or no sight'등을 대체어로 쓸 수 있다.

the deaf (귀머거리) 이 역시 모호한 표현이다. 가능하면, 부분적인 청각 장애인지 완전히 안 들리는지 이런 개개인마다의 요소를 덧붙여라. 일부 사람들은 'the deaf'라는 표현을 장애인보다는 언어적 소수자를 나타내는 용어로 사용한다.

the wheelchair-bound (휠체어 신세를 지는 사람) 'wheelchair users' 또는 'people with impaired mobility'로 대체하라.

mental handicap (정신발달장애) 'handicap'은 차별적인 표현으로 간주된다. 'learning difficulties' 또는 'learning disabled'를 사용하라.

businessmen (사업가) 여기서 말하는 것은 오직 남자들인가? 아마 아닐 것이다. 'business person', 'manager', 또는 'executive'를 사용하라.

headmasters (교장) 여기서도 똑같은 성별 문제가 적용된다. 'headteacher'를 사용하라.

putting their wallets into their trouser pockets (지갑을 바지 주머니에 넣는다, 돈을 벌다) 이것은 예전의 모든 전문직이 전부 남성들의 직업이었다는 것을 가정하고 있다. 'purse'와 'inside pocket'처럼 여성을 의미하거나 성별중립적인 표현을 넣어서 바꾸어 사용하자.

lower class (하층계급) 경멸적이고 비하하는 것으로 여겨진다. 구식의 표현이긴 하지만 'working class' 또는 'people with lower earnings'를 사용하라.

charwomen, deliverymen, salesgirls 그리고 waiters, policemen, laymen (청소부, 배달부, 여점원과 종업원, 경찰관, 일반인) 의도하지는 않았겠지만 이것들 역시 모두 한쪽 성별에 국한된 표현들이다. 'cleaners', 'couriers', 'sales assistants', 'waiting staff', 'police officer', 'lay persons'를 사용하라.

British people (영국인, 백인) 여기에서 사용된 것처럼, 이 표현은 분명 옳지 않은 백인 인종 집단을 의미하고 있다. 'white people'을 대신 사용하라.

the blacks (흑인) 비인격화된 표현이다. 'black people'을 쓰거나, 더 정확한 표현이 필요하면 'African'(모든 아프리카인들이 검지는 않다는 것을 알고는 있지만), 'Afro-American' 혹은 'Afro-Caribbean'을 사용하라.

아시아 출신 사람들이 꼭 흑인종 범주에 들어갈 필요는 없다. 'Asians'나 'of Asian origin'을 사용하라. 인종 다양성과 혈통(origin)의 혼합이 존재하기 때문에 이것은 복잡한 문제다. 지나친 일반화를 피하고 가능한 정확하게 표현하는 것이 상책이다.

other immigrants (다른 이주민) 이 말은 'the blacks, 흑인들'은 필연적으로 이주민들이라는 것을 내포하고 있다. 물론 이것은 정착된 다인종 사회에서는 사실이 아니다.

druggies, homosexuals, and tramps (마약중독자, 동성애자 그리고 부랑자) 이런 표현들이 젊은이들 사이에서 사용되는 말이라면, 좀 더 분명해져야 한다. 'drug dealers'나 'drug users'가 더 정확하고, 'gay persons'는 주로 남성과 연관되는 의학용어의 사용을 극복하는 것이다. 그리고 아마 'vagrants'가 덜 경멸적인 용어일 것이다.

geriatrics (노인병학) 의학의 한 분과를 나타내는 의학 용어. 'older people'을 사용하라.

typical young person...himself...his 이런 표현들은 이 범주에 속한 사람들 중 여성은 배제시키는 것이다. 'him/herself', 'his/her' 또는 현재 단수인 경우에도 쓸 수 있게 문법상으로도 꽤 받아들여진 'their'를 사용하라.

연습문제 6.3

여기에는 내 생각을 간단히 적어놓았다. 확실히 주변 동료들과 논의해볼 만한 다양한 반응들이 있을 것이다. 하지만, 여러분의 조사가 그런 급진적인 실험 쪽으로 진행될 것 같지는 않다.

1. 밀그램(Milgram)의 방법을 옹호하는 입장은, 실험 대상자들 중 어느 누구에도 신체적 피해를 입지 않았다는 사실에 입각한 것이다. 철저한 실험 보고에도 불구하고, 그런 실험 상황이 초래한 참가자들의 고통이 과연 사소한 것인지, 장기적으로 봤을 때 그 실험이 준 심리적 피해는 없을 것인지 의문이 든다. 내가 그런 조사의 참가자였더라면, 분명 속았다는 생각에 화가 났을 것이다.
2. 찬성:
   a. 이것은 이 중요한 쟁점에 대한 사실을 찾아내는 유일한 방법이다.
   b. 실험참가자들이 속은 것이고 어떤 고통도 없었다는 점을 설명해 줄 모든 예방책들이 동원되었다.
   c. 실험참가자들은 어떤 단계에서든 그 실험을 중단할 수 있었다.

   반대:
   a. 속임수에 근거한 어떤 실험도 근본적으로는 비윤리적인 것이다. 원하는 자료를 얻기 위해 다른 방법들이 강구되어야만 한다.
   b. 실험참가자들은 자신들이 견뎌내야만 하는 것 이상의 스트레스를 초래할 수밖에 없는 상황에 놓여졌다.
   c. 실험참가자들이 받은 더 장기적인 영향을 측정할 수 없다. 충격적인 상황은 외상 후 스트레스를 초래할지도 모른다. 그 실험에는 후속 경과 관찰이 포함되어 있지 않다.
3. 실험참가자들이 속일 필요가 없는 유사한 상황에 어떻게 시달리고, 여전히 그런 어

려운 선택을 해야만 하는지 알기 어렵다. 그 실험의 요점은 평범한 사람들이 권위에 직면했을 때 자신들의 평소 원칙을 어느 정도까지 거스를지를 측정하는 것이다. 아마 요즘에는 이런 이해갈등 상황을 만들어내는데 컴퓨터 시뮬레이션을 사용할 것이다.

4. 내가 대부분의 다른 참가자들처럼 행동했다고 가정하면, 나의 평상시 성향과는 반대로 기꺼이 고통을 가했다는 점이 가장 큰 충격이었을 것이다. 어쨌든 아무에게도 고통을 주지 않았다는 사실을 알게 돼서 안도하겠지만, 이런 식으로 이용당했다는 생각에 분노할 것이다.

Chapter 07

연습문제 7.1

다음에 나오는 양상을 나타내는 핵심어들을 알고 있는가? 알고 있다면, 그런 말들이 정말 필요한 것인가? 모른다면 중요한 무언가를 놓친 것인가?

- 특정 장소, 가령 특정 국가 또는 도시.
- 일반적인 장소나 상황, 가령 시골, 도시, 건물/사회적 환경(학교, 집, 공장), 자연환경, 지역정부.
- 맥락, 가령 사회적, 정치적, 경제적.
- 시간, 가령 날짜, 과거의, 당대의.
- 측정(평가)하다, 가령 효율성, 충격, 수행, 가치, 사이의 관계, 견적, 영향, 결과.
- 구체적인 개념, 가령 강철, 실내 조경, 지방 조례, 주택, 실무(professional practices), 환경법, 범죄 수치.
- 이론적 개념, 가령 부, 여가, 장애, 유산(heritage), 보존, 생태학, 교육, 접근, 주거, 환경.

연습문제 7.2

이 목록은, 질문에 대한 여러분 자신의 답변에 대해 스승과 함께 논의해 볼 좋은 자료다. 그/그녀와 만날 약속을 잡아 보는 것이 어떤가? 여러분이 작성해 온 표제와 연습문제 7.1에서 자신이 선택한 핵심어 목록을 함께 가져가라.

연습문제 7.3

이 연습문제의 답변은 여러분의 연구제안서 (방법론에 대한 설명은 없는) 초안이 될 것이다(여러분의 연구제안서는 여러분이 연구문제가 정확히 무엇인지를 알고 난 이후에야 쓸 수 있는 것이기 때문이다!). 이 답변을 여러분의 스승에게 보여주고 논의하여, 방법론에 관한 절로 넘어가기 전에 여러 번 고쳐 써라. 이 단계에서는 여러 선생님들과 자주 상담하는 것이 중요한데, 그래야 여러분이 계획한 연구에 대한 생각이 신속하고 바른 길로 전개될 것이다.

연습문제 7.4

이것은 여러분의 연구제안서 작업 계획에서 자신이 사용할 방법론을 설명하는 준비과정이며, 이에 대해 지도교수와 상의할 필요가 있을 것이다. 주요 점검사항은 여러분이 알아보고자 하는 것에 관한 방법론의 적절성과 관련된 실제 쟁점들이다(정보 출처에의 접근, 필요한 장비, 시간 요건, 비용, 이동 등등). 이 부분은 대략 여러분의 연구가 진행될 순서에 따라 착수하는 것이 가장 좋다. 여러분이 제안한 방법들의 관련 사항들과 그 방법을 사용하려는 이유에 대해 명확하게 이해하고 있어야 한다는 점을 명심하라. 박사학위 논문이나 기금으로 실시되는 연구처럼 장기간에 걸친 연구에서는, 구체적인 주제에 적용시키기 위해서 적절한 연구방법들의 모색과 수정, 적용에 더 많은 부분을 할애해야 할 것이다.

이 연습문제의 마지막 부분은, 여러분이 연구계획의 필수적인 측면과 그런 주요한 일들을 하는 이유에 집중하는데 도움이 될 것이다. 여러분의 동료, 지도교수와 이 문제를 상의하는데 주저하지 마라. 그 내용과 용어의 명확성을 시험해 보기 위해 자신의 연구 분야에 대해 잘 모르는 사람들의 반응을 알아보는 것도 아주 유용할 것이다.

연습문제 7.5

지금쯤이면 여러분이 이런 종류의 분석을 완전히 해낼 수 있을 것이기 때문에, 굳이 내 답변이 필요하지 않을 것이다. 이 연습의 취지는, 여러분이 자신의 연구제안서를 마치 Box 7.8과 7.9에 나와 있는 또 다른 종류의 사례인 것처럼 새롭게 다시 보도록 하는 것이다. 그래서 여러분이 그 제안서를 완전히 기술적이고 구조적인 관점에서 분석할 수 있도록 만드는 것이다. 성공적인 연구제안서의 모든 구성요소들이 나와 있고, 그 요소들은 연구를 실시하는데 필요한 훌륭한 논증을 만들어 내기 위해 명확하게 제시되었는가? 그 연구계획이 현실성 있고, 여러분이 가진 시간, 기술, 장비와 자금 범위 내에서 완수할 수 있다는 점을 조사위원회에 납득시킬 수 있는가?

핵심 용어 모음집
(Key Words Glossary)

Abstractness (추상성) 연구결과물을 특정 시공간과 관계없이 만들어주는 특징. 이런 연구결과물은 다른 상황에도 적용시킬 수 있기 때문에 유용하다.

Accidental sampling (임의표집) 편의표집(convenience sampling)으로 부르기도 한다. 가령 여러분이 우연히 들어가게 될 건물의 연구나 회사 실무의 검토 같은, 즉시 이용 가능한 것을 선택하는 비-무작위(non-random)표집방법이다.

Algorithm (알고리즘) 특히 컴퓨터를 이용하여 계산이나 문제해결을 위해 사용하는 일련의 규칙이나 과정. 도표로 표현될 수도 있지만, 흔히 수학공식으로 표현된다. 예를 들면, 안락함을 느끼게 해 주는 실내 조건을, 기온, 습도, 공기의 흐름, 침구류의 양 등등의 요인들로 요약 정리해주는 공식이 있다.

Analogy (유비, 유추) 상이한 두 가지 사이의 유사점을 찾기 위해 비교하는 것. 추론을 통해 발견되지 않은 유사점을 추가로 찾아낼 수도 있다.

Argument (논증) 어떤 주장을 하고 이 주장의 일부는 다른 주장의 근거가 된다고 주장하는 담화의 일종. 논증은 견고한 구성을 위해 논리학 규칙에 기초하는 경우가 많다.

Associational statements (관계 진술) 두 개념들이 정적(positively)이나, 부적(negatively) 어떤 식으로든 관련되거나 전혀 연관이 없다고 주장하는 것. 이 관련 정도를 나타내기 위해 '상관관계(correlation)'라는 말을 사용한다.

Authentication (입증, 인증) 역사사료의 진위여부를 가리기 위해 검토하는 것. 일반적으로 원문 분석, 방사성 탄소연대측정법, 논문 분석, 상호참조 등의 방법을 사용한다.

Axiomatic Theory (공리 이론) 처음 나온 일련의 진술들(axioms, 공리)이나 자명한 진리로 구성되는 이론. 각 진술은 다른 진술들과 개별적인 것이며, 그 진술에서 이론에 대한 모든 다른 진술들(propositions, 명제)을 논리적으로 도출해낼 수 있다. 피타고라스학파의 기하학이 좋은 예가 된다.

Bibliographic database (서지 데이터베이스) 서지 정보에 대한 전자목록. 데이터베이스는 CD-ROM이나 인터넷 상 온라인에 존재할 수 있다. 대학과 다른 도서관을 통해 이용가능하며, 핵심어, 주제, 저자, 제목 등등을 사용해 검색 가능하다.

Bibliography (서지학) 출판물의 핵심 정보 목록. 특정 주제나 개별적 학문 연구에 따라 편집될 수 있는데, 하버드 방식 같은 서지 편집 표준체계가 있다. 대개 도서관들은 학생들을 자신의 주제에 맞는 문헌으로 안내해줄 고유의 참고문헌 목록을 보유하고 있다.

Categorization (범주화) 대상, 사건, 개념에 대한 유형학을 만드는 것. 어떤 '것들'이 같은 범주에 속하고 또 어떻게 분류되는지를 설명하는데 유용하다.

Causal process theory (인과과정이론) 상호 연관된 일련의 정의와 진술들을 말하는데, 이론을 정의하고 언제 어디서 인과과정이 발생할지를 기술하며, 독립변수가 종속변수에 미치는 영향을 밝혀냄으로써 인과과정이나 방법을 설명한다.

Causal statement (인과적 진술) 하나의 개념이나 변수가 다른 것을 초래한다. 즉, '인과관계'라고 주장하는 것. 이 진술은 특정 조건하에서 어떤 사건이 반드시 발생할 것이라는 결정론적인 것일 수도 있고, 결과가 아주 확실치 않다면, 어떤 사건이 뒤이어 발생할 (수량화할 수 있는)가능성이 있다는 개연론적인 것일 수도 있다.

Citation (인용) 본문에 제시된 정보나 인용문의 출처에 대한 언급. 참고문헌 목록에서 세부사항을 찾아볼 수 있도록 보통 축약 형태로 되어있다.

Class (분류) 함께 분류되거나, 등급이 매겨지고, 다른 것들과 차별화된 사람들이나 사물들의 묶음. 분류는 수집과 분리로 이루어지며, 하위계급으로 나뉘어서 위계를 형성한다.

Cluster sampling (집락표집) 한 가지 이상의 특성을 공유하거나, 아니면 가령 같은 기차역을 이용하는 여행객들처럼 가능한 한 이질적인 모집단에서 사례를 선택하는 것. 분포범위가 넓은 모집단에서 무작위의 부분을 선택하는 경우 지역표집(area sampling)으로 알려져 있기도 하다.

Coding (코딩, 부호화) 수집된 자료를 의미 단위로 나누어 주는 이름이나 부호를 붙이는 것. 코딩은 자료의 분류에 중요하며, 메모와 관찰, 글로 옮긴 기록, 문서 등의 방대한 자료를 쉽게 정리할 수 있도록 해준다. 불분명한 언어 형식의 처리되지 않은 막대한 양의 자료 때문에 벌어지는 '자료 과부하(data overload)'를 막는데도 도움이 된다. 질적 자료의 코딩은 이론 구성의 일부가 될 수 있고, 단답형(fixed choice) 질문에 대한 응답에 할당될 수도 있다.

Coefficient of correlation (상관계수) 둘 이상의 변수들 사이의 통계적 상관관계를 측정하는 것. 많은 종류가 있는데, 그 중 피어슨(Pearson)의 것이 가장 일반적이다.

Concept (개념) 특정현상에 대한 일반적인 표현, 혹은 대상이나 생각을 나타내는 말. 개념은 개, 고양이, 집처럼 구체적일 수도 있고, 분노, 주변성, 정치학처럼 추상적일 수도 있다. 우리는 자신의 주변 세상에 대한 경험을 전달하기 위해 개념을 사용한다.

Conceptual scheme theory (개념도식이론) '사회적 사실(social facts)'의 특성이 되는 것을 지정하거나, 혹은 심지어 금지시키기도 하는 개념적 도식.

Consistency (일관성) 믿음과 공존가능성이 있는 논증의 특징. 즉, 서로 양립 가능한 것으로 보이는 일련의 믿음들은 일관적이라고 말한다.

Control (통제) 어떤 현상의 변수들에 미치는 영향을 결정할 수 있는 능력을 갖는 것. 통제에서의 핵심은 특정 변수들이 어떻게 서로 영향을 미치는가를 이해하고, 그 다음으로 예측 가능한 결과를 산출해내기 위해 변수들을 변화시킬 수 있어야 한다는 점이다. 너무 복잡하거나 충분히 이해할 수 없는 현상들이 많기 때문에, 모든 현상들을 통제할 수 있는 것은 아니다.

Critical rationalism (비판적 합리주의) 주로 포퍼(Popper)와 관련된 접근방법. 비판적 실재론에서는 서로 경쟁관계에 있는 이론들은 구체적이고 변하지 않으며, 보편적이어서 시대나 사회의 영향력에서 벗어나 있는 기준으로 판단될 수 있다고 주장한다.

Critical realism (비판적 실재론) 비-실증주의적(즉, 비-사실주의적) 인식론은 상식적으로 납득되지 않는 것일지라도 그 사회체계의 구조를 밝히는 것이 중요하다고 주장한다. 이를 통해 사회적 병폐를 개선시켜 줄 구조의 변화가 가능하다.

Deduction (연역법) 일반적 법칙으로부터 특정 사례를 추론해내는 것. 즉, '선이론 후연구 접근방법(Theory then research approach)'

Descriptive statics (기술통계) 예를 들면, 그 중심은 어디인지, 얼마나 넓게 퍼져있는지, 중심경향, 최빈값, 중간값, 평균 등 모수의 수치 자료(parametric numeric data) 특성을 양화시키는 방법. 종종 가우스 (종, bell) 곡선과 연관시켜 설명한다.

Discourse (담론) 연설이나 저술 같은 언어 형식이나 태도, 몸짓 같은 형태로 의사소통하는 것. 담론분석은 사회적 환경에서 언어를 매개로 사람들이 서로 의사소통하는 방식을 연구하는데, 이 경우 언어는 정보전달의 중립적 매개체가 아닌, 실재의 다른 모습을 보여주는 의미로 가득한 매개체로 간주된다.

Empirical generalization (경험적 일반화) 사건들의 유사한 패턴을 보여주는 여러 경험적 연구들을 토대로 한 일반화. 경험적 일반화의 모든 개념들은 직접 측정할 수 있어야 한다.

Empirical relevance (경험적 적합성) 특정 이론과 사용된 객관적인 경험적 자료사이의 일치여부를 측정하는 것.

Empirical truth (경험적 진실) 경험에서 나온 진실. 과학에서는 실험이 경험적 방법으로 진실을 규명하는 일반적인 방법이다.

Epistemology (인식론) 지식, 특히 지식의 확인과 사용한 방법론에 관한 이론. 종종 인식론적 입장-세상을 바라보고 이해하는 방식-사이의 관계를 밝히는데 이용한다.

Ethics (윤리) 행동에 대한 규칙. 이 책에서는 특히 다른 사람들, 다른 조직들에게 어떤 피해도 끼치지 않고 가능하면 이득을 줄 수 있는 행동에 대해 다루고 있다.

Evaluation (평가) 대상이나 사건의 특성에 대해 판단을 내리는 것. 특성은 절대적 혹은 상대적인 관점으로 측정될 수 있다.

Existence statements (존재진술) 이는 어떤 한 개념의 실례들은 실제 세계에 존재하며, 유형분류체계를 제공해주거나 서술해주고 있다고 주장한다.

Experience (체험) 지식과 이해를 가져오는, 사실이나 사건에 대한 실제 관찰 혹은 실질적 지식.

Explanation (설명) 연구의 기본 목적들 중 하나.

External Validity (외적 타당도) 어떤 실험 결과에 대한 타당한 일반화 가능성의 정도.

Falsification (반증) 가설과 상반되는 참인(true) 관찰진술을 토대로 그 가설을 기각하는 과정.

Formal fallacies (형식적 오류) 사용된 논리구조상의 잘못 때문에 발생하는데, 추론과정의 결점을 초래한다.

Generality (보편성) 연구자가 조사한 특정 사례와 일반적으로 세상에 존재하는 다른 유사한 사례들 사이에 타당한 관계가 있을 수 있다는 가정.

Hypothesis (가설) 아직 구체적인 상황에서 수집된 자료로 검증되지는 않았지만, 명확한 증거로 뒷받침하거나 기각시킬 검증이 가능한 이론적 진술.

Hypothetico-deductive method (가설-연역적 방법론) 과학적 방법과 동의어. 문제 확인, 가설설정, 가설에 대한 실질적 또는 이론적 검증, 반증된다면 가설을 기각하거나 수정하는 4단계를 통한 과학적 사고의 발전.

Induction (귀납법) 구체적 사례들로부터 일반 원칙을 추론하는 것. 우리의 경험을 바탕으로 일반화시키는 결론을 도출해낸다.

Inferential statistics (추리통계) 분석된 자료에 근거한 추론으로 예측을 산출해내기 위해 자료의 특성 기술과 변수들의 상관관계 조사를 넘어서 진행되는 통계 분석. 또한 추리통계는 통계에 기초한 가설들을 검증하는데 사용된다.

Informal fallacies (비형식적 오류) 비형식적 오류는 모호한 언어 사용으로 논증에 실수가 있을 때, 논증을 뒷받침해주는데 필요한 무언가가 누락되었을 때, 결론의 평가에 관련 없는 요인이 들어갔을 때, 혹은 부적절한 추정이 결론을 변경시켰을 때 발생한다.

Informative (language) (정보적 (언어)) 정보 전달을 위해 사용되는 언어.

Informed consent (고지된 동의) 조사계획에 참여하는 참가자들이 조사의 목적과 성격 그리고 어려운 점에 대해 충분한 정보를 제공받고 해주는 동의.

Interim summary (중간요약) 질적 조사방법에서 자료수집의 3분의 1정도에 대해 준비한 짧은 보고서로, 이를 통해 자료의 양과 질, 그 자료의 신뢰성에 대한 확신 그리고 조사과정에서 드러난 어떤 공백이나 수수께끼가 있는지 그 본질은 무엇인지를 검토하고, 조사기간에 더 수집할 필요가 있는 것은 무엇인지를 판단하기 위한 것이다.

Internal validity (내적 타당도) 실험에서 실험설계의 정교함 수준과 통제정도를 측정하는 것. 수집된 자료값은 통제 변수들에 미친 영향을 그대로 반영해 주어야 한다.

Interpretation (해석) 의미를 이해하거나 끌어내기 위해 확인과 외삽법(extrapolation)이 필요한 자료의 분석에 필수적인 부분.

Interpretivism (해석주의) 연구자의 '내재된(embedded)' 본성과, 각 개인이 자신의 행동 근거로 삼는 고유한 이론적 입장을 인식하는 관점. 해석주의는 그 이면에 놓인 규칙성을 밝혀냄으로써 인간의 행동을 법칙으로 성문화시킬 수 있다는 주장과 연구자가 거리를 두고, 객관적이며 공정한 관점에서 사회를 연구할 수 있다는 주장을 거부한다. 연구에서 이해를 구하고자 하는 시도들은 연구자 자신의 역사적, 문화적 환경에 영향을 받는다.

Interpretivist approach (해석주의적 접근방법) 해석주의에 바탕을 둔 조사방법.

Intersubjectivity (상호주관성) 정확한 정의를 통해 이루어진 진술에서 사용된 개념의 의미에 대한 사람들 간의 합의. 바꿔 말하자면, 조작적 정의의 정확성에 대한 관찰자들 사이의 합의. 상호주관성은 수학, 통계학 그리고 기호논리학 같은 적절한 논리체계를 이용하여 증진되기도 한다.

Interval level of measurement (등간 측정수준) 동일한 측정단위를 사용하지만 유효한 영값(zero value)은 없는 측정 척도. 가령 화씨나 섭씨온도계의 눈금.

Law (법칙) 증거로 확실하게 뒷받침되는 관계를 기술하고 신뢰도가 높아서, 적용되는 사례의 '진리'를 표현하는 것으로 여겨지는 진술.

Levels of abstraction (추상수준) 이론적, 조작적 그리고 가장 덜 추상적인 구체적 수준이라는 세 가지 수준에 근거한 진술의 추상 정도.

Levels of measurement (측정수준) 양화의 네 가지 유형, 특히 조작적 정의 즉, 명목, 서열, 등간 그리고 비율에 적용될 때.

Library catalogue (도서관 목록) 도서관 내 세부적 서지 목록. 최근 데이터베이스는 대개 온라인 도서 열람용 목록(Online Public Access Catalogues, OPACs)으로 컴퓨터를 이용해 접근 가능하다.

Logical truth (논리적 진(眞)) 논리적으로 참인(true) 진술을 일컫는데, 하찮은(명백한), (수학 같은 규칙에 따른) 필요에 의한 진, (확실한 정의에 부합하는) 정의에 의한 진, 이 세 가지 종류로 나누어볼 수 있다.

Matrices (행렬들) 상당량의 정보를 요약하기 위해 사용하는 행(column)과 열(row)의 2차원적 배열. 시간, 측정수준, 역할, 집락(cluster), 결과, 효과 등과 같은 변수들을 기록하기 위해 사용될 수도 있다. 가장 최신의 것은 3차원 행렬의 공식화가 가능하다.

Memo (메모) 조사자가 자료, 코드와 패턴코드의 진전에 반응하여 전개시키는 생각에 기초한 짧은 분석적 서술문. 메모를 취합하는 것은, 자료 사이의 관계를 탐색하고 직관력과 생각을 발전시켜 기록하는 좋은 방법이다.

Model (모델) (a) 우리가 철학적 관점(가령, 포스트모더니즘, 후기 구조주의, 실증주의, 경험론 등)에 입각하여 현실을 보기 위해 사용하는 전반적인 분석틀을 설명하는 용어. (b) 분석도구로 쓰이는 어떤 대상이나 체계에 대한 간략한 물리적 혹은 수학적 설명. 모델 조작에 따른 결과에 관한 자료를 얻기 위해 조작되기도 한다.

Networks (연결망) 연결된 블록(교점, 접속점)으로 이루어진 자료를 보여주는 지도 또는 도표. 순서도, 조직도, 인과적 연결망(causal networks), 마인드 맵(mind map) 등 매우 다양한 형식으로 만들 수 있으며, 각각은 상이한 유형의 자료를 보여줄 수 있다.

Nominal level of measurement (명목 측정수준) 자료에 이름이나 명칭을 붙여 개별적인 범주로 나누는 것.

Null hypothesis (귀무가설, 영가설) 추리통계(inferential statistics)를 사용하여 검증된 통계적 가설. 두 변수들 간에 어떤 관계도 없음을 보여준다.

Operational definition (조작적 정의) 이론적 개념을 찾아내거나 평가하기 위해 관찰자가 수행해야 하는 일련의 행위들. 조작적 정의는 추상적이어야 하는데, 이 말은 시공간으로부터 독립적이어야 한다는 것이다.

Order (순서) 관찰을 통해 볼 수 있도록 대상을 체계적인 방식으로 구성해놓은 상태.

Ordinal level of measurement (서열 측정수준) ~보다 더 많은/적은, ~보다 더 큰/작은 같이 구체적인 측정단위를 고려하지 않고 자료를 등급에 따라 배열하는 것.

Paradigm (패러다임) 어떤 일반적인 이론적 접근방법의 수용에 대한 전반적 결과, 그리고 그 이론이 과학자의 세계관에 미치는 영향. 쿤(Kuhn)에 따르면, 정상과학 활동(normal science activity)은 패러다임에 기초하여 이루어진다.

Parsimony (절약성, 최절약) 현상, 특히 이론을 구성하는 데 있어서 설명의 간결성.

Participant (참가자) 피(被)실험대상으로 조사계획에 참여하는 사람. 이 말에는 그 사람이 행동을 취하거나 정보를 제공해 줌으로써 조사에 능동적인 역할을 담당한다는 의미가 담겨 있다.

Pilot study (예비조사) 응답 절차와 질을 점검하기 위해 설문지나 다른 조사형태에 소규모로 실시되는 사전조사.

Plagiarism (표절) 다른 사람의 생각이나 글을 자신의 것으로 쓰는 것. 가끔 학생들이 출판물이나 인터넷에서 문단을 복사하여 출처를 밝히지 않고 자신의 글에 쓰는 것을 말한다.

Population (모집단) 연구 주제가 되는 사례의 총합을 표현하기 위해 사용되는 집합적 용어. 사물, 사람 심지어 사건들로 구성될 수 있다.

Positivist approach (실증주의적 접근방법) 사회현상을 포함한 모든 현상들은 과학적 방법을 통해 분석될 수 있다고 주장하는 인식론적 입장. 모든 것은 측정될 수 있으며, 충분히 알고만 있다면, 모든 현상의 인과관계를 밝힐 수 있을 것이다.

Postmodernism (포스트모더니즘, 후기 근대주의) 비판이론(critical theory), 철학, 건축, 예술, 문학과 문화에서 광범위한 일련의 발전에 적용되는 용어로, 그 발전은 일반적으로 근대주의(modernism)에 대한 반발로 나타났거나, 근대주의를 대체하는 것으로 성격이 규정된다. 사회학에서 포스트모더니즘은 경제, 문화 그리고 인구 변동의 결과로 묘사되는데, 이런 맥락에서 탈산업사회(post-industrial society), 후기 자본주의(late capitalism)라는 관련 용어가 나타난다. 포스트모더니즘은 서비스 경제(service economy)의 성장, 대중매체의 중요성 그리고 점점 더 상호의존적으로 되는 세계경제의 증가 요인이 된다.

Post-structuralism (후기 구조주의) 구조주의의 이항대립(binary opposition, 양자대립)적 방법을 거부하고 의미와 지식의 범주들은 변화하며 불안정한 것이라 주장하는 다양한 이론들과 분석 방법. 해체(deconstruction)와 일부 심리분석 이론들이 포함된다.

Prediction (예측) 연구의 일반적인 목표들 중 한 가지.

Primary sources (1차 자료) 연구자가 실제 세계에서 중간 해설자의 간섭 없이 직접적이고 객관적인 관찰이나 측정으로 얻을 수 있는 자료. 객관성과 간섭받지 않는 정도가 어느 정도 가능한지 혹은 어느 정도까지 기대할 수 있는지에 대한 것이 1차 자료에 대한 철학적 논란거리이다.

Problem area (문제영역) 연구계획을 선택하는 보편적 지식 범주 내에서의 쟁점 혹은 주제.

Proportional stratified sampling (비례층화표집) 어떤 하나의 모집단에 있는 사례들이 그 모집단의 알려져 있는 비율(proportion)의 각기 다른 범주(strata, 층)에 들어갈 때 사용.

Proposition (명제) 조사계획의 방향과 범위를 분명하게 보여주는 이론적 진술.

Quantification (of concepts) ((개념의) 양화) 조작적 정의와 관련하여 사용하는 측정 기법.

Quota sampling (할당표집) 동일한 수의 다른 응답자들로부터 답변을 선택하여 표본의 균형을 맞추려는 시도. 그 응답자들이 계급의 대표인지 아닌지를 알 수 없기 때문에 통제되지 않은 표집방법이다.

Ratio level of measurement (비율 측정수준) 영(nought, 0) 값인 절대영점(true zero)이 있어 그 수량이 전혀 없는 것이 측정되는, 동일한 측정단위가 있는 측정 척도.

Reasoning (추론) 논리적 논증을 사용하여 결론에 이르게 되는 방법.

Reconciliatory approach (조화적 접근방법) 로이 바스카르(Roy Bhaskar)가 옹호했던 이 접근방법은 개인과 개인의 신념, 가치에 대한 연구와 사회구조에 대한 연구사이의 상호 운동을 고취시키는데, 이는 어느 한쪽이 나머지 다른 한쪽에 미치는 결과를 검토해 보고자 함이다.

Relational statements (관계 진술) 관련 진술은 두 개념 사이의 관계에 대한 정보를 준다. 과학적 지식의 기초를 형성하여 우리에게 주변 세계에 대해 설명해주고, 예측해주며, 이해력을 제공해준다.

Relativism (상대주의) 판단은 주로 개인이나 사회의 가치와 그 판단을 내리는 관점에 영향을 받는다는 입장. 어떤 보편적 기준도 '합리적으로' 적용될 수 없으며, 개인이나 조직이 내린 결정에 대한 이해는 오직 그 개인의 역사적, 심리적, 사회적 배경을 통해서만 구할 수 있다.

Reliability (신뢰성) 인간의 인지와 지능과 관련하여 이해를 증진시키기 위해 자료와 생각을 정리하는 기억력과 추론 능력.

Research problem (연구문제) 조사할 가치가 있는 어떤 쟁점에 대한 일반적 진술. 보통 조사계획의 공식화에 도움이 되고자 사용하며, 구체적인 조사 질문, 가설이나 진술의 기초가 된다.

Research question (연구 질문) 조사계획의 방향, 범위를 명확히 나타내는 이론적 질문.

Sample (표본) 전체(모집단)가 무엇인지를 보여주기 위해 선택된 일부분. 표집과정에는 무작위와 비-무작위 두 유형이 있다.

Sampling error (표집오차) 무작위의 표본과 그 표본을 추출한 모집단 사이의 차이점.

Scientific method (과학적 방법) 현대 과학적 탐구의 기초. 관찰과 결론의 타당성 검증의 기본이 되는데, 보통 가설-연역적 방법을 사용한다. 문제의 확인, 가설설정, 가설에 대한 실질적, 이론적 검증, 반증되는 경우 그 가설의 수정 혹은 기각이라는 네 단계의 방법으로 이루어진다.

Secondary sources (2차 자료) 주로 출판물의 형태로 다른 사람들이 해석해 놓은 정보자료.

Semiotics (기호학) 기호에 대한 학문. 특히, 숨겨져 있거나 내포된 의미를 밝히고자 문서와 시각자료를 분석하는 것.

Sense of understanding (이해력) 어떤 현상을 둘러싸고 영향을 미쳐, 그 현상을 초래하는 과정에 대한 폭넓은 연구로부터 나온 완전한 설명.

Set of laws theory (법칙이론 모음) 비록 서로 관련되기는 하지만, 일련의 개별적인 법칙들로 구성된 이론.

Simple random sampling (단순임의표집) 동질적(uniform) 모집단에서 무작위로 표본을 추출하는 방법.

Simple stratified sampling (단순층화표집) 대표 표본 추출을 위해 모집단 내 상이한 범주(strata)를 구분하는 방법.

Statement (진술) 개념들의 조합으로 이루어진 주장.

Structuralism (구조주의) 모든 문화현상들은 성격상 언어적이고, 주관성(subjectivity)은 사회적 실재(social reality)의 이면에 놓여 있는 심층적 '구조'에 의해 형성된다는 견해.

Subject (피(被)실험대상) 조사계획에 참가한 사람. 이 말에는 수동적 역할 즉, 시험이나 실험의 형태로 대상자에게 행해지는 것들이라는 의미가 내포되어 있다.

Sub-problem (하위문제) 주요문제를 구성하고 있는 부분 요소로, 조사 방안을 나타내주기 위해 주로 덜 추상적인 용어로 표현된다.

Symbol (상징) 자연언어나 인공언어의 형태로 개념을 전달하는데 사용되는 기호.

Systematic sampling (계통표집) 가령 목록에서 매 10번째 이름을 선택하는 식으로, 숫자를 이용하여 표본을 추출하는 방법.

Term (용어) 명확한 개념을 나타내는데 사용하는 언어. 용어는 다른 용어들을 사용해 서술할 수 없는 무정의(primitive)용어와 다른 용어들에서 유래할 수 있는 파생(derived) 용어가 있다.

Theoretical sampling (이론적 표집) 여러분이 생각하기에 주제에 대해 가장 많이 알고 있는 모집단의 표본 하나를 선택하는 것. 이 접근방법은 통계적 추론이 필요 없는 질적 조사에서 일반적이다.

Theory (이론) 현상에 대한 설명이나 예측을 목적으로 상호연관 되어있는 개념, 정의, 명제들로 이루어진 사상체계.

Validity (타당성) 전제로부터 논리적 규칙에 따라 정확하게 결론을 도출해내기 위한 논거의 특성.

참고문헌 (References)

Ackrill, M. (1994) 'A few notes to assist you with the presentation of your report/thesis'. Unpublished.

Alldred, P. and Gillies, V. (2002) 'Eliciting research accounts: re/producing modern subjects?', in M. Mauthner, M. Birch, J. Jessop and T. Miller (eds), *Ethics in Qualitative Research*. London: Sage. Chapter 8, pp. 148–65.

Barr Greenfield, T. (1975) 'Theory about organisations: a new perspective and its implications for schools', in M. G. Hughes (ed.), *Administering Education: International Challenge*. London: Athlone.

Beardsley, M. C. (1975) *Thinking Straight: Principles of Reasoning for Readers and Writers*. Englewood Cliffs, NJ: Prentice–Hall.

Beck, R. N. (1979) *Handbook to Social Philosophy*. New York: Macmillan.

Bell, L. and Nutt, L. (2002) 'Divided loyalties, divided expectations: research ethics, professional and occupational responsibilities', in M. Mauthner, M. Birch, J. Jessop and T. Miller (eds), *Ethics in Qualitative Research*. London: Sage. Chapter 4, pp. 70–90.

Bhaskar, R. (1989) *Reclaiming Reality: a Critical Introduction to Contemporary Philosophy*. London: Verso.

Blaxter, L., Hughes, C. and Tight, M. (1996) *How to Research*. Buckingham: Open University Press.

Booth, W. C., Colomb, G. G. and William, J. M. (1995) *The Craft of Research*. Chicago: University of Chicago Press.

Borg, W. R. (1963) *Educational Research: an Introduction*. London: Longman.

Broadbent, G. (1988) *Design in Architecture: Architecture and the Human Sciences*. London: Fulton.

Brown, J. and Sime, D. J. (1981) 'A methodology of accounts', in M. Brenner (ed.), *Social Method and Social Life*. London: Academic.

Bryman, A. and Burgess, R. G. (eds) (1994) *Analysing Qualitative Data*. London: Routledge.

Burnett, A., Sheehy, J. and Digby, A. (1994) *Theory, Methodology and Techniques of Research in the Humanities 1: Research Design*. Oxford: EMU Oxford Brookes University.

Campbell, D. T. and Stanley, J. C. (1966) *Experimental and Quasi-Experimental Designs for Research.* Boston: Houghton Mifflin.

Chalmers, A. F. (1982) *What Is This Thing Called Science?*, 2nd edn. Milton Keynes: Open University Press.

Cohen, L. and Manion, L. (1994) *Research Methods in Education.* London: Routledge.

Collier, A. (1994) *Critical Realism: an Introduction to Roy Bhaskar's Philosophy.* London: Verso.

Dominowski, R. L. (1980) *Research Methods.* Englewood Cliffs, NJ: Prentice–Hall.

Doucet, A. (1998) 'Interpreting mother-work: linking methodology, ontology, theory and personal biography', *Canadian Woman Studies,* 18 (2, 3): 52–8.

Doucet, A. and Mauthner, N. (2002) 'Knowing responsibly: linking ethics, research practice and epistemology', in M. Mauthner, M. Birch, J. Jessop and T. Miller (eds), *Ethics in Qualitative Research.* London: Sage. Chapter 7, pp. 123–45.

Duncombe, J. and Jessop, J. (2002) '"Doing rapport" and the ethics of "faking friendship"', in M. Mauthner, M. Birch, J. Jessop and T. Miller (eds), *Ethics in Qualitative Research.* London: Sage. Chapter 6, pp. 107–22.

Fairbairn, G. J. and Winch, C. (1991) *Reading, Writing and Reasoning: a Guide for Students.* Buckingham: SRHE and Open University Press.

Fearnside, W. W. and Holther, W. B. (1959) *Fallacy.* Englewood Cliffs, NJ: Prentice–Hall.

Feyerabend, P. (1981) 'How to defend society against science', in I. Hacking (ed.), *Scientific Revolutions.* Oxford: Oxford University Press. pp. 157–67.

Foucault, M. (1972) *The Archaeology of Knowledge.* London: Tavistock.

Fox, D. J. (1969) *The Research Process in Education.* New York: Holt, Rinehart and Winston.

Freeman, R. and Meed, J. (1993) *How to Study Effectively.* London: Collins Educational.

Goetz, J. P. and LeCompte, M. D. (1984) *Ethnography and Qualitative Design in Educational Research.* London: Academic.

Gottschalk, L. (1951) *Understanding History.* New York: Knopf.

Guba, E. and Lincoln, Y. (1989) *Fourth Generation Evaluation.* Newbury Park, CA: Sage.

Hacking, I. (ed.) (1981) *Scientific Revolutions.* Oxford: Oxford University Press.

Hague, P. N. (1993) *Questionnaire Design.* London: Kogan Page.

Harré, R. (1972) *The Philosophies of Science.* Oxford: Oxford University Press.

Harré, R. (1977) 'The ethnogenic approach: theory and practice', in L. Berkowitz (ed.), *Advances in Experimental Social Psychology.* Vol. 10. New York: Academic Press.

Hewson, C., Yuyle, P., Laurent, D. and Vogel, C. (2003) *Internet Research Methods: a Practical Guide for the Social and Behavioural Sciences.* London: Sage.

Hill, J. E. and Kerber, A. (1967) *Models, Methods and Analytical Procedures in Educational Research.* Detroit: Wayne State University Press.

Hodges, W. (1977) *Logic.* Harmondsworth: Penguin.

Hughes, J. A. (1990) *The Philosophy of Social Research,* 2nd edn. Harlow: Longman.

Hughes, J. A. and Sharrock, W. W. (1997) *The Philosophy of Social Research,* 3rd edn. Harlow: Longman.

Hyland, K. (1999) 'Academic attribution: citation and the construction of disciplinary knowledge', *Applied Linguistics*, 20: 341–67.

Kerlinger, F. N. (1970) *Foundations of Behavioral Research*. New York: Holt, Rinehart and Winston.

Krantz, H. and Kimmelman, J. (1992) *Keys to Reading and Study Skills*, 4th edn. Fort Worth, TX: Harcourt Brace Jovanovich, College.

Kuhn, T. S. (1970) *The Structure of Scientific Revolutions*, 2nd edn. Chicago: University of Chicago Press.

Lakatos, I. (1970) 'Methodology of scientific research programmes', in I. Lakatos and A. Musgrave (eds), *Criticism and the Growth of Knowledge*. Cambridge: Cambridge University Press. pp. 91–196.

Leedy, P. D. (1989) *Practical Research: Planning and Design*, 4th edn. London: Collier Macmillan.

Llobera, J. (1998) 'Historical and comparative research', in C. Seale (ed.), *Researching Society and Culture*. London: Sage.

Locke, L. C., Spirduso, W. W. and Silverman, S. J. (1993) *Proposals That Work: a Guide for Planning Dissertations and Grant Proposals*. Newbury, CA: Sage.

Lofland, J. (1971) *Analysing Social Settings: a Guide to Qualitative Observation and Analysis*. Belmont, CA: Wadsworth.

Margolin, J. B. (1983) *The Individual's Guide to Grants*. London: Plenum.

Medawar, P. B. (1969) *Induction and Intuition in Scientific Thought*. London: Methuen.

Miles, M. B. and Huberman, A. M. (1994) *Qualitative Data Analysis: an Expanded Sourcebook*. London: Sage.

Milgram, S. (1963) 'Behavioral study of obedience', *Journal of Abnormal and Social Psychology*, 67: 371–8.

Mill, J. S. (1973) *A System of Logic, Ratiocinative and Inductive: Books I–III and Appendices*. London: Routledge and Kegan Paul.

Miller, T. and Bell, L. (2002) 'Consenting to what? Issues of access, gatekeeping and "informed" consent', in M. Mauthner, M. Birch, J. Jessop and T. Miller (eds), *Ethics in Qualitative Research*. London: Sage. Chapter 3, pp. 53–69.

Morton-Williams, J. (1993) *Interviewer Approaches*. Aldershot: Dartmouth.

Moser, C. A. and Kalton, G. (1971) *Survey Methods in Social Investigation*. Aldershot: Dartmouth.

Mouly, G. J. (1978) *Educational Research: the Art and Science of Investigation*. Boston, MA: Allyn and Bacon.

Newman, R. J. (1989) *Study and Research: a Systematic Approach for All Students*. Oxford: Bookmarque.

Oliver, P. (2003) *The Student's Guide to Research Ethics*. Maidenhead: Open University Press.

Open University (1993) *An Equal Opportunities Guide to Language and Image*. Milton Keynes: Open University.

Oppenheim, A. N. (1992) *Questionnaire Design, Interviewing and Attitude Measurement.* London: Pinter.

Oxford Brookes University (2010) *Ethical Standards for Research Involving Human Participants: Code of Practice.* www.brookes.ac.uk/research/ethics/ethicscode/html.

OEED (1991) *The Oxford Encyclopedic English Dictionary.* Oxford: Oxford University Press.

Phillips, E. M. and Pugh, D. S. (1994) *How to Get A PhD.* Buckingham: Open University Press.

Pirie, M. (1985) *The Book of the Fallacy: a Training Manual of Intellectual Subversives.* London: Routledge and Kegan Paul.

Preece, R. (1994) *Starting Research: an Introduction to Academic Research and Dissertation Writing.* London: Pinter.

Quine, W. V. O. (1969) *Ontological Relativity and Other Essays.* New York: Columbia University Press.

Reynolds, P. D. (1971) *A Primer in Theory Construction.* Indianapolis: Bobbs–Merrill.

Richards, L. and Richards, T. (1994) 'From filing cabinet to computer', in A. Bryman and R. G. Burgess (eds), *Analysing Qualitative Data.* London: Routledge. pp. 146–72.

Robson, C. (1993) *Real World Research: a Resource for Social Scientists and Practitioner-Researchers.* Oxford: Blackwell.

Russell, B. (1912) *The Problems of Philosophy.* London: Williams & Norgate.

Salmon, W. C. (1984) *Logic,* 3rd edn. Englewood Cliffs, NJ: Prentice–Hall.

Seale, C. (1998) *Researching Society and Culture.* London: Sage.

Silverman, D. (1998) 'Research and social theory', in C. Seale (ed.), *Researching Society and Culture.* London: Sage.

Slater, D. (1995) 'Analysing cultural objects: content analysis and semiotics', in C. Seale (ed.), *Researching Society and Culture.* London: Sage.

Smith, M. and Smith, G. (1994) *A Study Skills Handbook,* 4th edn. Oxford: Oxford University Press.

Strauss, A. L. (1987) *Qualitative Analysis for Social Scientists.* Cambridge: Cambridge University Press.

Strauss, A. L. and Corbin, J. (1990) *Basics of Qualitative Research: Grounded Theory Procedures and Techniques.* Newbury Park, CA: Sage.

Swales, J. and Feak, C. (2000) *English in Today's Research World: a Writing Guide.* Michigan: University of Michigan Press.

Townend, D. (2000) 'Can the law prescribe an ethical framework for social science research?', in D. Burton (ed.), *Research Training for Social Scientists.* London: Sage.

Turner, B. A. (1994) 'Patterns of crisis behaviour: a qualitative enquiry', in A. Bryman and R. Burgess (eds), *Analysing Qualitative Data.* London: Routledge. pp. 192–215.

Uzzell, D. (1995) 'Ethnographic and action research', in M. G. Breakwell, S. Hammond and C. Fife-Shaw (eds), *Research Methods in Psychology.* London: Sage.

van Dalen, D. B. (1979) *Understanding Educational Research: an Introduction,* 4th edn. New York: McGraw–Hill.

van Dijk, T. A. (1994) 'Discourse and cognition in society', in D. J. Crowley and D. Mitchell (eds), *Communication Theory Today.* Cambridge: Polity. pp. 107–26.

Weber, M. (1949) *The Methodology of the Social Sciences* (trans. and ed. E. A. Shils and H. A. Finch). Glencoe, IL: Free Press.

Wiersma, W. (1986) *Research Methods in Education: an Introduction*, 4th edn. Boston, MA: Allyn and Bacon.

Williams, M. and May, T. (1996) *Introduction to the Philosophy of Social Research.* London: UCL Press.

Yin, R. K. (1994) *Case Study Research: Design and Methods.* London: Sage.

Zohar, D. and Marshall, I. (1993) *The Quantum Society.* London: Bloomsbury.

찾아보기
(Index)

한글

옮긴이 소개

손장권 (고려대학교 사회학과)

- Rutgers 대학(미국)에서 Ph.D. 과정을 마치고, '91년 이후 고려대 사회학과에 재직하며 '사회조사방법', '사회조직론' 등의 과목을 강의해 왔다. 그는 "소통(2012)", "신도시 형성(2003)", "한국사회의 계층구조(2001)" 등을 공저술 했고, "레토릭(2009)"과 "페렐만의 신수사학(2006)" 등의 책을 번역하였다.

도서출판 그린

리서치 프로젝트(연구계획서)

Your Research Project: Designing and Planning Your Work

초판인쇄	2013년 1월 15일
초판발행	2013년 1월 21일
저　자	Nicholas Walliman
옮 긴 이	손 장 권
발 행 처	도서출판 그린
발 행 인	윤 덕 우
출판등록	제8-161호(1995. 5. 3.)
주　소	서울시 서대문구 연희동 219-20 (우) 120-828
전　화	02) 333-2574, 2575
Fax	02) 333-2561
E-mail	greenpress@greenpress.co.kr
Homepage	http://www.greenpress.co.kr

정가: 23,000원

ISBN: 978-89-5727-188-9 (93330)